Theorie und Praxis der
Psychoanalytischen Pädagogik

Edition Psychologie und Pädagogik

Psychoanalytische Pädagogik Band 4
Herausgegeben von
Hans-Georg Trescher und Christian Büttner

1 Christian Büttner, Gewalt vermeiden in gesellschaftlichen Konflikten. Erwachsenenbildung zur Auseinandersetzung zwischen Institutionen und »neuen Protestbewegungen«

2 Bernd Niedergesäß, Förderung oder Überforderung? Probleme und Chancen der außerfamilialen Betreuung von Kleinstkindern

3 Monika Jonas, Trauer und Autonomie bei Müttern schwerstbehinderter Kinder. Ein feministischer Beitrag

4 Hans-Georg Trescher, Theorie und Praxis der Psychoanalytischen Pädagogik

Hans-Georg Trescher

Theorie und Praxis der Psychoanalytischen Pädagogik

Matthias-Grünewald-Verlag · Mainz

Korrigierte Neuauflage der 1985
im Campus-Verlag erschienenen Ausgabe

CIP-Titelaufnahme der Deutschen Bibliothek

Trescher, Hans-Georg:
Theorie und Praxis der psychoanalytischen Pädagogik / Hans-Georg Trescher. –
Korr. Neuaufl. d. 1985 im Campus-Verl. erschienenen Ausg. – Mainz :
Matthias-Grünewald-Verl., 1990
(Psychoanalytische Pädagogik ; Bd. 4)
Zugl.: Frankfurt (Main), Univ., Diss., 1984
ISBN 3-7867-1468-1
NE: GT

Umschlag: Harun Kloppe, Mainz
Satz: Clausen & Bosse, Leck
Druck und Bindung: Weihert-Druck GmbH, Darmstadt
ISBN 3-7867-1468-1

Inhalt

Einleitung

Die inhaltlich bestimmte Aufarbeitung von Positionen und die Auseinandersetzung mit Problembereichen der Psychoanalytischen Pädagogik ist schwierig. Zum einen sind die umfangreichen Ergebnisse der Psychoanalyse zu berücksichtigen, zum anderen gibt es *die* Psychoanalytische Pädagogik als kohärente Theorie- und Praxiskonzeption bis heute nicht. Die Einschätzung der Psychoanalytischen Pädagogik in der Literatur ist entsprechend widersprüchlich. Manche Autoren sind der Auffassung, wenn Einzelergebnisse der Psychoanalyse in der pädagogischen Diskussion bedacht würden, wäre das bereits Psychoanalytische Pädagogik; andere plädieren für eine vollständige Trennung von Psychoanalyse und Pädagogik.
Füchtner hat das »Verschwinden« der Psychoanalytischen Pädagogik nach dem Zweiten Weltkrieg festgestellt (vgl. 1978, 1979), Bittner und Ertle (1979) haben dieser Einschätzung widersprochen. In dieser Studie wird (im zweiten Teil) die Psychoanalytische Pädagogik als *Teil der Psychoanalyse* ausgewiesen.
Die unübersehbaren Probleme bei der Bestimmung von Standort und Selbstverständnis der Psychoanalytischen Pädagogik sind u.a. durch den »Medicozentrismus« (Parin) der Psychoanalyse, d.h. durch ihre weitreichende Reduktion möglicher Anwendungsformen auf therapeutische Verfahren begründet. Andererseits korrespondiert die tendenzielle Ausgrenzung pädagogischer Fragestellungen innerhalb der ›ärztlichen‹ Psychoanalyse mit dem ungeklärten Selbstverständnis der Psychoanalytischen Pädagogik. Sie muß sich abgrenzen von der »herkömmlichen« Pädagogik aufgrund ihres besonderen Verständnisses von Beziehungsverläufen, und nicht zuletzt wegen der Bedeutung, die sie dem Unbewußten, der Übertragungs- und Gegenübertragungsdynamik gerade für konflikthafte und belastende Interaktionen zumißt, also sowohl aufgrund ihres Wissenschaftsverständnisses als auch wegen ihrer Methode.
Doch auch innerhalb der etablierten Psychoanalyse ist die Psychoanalytische Pädagogik randständig geblieben. Im Gegensatz zur Psychoanalyse als Heilverfahren scheint sie weder über klar umrissene Praxisstrukturen, noch über eine feldentsprechende Technik zu verfügen, auch die unterschiedlichen Klienten sowie die institutionalisierten Rahmenbedingungen sind konzeptionell wenig berücksichtigt worden.
Eine weitere Schwierigkeit, die nicht unabhängig vom vorgenannten Problem ist, ergibt sich daraus, daß in der Psychoanalytischen Pädagogik oft nur unzureichend oder überhaupt nicht zwischen professioneller und nicht-professioneller Erziehung von Kindern und Jugendlichen unterschieden wird.[1] Das hat für das Selbstverstandnis der Psychoanalytischen Pädagogik, ihre Theorie und Praxis durchaus negative Konsequenzen (vgl. Kap. 9).
Eine der Ursachen für die mangelnde Unterscheidung zwischen professioneller und nicht-professioneller Erziehung ist historisch darin zu sehen, daß die Autoren der

Psychoanalytischen Pädagogik lange Zeit am »Mythos« (Körner) der Neurosenprophylaxe festhielten. Der Gedanke der umfassenden Neurosenprophylaxe entsprang der (aus vielerlei Gründen naiven) Überzeugung, daß es eine ›richtige‹ Erziehung geben könne. Wären erst deren Bedingungen markiert und entsprechende Richtlinien als psychoanalytische Erziehungslehre entwickelt, dann sollte die Entstehung von Neurosen weitgehend verhindert werden können.
Diese umfassende Aufgabe bewältigen zu können, erschien in den zwanziger und am Anfang der dreißiger Jahre durchaus möglich. Eine allgemeine Aufklärung von Eltern und Erziehern über schwerwiegende Erziehungsfehler und deren neurotisierende Folgen sollte diese zu besseren Pädagogen machen. So konzentrierte sich die Psychoanalytische Pädagogik mehr darauf, allgemeingültige Aussagen für Erziehung überhaupt zu entwickeln und zu formulieren, als daß sie die konsequente Erforschung spezifischer Erziehungsfelder und die Entwicklung feldentsprechender Praxiskonzepte vorantrieb. Damit wäre notwendigerweise auch eine Klärung ihres Selbstverständnisses in Abgrenzung zum klassischen psychoanalytischen Heilverfahren verbunden gewesen.
Im ersten Teil der Studie sind Positionen und Ergebnisse der Psychoanalytischen Pädagogik Gegenstand der Darstellung und Diskussion. Ein Anspruch auf Vollständigkeit wird nicht erhoben. Der Leser wird einige wichtige Fragestellungen nur am Rande gestreift oder fast vernachlässigt finden, etwa die Geschichte der Psychoanalytischen Pädagogik. Auch spezifische Praxisbereiche, die in der Regel erst nach dem Zweiten Weltkrieg differenziert in einzelnen Studien erarbeitet wurden, werden hier nicht gesondert diskutiert. Das gilt unter anderem für den Bereich Schule (vgl. z. B. Graf-Deserno 1981; Muck 1980; Neidhardt 1977; Reiser 1972a, b; Redl/Wattenberg 1959), die Heimerziehung (vgl. z. B. Leber 1968; Muss 1973; Redl/Wineman 1951) und den Kindergarten (vgl. z. B. Ettl et al. 1981; Wolffheim 1930a).
Körner hat die deprimierende Diagnose gestellt, daß die Psychoanalytische Pädagogik »heute kaum mehr als eine wenig geordnete Fülle von Handlungskonzepten und Praxiserfahrungen« (1980, 773) umfasse. Obwohl mir diese Einschätzung zu pessimistisch erscheint, ist doch offensichtlich, daß Selbstverständnis und Methode der Psychoanalytischen Pädagogik einer weiteren Klärung bedürfen. Zur Klärung dieses Problemfeldes beizutragen, ist Aufgabe des zweiten Teils dieser Arbeit.
Mein Interesse gilt primär der Bestimmung des Verhältnisses von Psychoanalyse und Psychoanalytischer Pädagogik. Dementsprechend werde ich auch nicht die erziehungswissenschaftliche Diskussion von Wissenschaftsverständnis, Methode und Orientierung allgemeiner Pädagogik zur Debatte stellen. Auch die in neuerer Zeit in der Erziehungswissenschaft wieder auflebende Diskussion der hermeneutischen Pädagogik und ihrer geisteswissenschaftlichen Tradition bleibt ausgeklammert. Ich vernachlässige diese Diskussion nicht nur, weil sie den Rahmen dieser Studie sprengen würde, sondern auch, weil die Bewältigung dieser Aufgabe zunächst

eine Klärung des Selbstverständnisses der Psychoanalytischen Pädagogik voraussetzt.

Zu den einzelnen Kapiteln:

Kapitel 1 (Erziehungsmittel und Erziehungsziele) und Kapitel 2 (Sexualerziehung) bilden den historisch-inhaltlichen Einstieg in Ergebnisse und Positionen der Psychoanalytischen Pädagogik. Obwohl es naheliegend ist, diese Absicht durch die Darstellung der Geschichte der Psychoanalytischen Pädagogik zu verwirklichen, habe ich doch davon u.a. aus zwei Gründen Abstand genommen. Erstens liegen zur Geschichte bereits wohlfundierte Arbeiten vor (vgl. bes. Rehm 1968, sowie Ekstein 1970, Ekstein/Motto 1963, Ertle 1984, Füchtner 1978; 1979). Zweitens wollte ich vor allem die Breite der Diskussion vor dem Zweiten Weltkrieg nicht vorab durch die Konzentration auf ein spezifisches Thema eingrenzen.[2] Vielmehr sollen gerade die beiden ersten Kapitel auch die offene Atmosphäre der damaligen Auseinandersetzungen vermitteln, in denen oft wenig gesicherte, manchmal bedenkliche Hypothesen vorgetragen werden konnten. Besonders deutlich wird dies bei den Ausführungen zur Strafe (Kap. 1.3). In den Arbeiten zu diesem Thema geraten einige Autoren der Psychoanalytischen Pädagogik in Gefahr, den entscheidenden Gehalt der Psychoanalyse, ihr emanzipatives Verfahren, zu verleugnen. Psychoanalyse erscheint dann eher als eine Psychologie der Triebzähmung und als ein Instrument der Triebunterdrückung. Dort, wo die Autoren die psychoanalytische Methode verlassen, werden sie zu Erziehern, die Gefahr laufen, die Erkenntnisse der Psychoanalyse zur subtilen und effektiven Verwirklichung des »erzieherischen Willens« (Meng) zur Lenkung der Zöglinge einzusetzen. Füchtner hat darauf hingewiesen (vgl. 1979), daß ein Großteil der psychoanalytischen Pädagogen durchaus zum fortschrittlich-emanzipativen Teil der psychoanalytischen Bewegung zu zählen ist. In der damaligen Diskussion zum Thema Strafe scheint aber – aus heutiger Sicht – manchmal das Gegenteil sichtbar zu werden. Die relativ umfangreiche Darstellung dieses Themas habe ich gewählt, weil Strafe heute auffällig selten zur Diskussion gestellt wird. Zwar findet dieses fragwürdige Erziehungsmittel tagtäglich in der pädagogischen Praxis Anwendung (von der Notengebung bis zur Strafarbeit, vom Liebesentzug bis zum Ignorieren ›unerwünschten‹ Verhaltens von Kindern), in der allgemeinen Diskussion um Gewalt und Dressur in der Erziehung wird jedoch allenfalls die Spitze des ›Eisberges‹, die Kindesmißhandlung und die »schwarze Pädagogik« in neuerer Zeit gebührend beachtet. So notwendig die Aufmerksamkeit für diese Extreme der Gewalt gegen Kinder ist, so sehr eignet sie sich aber auch für die Tabuierung, die Abwehr der Wahrnehmung von weniger lautstarken Demonstrationen erzieherischer Macht und Mißachtung von Kindern und Jugendlichen in der täglichen Praxis.

Auch der Inhalt des 2. Kapitels (Sexualerziehung) mag auf den ersten Blick anachronistisch erscheinen. Die angebliche allgemeine Lockerung der Sexualtabus seit Mitte der sechziger Jahre scheint den Themen wie Aufklärung, Onanie oder Menstruation die frühere Brisanz genommen zu haben. Kaum eine Erzieherin im Kindergarten wird einem Kind auf entsprechende Fragen hin noch die Geschichte vom Storch erzählen, und auch in der Schule bemühen sich die Lehrer um eine sachliche Aufklärung. Ob jedoch die sinnlich-existenzielle Bedeutung der Sexualität für Kinder und Jugendliche von ihren Erziehern wahrgenommen und respektiert wird, bleibt nach wie vor zumindest zweifelhaft.[3]

In Kapitel 3 (Lern- und Leistungsstörungen) und Kapitel 4 (Verwahrlosung) werden die Positionen der Psychoanalytischen Pädagogik zum jeweiligen Thema durch die Ergebnisse der neueren psychoanalytischen Narzißmusdiskussion ergänzt. Verwahrlosung (als umfassende Verhaltensstörung) wird beispielhaft für das psychoanalytische Verständnis von sogenannten Verhaltensstörungen diskutiert.

Obwohl das Übertragungskonzept inhaltlich zur Methodendiskussion, also an den Anfang des zweiten Teils der Arbeit gehört, wird es doch im ersten Teil (Kapitel 5) erarbeitet. Das ist deshalb unerläßlich, weil der Begriff Übertragung zum Verständnis von Kapitel 6 (Erziehung in Gruppen) und Kapitel 7 (Therapeutische Konzepte) notwendig ist.

Die geringe Reichweite der inhaltlichen Aussagen in Kapitel 6 macht deutlich, wie wenig Beachtung die Psychoanalytische Pädagogik – aufgrund ihres therapeutischen Selbstverständnisses (vgl. Kap. 9) – der Erziehung in Gruppen geschenkt hat. Zulliger (1936) z. B. sieht sich am Ende ihrer »Blütezeit« (Füchtner) dazu genötigt, auf diese »Lücke« (Zulliger) hinzuweisen. Er bezeichnet damit die durchgängige Vernachlässigung einer entscheidenden Struktur pädagogischer Praxis, nämlich die vorwiegende Arbeit in Gruppen. Da sich Pädagogik hauptsächlich in Gruppen realisiert, die Überlegungen der Psychoanalytischen Pädagogik hierzu aber äußerst gering sind, werden in diesem Kapitel noch einige Ergebnisse der psychoanalytischen Kleingruppenforschung referiert.

Ein völlig anderes Bild zeigt der Blick auf die therapeutischen Konzepte, die sich historisch aus der Psychoanalytischen Pädagogik entwickelt haben. In Kapitel 7 werden die klassische Trias der Konzepte zur Kindertherapie (A. Freud, M. Klein, H. Zulliger) und einige Aspekte der psychoanalytischen Erziehungsberatung vorgestellt. Der Kontrast hinsichtlich Differenziertheit der Konzepte und Fülle der Ergebnisse zwischen Kindertherapie einerseits und regelhafter pädagogischer Gruppenpraxis andererseits ist evident. Er zeigt auch, wie schwer es für die Autoren der Psychoanalytischen Pädagogik war, sich vom Verständnis der Psychoanalyse als Heilbehandlung zu lösen und sich der Anwendung der psychoanalytischen Methode in explizit pädagogischen Praxisfeldern zuzuwenden.

Kapitel 8 und 9 dienen schließlich der Erarbeitung von Methode, Gegenstand und Selbstverständnis der Psychoanalytischen Pädagogik und führen u.a. zu folgenden Ergebnissen: Die psychoanalytische Methode wird als ein *allgemeines,* Metakommunikation und Selbstreflexion ermöglichendes und erforderndes Verfahren verstanden. Ihre Anwendung beschränkt sich deshalb nicht auf »die Therapie der Neurosen«, also auf eine Heilbehandlung.

Die Psychoanalytische Pädagogik wird entsprechend ihrem Wissenschaftsverständ-

nis und ihrer Methode als Teil der Psychoanalyse ausgewiesen. Die Unterschiede in den Anwendungen der Psychoanalyse ergeben sich als Folge verschiedener Praxisfelder (Settings), die eine jeweils feldentsprechende Technik erfordern.
Im letzten Kapitel werden zusammenfassende Überlegungen zur Praxis der Psychoanalytischen Pädagogik dargestellt.

Teil 1

Positionen und Ergebnisse der Psychoanalytischen Pädagogik

1. Erziehungsmittel und Erziehungsziele

Die frühen Überlegungen im Rahmen der Psychoanalytischen Pädagogik in bezug auf Erziehungsmittel setzen entsprechend der vorwiegend als Triebpsychologie formulierten klassischen Psychoanalyse am Problem der Trieberziehung an, also am prinzipiellen *Konflikt* zwischen Trieb(-wunsch) und notwendig (auch) frustrierender Realität. Damit ist ein zentrales Thema der Psychoanalyse angesprochen, die Frage nämlich, wie der Konflikt zwischen Luststreben einerseits und Versagung setzender Realität andererseits ertragen, wenn nicht gar partiell überwunden und gelöst werden kann.

Ein Stichwort in der Diskussion um die »Trieberziehung« der historischen Psychoanalytischen Pädagogik ist die Frage nach den Bedingungen der Ablösung bzw. der Modifikation des primären Luststrebens des Kindes durch Berücksichtigung, Anpassung an und Aneignung von Realität (vgl. z. B. A. Balint 1936; Bornstein-Windholz 1937, 83; Fenichel 1935, 118ff; R. Sterba 1932a, b). Redl hebt hervor, »daß wir als Realität die gegenwärtige Struktur der Gesellschaft mit ihrer Kultur zu betrachten haben« (1932, 528). Aufgabe der Erziehung ist es demnach, das Kind so zu unterstützen, daß es im Laufe seiner Entwicklung das ursprüngliche Verlangen nach sofortiger Spannungsreduktion (Lustprinzip) schrittweise aufgeben, daß es das primäre Luststreben dem Realitätsprinzip unterordnen kann. Damit stellt sich die pädagogische Aufgabe der sukzessiven Vermittlung und Förderung der kindlichen Fähigkeit, Bedürfnisspannungen ertragen zu können oder auf bestimmte Befriedigungsformen zu verzichten, um unter Einbeziehung der Forderungen der Realität letztendlich gesicherter zur (gesellschaftlich und sozial möglichen) Befriedigung zu gelangen. Im idealtypischen Verlauf gelingender Sozialisation einigt sich das Kind auf Modalitäten der Befriedigung *und* der Versagung mit seinen Erziehern (vgl. Lorenzer 1972; 1974; 1977) ebenso, wie es sich mit den Begrenzungen durch seine Realität schrittweise versöhnt (vgl. Trescher 1979a).

Auch die Diskussion der Erziehungsprozesse in der frühen Psychoanalytischen Pädagogik setzt an am prinzipiellen Konflikt zwischen dem Luststreben des Kindes (dem Es) und der Realität (und ihren innerpsychischen Vertretern: dem Ich und dem Überich).

Erziehung kann daher u. a. als Beitrag und »Anregung zur Überwindung des Lustprinzips, zur Ersetzung desselben durch das Realitätsprinzip beschrieben werden; sie will also jenem das Ich betreffenden Entwicklungsprozeß eine Nachhilfe bieten, bedient sich zu diesem Zwecke der Liebesprämien von seiten der Erzieher und schlägt darum fehl, wenn das verwöhnte Kind glaubt, daß es diese Liebe ohnedies besitzt und ihrer unter keinen Umständen verlustig werden kann« (Freud 1911, 236).

Die beiden allgemeinsten Erziehungsmittel werden in dieser Aussage Freuds bereits thematisiert: Gewähren (»Liebesprämie«) und Versagen (vgl. auch A. Balint 1936 und Rehm 1968, bes. 163ff).[1]

Allerdings führt erst die Enttäuschung, das Ausbleiben der sicher erwarteten sofortigen Befriedigung zum aktiven Auseinandersetzungsversuch mit den realen Bedingungen der Außenwelt (vgl. Freud 1911, 231). Die Erfahrung nicht-traumatisierender Mangelsituationen ist – wie die psychoanalytische Sozialisationstheorie gezeigt hat – Motor der psychischen Entwicklung, der zur Verarbeitung von Enttäuschungen und damit hin zu einer Differenzierung des psychischen Apparates führt. Während also die Befriedigung und die narzißtische Zufuhr dafür sorgen, daß eine tragfähige Objektbeziehung sich entwickelt, regt der Mangel und das Mißvergnügen, die Frustration zur Differenzierung der Objektbeziehung(en) und damit der psychischen Struktur an.

Lernt das Kind mit zunehmender Organisation und Differenzierung seiner Wahrnehmung und seiner Wahrnehmungsverarbeitung (d.h. strukturell: des Ich), einen Zusammenhang zwischen eigenem Verhalten, Reaktionen seiner Bezugspersonen und nachfolgenden Lust-/Unlusterlebnissen zu erkennen, so wird es zunehmend in die Lage versetzt, zu erwartende Lust- bzw. Unlustmöglichkeiten gedanklich vorwegzunehmen (Probehandeln) und sein Verhalten in Abhängigkeit von den Erziehenden entsprechend zu regulieren.

Das »Triebschicksal« (Freud) oder das »Triebprofil« (Lorenzer) erfährt seine Formgebung zunächst primär aus den frühen Interaktionsverläufen zwischen Mutter und Kind, später aus den Interaktionsprozessen mit weiteren wichtigen Personen der Lebenswelt.

A. Balint glaubt daran, »daß die Lebensweise des Kulturmenschen ein in frühester Kindheit einsetzendes systematisches Training zur Ertragung von Spannungssteigerungen erfordert. Diese systematische Erziehung... kann auch als ununterbrochene Reihe kleiner, die Ablösung von der Mutter fördernder Traumen aufgefaßt werden, denen das Kind von Anfang an mit einer weitgehenden Regelmäßigkeit ausgesetzt wird« (1937, 98).

R. Sterba zeigt, daß die Modellierung des Triebablaufes durch die Erziehung gleichwohl nach dem Lustprinzip erfolgt. »Der ökonomisch-dynamische Sinn, nach welchem der Trieb eines der Schicksale erfährt, ist in der erleichterten oder überhaupt ermöglichten Abfuhr der Triebenergie zu sehen« (1932a, 111).

Die schrittweise Einführung und Stärkung des Realitätsprinzips durch den Prozeß der Erziehung gelingt demnach über den Lust-/Unlustmechanismus, dem die Ökonomie des kindlichen Trieblebens folgt. Erziehung stellt Unlust (Versagung) unerwünschter kindlicher Lust entgegen und Lustgewinn (Gewähren, Liebesprämie) folgt dem gewünschten Triebverzicht (vgl. z. B. Fenichel 1945; 1954; R. Sterba 1932a, b).

So wendet Erziehung gleichsam das Lustprinzip gegen sich selbst und unterstützt damit die schrittweise zunehmende Relevanz des Realitätsprinzips in immer weiteren Bereichen des kindlichen Erlebens und Verhaltens. Ebenso steht das Realitätsprinzip im Dienste des Lustprinzips: Es sichert *langfristig* den sozial erwünschten und möglichen Lustgewinn in einer spezifischen Realität.

Der durch die Erziehung notwendig gesetzte Konflikt zwischen kindlichen Triebbedürfnissen und (partiell versagender) Umwelt konzentriert sich dabei im wesentlichen auf zwei Anforderungen an das Kind: das Ertragen des Wartens auf Befriedigung (»Triebtraining«, Frustrationstoleranz) und den völligen Verzicht auf unerwünschte Befriedigungsformen, etwa bei der Sauberkeitserziehung (vgl. A. Balint 1932, bes. 54ff).

Bei der Durchsetzung dieser Forderungen von seiten der Erzieher lassen sich wiederum zwei Varianten der Einflußnahme auf den Lust-/Unlustmechanismus, das ökonomische Steuerungsprinzip des kindlichen Trieblebens, unterscheiden. Entweder zielt die Erziehungsmaßnahme direkt auf eine Spannungserhöhung z. B. durch Strafe, oder sie zielt auf die Entfernung des zur Befriedigung notwendigen Triebobjekts. »Durch die Entziehung des Objektes soll die Befriedigung ausgeschaltet, das Kind also gezwungen werden, die Triebspannung zu ertragen oder anderswie abzuführen. Dort, wo ein Objektwechsel leicht gangbar ist, kann dieses Erziehungsmittel des Objektentzugs nicht angewendet werden« (R. Sterba 1932a, 112).

Die Unlustsetzung hingegen kann unabhängig sein vom ursprünglich unerwünschten Triebbedürfnis. Die erzieherische Anwendung derselben als Strafe äußert sich dann z. B. so: »Wenn du dieses nicht läßt, dann wird dir jenes entzogen, dann bekommst du diese Strafe.«

Mit Blick auf die Erziehungspraxis stellt sich natürlich die Frage, welche Versagungen mit welcher Intensität die oben angesprochenen entwicklungsfördernden nicht-traumatischen Mangelerfahrungen bewirken. Das ist aus der Sicht der Psychoanalytischen Pädagogik nicht positiv zu beantworten, obwohl lange Zeit bei einigen Autoren durchaus diese Hoffnung bestand (vgl. z. B. Ferenczi 1928, 239f). Die Forderung des genauen Verständnisses und der Respektierung des Erziehungs-»Objekts«, seiner familiären, sozialen und aktuellen Situation sowie das Wissen um den vielfach determinierten Prozeßcharakter von Erziehungsverläufen, machen es unmöglich, gleichsam Rezepte für die Erreichung pädagogischer Zielvorstellungen zu verabreichen (vgl. u.a. Kris 1975, bes. 39ff; Meng 1945, 100; Reich 1926/27, 65ff; Zulliger 1951, 176).[2]

Die Schwierigkeit, in der sich (nicht nur) die Psychoanalytische Pädagogik in bezug auf die Forderung nach konkreten Verhaltensmaßregeln für Erzieher sieht, hat Freud so formuliert: »Das Kind soll Triebbeherrschung lernen. Ihm die Freiheit geben, daß es uneingeschränkt allen seinen Impulsen folgt, ist unmöglich.... Die Erziehung muß also hemmen, verbieten, unterdrücken und hat dies auch zu allen Zeiten reichlich besorgt. Aber aus der Analyse haben wir erfahren, daß diese Triebunterdrückung die Gefahr der neurotischen Erkrankung mit sich bringt.... Die Erziehung hat also ihren Weg zu suchen zwischen der Scylla des Gewährenlassens und der Charybdis des Versagens. Wenn die Aufgabe nicht überhaupt unlösbar ist, muß ein Optimum für die Erziehung aufzufinden sein, wie sie am meisten leisten und am wenigsten schaden kann« (1933, 160; vgl. auch 1930).

In dieser Aussage Freuds deutet sich schon an, wie die Psychoanalytische Pädagogik

in bezug auf die allgemeine Erziehungspraxis mit dem Problem von Gewähren und Versagen umzugehen versucht. Die (scheinbare) Hilflosigkeit, in der sie sich aufgrund ihres verstehenden Zugangs im Hinblick auf konkrete allgemeingültige Praxisanweisungen befindet, spiegelt sich in immer wiederkehrenden Äußerungen, die einen »goldenen Mittelweg« empfehlen. Boehm beispielsweise fordert von den Erziehern: »Das gesunde Verhalten liegt in der Mitte: nicht zuviel Abschreckung, nicht zu frühzeitige Erweckung der Sexualität durch ein Übermaß an Zärtlichkeiten« (1932, 154). Reich betont: »Weder die totale Triebhemmung, noch die zu spät und dann notwendigerweise brutal einsetzende Versagung zeugt vom Verständnis der Erzieher für den Konflikt Kind–Welt« (1926/27, 59). Und A. Freud vermerkt: »Das zur Gesundheit Verhelfende liegt hier in der Mitte. Es handelt sich offenbar darum, den Trieb weder in die Verdrängung zu treiben, von der Sublimierung, das heißt von der Ablenkung zu anders gearteter Verwendung auszuschließen, noch ihn zur vollen Befriedigung durchzulassen, sondern einen Mittelweg zu finden. Wie macht man das aber?« (1934, 21).
Können also keine allgemeingültigen und konkreten Handlungsanweisungen für das ›richtige‹ Erziehen formuliert werden, so versucht die Psychoanalytische Pädagogik doch, dem von Freud angesprochenen Optimum näherzukommen, indem zwei zentrale Forderungen erhoben werden: die nach »sachlicher Erziehung« und damit auf das Engste verknüpft die nach der »Erziehung der Erzieher«, genauer, die Forderung nach dem möglichst analysierten Pädagogen.
Bevor diese beiden Postulate hier näher diskutiert werden können, stellt sich die Frage nach der Aufgabe der Erziehung, das Realitätsprinzip zu fördern und damit das Kind bei seiner sozial notwendigen Anpassung an (besser: Aneignung von) Realität zu unterstützen. Innerhalb der Psychoanalytischen Pädagogik impliziert das die Frage, an welche Realität, an welches Realitätsprinzip soll sich das Kind anpassen?
»Die Untersuchung verschiedener Völker zeigt, daß es kaum eine Erziehungsmethode geben kann, die nicht möglich wäre. Von der denkbar größten Freiheit bis zur grausamsten Tyrannei ist alles schon dagewesen und von Kindern ertragen worden. *Die einzelnen Kulturen sind es, die kein beliebiges Erziehungssystem vertragen«* (A. Balint 1937, 101).[3]
Entsprechend dieser Überlegung »steht dem Erzieher die Wahl des Erziehungsmittels nicht frei, sondern es ist vom Erziehungsziel abhängig« (Aichhorn 1931, 281, im Original kursiv, der Ref.).
Dies ist zu bedenken, wenn in der Psychoanalytischen Pädagogik z. B. der Zusammenhang von Erzieherverhalten und Ich- oder Überich-Entwicklung diskutiert wird. Neben anderen haben Fromm (bes. 1936) und M. Balint (1957, bes. 176ff) Erziehungsprozesse und Erziehungsverhältnisse benannt, die zur Förderung bzw. Schwächung des Ich und des Überich führen. So formuliert etwa M. Balint im Hinblick auf Disziplin und ihre strukturelle Verankerung in den Systemen Ich und Überich: »›Natürliche‹ Disziplin gibt es nicht, das ist bloßes Wunschdenken. Disziplin ist daher immer künstlich.« Wir wissen »ziemlich gut, welche Umstände den Aufbau eines strengen Überichs erleichtern. Das Gebot muß durchgesetzt werden, solange eine

eigene intellektuelle Beurteilung noch nicht möglich ist. Wenn das Gebot in einer späteren Altersstufe durchgesetzt werden muß, kann keine intellektuelle Kritik erlaubt werden. Es muß ein großes Mißverhältnis zwischen der Befriedigung des in Frage kommenden Wunsches und den angedrohten Folgen bestehen und schließlich muß das Individuum entweder durch viel zu wenig oder viel zu strenges, vorangegangenes Üben empfindsam gemacht werden. Wenn man ein strenges Überich errichten will, muß man das Ich gegenüber den anstehenden Aufgaben schwächen. Der andere Erziehungsweg, der die Stärkung des Überichs vermeiden will, besteht darin, durch ein vorsichtiges geistiges Training das Ich zu stärken.... Es ist nicht ratsam, das Kind zu schonen, indem man es von Aufgaben freistellt. Im Gegenteil, es sollten Aufgaben ausgesucht werden, die nicht zu einfach sind und eine gewisse Anstrengung erfordern« (1957, 178, 179).

Diese Ausführungen könnten dahingehend mißverstanden werden, daß es potentiell der individuellen erzieherischen Entscheidung obliege, jegliche Erziehungsziele (hier Ich- und Überich-Stärkung bzw. -Schwächung) und Erziehungsmittel frei auszuwählen. Obwohl dieses Mißverständnis in der Tat in der Psychoanalytischen Pädagogik häufig ist, sind Bestimmungen wie Ich-Stärke oder mangelhaftes Überich jedoch wesentlich gesellschaftlich getragene Bestimmungen. Sie verweisen deshalb immer auf das gesellschaftliche Feld, den sozialen Ort, der primär definiert, welche Strukturen angemessen oder für diesen sozialen Ort unangemessen sind (vgl. Bernfeld 1927b; 1929).

Nun sind gerade die Erziehungsziele keineswegs vom jeweiligen Erzieher unabhängig individuell proklamier-, geschweige denn durchsetzbar. Die scheinbar der subjektiven Entscheidung unterliegenden Erziehungsziele gegenüber den Erziehungsobjekten werden zunächst von (meist unbewußten) Motiven aus den jeweiligen Lebensumständen des Erziehers, seiner spezifischen Situation an einem bestimmten historischen und sozialen Ort determiniert. Aber auch die jeweils individuelle Lebensgeschichte ist geprägt von Erziehungsverhältnissen und -zielen, die primär in den gesellschaftlichen Institutionen (wie der Familie, den Ausbildungsinstitutionen, der Justiz usw.) formuliert sind. Für die »Sozialisationsagentur« Familie hat dies Fromm (1936) klar herausgearbeitet. Und Fenichel stellt fest, »daß es weiter führt, davon auszugehen, daß Pädagogik nicht als fernste Zielsetzung einzelner Pädagogen in der Luft hängt, sondern sich in bestimmten gesellschaftlichen Institutionen, Familie und Schule, sehr konkretisiert hat ..., daß es weniger auf die Absichten und Denkweisen der einzelnen Lehrer ankommt ..., sondern auf den Rahmen, der dem Lehrer gesellschaftlich vorgeschrieben ist« (1935, 118).

Die individuellen Möglichkeiten, diesen Rahmen der vorab gesellschaftlich definierten Erziehungsziele und materiellen Erziehungsverhältnisse zu sprengen, beurteilt Fenichel skeptisch. Eltern, die wesentlich vom sozial vorgegebenen Schema der Kindererziehung abweichen, »scheitern daran, daß sie die Kinder entweder von der Umwelt isolieren oder sie größeren Konflikten aussetzen müssen, weil die Kinder überall in der Welt das Gegenteil von dem hören, was man sie zu Hause lehrt; Lehrer, die abweichen, scheitern schon daran, daß man sie entläßt« (a. a. O.).[4]

Bernfeld hat u.a. diesen Umstand (1925) als die notwendig konservative Tendenz der Erziehung, als ihre soziale Grenze beschrieben.[5] Insofern konstituieren sich Erziehungsverhältnisse notwendig auch immer als aktuelle Zwangs- und Herrschaftsverhältnisse gegenüber der kindlichen Bedürfnisstruktur und seinen Befriedigungsformen. Das Realitätsprinzip zu fördern, zur Anpassung des Kindes an eine Triebverzicht fordernde Realität beizutragen, geht aufgrund dieser konservativen Tendenz immer mit der Gefahr der übermäßigen Triebunterdrückung einher, gemessen an den historisch und gesellschaftlich verfügbaren Befriedigungsmöglichkeiten. Das gilt in besonderem Maße für sozial benachteiligte Gruppen. Neben anderen hat besonders Bernfeld (z.B. 1927b; 1929) immer wieder auf diesen Zusammenhang aufmerksam gemacht. Auch das häufig formulierte Erziehungsziel Sublimierung (vgl. z.B. Levy 1934, 182f; Wolffheim 1930a, 94, 182) ist, wie Fromm (1931, 236ff) zeigt, abhängig vom sozialen Ort der Erziehungsprozesse und des Erziehungsobjektes (vgl. auch Aichhorn 1931, 227).

Die in der Psychoanalytischen Pädagogik oftmals formulierte Erkenntnis, daß die Wahl der Erziehungsziele nur zum kleineren Teil in der Entscheidung des einzelnen Pädagogen liegt, ist ein weiterer Grund dafür, daß keine konkretistisch-allgemeingültigen Regeln und Rezepte für »richtiges« pädagogisches Handeln formuliert werden können und sollen. In Anbetracht der variablen sozialen Abhängigkeit von Erziehung und der jeweils individuellen Besonderheit der Klienten der Pädagogik kann es also »keine absolute Pädagogik, keine absolute Hygiene« geben (A. Balint 1937, 101).

Eine Position, die auch von Freud an vielen Stellen seines Werkes vertreten wird, formulieren einige Autoren der Psychoanalytischen Pädagogik ebenfalls: »Die Erziehung des Kulturmenschen schließt das volle Triebglück aus. Was wir aber versuchen können und müssen, ist, die am wenigsten kostspielige Lösung zu finden« (A. Balint 1936, 82). Diese Aussage gilt jedoch nur, falls die Vorstellung vom absoluten Triebglück nicht überhaupt eine Fiktion ist. Die Entfaltung der menschlichen Möglichkeit, glücklich zu sein, ist grundsätzlich abhängig von Mangelerfahrungen und deren wie auch immer gearteter Verarbeitung. Lust und Glück sind Produkte von Sozialisationsprozessen. Das Neugeborene ist nicht glücklich, aber möglicherweise ist es zufrieden (befriedigt). Glück ist eine Erlebnisbestimmung sozialisierter Menschen. Das Glückserlebnis ist auf das Engste verbunden mit dem in der Lebensgeschichte produzierten Triebschicksal. Insofern kann es kein Triebglück geben, allenfalls eine Triebbefriedigung. Glück und Lust sind Bestimmungen, die implizieren, daß menschliches Erleben nicht allein über die menschliche ›Natur‹ erfaßt werden kann. Diese Sichtweise zeigt das Lustprinzip als Produkt einer dialektischen Entfaltung von Subjektstrukturen.

1.1. Sachliche Erziehung

Wie schon erwähnt, hat die Erziehung ihr Optimum zu suchen »zwischen der Scylla des Gewährenlassens und der Charybdis des Versagens« (Freud 1933, 160). Dabei hat sie im Hinblick auf das im Prozeß der Sozialisation notwendig einzuschränkende »Triebglück«, »die am wenigsten kostspielige Lösung zu finden« (A. Balint 1936, 82).

Diesem Optimum näherzukommen, erwartet die Psychoanalytische Pädagogik durch Erfüllung ihrer Forderung nach »sachlicher Erziehung«.[6]

»Die Einstellung des Erziehers zu seiner Aufgabe kann sachlich oder unsachlich sein. Sie ist dann sachlich, wenn die Erziehung darauf gerichtet ist, den Zögling in seinem Inneren und in seinen Beziehungen nach außen zu ordnen. Die unsachliche Erziehung läßt sich leiten von Ordnungstendenzen, die sich auf Unstimmigkeiten im Erzieher selbst zurückführen lassen. Der Erziehende schaut durch die Brille eigener Unerzogenheit«. Dabei findet eine unbewußte »Gleichsetzung der Jugend des Erziehers mit der des Zöglings statt« (Schneider 1927, 172, 173).

Die »unsachliche Erziehung« führt dazu, daß das Objekt der Erziehung nicht als eigenständiges Subjekt wahrgenommen werden kann, daß also im Agieren eigener Konflikte aus der Lebensgeschichte des Erziehers der Zögling zur phantastischen Korrektur seiner lebensgeschichtlichen Verletzungen – zur Abwehr – mißbraucht wird.

Unsachliche Erziehung steht somit im Widerspruch zum verstehenden Zugang zu den Klienten. Sie verhindert aufgrund der unbewußten Konfliktlage des Pädagogen eine realitätsgerechte und situationsadäquate Wahrnehmung seines Zöglings. Sie ist darüber hinaus unvereinbar mit der Forderung nach dem möglichst weitgehenden Respekt vor dem Kind, der Notwendigkeit der Achtung seiner vitalen Bedürfnisse und seiner Persönlichkeit.

Bernfeld leitet aus diesem »selbstverständlichen Prinzip der allgemeinen Achtung des Kindes« die Notwendigkeit der »Aufrichtigkeit ihm gegenüber« ab (1927, 198). Und Wolffheim stellt den Grundsatz auf: »Was wir können – und auch *müssen* – ist: das Ernstnehmen des Kindes und seiner Konflikte. Das Bewußtsein des Gewürdigtwerdens und Geachtetseins ist für das Kind Notwendigkeit« (1927b, 241).

»Nicht die Mühe des Erziehers ist es, die wir in erster Linie berücksichtigen, sondern die des Kindes; beziehungsweise wir trachten, auf dem Weg des Studiums der im Kinde wirkenden psychischen Vorgänge auf die Frage Antwort zu erhalten, warum irgendein Erziehungsverhalten erfolgreich oder erfolglos war« (A. Balint 1923, 56). Nicht der Zögling soll also an die Erziehungsmittel und -verhältnisse angepaßt werden, sondern die Verfahrensweisen der Erziehung (soweit innerhalb der sozial gesetzten Grenzen möglich) an den Zögling. Die Psychoanalytische Pädagogik beginnt dort, wo sich der Zögling emotional befindet.[7] Sie versucht deshalb zunächst, ein spezifisch »wachstumsförderndes« Milieu des Verständnisses und des »Nichtverfolgens« (vgl. Winnicott 1965) zu schaffen. So soll die Entfaltung des Kindes oder des

Jugendlichen, in den gesellschaftlich am jeweiligen sozialen Ort der Erziehung gesteckten Grenzen, möglichst umfassend gefördert werden.

Insofern darf der Begriff Sachlichkeit, der heute durchaus einen doppeldeutigen Klang hat, nicht mißverstanden werden. Zur Rede steht nicht eine Form emotional kalter Erziehung nach dem Muster zwanghafter Affektentleerung oder einer verdinglichten Erziehung. Das gilt auch für ähnliche Formulierungen wie der folgenden, die in der Literatur der Psychoanalytischen Pädagogik häufig anzutreffen sind. C. Müller-Braunschweig z. B. behauptet, »daß *diejenige Erziehung die beste* ist, die mit den kleinsten Dosen arbeitet, *mit den kleinsten Dosen von Liebe und Furcht«* (1928, 84). Obwohl der Autor diesen Punkt nicht explizit herausarbeitet (wohl auch nicht im Auge hat), ist dies m.E. ein immanenter Versuch, Kriterien professioneller Pädagogik zu benennen,[8] Kriterien für einen professionellen Umgang mit den Erziehungsobjekten, den Erziehungserfordernissen und den Erziehungsverhältnissen, die nicht nur die innere, sondern auch die äußere Realität in pädagogischen Interaktionen berücksichtigen. Die Dynamik von Übertragungsprozessen (und der entsprechenden unbewußten Reaktionen des Pädagogen) beinhaltet immer die Gefahr, die vom Klienten angebotene oder die eigene *phantasierte* Realität als Wirklichkeit zu werten. Insofern ist die Forderung nach »den kleinsten Dosen von Liebe und Furcht« (a.a.O.) eine prophylaktische und präventive Formulierung. Schneider charakterisiert die »unsachliche« Erziehung, die er auch eine »affektive« nennt, folgendermaßen: »Der Erzieher benimmt sich so, als ob er durch Fehler des Kindes irgendwie persönlich getroffen wäre und von den Handlungen des Kindes überhaupt sein eigenes Leben abhängig wäre« (1927, 172f).

Die Sensibilität der Psychoanalyse für Übertragungsreaktionen führt in der Diskussion um die Psychoanalytische Pädagogik immer wieder zu Feststellungen und Beschreibungen unsachlicher Erziehung und der Verknüpfung ihrer Inhalte mit der jeweiligen Lebensgeschichte der Erzieher (Eltern).

Reich weist neben anderen darauf hin, »daß die Triebäußerungen eines Kindes eine Gefahr für die Aufrechterhaltung der Sexualverdrängung des Erwachsenen bedeuten. Sie erwehren sich dieser Gefahr entweder dadurch, daß sie die Triebäußerungen gar nicht wahrnehmen oder als ›krankhafte Unart‹ verurteilen« (1926/27, 263). Die reale Bedeutung der kindlichen Triebäußerung wird so wegen ihrer Gefährlichkeit für das Abwehrsystem des Erziehers überdeterminiert und erfährt entsprechende Bedeutungsverzerrungen, die zu unangemessenem erzieherischem Handeln führen. Die übermäßige (z.B. harte Bestrafung) oder ungenügende affektive Reaktion (z.B. Leugnung kindlicher Triebäußerungen) wird dann zum Gradmesser und Spiegel der unbewußten Bedeutung der kindlichen Triebäußerung für den Erzieher, seiner Verstrickungen in die eigene Kindlichkeit, die erneut virulent wird. Die ungebrochene Identifikation mit dem Kind oder mit den primären Objekten der Lebensgeschichte des Erziehers führt zu Neuauflagen dramatischer und möglicherweise traumatisierender Erziehungssituationen. Die Affekthöhe provoziert den Erzieher zur Suche nach einer möglichst raschen Affektabfuhr, beispielsweise durch Sanktionen gegen-

über dem Kind. Ihre unbewußte Motivation aber macht diese für eine sinnvolle Erziehung unzweckmäßig, wenn nicht gar schädlich für die weitere Entwicklung des Kindes.
»Wer seiner Neigung zur Affektabfuhr folgt, handelt deshalb unzweckmäßig, weil ihn dieser Zustand nicht in die Lage versetzt, erzieherisch planmäßig überdachte Maßnahmen zu treffen, da für ihn die Erleichterung, die bestenfalls als Nebenwirkung sinnvoll wäre, zum ausschlaggebenden Motiv seines Verhaltens wird« (Redl 1935, 224).
Basis der sachlichen Erziehung ist deshalb nach den Worten Mengs eine affektbeherrschte Haltung. Aber »eine affektbeherrschte Haltung ist keineswegs Ausdruck einer unpersönlichen Kälte des Erziehers. Die herzenskalte Erziehung wirkt wie ein reiner Zerstörer« (1945, 66) und wäre deshalb im Sinne der Psychoanalytischen Pädagogik eine Form unsachlicher Erziehung, weil sie selbst wiederum ihre Basis in der neurotischen, den Zögling neurotisierenden, Abwehrstruktur des Erziehers hat.
Sachliche Erziehung fordert deshalb immanent die beständige Reflexion der Erziehungsprozesse, insbesondere die unbewußte emotionale Beteiligung des Pädagogen und seines/seiner Klienten an konflikthaften und konfliktträchtigen Szenen. Psychoanalytische Pädagogik formuliert hier wohl auch ein Stück Mißtrauen gegenüber sehr starken Affekten auf seiten des Erziehers, die nur allzuoft auf eine Dominanz unbewußter und deshalb möglicherweise für den Erziehungsprozeß dysfunktionaler Wünsche und Ängste verweisen. Die Forderung nach Zurückhaltung dient hier dem Versuch, der Gefahr vorzeitiger und übermäßiger Triebunterdrückung bzw. Triebreizung (unbewußte Verführung) vorzubeugen.
Aus der Sicht der Psychoanalyse aber scheint die einzig sinnvolle Konsequenz gegenüber unbewußten und deshalb unkontrollierten Motiven beim Erzieher, die Auf- und Durcharbeitung derselben und d.h. die Analyse des Erziehers zu sein.

1.2. Erziehung der Erzieher

Neben den allgemeinen, schon erwähnten Ratschlägen hinsichtlich Zurückhaltung und Mißtrauen gegenüber starken Affekten im Erziehungsgeschehen erhob die Psychoanalytische Pädagogik folgerichtig die weiterführende und umfassendere Forderung nach Erziehung der Erzieher durch die Eigenanalyse. Sie zog damit die Konsequenz aus den Erfahrungen in den Analysen von Patienten, die deutlich die maßgebliche und entscheidende Beteiligung wichtiger Erziehungspersonen am Zustandekommen neurotischer Erkrankungen aufzeigten. Allerdings wurde auch in der Blütezeit der Psychoanalytischen Pädagogik nur unzureichend versucht, Kriterien für eine professionelle Pädagogik zu entwickeln, die ein eigenständiges, von der Psychoanalyse als Heilverfahren abgegrenztes Selbstverständnis erfordert hätte. So wurde auch die für erforderlich gehaltene Vorbildung des psychoanalytischen Pädagogen weitgehend nach dem Modell des Psychoanalytikers gedacht. Dieses ärztliche

Selbstverständnis (vgl. Kapitel 9) tug darüber hinaus erheblich dazu bei, daß feldentsprechende Praxiskonzeptionen innerhalb der Psychoanalytischen Pädagogik kaum entfaltet wurden. Eben dieser Umstand scheint ein wesentlicher Grund für das »Verschwinden« (Füchtner) der Psychoanalytischen Pädagogik nach dem Zweiten Weltkrieg zu sein.

Anders in der Kinderanalyse (-therapie). Innerhalb dieses Bereiches der psychoanalytischen Bewegung wurden schon relativ früh (vgl. Hug Hellmuth 1921; A. Freud 1927; Klein 1923; 1926; 1932; Zulliger 1951; 1952; 1957) Konzepte zur *Behandlung* von Kindern entwickelt. Konzeptionen für die spezifischen pädagogischen Settings wurden kaum über erste Ansätze hinaus entfaltet.

So wurde in Anlehnung an die Ausbildung zum Psychoanalytiker als beste Schulung für Erzieher die Eigenanalyse empfohlen. »Es ist für den Erzieher noch wichtiger, seine eigenen unbewußten Wünsche richtig zu erkennen als die des Kindes. Denn unter jeder neurotischen Verhaltensweise des Erziehers haben die Kinder irgendwie zu leiden; es gäbe nicht so viele Erziehungsschwierigkeiten, wenn die Pädagogen die Dynamik ihrer eigenen unbewußten Wünsche und die Wirkung von Affektlösung und -spannung verstünden« (Chadwick 1930, 362; vgl. auch Behn-Eschenburg 1934, 29f; Fuchs 1932, 357; Laforgue 1930, 105; Meng 1933b, 178 u. a.).

Diese Feststellung Chadwicks gilt nun primär für nicht-professionelle Erzieher, da professionelle Pädagogen häufig bereits mit den Folgen von gestörten Sozialisations- und Bildungsverläufen konfrontiert werden. Das tiefere Verständnis für eigene Problemlagen als Ergebnis der Eigenanalyse des Pädagogen ergibt jedoch *allein* noch keine Handlungsperspektive für konflikthafte pädagogische Praxis. Und so erweist sich als vordringliches Problem *professioneller* Psychoanalytischer Pädagogik (und nur als solche ist sie heute denkbar) seit jeher die Verknüpfung psychoanalytischen Verstehens mit der »Arbeit an den Objektbeziehungen« (Bittner), der Bereitstellung eines »fördernden Dialoges« (Leber).

In Anbetracht der auch in der Psychoanalytischen Pädagogik deutlich erarbeiteten Differenzen zwischen Therapie und Erziehung – insbesondere auch bezüglich der unterschiedlichen Praxisanforderungen und -bedingungen – erscheint das Vertrauen in die Eigenanalyse des Pädagogen heute eher naiv. Diese war und ist für das Heer der Pädagogen nicht nur undurchführbar, sondern sie zeigt deutlich ein Defizit der Psychoanalytischen Pädagogik auf: die mangelnde Nutzbarmachung der psychoanalytischen Methode in pädagogischen Praxisfeldern. Die unzureichende Differenzierung[9] zwischen professioneller und nicht-professioneller Pädagogik ist ein deutlicher Beleg hierfür.

Auch heute noch gilt als eigentliche psychoanalytische Praxis das ärztliche Heilverfahren, sieht man von einigen Ansätzen in der Pädagogik ab (vgl. bes. Leber 1972; 1977a; sowie Bittner 1973; Kutter 1974; Neidhardt 1977; 1984; Reiser 1972a; 1972b; Salzberger-Wittenberg 1970; Trescher 1981; 1984 u. a., eine ausführlichere Diskussion dieses Problembereiches ist Gegenstand des 9. Kapitels).

Die Überlegungen zur Erziehung der Erzieher im Rahmen der Psychoanalytischen

Pädagogik reflektieren u. a. die unbewußten Motive der Wahl des Erzieherberufes. Als entscheidend gilt entsprechend dem genetischen Ansatz die Lebensgeschichte des Erziehers, die Folgen der Erziehungsmaßnahmen, denen er selbst als Kind unterworfen und ausgeliefert war (beispielhaft: S. Bornstein 1933; Chadwick 1930, 364 ff; 1933) und deren emotionale Auswirkungen in der Regel verdrängt worden sind. »Das Unbewußte solcher Erzieher wirkt dann wie eine Quelle, von der Störungen des rationalen Handelns ausgehen: Gegenüber bestimmten Unarten des Kindes entwickelt der Erzieher besondere Strenge, auch wenn er vom Standpunkt der Vernunft aus das Unzweckmäßige seines Handelns einsieht, dann übergeht er wieder abnorme Impulshandlungen von Kindern, die ihm anvertraut wurden« (Chadwick 1933, 322).
Behn-Eschenburg beschreibt den Wunsch nach Umkehrung der Macht-Ohnmacht-Relation zwischen Eltern und (unterdrücktem) Kind als mögliches unbewußtes Motiv für die Wahl des Erzieherberufes. Selbst zum Erzieher geworden, ist nun »das einst geschlagene und unterdrückte Kind endlich selbst der mächtigere und gefürchtete Große und darf nun selbst aus ihm wohl begründeten Anlässen schlagen« (1934, 28).
Wie hier schon deutlich wird, ist der Mechanismus der Identifizierung bei der Berufswahl von überragender Bedeutung. Chadwick nennt global zwei Verlaufsformen: Entweder setzt sich die Identifikation mit der Elterngeneration durch, oder der Erzieher verkörpert »die kommende (Generation, der Ref.) durch Identifizierung mit dem Kind: hier liegen die Wurzeln zu konservativen oder zu fortschrittlichen Erziehungsmethoden« (1931, 363).
Bohm (1931), Chadwick (1930), Hitschmann (1931) u. a. weisen auf anal-erotische Motive und (anal-)sadistische Quellen für die Berufswahl hin, die nicht zuletzt in der Art von Strafmaßnahmen und dem Umgang mit Disziplin und Ordnung ihren Ausdruck finden können.
Unbewußte Schuldgefühle, die zu Kompensations- und Wiedergutmachungsversuchen im pädagogischen Praxisfeld führen, vermutet Chadwick insbesondere bei Pädagogen, »die ihr Leben der Erziehung von Waisen, Krüppeln, geistig und körperlich minderwertigen, kriminellen oder verwahrlosten Kindern widmen« (1930, 369).
In neuerer Zeit hat besonders Schmidbauer (1977; 1983) auf die narzißtischen Dimensionen des »Helfer-Syndroms« hingewiesen, das nach seinen Erhebungen auch bei einer Vielzahl von professionellen Pädagogen anzutreffen ist. Gerade die häufig zu beobachtenden Rettungsphantasien von Pädagogen ihren Klienten gegenüber, der unbewußte Wunsch, deren bessere (oder genauer: absolut gute) Elternfigur zu sein, verrät narzißtische Wurzeln. Hier wird der Pädagoge zum »herrlichen Wesen ..., der Starke und nicht der Schwache, besonders machtvoll, gemessen an den bedauernswerten Kindern, die er erzieht« (Chadwick a. a. O.). Dieses Phantasma hilft, die eigenen narzißtischen Wunden zu verdecken und zu kompensieren. Das der Abwehr narzißtischer Katastrophen dienende reaktive Helfer-Syndrom kehrt die bedrohliche innere Situation des Helfers scheinbar um. Schmidbauer beschreibt diese mit folgendem Bild: »Ein verwahrlostes, hungriges Baby hinter einer prächtigen, starken Fassade« (1977, 15).
Schon die wenigen genannten unbewußten Motive für die Wahl des Erzieherberufes

verweisen auf die latente »Gefahr der Durchsetzung von unbewußten Triebbefriedigungen des Erziehers unter der Maske pädagogischer Notwendigkeiten« (Fromm-Reichmann 1930, 39). Das gilt insbesondere dann, wenn kindliche Triebäußerungen (z. B. Onanie, Lust am Schmieren etc.) die Aufrechterhaltung der Sexualverdrängung des Pädagogen gefährden und dieser entsprechende Gegenmaßnahmen (die als vorgeblich notwendige Erziehungsmaßnahmen maskiert sind) ergreift und/oder wenn die kindlichen Triebäußerungen unbewußt stimuliert werden und das Kind stellvertretend verpönte Wünsche des Erziehers agieren muß. In beiden Fällen verhindert die (seiner Abwehr entsprechende) Blindheit des Pädagogen die korrekte Wahrnehmung der aktuellen Befindlichkeit des Kindes. Er kann dessen wirkliche Bedürfnisse nicht wahrnehmen, weil die unverarbeiteten Triebkonflikte seine Wahrnehmung in bezug auf das Kind verzerren.

Wird die Erzieherpersönlichkeit in die Überlegungen einbezogen, stößt die Forderung nach Erziehung der Erzieher immer wieder an dessen seelische Grenzen (vgl. Bernfeld 1925, bes. 136ff). Nach den Überlegungen Bernfelds steht der Erzieher immer mindestens zwei Kindern gegenüber: dem Kind vor ihm und dem (verdrängten) Kind in ihm. Insbesondere die verbliebene und verdrängte Kindlichkeit, die ›alten‹ Wünsche, Sehnsüchte, Ängste und Bedürfnisse sind es, die seine seelischen Grenzen markieren und sein erzieherisches Handeln beeinträchtigen. Diese Beeinträchtigungen sind scheinbar nur durch die Eigenanalyse des Pädagogen aufzuheben. Nicht zuletzt deshalb wurde die Bedeutung der bloßen Eigenanalyse des Pädagogen lange überschätzt und deren mögliche Gefahren und Schwierigkeiten zunächst weitgehend übersehen. Daß die Psychoanalyse gleichsam ihrer ›Natur‹ entsprechend zwangsläufig auf diese Forderung stoßen mußte, hat oft den Blick getrübt für die zusätzlichen Probleme, die die Eigenanalyse ohne weitere Schulung des Pädagogen möglicherweise für seine professionelle Qualifikation aufwerfen kann.[10] Darüber hinaus wird gelegentlich eine Überschätzung (Idealisierung) der Auswirkungen einer Analyse auf die *pädagogische* Professionalität deutlich: Als ob z. B. ein Analytiker per se ein guter *professioneller* Pädagoge wäre.[11]

Rehm stellt rückblickend auf die Geschichte der Psychoanalytischen Pädagogik fest: »Der zur optimalen Voraussetzung richtiger Erziehung gerechnete analysierte Pädagoge stellt sich bei näherer Untersuchung seiner Wirksamkeit bald als zweifelhafte Größe heraus; auch schien die Forderung danach illusorisch. Die analytische Ausbildung eines Erziehers garantierte nicht selten eine bessere Erziehung, die enthielt aber eine Reihe unbekannter Risiken und Irrtumsmöglichkeiten« (1968, 166).

Ein Risiko für den psychoanalytisch geschulten Pädagogen liegt in der Identifizierung mit der passiv-wohlwollenden und verstehenden Haltung des Analytikers im Rahmen des klassischen psychoanalytischen Settings. Die Verwechslung dieses Settings mit den Bedingungen und Erfordernissen des pädagogischen Praxisfeldes muß zur Resignation (vgl. Berner 1937, 44), wenn nicht gar zur Paralysierung aktiven pädagogischen Handelns überhaupt führen. Der Versuch, die Befindlichkeit des anderen umfassend zu verstehen, ergibt – auch wenn er gelingt – noch lange keine pädagogische Handlungsperspektive. Findet in der Analyse der gemeinsame Verstehensprozeß in der rechtzeitigen Mitteilung des Verstandenen an den Analysanden seinen partiellen Endpunkt und beschränkt sich die Aktivität des Analytikers im wesentlichen auf die Deutung, so erlaubt es z. B. die Schulsituation »nicht, daß der Lehrer seiner Einsicht entsprechend durch Deutungen dem Kinde das mitteilt, was er im affektiven Rapport mit ihm erfahren hat« (Berner 1937, 44; vgl. auch Bittner 1973a, b). Das psychoanalytische Verstehen allein ergibt also keine hinreichende Handlungsperspektive. Darüber hinaus impliziert die aktive Ausübung von Autorität in der Setzung von Versagungen ja die Gefahr des unkontrollierten Agierens eigener unbewußter Konfliktlagen. Dieses Wissen kann auf den psychoanalytischen Pädagogen lähmend wirken, insbesondere dann, wenn er die eigenen leidvollen, durch die Analyse wiedergewonnenen Erfahrungen auf den Zögling projiziert. Bornstein-Windholz nennt dies »eine Spezialform der Angst vor dem Kind: Angst vor der Angst des Kindes, Angst vor der Traurigkeit, den Schuldgefühlen, den Konflikten des Kindes« (1937, 82).

Scheut der Pädagoge nun aufgrund der durch die Analyse gegebenen Sensibilisierung vor für den Zögling möglicherweise leidvollen Konflikten im Erziehungsverlauf zurück, und vergißt er deshalb, daß auch er ein wesentlicher Teil jener Realität ist, mit der sich das Kind auseinanderzusetzen hat und an der es sich abarbeiten muß, kann das fatale Folgen für die Entwicklung des Ich und die Entfaltung des kindlichen Selbst haben. Aus der Identifikation mit der passiven, nicht wertenden und prinzipiell wohlwollenden Haltung des Analytikers sowie der »Angst vor der Angst des Kindes« (Bornstein-Windholz a. a. O.), übersieht der Pädagoge, daß erst (nicht-traumatische) Mangelerfahrungen und deren Überwindung die Triebfeder für die fortschreitende Entwicklung des Kindes bilden.

»Wenn analytisch gebildete Erzieher solche Versagungen zu setzen sich scheuen, so übersehen sie dabei: Ein Liebesobjekt, um dessen Liebe man nie werben muß, ist kein genügender Motor für Identifizierungen. Während man also als Gewährender die Triebwünsche ermutigt, unterläßt man es, zugleich das Ich des Kindes zu stärken, damit es den Triebwünschen nicht ausweiche«. »Es besteht die Neigung, Kindern Schwierigkeiten aus dem Weg zu räumen, Hemmungen, die sie haben, besonders schonend zu behandeln. Das Erziehungsziel, Stärkung des Ichs durch Herabsetzung der Angsterlebnisse, führt aber auf diesem Weg zum Gegenteil: die verwöhnten Kinder zeigen der Realität gegenüber ein besonders schwaches Ich« (Bornstein-Windholz 1937, 85, 83).

Die primär wohlwollende, passive Haltung als Maxime des Erzieherverhaltens vergißt zudem, daß das Zumuten von Versagungen, das Setzen und Durchsetzen von Grenzen, kurz, daß die Übernahme von aktiver Verantwortung für den Erziehungsverlauf und von Autorität eine Kehrseite besitzt: Nicht nur langfristig, sondern auch aktuell schützen Autorität und verläßliche Grenzen vor bedrohlichen Trieb- und Angstdurchbrüchen. Dies gilt im verstärkten Maße, solange das Ich noch schwach und auf die Übernahme von Hilfs-Ich-Funktionen durch die Umwelt angewiesen ist, solange also die inneren Grenzen noch durch verläßliche äußere gesichert und unter-

stützt werden müssen. Die »Angst vor der Angst des Kindes« verdeckt eine Ebene von (pädagogisch sinnvoller) Autorität, ihre bergende und schützende Funktion ebenso, wie ihre richtig verstandenen Elemente der Fürsorge.[12]
Beherrscht also der analysierte Pädagoge nicht die Gefahr, das leidende Kind, das er selbst einmal war, an die Stelle des realen Kindes, das vor ihm steht, zu setzen, wird er blind durch die Überschätzung der eigenen Sozialisationsbedingungen und ihrer Projektionen auf seine Klienten.
Auch dann, wenn die Gefahren der Projektion nicht gegeben sind, kann als gesichert gelten, daß Erfahrungen mit den Klienten, die an die eigene Leidensgeschichte erinnern, verstärkt wahrgenommen werden. Das kann eine weitgehend korrekte Erfassung der Befindlichkeit des Klienten sowohl erleichtern als auch erschweren, wenn nicht gar sabotieren. Besonders gefährlich ist dieser Umstand in der Arbeit mit Klienten, die einer anderen Schicht angehören und z. T. wesentlich anderen Sozialisationsverläufen als der Pädagoge ausgesetzt waren. Das hat oftmals zur Folge, daß die Befindlichkeit des Klienten aus einem differierenden sozialen Sinngefüge heraus ›verstanden‹ und d.h. möglicherweise mißverstanden wird.
Schon aus dem bisher Gesagten wird deutlich, daß den nicht zu leugnenden Vorteilen eines besseren Verständnisses für die Klienten und für den Pädagogen selbst durch die psychoanalytische Schulung zusätzliche Belastungen gegenüberstehen: »Wir sehen, ... daß die Einführung in die psychoanalytischen Erkenntnisse die Arbeitsmöglichkeiten für den Erzieher zwar außerordentlich bereichert hat, daß sie es ihm aber gleichzeitig schwer genug macht, in diesem so stark erweiterten Arbeitsgebiet immer noch die richtige Orientierung zu finden« (Burlingham 1937, 93).
Auf das Problem der psychoanalytischen Schulung und Alternativen zur Einzelanalyse innerhalb der Aus- und Weiterbildung von psychoanalytischen Pädagogen kann hier nicht weiter eingegangen werden.[13]
In den nachfolgend referierten Positionen der Psychoanalytischen Pädagogik zur Strafe wird nochmals die »sachliche Erziehung« angesprochen. Auch mögliche unbewußte Motive und Absichten, die zum Einsatz der Strafe führen, werden erwähnt. Insofern knüpfen diese Ausführungen an die bisherigen Themen an. Sie sind aber u. a. auch deshalb beachtenswert, weil sie zeigen, wie fraglos in den zwanziger und dreißiger Jahren Gewalt gegen Kinder in der Erziehung ausgeübt und wie selbstverständlich auch die psychoanalytischen Pädagogen über Möglichkeiten und Grenzen dieses Erziehungsmittels nachgedacht haben.

1.3. Strafe

Konstitutiv für den Vorgang des Strafens ist eine Unlustsetzung bzw. ein Lustentzug (Versagung) von seiten der Umwelt als Reaktion auf unerwünschtes oder erwünschtes, aber nicht erbrachtes Verhalten. Strafe erscheint zunächst – neben der Lustprämie (Gewährung) – als das ›naturwüchsigste‹ Erziehungsmittel. Volksweisheiten wie »Ein gebranntes Kind scheut das Feuer« sprechen hier eine deutliche Sprache in bezug auf die Wirksamkeit unmittelbarer Unlusterfahrungen, die als Reaktion und Rückwirkung der ›natürlichen‹, dinglichen Umwelt auf unbedachte Eingriffe zu befürchten sind. (Nicht zuletzt die Lerntheorie hat auf diese Prozesse der Auswirkung auf das Verhalten durch lust- oder unlustsetzende Erfahrungen hingewiesen.) In diesem Sinne lassen sich die »Naturstrafe«[14] und die »Erziehungsstrafe« unterscheiden (vgl. z. B. Aichhorn 1925, 12f; 1931, 278; Fenichel 1935, 120; 1954, 142; Meng 1945; R. Sterba 1932b, 422ff). Diese Differenzierung der Strafe oder besser, des dem Kinde zugänglichen Erfahrungsbereiches hinsichtlich der erfahrenen Unlust (Lernen), bezieht sich auf die Unterscheidung zwischen den unmittelbaren Begrenzung durch die dingliche Umwelt (»Naturstrafe«) und der von einer Erziehungsabsicht getragenen Unlustsetzung.

»In der Entwicklung des Kindes sind zwei, zwar in der Wirklichkeit nicht nacheinander, sondern nebeneinander und ineinander verlaufende Phasen zu bemerken. Die eine Phase erlebt das Kind von selbst, die zweite durch die bewußte Einflußnahme der Erwachsenen. (...) In der ersten Phase kommt das Kind zu einer primitiven Realitätsfähigkeit, die gerade noch zur nackten Selbstbehauptung ausreicht: Ein Kind greift aus Lust am Feuer an den Ofen. Es verbrennt sich die Hände um so empfindlicher, je heißer der Ofen ist und je mehr von seiner Handfläche mit dem Ofen in Berührung kommt (...). Das Kind hat sich selbst gefährdet und wird durch die mit dem Schmerz verbundene Unlust ohne jedwede Anleitung oder Einflußnahme der Erwachsenen vorsichtiger. (...) Durch diesen ganz automatischen Ablauf von Lust- und Unlust-Erleben wird das Kind zwangsläufig in die primitive Realitätsfähigkeit gedrängt. In der zweiten Erlebnisphase zwingt der Erwachsene dem Kind seine eigenen Wertungen auf, um es zum Leben in einer ganz besonders strukturierten Realität zu befähigen. Erziehen heißt in diesem Zusammenhang also, die primitive Realitätsfähigkeit in eine besonders strukturierte Realitätsfähigkeit umzugestalten« (Aichhorn 1931, 278). Und 1925 formuliert Aichhorn im nämlichen Sinne: »Das Leben selbst erzwingt mit seinen Anforderungen die primitive Realitätstüchtigkeit, die Erziehung erweitert diese zur Kulturfähigkeit« (12).

Innerhalb dieser Differenzierung, die sich hauptsächlich auf die Versagung, d. h. Unlustsetzung von seiten der Umwelt bzw. dem Unlusterleben bezieht, haben sich viele Autoren um ein spezifisch *pädagogisches* Verständnis der Strafe im erzieherischen Sinne bemüht. Nicht das Zufügen oder Setzen von Unlusterlebnissen als solchem ist bei diesem Definitionsversuch zentral, sondern die Erziehungsabsicht, der »erzieherische Wille«[15] (Meng). »*Strafen im pädagogischen Sinn* ist Ausdruck eines erzieherischen Willens. Wir erkennen nicht jene Eingriffe als Strafe an, die offenkundig aus Rache, Laune oder Überreiztheit stattfinden« (Meng 1935b, 293).

Bohm, der »alle Strafen aus der Erziehungspraxis zu verbannen« (1931, 319) trachtet, befürwortet jedoch ebenso »jene bewußte Herausarbeitung des Realitätsprinzips ..., wie sie im Eintretenlassen der natürlichen Folgen oder der Quasi-Folgen des unerwünschten kindlichen Verhaltens zu sehen ist, und wie sie von manchen auch als

›Strafe‹ bezeichnet wird« (a.a.O.). Was also Meng als »Strafen im pädagogischen Sinn« beschreibt, deckt sich mit Bohms negativer Definition, die positiv etwa als Grenzziehung im Sinne des (gesellschaftlich variablen) Realitätsprinzips beschrieben werden kann.

Eine exakte Unterscheidung zwischen willkürlicher Vergeltungshandlung durch den Erzieher, der Strafe im Sinne Mengs und der oben genannten Grenzziehung scheint jedoch in praxi kaum möglich. Wenn Meng jene Eingriffe nicht als Strafe benannt wissen will, die »offenkundig aus Rache, Laune oder Überreiztheit stattfinden« (a.a.O.), so muß gerade die Psychoanalytische Pädagogik, die ja mit dem Unbewußten zu rechnen hat, sich besonders skeptisch gegenüber nicht Offenkundigem zeigen. Ohne Zweifel bleibt das Problem bestehen, daß insbesondere bei Strafen der erzieherischen Willkür (und das heißt hier auch dem Agieren eigener Konfliktneigungen) Tür und Tor geöffnet ist, daß also Erziehungshandlungen (womöglich hervorragend rationalisiert und damit maskiert) auf die Stufe von uneinschätzbaren, willkürlichen ›Naturereignissen‹ reduziert werden.

Nehmen wir als Ausgangspunkt der Diskussion Mengs Definition der Strafe, die durch Willkür motivierte Unlustzufügung nicht als pädagogische (d.h. auch professionelle) Strafhandlung anerkennt und sich somit auf das Ideal und die Forderung nach der »sachlichen Erziehung« (s.o.) beruft. Entsprechend gilt Mengs sachliche Handlungsleitlinie: »Aus pädagogischen Gründen darf nur gestraft werden, wenn man weiß, was in dem Kind vorgegangen ist, vorgeht und vorgehen wird, das straffällig erscheint« (1937, 121).

Im Sinne dieser sachlichen Erziehung stellt Redl vier Forderungen an pädagogisches Strafen:

1. »Anpassung des Strafmittels an die Natur des vorliegenden Vergehens (...).
2. Anpassung des Strafmittels an die Eigenheit, den Entwicklungszustand und die bisherige Strafgewohnheit des Kindes (...).
3. Anpassung des Strafausmaßes an die Schwere des Vergehens, Eigenheit, Entwicklungszustand und bisherige Strafgewohnheit des Kindes.
4. Richtige Streuung und Auswertung der verwendeten Strafen (...)« (1935, 227).

Zusammengefaßt: Redl fordert also den Sachbezug der Strafe sowie die Berücksichtigung und die Reflexion der psychischen Situation des Kindes und seines Entwicklungszustandes. Darüber hinaus weist Meng darauf hin, daß das »Strafen stets eine Maßnahme sein (soll), die außergewöhnlich ist, sonst bewirkt sie das Gegenteil dessen, was eine Erziehung anstrebt«. Denn »Gehorsam aus Selbstlenkung und Freiheit baut sich nicht auf Dressurmethoden auf, Dressur schafft Gehorsam aus Furcht und Unfreiheit« (1937, 121, 122). Für die Erziehungsstrafe gilt immer, »daß sie sich selbst überflüssig machen soll« (Meng 1937, 124).

Gemäß dem verstehenden Zugang und dem Respekt vor der Besonderheit (Individualität) des zu Erziehenden, dem Wissen also, daß die nämliche Erziehungsmaßnahme bei unterschiedlichen Adressaten keineswegs identische Auswirkungen zeigt, versucht Redl (1935) drei Straftypen zu beschreiben, die er analog zum Instanzenmodell (Es, Ich, Überich) und in Anlehnung an Freuds (1931) Einteilung der »libidinösen Typen« (erotischer, Zwangs-, narzißtischer Typus) entwirft. Zentral in Redls Überlegungen steht die Frage nach der Wirkungsweise von Strafen. Mit ihrer Beantwortung sollen Auswirkungen auf den Adressaten besser eingeschätzt werden können. Er hebt zunächst hervor, daß sich alle Strafmaßnahmen gegen das Es richten (vgl. 234) – also der Trieberziehung dienen –, daß jedoch in bezug auf den »Weg«, der hierzu eingeschlagen wird, eine Unterscheidung möglich sei (vgl. auch Schmideberg 1931b, 311 ff). Redl differenziert so zwischen der Es-, Ich- und Überich-Strafe, je nach dem »psychischen Ansatzpunkt, den der Strafprozeß im Kinde sucht« (235).

Einzig die »Es-Strafe« setzt direkt am Es an, ist somit ein Teil des »Triebtrainings« (A. Balint). Dieser Straftypus wendet sich unmittelbar an den Lust-/Unlustmechanismus (bzw. die Lust-/Unlustregulation) und steht damit der oben genannten »Naturstrafe« am nächsten. Unter genetischen Gesichtspunkten ist diese Strafform die frühest mögliche. Sie arbeitet primär mit der Hilflosigkeit des Kindes gegenüber einer übermächtigen Umwelt und der Abhängigkeit von seinen Objekten und den libidinösen Bindungen (Liebesentzug). Redl bezieht diese Strafform daher vorwiegend auf die präödipale Entwicklung, der »Zeit der restlosen Herrschaft des *Es*« (235).

Erst durch Identifizierungsprozesse und die Errichtung des Überichs mit dem Untergang und der Verarbeitung des ödipalen Konflikts scheint es im vollen Umfang möglich, die »Attacke« (Redl) nicht direkt gegen das Es zu führen, sondern das Bündnis mit dem Ich oder dem Überich zu suchen. Das Bündnis mit dem Überich bezieht sich dabei auf jene Instanz, die vorab der Aufgabe dient, verinnerlichte Ansprüche, die ursprünglich den elterlichen Ver- und Geboten entstammen, gegen das Es durchzusetzen. Die »Überich Strafe« hat so zum Ziel, primär die Funktionen des Überichs (Gewissen, Idealbildung) durch die Strafmaßnahme zu stärken und damit sekundär das Es zu ›schwächen‹.

Auch die »Ich-Strafe« dient zunächst der »Vernunft« (Redl) des Kindes: seiner Fähigkeit, Denken im Sinne des vorwegnehmenden Handelns in zukünftigen Situationen so einzusetzen, daß das Ich die Folgen einer Handlung antizipieren und zu erwartende Lust bzw. Unlust abwägen kann (Probehandeln). Die Ich-Strafe soll also vorwiegend die Fähigkeit zur Einsicht unterstützen und zielt somit – wie die Überich-Strafe – erst sekundär auf die Trieberziehung.

Zu bedenken bleibt, daß Redls Entwurf dieser drei Straftypen[16] idealtypisch ist. Im realen psychischen Geschehen sind immer alle drei Instanzen der Persönlichkeit beteiligt (bleibt man bei der monadischen Sichtweise der klassischen Psychoanalyse). Beim Appell an die Einsicht beispielsweise, ist immer auch das Überich (Idealbildung, ggf. Schuldgefühle) im Spiel, und auch die Ansprüche des Es werden nicht unberücksichtigt bleiben können (triebökonomischer Aspekt).

Die Beantwortung der Frage nach dem psychischen Ansatzpunkt der Strafe ist der erste Schritt hin zur Feststellung, Beschreibung und pädagogischen Nutzung ihrer

Wirkungsweise. Schmideberg (1931b) betrachtet die Strafwirkung (im Sinne der auf die Strafe folgenden Anpassung des Gestraften an die Verhaltensanforderungen des Strafenden) unter dynamischen Gesichtspunkten (vgl. 312ff): Auf die mit der Strafe absichtlich gesetzte Unlust reagiert das Kind mit Haß, der – sofern er dem Bewußtsein zugänglich bleibt – zur Rebellion drängt. Häufiger scheint ihr jedoch die Verdrängung des Hasses, weil frühere, abgewehrte Angst- und Haßsituationen, die ursprünglich den ödipalen und/oder präödipalen Versagungen entstammen, erneut durch die aktuelle Strafe mobilisiert werden.

»Der plötzlich auf diese Art geweckte Haß ist meist so intensiv und wird als so unerträglich empfunden, daß das Kind sich seiner nur durch Verdrängung erwehren kann. Der verdrängte Haß muß durch Liebe überkompensiert werden, und so wird das bestrafte Kind brav und folgsam, unter Umständen sogar zärtlich und liebebedürftig, um sein Schuldgefühl wegen seines unbewußten Hasses zu beruhigen«.

»Die Strafe spielt also die Rolle eines *›agent provocateur‹*: sie *verstärkt die Verdrängung* auf indirektem Wege, indem sie durch die absichtlich zugefügte Unlust so intensive *Haßgefühle* hervorruft, daß das Ich des Kindes sich ihrer nur durch Verdrängung erwehren kann« (Schmideberg 1931b, 312, 313).

Redl fragt nun genauer nach dem Schicksal der Aggression. Bei der erzieherisch unerwünschten Straffolge richtet das Kind die Aggressionen gegen die Außenwelt, gegen den Erzieher etwa oder einen Stellvertreter (Rebellion). Jedoch im »richtigen Fall wendet das Kind die freigewordenen Aggressionen nicht gegen den Strafenden, sondern: *gegen sich selbst«* (1935, 244). Diese »Wendung nach innen« (also keineswegs eine masochistische Befriedigung) ist konstitutiv für die gewünschte Überich-Bildung und Differenzierung der Ich-Funktionen.

Zwei Bedingungen für diese strukturbildende Wendung der Aggression nach innen sind für Redl entscheidend:

1. Die Mobilisierung von Angst (d.h. die auch von Schmideberg beschriebene Mobilisierung der latenten Ängste aus ödipalen und/oder präödipalen Versagungssituationen, vorwiegend bei Es- und Überich-Strafen; oder von Realangst, vorwiegend bei Ich-Strafen) und
2. die Schuldeinsicht (vgl. 245ff).

Die Provokation von Angstentfaltung allein reicht indes nicht aus, um die Erziehungsstrafe von Dressurmethoden zu unterscheiden. Erst die Schuldeinsicht verhindert, daß die durch absichtlich zugefügte Unlust geweckte Wut als Gegenaggression abgeführt wird oder ausschließlich der Abwehr unterliegt und somit pädagogisch nicht mehr genutzt werden kann. Entscheidend bei der von Redl so genannten Wendung nach innen ist demnach, daß sich das Kind letztendlich als *Verursacher* der Strafmaßnahme erlebt. Er erkennt deshalb wie Meng nur »sachhaltige« Strafen als Erziehungsmittel der Psychoanalytischen Pädagogik an. »Die Strafe muß so aufgebaut sein, daß sie das Kind trotz ihrer unlusterregenden Wirkung *nicht* als Aggressionsäußerung der strafenden Person erlebt, sondern als indirekte Folge seiner eigenen Schuld.... Nur ›sachhaltige‹ Strafen können die richtige Wirkung erzielen« (247).[17]

Redl weist darüber hinaus darauf hin, daß Angstentfaltung und Einsicht (die als Möglichkeit wiederum auch abhängig ist von der Sachhaltigkeit der Strafe) gleichsam die beiden Endpunkte einer Reihe darstellen, wobei die Erzeugung des reinen Angstdruckes (Dressur) *»noch nicht«* und die Einsicht ohne Angstdruck *»nicht mehr«* (248) als Strafe bezeichnet werden können.
Inwieweit Erziehungsmaßnahmen sich dem Pol der Einsicht annähern können, ist natürlich im besonderen Umfang vom Alter des Kindes abhängig. Je kleiner das Kind, desto größer ist seine reale Abhängigkeit von den primären Bezugspersonen und um so geringer sind seine Ich- und Überich-Funktionen entfaltet, die ja konstitutiv für die Fähigkeit zur (›Schuld‹-)Einsicht sind. Seine Hilflosigkeit und Abhängigkeit ist Bedingung der Angstentfaltung im Falle einer Es-Strafe (z. B. Lustentzug), die relative Autonomie des Ich und die Flexibilität des strukturierten Überich des älteren Kindes sind Bedingungen der Einsichtsfähigkeit und ihrer Nutzung durch pädagogisches Handeln (Ich-Strafe), das sich im Idealfall dem Punkt nähert, von dem aus es »nicht mehr« als Strafe beschrieben werden kann. Diesen Punkt zu erreichen, ist für Redl Ziel des pädagogisch ›richtigen‹ Strafens. Es soll »einen Akt der Selbsterziehung auslösen« (257; vgl. auch Meng 1937, 122ff; 1945, 121ff).
Der oben schon erwähnte Gedanke von Schmideberg, daß die Strafwirkung insbesondere beeinflußt wird von dem Schicksal früherer Verarbeitungsversuche von Versagungssituationen, ist ebenfalls bedeutungsvoll für das Verhältnis von Strafe, Schuldgefühl und Strafbedürfnis. So mag der von Redl geforderte Sachzwang der Strafe (Bedingung der Einsichtsmöglichkeit) eine zwar starke Barriere gegen eine übermäßige Mobilisierung früherer Ängste sein, die Sachhaltigkeit jedoch allein garantiert keinesfalls das erzieherisch erwünschte Ergebnis der pädagogischen Straf-Intervention.
Freud hat die »Verbrecher aus Schuldbewußtsein« (vgl. 1915b, 389ff) beschrieben und auf den Zusammenhang zwischen verpöntem, unbewußtem Haß und entsprechenden Vergeltungswünschen gegen die primären Bezugspersonen sowie das daraus resultierende Schuldgefühl hingewiesen, das immer wieder zur Bestrafung für die (gewünschte/phantasierte) Tat drängt[18] (vgl. auch Alexander/Staub 1929, 309ff; Bohm 1931, 326f; Laforgué 1930; Meng 1945, 28f; Reik 1925 u. a.).
Das Schuldgefühl besteht hier *vor* dem realen Vergehen und ist nicht erst dessen Folge. Schuldgefühl und Erleichterung durch die Tat und Bestrafung wurzeln in der unverarbeiteten ödipalen Konfliktsituation. Freud stellt fest, daß dies »eine Reaktion sei auf die beiden großen verbrecherischen Absichten, den Vater zu töten und mit der Mutter zu verkehren« (1915b, 390).
Das Schuldgefuhl ist also gegenüber der Tat präexistent, und die Tat selbst ist vorab strafbezogen, entspringt demnach einem Strafbedürfnis. Die von Freud beschriebene »Urschuld« wird so mit einem sekundären Vergehen maskiert (vgl. auch Alexander/Healy 1935; Friedländer 1947; Glover 1960). Die Reaktion (Bestrafung) des sozialen Umfeldes bezieht sich jedoch notwendig nur auf die sichtbare, dem Bewußtsein der Interagierenden zugängliche sekundäre Schuld. Bohm verweist deshalb auf die Zwei-

felhaftigkeit der Strafe bei dieser psychischen Konstellation, da hier die »Erziehungsstrafe vielfach nur ein Ersatz für die Selbstbestrafung« (1931, 327) ist.[19] Da mit der Strafe nun auch keineswegs die Ursache des (unbewußten) Schuldgefühls und des Strafbedürfnisses angegangen werden kann, drängt das Strafbedürfnis, nach kurzfristiger Erleichterung durch Vergehen und erfolgter Bestrafung, immer wieder zur erneuten Suche nach Selbstbestrafung. Aus diesem Umstand leitet sich Reiks Forderung an die Erzieher ab, kein »unnötiges Strafbedürfnis im Kind zu erzeugen«.

Sie sollen erkennen, »daß das Kind aus Strafbedürfnis schlimm wird und dessen Strafbedürfnis nicht befriedigen, sondern auflösen« (1925, 197).

Die Bedeutung masochistischer Triebkomponenten wird in der Literatur der Psychoanalytischen Pädagogik im allgemeinen nicht sehr hoch eingeschätzt.[20] Masochistische Manifestationen gelten primär als pathologische Reaktionen auf pathologisierende Erziehungsverhältnisse (und das bedeutet immer auch: Beziehungsverhältnisse), innerhalb derer dann die Strafe zum Liebesbeweis pervertiert (vgl. Weiß 1931, 259f) oder in subtiler Form in der schon beschriebenen »paradoxen« Reaktion auf Strafe sichtbar ist (vgl. Anmerkung 18, auch Meng 1934, 268). Besonders Meng hat immer wieder auf die unerwünschte Erotisierung des Gesäßes durch Prügelstrafen und ihre Verbindung zur Entwicklung masochistischer Bedürfnisse hingewiesen. »Gerade die Prügelstrafe auf das Gesäß kann die normale Entwicklungsrichtung des Gefühlslebens ernstlich stören. Es setzt u.U. eine Verlagerung der masochistisch erregten Sexualität von ›vorn‹ nach ›hinten‹ ein, es wird ein abnormes masochistisches Bedürfnis erweckt« (1945, 62; vgl. Freud 1919).

Der Hinweis Mengs deutet schon an, daß nicht nur Dynamik und Ansatzpunkt der Strafe in der pädagogischen Reflexion Berücksichtigung finden müssen, sondern auch die Strafform selbst, die ja auf diese wiederum einwirkt. Die Beeinflussung von Dynamik und Ansatzpunkt der Strafform ist bei Körperstrafen besonders evident. Sie werden in der Psychoanalytischen Pädagogik durchweg abgelehnt. Eine Erziehung ohne Körperstrafe ist nach Mengs Worten »dringend wünschenswert« (1935b, 297). Auf die mögliche übermäßige Erogenisierung durch die Prügelstrafe wurde bereits hingewiesen (vgl. auch Meng 1933a, 303; 1937, 120; Pipal 1931, 249f u.a.). Darüber hinaus ist die Prügelstrafe besonders geeignet, stärkste Kastrationsängste (Angst um die Integrität und Unverletztheit des Körpers, Todesangst) zu erwecken. Der durch die Prügelstrafe provozierte, aus der Sicht des geschlagenen, ohnmächtigen Kindes lebensbedrohliche Haß auf den Erzieher muß zwangsläufig abgewehrt werden. Die immense Kränkung und persönliche Mißachtung der vitalen Lebensinteressen durch die absolute Demonstration erzieherischer Macht (und Willkür) und die gewaltsame Unterwerfung des Kindes ist bei der Prügelstrafe unmittelbar ersichtlich.[21] Diese ist aufgrund der Affekthöhe völlig ungeeignet, Einsicht in irgendein Fehlverhalten zu gewährleisten. »Man versteht bald, daß Geschlagenwerden, auch wenn es nicht sehr weh tut, eine Absage der Liebe und Demütigung bedeutet. So manches Kind, das sich für sicher thronend in der unerschütterlichen Liebe seiner Eltern hielt, ist durch einen einzigen Schlag aus allen Himmeln seiner eingebildeten Allmacht gestürzt« (Freud 1919, 206).

Die in der Strafe vom Erzieher gesuchte und gefundene Affektentlastung ist, wie Redl (1935, 224; vgl. auch Aichhorn 1926, 202) betont, die Wurzel ihrer Beliebtheit. »Sie verdankt diesen Vorzug jedenfalls weniger ihrer wirklichen Eignung, sich am Kinde günstig auszuwirken« (a. a. O.). Im besonderen Maße ist die Strafe ja geeignet, die Wiederherstellung der Macht-Ohnmacht-Relation im pädagogischen Interagieren zu garantieren. (Der Strafanlaß zieht in der Regel die erzieherische Überlegenheit in Zweifel, durch die Übertretung von Verboten oder die Nichterfüllung von Geboten.) Diese ›Rache‹ des Erziehers entzieht der von der Psychoanalytischen Pädagogik grundsätzlich geforderten sachlichen Erziehung notwendig die Basis. Eine sachliche Erziehung in diesem Sinne ist im affektüberlasteten Klima der Körperstrafe unmöglich.

»Eine *körperliche* Aggression wird vom Kinde so sehr als *Persönlichstes* erlebt, daß der vielleicht auch vorhandene Sachgehalt der Strafe dahinter vollkommen verschwinden muß. Im Moment des Geschlagenwerdens zu erfassen, daß ›nicht der Schlagende, sondern das eigene unbeherrschte Innere eigentlich Unlustursache ist‹, ist wohl eine Zumutung, die mit den Tatsachen menschlichen Erlebens nicht rechnet. Die Körperstrafe verlockt das Kind so sehr, sie bewußt oder unbewußt als Rachehandlung mißzuverstehen, daß das wesentliche Moment der Einsicht in ihr nie voll erreicht werden kann. *Darum* bezeichnen wir sie als falsch, sprechen ihr die Fähigkeit, Erziehungsmittel zu sein, völlig ab« (Redl 1935, 252). Die Wendung der Aggression nach innen über Angst und Schuld*einsicht*, wie sie Redl als notwendigen Folgemechanismus pädagogisch richtigen Strafens beschrieben hat, muß notwendig mißlingen; ein »Akt der Selbsterziehung« kann nicht ausgelöst werden.[22]

Weiß macht in diesem Zusammenhang auf ein besonders schädigendes Erzieherverhalten, das der »alternierenden Ambivalenz«, aufmerksam. Er beschreibt damit das Verhalten von Erziehern, die »die Kinder allzu streng bestrafen… und später, dies bereuend, ihre ausgeübten Strafen durch Belohnungen oder wenigstens durch ein milderes und nachgiebigeres Benehmen ihnen gegenüber wieder gutmachen wollen« (1931, 294; vgl. auch Ferenczi 1913a). Ausgelöst durch die »alternierende Ambivalenz« erfolgt eine zusätzliche Steigerung von Angst und Schuldgefühlen auf zweifache Weise: Die durch die strenge Strafmaßnahme geweckte Aggression muß nicht nur wegen der Kastrationsdrohung, sondern auch wegen der nachfolgenden Überzärtlichkeit verdrängt werden. Schmideberg erwähnt darüber hinaus, daß »jede Liebkosung nach einer symbolischen Kastration den Knaben stärker in die passiv-homosexuelle Einstellung drängt« (1931b, 316).

Die durch die alternierende Ambivalenz der Eltern provozierte Passivität und Förderung der Regressionsbereitschaft des Kindes wird auch von Meng (1945, 61 f) betont. Er gibt zudem zu bedenken, daß gerade durch die fortgesetzte Prügelstrafe allgemein eine Abstumpfung gegenüber Umweltreizen zu erwarten und zu befürchten ist, da potentiell nur noch starke und stärkste Reize zu Handlungsmotiven werden können (vgl. 1937, 120).

Wie bei der Körperstrafe zeigen die Autoren der Psychoanalytischen Pädagogik Skepsis und Ablehnung in bezug auf die Folgen der Strafe durch Liebesentzug, respektive der Drohung mit diesem, obwohl sie bemerken, daß Erziehung ohne Liebesentzug kaum möglich sei (vgl. R. Sterba 1932a, b). Diese Strafform ist unmittelbar an die Abhängigkeit des Kindes vom Erziehenden gebunden. Liebesverlust oder die entsprechende Drohung durch den Erzieher setzt an der Bedeutung des Objekts für die lebensnotwendige Befriedigung der Sicherheits- und Triebbedürfnisse des Kindes an. Liebesentzug als Strafform gewinnt ihre dynamische Wirkungsweise also aus der Angst vor Objektverlust. Die Angst entsteht – entsprechend der zweiten Angsttheorie Freuds (vgl. 1926a) – als Signalangst vor den drohenden Gefahren durch diesen Verlust. Sie entwickelt sich daher »durch die Androhung oder partielle Ausführung des Liebesentzuges. Durch die auf diese Maßnahmen folgende Angstentwicklung muß der Liebesentzug als wirksamstes, aber auch grausamstes Erziehungsmittel überhaupt bezeichnet werden, da die Angst im allgemeinen, besonders aber die Trennungsangst, zu den quälendsten Erlebnissen überhaupt gehört. Da der Liebesentzug oder seine Androhung durch bloßes Bösesein das in der ersten Zeit fast ausschließlich anwendbare Erziehungsmittel ist, kann es *keine Erziehung ohne Angst* geben« (R. Sterba 1932b, 428). »Zusammengefaßt: *Die Erziehbarkeit des Kindes* basiert auf *Angst vor Liebesentzug* und auf *Kastrationsangst*. Eine *Erziehung ohne Angst* scheint es *nicht zu geben«* (Aichhorn 1931, 280).

Fenichel hat auf die Abhängigkeit des Selbstwertgefühls von der Liebe der primären Bezugspersonen hingewiesen und diese als psychisches Äquivalent zur biologischen Hilflosigkeit beschrieben. »Das Verlangen des Kindes, geliebt zu werden, ist gleichzeitig das Verlangen, an ihrer (der Erwachsenen, der Ref.) Omnipotenz teilzunehmen, wovon das Selbstgefühl des Kindes abhängig ist. Wenn das Kind geliebt wird, fühlt es sich mächtig. Wenn es vernachlässigt wird, fühlt es sich hilflos und der Gefahr ausgesetzt, überhaupt nichts mehr zu sein.... Das Kind erwirbt die Fähigkeit, einige seiner Interessen zu opfern, um damit die notwendige Zuwendung zu sichern. Allgemein gesprochen ist das die Psychologie des Opfers, nämlich, ein geringeres Übel freiwillig zu akzeptieren, um ein größeres zu vermeiden« (1954, 143).

Die Drohung mit Liebesverlust ist für das kleine Kind daher auch unmittelbar an die Angst vor der Zerstörung der lebensnotwendigen Teilhabe an der (Illusion der) Omnipotenz der Eltern gekoppelt (vgl. auch Argelander 1971; 1976; Finger 1977; 1982; Kohut 1970; 1977; Leber 1976; 1978; Joffe/Sandler 1967; Winnicott 1965 u.a.).

Ängstigen und Drohen mit Strafe als Erziehungsmittel werden von der Psychoanalytischen Pädagogik abgelehnt, da sie ihren Erziehungszielen, sukzessive Aneignung der Realität und Entfaltung einer starken Persönlichkeit, vorab widersprechen. Übermäßige Angst führt zu Icheinschränkungen und Hemmungen (vgl. auch Fromm 1936, bes. 93ff), die einer adäquaten Auseinandersetzung mit der Realität die Basis entziehen. Zulliger hat diese Ablehnung der Angst als Erziehungsmittel so formuliert: »Angst macht *dumm* – Angst macht *asozial* – Angst macht *böse* – Angst macht *krank«* (1951, 182). Und Wolffheim gibt die eindeutige Anweisung: »Niemals dürfen wir zu dem außerordentlich schädlichen Mittel greifen, den Kindern durch das Hervorrufen einer Angst etwas abgewöhnen zu wollen. *Die Drohung selbst ist in ihren Nachwirkungen viel schlimmer als das vermeintliche Übel.* Manche spätere Neurose konnte auf angsterregende Drohung in den Kinderjahren zurückgeführt werden« (1930a, 91).

Allgemein ist also ersichtlich, daß im Rahmen der Psychoanalytischen Pädagogik die Strafe als Vergeltungs-, Dressur- und Machtmittel eine deutliche Ablehnung erfährt. Die Autoren billigen jedoch weitgehend Strafen im Sinne einer Grenzziehung, d. h. einer dem Entwicklungsstand des Kindes und den sozialen Erfordernissen angemessenen Begrenzung des kindlichen Trieblebens. Solche Grenzziehung verfolgt die erzieherische Absicht der Ich-Stützung gegenüber dem Es des Kindes, die Bohm als »bewußtes Herausarbeiten des Realprinzips« und »Eintretenlassen der natürlichen Folgen oder der Quasi-Folgen des unerwünschten kindlichen Verhaltens« (1931, 319) beschreibt. Eine Grenzziehung in diesem Sinne unterstützt die Verarbeitungsmöglichkeiten des Kindes in seiner Auseinandersetzung mit den Anforderungen seiner Umwelt in bezug zu seinen Bedürfnissen, da diese unmittelbar über die Instanz des Ich die Herrschaft des Realitätsprinzips gegenüber dem Lustprinzip fördert (vgl. auch Redl 1966, 203 ff; Redl/Wineman 1951, 238 ff).

Gleichwohl bleibt die Unterscheidung zwischen Strafe (im herkömmlichen Sinne) und der ich-unterstützenden Grenzziehung problematisch. Die beispielsweise von Wolffheim vertretenen Erziehungsmaßregeln, »gezeigte Ablehnung« oder »Nichtbeachtung« (1930a, 167) implizieren die Möglichkeit, z. B. Angst vor Liebesverlust auszulösen. Diese kann dann immer »tiefer wirksam sein als es der Spannungshöhe der gesetzten Unlust entspricht« (R. Sterba 1932b, 429), weil die Ablehnung bestimmter Verhaltensweisen des Kindes durchaus auch übermäßige Angst entbinden kann, besonders dann, wenn eine bereits latent vorhandene Angstbereitschaft gegeben ist. Deshalb gilt grundsätzlich auch hier als erster Schritt die Forderung nach umfassendem Verständnis der Befindlichkeit des Kindes in seiner sozialen Situation. Bezüglich der Strafe hat Meng diesen allgemeinen Grundsatz der Psychoanalytischen Pädagogik so formuliert: »Aus pädagogischen Gründen darf nur gestraft werden, wenn man weiß, was in dem Kind vorgegangen ist, vorgeht und vorgehen wird, das straffällig erscheint« (1937, 121).

Gilt der Psychoanalytischen Pädagogik das Erziehungsmittel Strafe nur im Sinne einer ich-stärkenden Grenzziehung als vertretbar, dann ist auch der entscheidende Gesichtspunkt, die Auswirkungen der Strafe auf die Beziehung Erzieher–Kind, zu berücksichtigen. Soll die Grenzziehung zur Unterstützung und zum weiteren Aufbau des Realitätsprinzips beitragen, darf die Strafe keinesfalls die positive Bindung – und hier insbesondere ihre schützenden und bergenden Anteile und Funktionen – des Kindes zum Erzieher durchbrechen und die Beziehung unzuverlässig machen. Die Schutzfunktionen, die der Erzieher seinem ›Schützling‹ gegenüber zu erfüllen hat, sind gerade bei Frustrationen setzenden Erziehungsmaßnahmen von überragender Bedeutung. Erst die dem Kind als Realität vermittelte und *bedingungslos* gewährte

Sicherheit garantiert, daß das Ich des Kindes in der Lage bleibt, von den durch Grenzziehung freigesetzten Aggressions- und Angstquantitäten nicht überflutet zu werden. Diese Schutzfunktion des Erziehers gegenüber dem Kind ist Bedingung dafür, daß es sukzessive in die Lage versetzt wird, seine Realitätsprüfung und die Aneignung von Realität zu optimieren, *weil die Wirklichkeit* unter dieser Bedingung *nicht als verfolgend und zerstörerisch erlebt wird.*

Das ist der entscheidende Begründungszusammenhang dafür, daß Strafen im herkömmlichen Sinne, die primär der Demonstration und Wiederherstellung der Macht-Ohnmacht-Relation zwischen Erzieher und Kind dienen, das latente Erleben der Realität als verfolgende und zerstörerische Macht bestätigen. Ergebnis dieser willkürlichen Strafmaßnahmen ist daher nicht verfügbare Aneignung von sozialer Wirklichkeit, sondern Anpassung durch Abschreckung: Dressur. Der Erzieher hat seinen Schützling auch in Schutz zu nehmen, und hierzu gehört die Versöhnung mit der zwar begrenzenden, Mangelerlebnisse setzenden, aber keinesfalls verfolgenden Wirklichkeit.

Zusammenfassend und ergänzend kann bezüglich des Themenbereichs »Strafe« festgehalten werden: Die Psychoanalytische Pädagogik läßt nur solche Handlungen als Erziehungsstrafe gelten, die innerhalb eines sachlichen Bezugs zum unerwünschten kindlichen Verhalten stehen (vgl. z. B. Bohm 1931; Meng 1935b). Redl (1935) unterscheidet nach dem jeweiligen Ansatzpunkt drei Strafformen: Es-Strafe, Ich-Strafe und Überich-Strafe. In Fortführung der Überlegungen Schmidebergs zum dynamischen Gesichtspunkt der Strafwirkung (1931b) bestimmt er die Erziehungsstrafe dann als erfolgreich, wenn die durch die Strafunlust ausgelöste Aggression durch Schuldeinsicht und Angstdruck nach innen gewendet wird, so daß diese dem Aufbau und der Differenzierung der Subjektstruktur (Überichbildung, Ichstärkung und -differenzierung) dienen kann.

Schmideberg (1931b) zeigt unter dynamischem Gesichtspunkt, daß die reaktiven Wut- und Haßgefühle des gestraften Kindes entweder zur Rebellion führen, sofern die Wut bewußt bleibt, oder verdrängt werden aufgrund der Mobilisierung entsprechender Vorerfahrungen aus den ödipalen und / oder präödipalen Konfliktsituationen, die mit überstarkem Haß und unerträglicher Angst verbunden sind. In diesem Sinne beschreibt sie die Strafe in der Rolle des ›agent provocateur‹, da diese auf indirektem Wege die ursprüngliche Verdrängung verstärkt.

Freud (1915b) verweist auf das unbewußte Schuldgefühl aus der ödipalen Situation, das zur Provokation von Bestrafung und damit zur kurzfristigen Entlastung führen kann. Da hier jedoch das Schuldgefühl gegenüber der bestraften Tat präexistent ist, sind – wie Bohm (1931) im Anschluß an Freud zeigt – die aus Schuldgefühl provozierten Erziehungsstrafen nur von kurzfristigem Erfolg, weil sie unerkannt im Dienste der Selbstbestrafung stehen. Die Wirksamkeit ›primärer‹ masochistischer Triebkomponenten wird hingegen bei Selbstbestrafungstendenzen gering eingeschätzt (vgl. Schmideberg 1931b).

In diesem Diskussionszusammenhang wird auch besonders auf die Verbindung von Geständniszwang und Selbstbestrafungsbedürfnis (u. a. in Verhaltensauffälligkeit,

Lernhemmung, Straffälligkeit) hingewiesen (vgl. Alexander/Staub 1928; Federn 1930; Laforgue 1930; Reik 1925; Zulliger 1927; 1951 u.a.).

Burlingham (1933) ergänzt die Ausführungen Reiks, indem sie den Geständniszwang auch als Verführungsversuch interpretiert, der den Erzieher gleichsam zum Mitwisser und Komplizen machen soll und auf diese Weise von Schuldgefühlen entlastet. Morgenstern (1937) verweist auf das magische Denken bei der Selbstbestrafung.[23]

Den sozialpsychologisch relevanten Zusammenhang von Strafjustiz, ihrer psychohygienisch entlastenden Funktion für Nichtstraffällige und der Psyche von Straffälligen reflektieren besonders Alexander/Staub (1928), Bernfeld (1931), Fromm (1930; 1931; 1936) und Reik (1925).

Die Prügelstrafe wird in der Literatur der Psychoanalytischen Pädagogik durchweg abgelehnt. Meng verweist auf die Gefahr der übermäßigen Erogenisierung (1933b; 1937) sowie auf die Erzeugung und Verstärkung masochistischer Bedürfnisse (1945). Die Freisetzung stärkster Ängste um die Integrität und Unverletztheit des eigenen Körpers (Kastrationsangst) sowie das Hervorrufen archaischer, präödipaler Angst vor einer grausamen, vernichtenden und zerstörerischen Umwelt durch Prügelstrafen sind unmittelbar evident. Freud (1919, 206) verweist auf die narzißtische Kränkung durch die Züchtigung.

Neben anderen sieht Redl (1935) den Grund für die Beliebtheit von Körperstrafen in der Affektentlastung für den Erzieher und nicht etwa in ihrer pädagogischen Wirksamkeit.

Hitschmann (1931) arbeitet analerotische Motive und Schikola (1932, 502f) den magischen Charakter des Strafens beim Erzieher heraus. Bohm (1931) zeigt, wie das Kind über die Mechanismen Identifikation und Projektion Objekt eines Triebwunsches beim Strafakt werden kann.

Auf den überaus schädlichen Wechsel zwischen Überzärtlichkeit und harter Bestrafung (»alternierende Ambivalenz«) weisen Meng (1945), Schmideberg (1931b) und Weiß (1931) hin.

Die Drohung mit Liebesverlust oder der Liebesverlust selbst als Strafform wird meist ablehnend diskutiert und skeptisch beurteilt, obwohl die Autoren oft betonen, daß Erziehung ohne Liebesentzug kaum denkbar sei. R. Sterba (1932a, b) weist unter dynamischen Gesichtspunkten auf die Angstentfaltung bei drohendem Objektverlust hin, der die vitalen Bedürfnisse des Kindes in Frage stelle, und hebt damit die Bedeutung der Trennungsangst bei dieser Strafform hervor.

Allgemein wird übermäßige Angstentbindung durch Drohung (nicht nur mit Liebesverlust) als schädlich für eine günstige Entwicklung der kindlichen Persönlichkeit gewertet (vgl. z.B. Wolffheim 1930a; Zulliger 1951).

Versagungen im Sinne der Förderung des Realitätsprinzips (z.B. Bohm 1931), des »Triebtrainings« (A. Balint 1936) oder des »Angsttrainings« (Bornstein-Windholz 1937), also Grenzziehungen, die das noch relativ schwache Ich (gegenüber einem übermächtigen Es) stützen, gelten der Psychoanalytischen Pädagogik als im wesentlichen einzig wünschenswerte Strafformen.

Bei der Frage nach den Bedingungen der Ich-Stärkung (dem erstrangigen Erziehungsziel der Psychoanalytischen Pädagogik), d.h. der strukturbildenden Transformation von äußeren Grenzen und äußerer Fürsorge in innere, nicht zu starre Grenzen und Strukturen, ist der Mechanismus der Identifikation von zentraler Bedeutung (vgl. z.B. A. Balint 1932, 103ff; Hey 1978; Jacobson 1964).

2. Sexualerziehung

Fragestellungen der Sexualerziehung (z.B. nach dem pädagogischen Umgang mit Aufklärung, Onanie/Masturbation und Nacktheit in der Erziehung) waren für die Psychoanalytische Pädagogik schon immer besonders naheliegend. Die Entdeckung der Bedeutung der kindlichen Sexualität und ihre Relevanz für die individuelle Entwicklung, insbesondere aber auch die wissenschaftliche Würdigung der sie individuell begleitenden typischen Phantasien und Konflikte durch die Psychoanalyse, machte die Sexualerziehung zu einem Hauptgegenstand der Diskussion innerhalb der Psychoanalytischen Pädagogik.[1]

Die Untersuchung der phasentypischen Konfliktkonstellationen der kindlichen Sexualität sowie deren Verarbeitungsversuche zeigte sehr bald die schon in den ersten Lebensjahren mit Vehemenz einsetzende Sexualforschung des Kindes. Phantasien über Geburt und Zeugung erhalten eine jeweils entsprechende Ausformung. Sie sind durchwoben mit Neid, Angst, Lust, Wut, Scham und Schuldgefühlen, je nach den besonderen Lebensumständen, der Entwicklungsstufe und den Erfahrungen des Kindes (z.B. Geburt eines Geschwisters, Beobachtung des elterlichen Geschlechtsverkehrs usw.).

Schon früh hob Freud (z.B. 1905a, 97; 1908a, 162) die Bedrohung der (Ich-)Entwicklung durch Unterdrückung der kindlichen Sexualforschung hervor, da das Denk- und Frageverbot bezüglich der Sexualität die Gefahr in sich birgt, zur totalen Denkhemmung zu führen. Dieser Gedanke wurde bei der Frage nach der Genese von Lern- und Leistungsstörungen ein zentraler Erklärungsansatz. So kann die intellektuelle Hemmung u.a. der Abwehr der Angst dienen, die entstünde, wenn sich das Kind über Verbote der Eltern bezüglich der infantilen Sexualforschung und der Onanie hinwegsetzen würde (vgl. z.B. Federn 1930; eine ausführliche Diskussion dieses Problemfeldes findet sich auch im Kapitel 3).

Um sich die Fürsorge und die Liebe der Eltern zu sichern und zu erhalten, verzichtet das Kind also nicht nur auf verpönte Triebäußerungen, sondern – Sexualtabus vorausgesetzt – möglicherweise auf seine »Forschertätigkeit« (Freud 1905a, 95) überhaupt, die ja in enger Verbindung mit der sexuellen Neugier steht. »Das Gefühl der Unzulänglichkeit so vieler Menschen, ihre Mutlosigkeit, geistige, aber auch Aufgaben anderer Art in Angriff zu nehmen, geht manchmal auf das Versagen bei der Sexualforschung zurück« (B. Bornstein 1930, 448; vgl. auch Freud 1908b, 181).

2.1. Infantile Sexualtheorien

Die Ergebnisse der Erwachsenenanalysen sowie unmittelbare Kinderbeobachtungen zeigen, daß die ursprünglichen Fragen des kleinen Kindes darauf abzielen zu ergründen, woher die Kinder kommen. Der Geburt gilt also zunächst das kindliche Interesse, nicht der Zeugung (vgl. jedoch Freud 1925b, 24 Fn.). Freud hebt hervor, daß diese Fragestellung der Lebensnot des Kindes entspringt: »Der selbst erfahrene oder mit Recht befürchtete Entgang der Fürsorge von seiten der Eltern« (1908b, 174) durch die mögliche Geburt eines Geschwisters ist der »Stachel«, der zur Frage nach der Geburt (aber auch nach dem Tod) treibt. Es ist somit ursprünglich die Frage, woher der unerwünschte Neuankömmling kommt, bzw. woher dieser gefürchtete Rivale um die Gunst der Eltern kommen könnte. Gelangt das Kind durch Beobachtung in der Regel bis zu dem Wissen, daß die Kinder aus dem Leib der Mutter geboren werden, so verhindert doch seine »Vernachlässigung der Geschlechtsunterschiede«, indem es »allen Menschen... einen Penis« (Freud 1908b, 177) zuspricht, nicht nur die adäquate Beantwortung seiner dringlichen Frage, wie die Kinder in den Leib der Mutter kommen, sondern auch die, wie die Kinder geboren werden. In Unkenntnis der weiblichen Geschlechtsorgane sind der kindlichen Phantasie Theorien einer Geburt durch den Nabel, durch das Aufplatzen oder Aufschneiden des Leibes, insbesondere aber durch die Darmöffnung naheliegend. Vor der Errichtung der Scham- und Ekelschranke ist es ja »keine Degradation, so zur Welt zu kommen wie ein Haufen Kot, den der Ekel noch nicht verdammt« (Freud 1908b, 182). Die anale Geburtstheorie wird zu dieser Zeit noch mit bekannten und lustvollen Erfahrungen des Kindes in Verbindung gebracht. Damit ist ersichtlich, daß die infantilen Theorien über die Geburt durch den Nabel oder durch Aufschneiden des Bauches usw. bereits Produkte von Reaktionsbildungen und Verdrängungsprozessen sind, die zeitlich nach der »Einführung« von Scham und Ekel im Verein mit Sauberkeitserziehung auftauchen.
Zulliger (1927b, 229f) interpretiert die orale Zeugungstheorie als zur analen Geburtstheorie gehörig, derzufolge die Mutter eine bestimmte Speise oder einen Trank, eine Medizin oder ein geheimes Mittelchen zu sich nehmen muß, aus dem dann die Kinder entstünden. Die häufige Vorstellung (die jedoch eher der Latenzzeit und Frühadoleszenz zuzuordnen ist), daß man vom Küssen Kinder bekäme, verrät ebenso ihren oralen Ursprung. (Selbst der »Klapperstorch« muß ja bekanntlich mit einem Stück Zucker auf der Fensterbank dazu gebracht werden, ein Kind aus dem nächsten Teich herbeizubringen.)
Auch die kindlichen Phantsien über das »Verheiratetsein« (d.h. für Kinder in Regel, wenn sie selbst Kinder haben) haben alle etwas mit Lustbefriedigung, insbesondere mit dem Hinwegsetzen über Schamgrenzen zu tun. Freud zitiert kindliche Vorstellungen wie: daß *»man voreinander uriniert...*, daß *der Mann in den Topf der Frau uriniert...*, daß *man einander den Popo zeigt* (ohne sich zu schämen)« (1908b, 184).
Diese Aufzählung belegt, daß die Kinder sich deutlich gegen den (noch überwiegend) äußeren Zwang der Erziehung, wie er später in Scham und Ekel einen inneren Aus-

druck findet, auflehnen. Sie können noch der lustvollen Phantasie nachgeben, die Schranken der Scham, wenn sie erst einmal groß sind und sich nicht mehr dem Diktat der Großen fügen müssen (oder vorwegnehmend im beliebten Mutter-Vater-Kind- und im Doktorspiel; vgl. Simmel 1926), fallen zu lassen.

Es ist deutlich, ohne entsprechende Hilfe von den Erwachsenen, also ohne entsprechende Aufklärung, scheinen die Kinder nicht in der Lage zu sein, ihre Unsicherheit und Irritation durch das Triebgeschehen zu überwinden. Suchtartige und zwanghafte Fragen nach »Gott und der Welt« (nur nicht nochmals nach der von den Erwachsenen tabuierten Sexualität) vieler Kinder findet nach der psychoanalytischen Deutung ihre Erklärung in der unbewußten Suche des Kindes nach Beantwortung seiner quälenden Unwissenheit in bezug auf die brennenden Fragen nach Zeugung und Geburt (vgl. A. Müller-Braunschweig 1930, 134ff; Zulliger 1927b, 229 u. a.).

Es handelt sich um etwas Verbotenes, Geheimes, was zwischen den Eltern hinter der geschlossenen Schlafzimmertür geschieht (vgl. auch Büttner/Nicklas 1984, 106ff). Daß dort aber etwas Lust- und für das Kind Angsterregendes passiert, bemerken die Kinder schon sehr früh.[2] Meist interpretieren die Kinder den Koitus der Eltern zunächst als Rauferei oder Prügelszene. Überhaupt gibt manchmal »die ganze Ehe dem aufmerksamen Kinde das Schauspiel eines unausgesetzten, in lauten Worten und unfreundlichen Gebärden sich äußernden Streites, wo dann das Kind sich nicht zu wundern braucht, daß dieser Streit sich auch in der Nacht fortsetzt und endlich durch dieselben Methoden ausgetragen wird, die das Kind im Verkehre mit seinen Geschwistern oder Spielgenossen zu gebrauchen gewohnt ist« (Freud 1908b, 183). Dieses aggressive Moment macht Angst, zumal dann, wenn das Kind durch das laute Gebaren der Eltern im Dunkeln geweckt wird. In der Falldarstellung des »Wolfsmannes« (vgl. 1918), in der Freud den Begriff »Urszene« zur Beschreibung der Koitusbeobachtung einführt, führt er aus, daß dieser immer im Rahmen der infantilen Sexualtheorien des Kindes als analer Koitus interpretiert wird. Bezugnehmend auf diese »sadistische Auffassung des Koitus« spricht Boehm von der Vorstellung des Kindes, »die Mutter werde im Sexualakt vom Vater vergewaltigt« (1932, 136).

Die sadistische Auffassung des Geschlechtsverkehrs kann insbesondere auch durch die Entdeckung der Menstruation einer Erwachsenen (blutige Wäsche etc.) untermauert und verstärkt werden. »Mit solchen Eindrücken verknüpfen sich uranfänglich Gefühle von Schuld und Furcht, die mit der Vorstellung des vergossenen Blutes zusammenhängen« (Chadwick 1931, 185).

Die Koitusbeobachtung löst also Angst aus. Neben der Angst aber ist ebenso Erregung an diese Beobachtung gekoppelt. »Die Angst, die dabei erlebt wird, löst gewöhnlich genitale Erregungen aus, die den Wert einer spontan entstandenen Sexualerregung haben. Allmählich begreift das Kind ungefähr den Sinn der nächtlichen Szenen als eines lustvollen Vorgangs und die genitale Erregung, die ursprünglich aus Angst zustande kam, tritt jetzt in ihrer eigentlichen Eigenschaft auf: das Kind onaniert in bewußter oder unbewußter Identifizierung mit einem der Eltern« (Reich 1926/27, 265ff).

Häufige Symptome, wie beispielsweise das Bettnässen oder das nächtliche Aufschrecken, die Kinder als Folge und im Zusammenhang mit den Erlebnissen der Koitusbeobachtungen entwickeln, verweisen in verschlüsselter Form auf ihre Erregung, Angst und Eifersucht sowie auf gescheiterte Verarbeitungsversuche. Die Begleitumstände des Miterlebens des elterlichen Sexualverkehrs – das Kind ist von den Eltern allein gelassen (der/die ausgeschlossene Dritte), es ist deshalb seiner Angst hilflos ausgeliefert – können nachhaltig die Verarbeitungsmöglichkeiten des Ichs überfordern und schädigen. »Die Koitusbeobachtungen im Kindesalter gehören zu jenen folgenschweren, sexuellen Erlebnissen, die die Eltern selbst, ohne es zu ahnen, fast überall den Kindern zuteil werden lassen« (A. Balint 1932, 76).
Die möglicherweise traumatischen Folgen der Urszene führen in der Psychoanalytischen Pädagogik zu der Forderung nach (soweit irgend möglich) einem eigenen Zimmer für das Kind und nach rechtzeitiger Aufklärung, die die sadistische Auffassung des Koitus korrigiert, sogar möglicherweise ihr Entstehen verhindert und darüber hinaus die Verarbeitungsmöglichkeiten des Ichs auch in bezug auf die Urszene stärkt.

2.2. Aufklärung

Die möglichen Folgen der Urszene wie auch die infantilen Sexualtheorien belegen jedoch nicht nur, daß die Kinder einer frühzeitigen Aufklärung bedürfen, sondern sie zeigen darüber hinaus, daß »die sexuelle Aufklärung ... in der Regel zu spät« (Zulliger 1927b, 228) kommt. Gewöhnlich wird die erste Frage nach der Zeugung der Kinder in der Zeit um das dritte oder vierte Lebensjahr (ödipaler Konflikt) gestellt; dann muß nach Überzeugung der Psychoanalytischen Pädagogik auch die Aufklärung einsetzen. Jedoch gilt die sexuelle Aufklärung nicht als von der allgemeinen Erziehung abgrenzbares Spezialgebiet, auf das – wenn bestimmte Bedingungen erfüllt sind – überzuwechseln ist. »Die sexuelle Aufklärung ist kein besonderer Kunstgriff, keine eigene Methode mit ihren eigenen guten Folgen und Hoffnungen, sondern ausschließlich Bestandteil, eine korrekte Bewährung des selbstverständlichen Prinzips der allgemeinen Achtung des Kindes und der sich daraus ergebenden Aufrichtigkeit ihm gegenüber« (Bernfeld 1927a, 198f).
In diesem Sinne verweist Rehm darauf, daß die Frühformen der geschlechtlichen Erziehung in der Beziehung und den »Zärtlichkeitsverhältnissen zwischen Erzieher und Kind« (1968, 60) wurzeln müssen. Überhaupt ist Skepsis angebracht, wo Aufklärung sich als pädagogisch konzipierter Akt spezieller Erziehung nicht zwanglos als Ergebnis von Neugier und »Forscherdrang« (Freud) des Kindes in eine prinzipiell wohlwollende und haltende Umwelt einfügt. Günther-Grude etwa argwöhnt: »Wo überhaupt eine Aufklärung nötig ist, ist schon etwas nicht in Ordnung. Das Wissen um die sexuellen Vorgänge darf nicht irgendwann explosiv auf das Kind eindringen, sondern es soll mit ihm wachsen« (1928, 69).

Deshalb bestimmt Bernfeld den Wert der sexuellen Aufklärung negativ: »Sie schädigt nicht, während die Methode... die Kinder zu belügen, sehr oft einen sicheren Schaden herbeiführt. Darüber hinaus aber wirkt sie kaum, gewiß nicht als Schlüssel zu zentralen Problemen der Erziehung« (1927a, 198).

Wie in neuerer Zeit Brocher[3] (vgl. 1968) hat auch Ferenczi auf die Folgen der Trennung von Affekt- und Sachbildung hingewiesen. »Gewöhnlich befriedigt auch die genannte physiologische Erklärung über die Herkunft der Kinder das fragende Kind nicht und es reagiert... bisweilen mit vollkommenem Unglauben.... *Was das Kind in der Tat braucht, ist das Zugeständnis der erotischen (sinnlichen) Bedeutung des Genitalorgans«* (1928, 246).

Und hier findet auch die oft beruhigende Wirkung der sexuellen Aufklärung ihre Erklärung. Da sich die Fragen des Kindes aus der sinnlichen Beziehung zu seinen primären Objekten heraus artikulieren, hat die gelingende (ebenso die mißlingende) Aufklärung Bedeutung für die Beziehung zu diesen Objekten. So wertet das Kind die Aufklärung als Erlaubnis, sich mit der Sexualität beschäftigen zu dürfen, und das ist ihm nicht zuletzt ein Liebes- und Vertrauensbeweis (vgl. Schmideberg 1931a, 201).

Nun wird ersichtlich, warum die Tabuierung sexueller Fragen das Kind irritieren muß: Was auch immer es als Körperbedürfnis den Eltern gegenüber spürt, ist dann etwas Verbotenes, Böses und Unerlaubtes, etwas, das Schuldgefühle macht, vielleicht sogar am besten überhaupt nicht wahrgenommen werden darf, d.h. verdrängt werden muß. Auf diese Weise werden die Kinder »unschuldig«. Die Psychoanalytische Pädagogik lehnt deshalb Sexualtabus weitgehend ab, betrachtet ihre Auswirkungen in der Kindererziehung als schädlich, die emotionale und intellektuelle Entfaltung des Kindes keinesfalls fördernd.

Gleichwohl wird auch die mögliche Problematik frühzeitiger und übermäßiger Reizung der kindlichen Sexualität durch »freie« Sexualerziehung thematisiert. Diese Kontroverse wurde u.a. in der Diskussion um »Nacktheit und Erziehung« (Sonderheft der «Zeitschrift für psychoanalytische Pädagogik«, 3. Jg., 41-101) ausgetragen. Wie schon bei der Frage nach den Erziehungsmitteln (Gewähren *und* Versagen) vertritt eine Mehrzahl der Autoren einen »Mittelweg«. Z.B. Zulliger ist der Ansicht: »Die moderne Pädagogik ist schlau. Sie ist die Pädagogik des ›goldenen Mittelweges‹, die die Wünsche des Kindes einigermaßen gewähren lassen und erfüllen, es aber zugleich zu Verzichten anhalten will. Diese Verzichte sind notwendig zur Aufrechterhaltung *unserer* Gesellschaft. Sie findet weder Sexualbejahung, noch Sexualablehnung als das Richtige, ihr scheint, der Kompromiß sei das Beste. Wer weiß, ob sie nicht recht hat?« (1930a, 46). In bezug auf die Nacktheit formuliert Landauer: »Die Eltern brauchen sich weder ausdrücklich zu zeigen, noch ausdrücklich das Schauen zu verwehren« (1928b, 43).

Der Versuch, einen Mittelweg, den Kompromiß von Gewähren *und* Versagen sexueller Freiheiten zu finden, stellt in Rechnung, daß auch die beste theoretische Aufklärung (im Vergleich zur allgemeinen Verheimlichung sicherlich abgeschwächte) Sexualverbote und Sexualverheimlichungen gegenüber dem Kind nach wie vor impliziert: Das Kind bleibt von der aktiv ausgeübten Sexualität der Eltern weitgehend ausgeschlossen (Inzesttabu). Es möchte jedoch »die sexuelle Aufklärung *nicht nur theoretisch* ›genießen‹, sondern durch die Tat. *Es möchte selbst seine Koitusversuche machen können*« (Zulliger 1930a, 45).

Die primären Objekte der kindlichen Triebbedürfnisse sind zunächst selbstverständlich die Eltern. Sind die Körperbedürfnisse während der oralen und analen Organisation der Libido noch nicht problematisch geworden, so verstärkt doch die ödipale Dramatik die sexuellen und aggressiven Wünsche und verschärft deshalb (Straf-) Angst und Schuldgefühl. Dies macht die Beschäftigung mit sexuellen Fragen gefährlich, führt möglicherweise zur Verdrängung. Ist das der Fall, kann die spätere Aufklärung vom Kind als Verführungsversuch interpretiert werden. Das Kind mobilisiert dann erneut Angst, verstärkt die Abwehr und lehnt in der Folge die Aufklärung ab; es »vergißt« sie, ist ungläubig usw.

Einen anderen, ebenfalls möglichen Grund für die Ablehnung der Aufklärung durch das Kind hebt Bernfeld hervor. Er verweist darauf, daß die kindlichen Sexualtheorien primär unter dem Bann des (Trieb-)Wunsches stehen und weniger an der Realität orientiert sind. »Daher lehnen die Kinder oft ein Stück der Aufklärung ab, weil es ihren Wünschen weniger entspricht als ihre eigene Theorie« (1927a, 197). Bernfeld folgert, daß auch die Aufklärung bestenfalls einen Kompromiß erzielen kann zwischen den aufklärerischen Absichten der Erziehung und den Bedürfnissen des Kindes: (Trieb-)Wünsche können nicht überzeugt, sie können nur erfüllt, modifiziert oder unterdrückt werden.[4]

B. Bornstein vermutet, daß die Ablehnung der Aufklärung ebenfalls durch eine strenge, vorhergehende Sauberkeitserziehung bewirkt werden kann. »Auch für das ältere Kind bis zum siebten Jahr hinauf und noch später hängen anale, urethrale und genitale Interessen und Sensationen so eng zusammen, daß es nicht begreifen kann, warum auf dem einen Gebiet mehr Freiheit herrscht als auf dem anderen« (1930, 451).

Schneider hält u. a. die Beachtung folgender Punkte zur sinnvollen Unterstützung der kindlichen Sexualforschung für wichtig. Fragen sollen beantwortet werden «a) sobald das Kind seine entsprechende Frage stellt, gleichgültig in welchem Alter. ... b) Die Antwort hat sich auf den Umfang der Frage einzustellen. ... c) Die Antwort muß den tatsächlichen Verhältnissen entsprechen.... Offenheit (ist) geboten« (1927b, 222).

Ebenso Zulliger zum Problem der Aufklärung: »Als Grundpfeiler gilt, dem Kinde nichts zu sagen, was es schon weiß, und nichts aufzudrängen, was es noch nicht verstehen kann« (1928, 304; im Orig. kursiv, der Ref.).

Wenn die Aufklärung also keine wie auch immer geartete separate Erziehungsaufgabe sein kann, sondern aus der Beziehung zwischen Eltern / Erzieher und Kind sukzessive erwachsen soll, dann kann sie idealiter nur Sache der Eltern sein (vgl. Zulliger 1928; jedoch gegenteilig: Odier 1937, 227f). Sofern diese hier aber versagen und Aufklärung zur Aufgabe für professionelle Pädagogen wird, ist auch dann die Einzelaufklärung, das persönliche Gespräch zu empfehlen. Massenaufklärung, beispielsweise »in der

Schule, ist ein Unding, weil sie zu spät kommt und keine Rücksicht nimmt auf das, was das Kind bisher in der Sache erlebt hat.... Daher kann eine Aufklärung nur eine individuelle sein« (Schneider 1927b, 222). Diese Ansicht wird allgemein weitgehend geteilt (vgl. Bernfeld 1927; Weiss 1936; Zulliger 1927b; 1928 u. a.; jedoch gegenteilig: Gravelsin 1927; ggf. Freud 1907).

Homburger fordert neben der sexuellen Aufklärung diejenige über Aggression. Nicht nur die Frage nach dem Werden (Geburt) der Menschen ist ihm im Zusammenhang mit der Aufklärung relevant, sondern auch diejenige nach dem Zerstören und dem Zerstört-Werden (Tod). »Tatsächlich, wir müssen... mit zwei Trieben rechnen ... Sexualität und Aggression. Und sie *beide* sind es, über die das Kind in der Zeit des Lernens unaufgeklärt bleibt, weil es bestenfalls eine Rationalisierung dieser Triebe in biologischer oder geschichtlicher Zweckdarstellung zu hören bekommt, aber mit seiner eigenen ›zwecklosen‹ Triebhaftigkeit allein gelassen wird« (1930, 213f). Diese Position vertritt auch Freud. »Daß sie dem jugendlichen Menschen verheimlicht, welche Rolle die Sexualität in seinem Leben spielen wird, ist nicht der einzige Vorwurf, den man gegen die heutige Erziehung erheben muß. Sie sündigt außerdem darin, daß sie ihn nicht auf die Aggression vorbereitet, deren Objekt er zu werden bestimmt ist. Indem sie die Jugend mit so unrichtiger physiologischer Orientierung ins Leben entläßt, benimmt sich die Erziehung nicht anders, als wenn man Leute, die auf eine Polarexpedition gehen, mit Sommerkleidern und mit Karten der oberitalienischen Seen ausrüsten würde« (1930, 494 Fn.).

Aufklärung heißt also nicht nur Aufklärung über Bereiche der Sexualität. Die Aufklärung im Sinne der Psychoanalytischen Pädagogik hat sich, als Moment und wichtiger Teil des Sozialisationsprozesses, auf das gesamte Feld der menschlichen Beziehungen und ihrer Konflikte zu beziehen. Dieser umfassende und integrierende Anspruch auf Aufklärung gilt für die Sexualerziehung natürlich überhaupt. Sie ist »stets mehr als eine Unterweisung in Bedeutung und Gebrauch der Zeugungsorgane. Sie ist im Grunde Erziehung zur wichtigsten aller öffentlichen Tugenden, zur Liebesfähigkeit des Menschen, zum Sozialverhalten« (Brocher 1968, 242).

Auch in der Sexualerziehung setzt also die Psychoanalytische Pädagogik primär auf die Ich-Stärkung durch Ich-Erweiterung: Maßvolle Unterstützung des kindlichen Forscherdrangs auch im Bereich der kindlichen Sexualität, vor allem aber: Aufklärung (im umfassenden Sinne) statt Unterdrückung.

2.3. Onanie / Masturbation

Wie schon erwähnt, haben Eltern und auch professionelle Pädagogen insbesondere dann Probleme mit ihren Zöglingen, wenn diese durch ihr Verhalten die Aufrechterhaltung der Abwehrstruktur der Erwachsenen gefährden. In besonderem Maße gilt dies auch für die Sexualerziehung, und hierbei spielt die Onanie nach wie vor eine wichtige (und von den Erziehern gern verschleierte) Rolle. Um ihre eigene Sexualverdrängung zu sichern, verfolgen die Erzieher in der Regel eine der beiden folgenden Strategien: entweder sie verleugnen die Onanie, nehmen diese also scheinbar in ihrem sinnlichen Gehalt nicht wahr, oder sie gehen dagegen vor, betrachten die Onanie als schädigende Unart[5] etc.

Unter entwicklungspsychologischen Gesichtspunkten sind drei Onanieperioden unterscheidbar: »1. *Die Säuglingsonanie.* Sie wird häufig beobachtet als reflexartige Reibung des Genitals und dürfte auf zufälligen äußeren Reizungen beruhen (Reinigung usw.). 2. *Die Onanie des Ödipusalters* (etwa 4. bis 6. Lebensjahr). Für diese Zeit ist eine körperliche Grundlage der genitalen Reize noch nicht festgestellt worden, doch läßt die Gesetzmäßigkeit, mit der die Onanie in diesem Alter aufblüht, auf erregende körperliche Vorgänge schließen. 3. *Die Pubertätsonanie.* Diese hat ihren physiologischen Grund in der rapiden, schubartigen Reifung des Geschlechtsapparates« (Reich 1926/27, 264; vgl. auch Reich 1928, 152f).[6]

Bereits 1912 (bei der Onanie-Diskussion der Wiener Psychoanalytischen Vereinigung) hat Sadger die Wurzeln der späteren Formen der Onanie und die sie begleitenden Phantasien in der Säuglingspflege erkannt. Und 1928 formuliert er: »Bei der Masturbation spielt die Hand, die onaniert, die Rolle der pflegenden, säubernden Mutter« (127). Hierin, in der Wiederbelebung früher Erfahrungen von Geborgenheit und Pflege, wurzelt auch die Trostfunktion der Onanie für das Kind (vgl. beispielhaft H. Fischer 1933).

Die Ergebnisse der Onanie-Diskussion in der Psychoanalytischen Pädagogik (und der psychoanalytischen Bewegung überhaupt), die zur Zeit ihrer Entstehung noch heftig umstritten waren, sind heute weitgehend ***abstrakt*** akzeptiert worden. Gleichwohl sind die Pädagogen von der Sexualität ihrer Zöglinge verwirrt, bedroht und betroffen. Die Formen der Sexualabwehr scheinen sich jedoch verändert zu haben (in Richtung Intellektualisierung, Affektentleerung und Verleugnung der emotionalen Betroffenheit), jedoch nicht die Tatsache der Sexualabwehr selbst.[7]

Festzuhalten ist, daß die Onanie »in ihrer primären Form als Lustgewinn am Genitale eine Entwicklungsaufgabe zu erfüllen hat, und zwar in der Säuglingszeit, in der Spiel zeit und in der Pubertätszeit« (Schneider 1928, 143).

Bedenklich ist demnach nicht die Onanie, sondern das Ausbleiben derselben (vgl. z.B. Blos 1962, 183ff). Sadger hält die Onanie für »ein wahres Sicherheitsventil«, für eine »Executive der Phantasie« (1928, 123, 124).

Schmidt hebt zwei (durch mehrjährige Beobachtung bestätigte) Ursachen der Kleinkindonanie hervor: Als erste benennt sie die einfache Reaktion auf physiologische Reize, während sie eine zweite (wichtigere) Ursache der Onanie in der Reaktion des Kindes »auf die subjektiv unangenehmen Erscheinungen in der Außenwelt« (1928, 154) sieht. Hier gibt die Onanie Trost. »Wenn das Kind in Verzweiflung ist oder sich zwischen fremden Leuten sieht und fühlt, kehrt es in sich, zerreißt alle Bindungen der Realität und onaniert, um sich selbst zu trösten« (1928, 155).

Von ihren Erfahrungen im »Kinderheim-Laboratorium« in Moskau berichtet Schmidt (vgl. 1923), daß die Kleinkinder bei der auf physiologischen Reizen beruhenden Onanie keinesfalls zwanghaft verweilen (sie waren keinerlei negativen Sanktionen ausgesetzt) und auch sonst in keiner Weise »geschädigt« wurden. Bei der zweiten Form (Trostfunktion) hörte die Onanie auf, sobald es einer Erzieherin gelungen war, mit dem betreffenden Kind in Kontakt zu treten, es etwa abzulenken oder zu trösten etc. Schmidt kommt zu dem Schluß, daß hier »nicht die Onanie selbst, sondern ihre Ursachen dem Kinde schaden können« (1928, 155).

Dies gibt zur Vermutung Anlaß, daß etwaige Schädigungen, die sich angeblich im Zusammenhang mit der Onanie ergeben, nicht durch die Onanie selbst, sondern durch die Reaktion der (erwachsenen) Umwelt auf die kindliche Onanie bedingt sind. »Die Psychoanalyse hat uns gelehrt, das Onanieren als einen auf dieser Altersstufe (gemeint ist hier das Kindergartenalter, der Ref.) naturgemäßen Vorgang aufzufassen, der, in normaler Weise ausgeübt, keinen Schaden bringt und keine weitere Beachtung finden sollte. Nur wo ein Übermaß (exzessive Onanie) bemerkbar wird, müssen wir uns überlegen, ob nicht auf psychoanalytischem Wege dagegen angekämpft werden sollte, um das Kind zu verhindern, sich zu sehr an die Gewohnheit zu fixieren« (Wolffheim 1930a, 91).

Daß die Onanie im Hinblick auf die Umweltreaktionen überhaupt potentiell schädigende Auswirkungen haben kann, wird insbesondere zwei Gefahrenzonen zugeschrieben: dem Schuldgefühl und dem Kastrationskomplex, die beide eng mit dem Verbot der infantilen Onanie und der (Kastrations-)Drohung verknüpft sind. Die Kastrationsphantasie selbst entwickelt sich aus den infantilen Sexualtheorien, die ja – wie bereits angeführt – den Geschlechtsunterschied leugnen. Fürchtet der kleine Junge den Verlust des Penis (d. h. die Kastration) als Folge seiner verbotenen libidinösen und aggressiven Wünsche und Phantasien den Eltern gegenüber, so verweilen kleine Mädchen vorab in der ›benachteiligten‹ Situation der Penislosigkeit (vgl. z. B. A. Balint 1932, 97ff; Freud 1923; 1931b).[8] Diese ›mangelhafte‹ Ausstattung von seiten der Mutter führt das kleine Mädchen gemäß der klassischen psychoanalytischen Theorie zur Abwendung von dieser und damit zur Hinwendung zum Vater (vgl. Freud 1931b; R. Sterba 1933, bes. 343f).

A. Balint zeigt im Anschluß an Ferenczi die besondere Wertschätzung des Genitales für das Kind. Weil die genitale Onanie die Kinder von ihrer Umgebung unabhängiger macht in bezug auf die Lustgewinnung, bildet diese »die Grundlage jener Hochschätzung, die die Kinder ihrem Geschlechtsorgan gegenüber fühlen« (1932, 87).

Vertritt die Onanie der phallischen Phase – entsprechend ihrer Entwicklungsaufgabe – das Primat der Genitalität vor den oralen und analen Partialtrieben, so wird ersichtlich, daß »auf diese Weise… das Geschlechtsorgan zum Vertreter des ganzen lustschaffenden Körpers (wird)…, daß die Liebe des Kindes zu sich selbst in erster Linie in der Wertschätzung des Genitals zum Ausdruck kommt. Man könnte das auch so sagen: *Das Kind liebt sein Geschlechtsorgan wie sich selbst«* (A. Balint 1932, 88).

Dies unterstreicht und macht deutlich, wie stark (auch verschleierte) Kastrationsdrohungen respektive Entwertungen des weiblichen Genitals wirken können, die die Onanieverbote ja oft begleiten. Reich stellt deshalb fest: »Gefahren ergeben sich aus der Onanie... nur aus Verboten. Diese schaffen nämlich, ohne die Onanie völlig zu verhindern, ein Schuldgefühl und eine hypochondrische Angst« (1928, 152). Und Hitschmann folgert: »Behüte das Kind vor den Folgen der Einschüchterung« (1928, 120).

Nun ist aber weder die kindliche noch die puberale Onanie eine einfache körperliche Abfuhr von physiologischen Reizen, sondern sie ist wesentlich Träger und Begleiter der kindlichen Liebe, insbesondere ist sie auch Ausdruck der unbewußten ödipalen Phantasien des Kindes, die nicht nur unter dem Banner der Lust, sondern auch unter dem Druck des Schuldgefühles und der Angst stehen.

Auch die Pubertätsonanie ist von Schuldgefühlen und Kastrationsängsten begleitet. Diese beziehen sich jedoch kaum auf den onanistischen Akt selbst, sondern auf die ihn begleitenden inzestuösen Phantasien, die »ohne Ausnahme die infantilen Sexualobjekte – Vater und Mutter – in verhüllter Form beibehalten« (M. Balint 1934, 380; vgl. Freud 1919, 215). Das unbewußte Schuldgefühl aufgrund der verbotenen inzestuösen Wünsche erklärt die meist mangelhafte Befriedigung durch den onanistischen Akt, obwohl dieser sehr lustvoll, ohne Gefahr der Ablehnung durch das Objekt und zu jeder Zeit zu haben ist.

Die Formen des Onanieabwehrkampfes bei Jugendlichen unterteilt M. Balint in einen vorwiegend »zwangsneurotischen« und einen hauptsächlich »hysterischen« Typus. Während sich beim zwangsneurotischen Typus die Abwehr primär gegen die die Onanie begleitenden Phantasien richtet, zielt der Abwehrversuch des hysterischen Typus auf die Handlung und richtet sich nicht primär gegen die Phantasietätigkeit.

So entsteht beim ersteren eine scheinbar »bloß körperliche Onanie, ohne lusterzeugende Vorstellungen« (M. Balint 1934, 384) und beim hysterischen Typus ein Verschwinden der masturbatorischen Handlung, die nun meist durch Onanieäquivalente ersetzt, also auf andere Körperteile verschoben wird. Als solche Onanieäquivalente können gelten: Nasebohren, Kratzen, Bleistiftkauen, endloses Spielen am Körper oder mit anderen Objekten usw.

Während also beim hysterischen Typus die Phantasietätigkeit noch lange erlaubt und geduldet bleibt, neigt der zwangsneurotische Typus dazu, die Selbstbefriedigung durch vielerlei Vorsätze und gegebenenfalls Tabuvorschriften einzudämmen.

Zusammenfassend bleibt festzuhalten, daß die Selbstbefriedigung besonders während der Adoleszenz durchaus Entwicklungsaufgaben zu erfüllen hat. Insbesondere trägt sie wesentlich zur Festigung des Genitalprimats bei. Dies gelingt in der Adoleszenz im wesentlichen auch durch die neue Qualität der Endlust. Obwohl der onanistische Akt autoerotischer Natur ist, sind doch die begleitenden Phantasien objektbezogen. Auch wenn ihr inzestuöser Ursprung nicht zu leugnen ist, tragen sie trotzdem bei gelingender Entwicklung zur nicht-inzestuösen Objektfindung bei.

»Die Masturbation bewirkt normalerweise neue Verschiebungen, Verbindungen und Abgrenzungen gedanklicher Bilder und ihrer Besetzungen, stabilisiert daher Objekt- und Selbstrepräsentanz, und ermöglicht so die Einstellung zur Genitalität.

Wenn während der Adoleszenz überhaupt keine Masturbation stattfindet, so weist das auf eine Unfähigkeit, mit den puberalen Sexualtrieben fertigzuwerden, hin und ferner darauf, daß frühkindliche Masturbation unterdrückt worden ist, und zwar in einem Grade, daß die nötige Einordnung der prägenitalen Triebe in die genitale Sexualität sich nicht verwirklichen läßt. Folglich stellen Fälle der totalen Abstinenz eine Hemmung der psychosexuellen Entwicklung dar, die an sich schon pathognomisch ist. Wo aber die Masturbation eine rein regressive Funktion ausübt oder wo sie die alloplastische Anpassung, als Teil der Objektfindung, überflüssig macht, hat sie ihre Phasenfunktion nicht erfüllt« (Blos 1962, 184f).

2.4. Menstruation

Die Relevanz der Aufklärung ist auch in bezug zur Menstruation unmittelbar ersichtlich: »Ein unaufgeklärtes Kind kann die Menstruation nur als Schock erleben« (Buxbaum 1933, 402). Aber auch ein aufgeklärtes Mädchen hat sicherlich Schwierigkeiten, die Veränderungen ihres Körpers in der Pubertät in ihre Identitätsfindung als Frau zu integrieren. Allgemein wird darauf verwiesen, daß die Angst, die beim pubertierenden Mädchen um die Menstruation zentriert ist, mit der Stärke der Ängste bezüglich der Onanie in direktem Zusammenhang steht. »Das Mädchen hält die Periode für eine Verletzung des Genitales, für eine Kastration, die es sich durch die Onanie zugezogen zu haben glaubt; es empfindet sie daher als Strafe dafür. Diese erlebte Strafe kann für sie zum Anlaß werden, jede sexuelle Betätigung abzulehnen, sie mit ähnlichen Befürchtungen zu verbinden wie die Onanie; schließlich kann es dazu kommen, daß sie die weibliche Rolle überhaupt ablehnt« (Buxbaum a. a. O.; vgl. auch Chadwick 1931, 185f, 189).
Innerhalb der gelingenden Identitätsentwicklung allerdings wird das Mädchen die Menstruation hingegen als willkommenes Zeichen des Erwachsenwerdens (vgl. Deutsch 1925, 28), d.h. der Geschlechtsreife und der Möglichkeit, selbst Kinder zu haben, auffassen und begrüßen. Dies hilft ihm, die Ängste, die im Zusammenhang mit der Menstruation auftreten, zu verarbeiten.
Besonders Klein (z. B. 1928 und 1932, bes. 234ff) hat auf tieferliegende, sehr frühe Angstformen und Angstinhalte hingewiesen, die durch das Menstruationserlebnis wiederbelebt werden können. Diese beziehen sich auf das (unkontrollierbare) Körperinnere, das von »bösen«, gefährlichen und gefürchteten Introjekten angegriffen und zerstört sein könnte. Ursprüngliche Quelle dieser Ängste sind die den infantilen Sexualtheorien entsprechenden aggressiven Phantasien und Wünsche des kleinen Mädchens gegenüber der Mutter während eines Frühstadiums des ödipalen Konfliktes. Diese phantasierten sadistischen Angriffe auf die Mutter haben zum Ziel, den im Körperinneren der Mutter vermuteten Penis des Vaters (d.h. das Symbol der Vereinigung der Eltern und des Ausschlusses des Mädchens) zu rauben. Das kleine Mädchen fürchtet nun gleichzeitig die Rache der Mutter (Projektion der eigenen feindseli-

gen Impulse und nachfolgende Introjektion), die ihr Körperinneres zerstören könnte. Das Menstruationserlebnis kann eine Reproduktion dieser tiefen Ängste auslösen, die nach Klein der Kastrationsangst des Jungen entsprechen.

Deutsch (1925) hebt in Anlehnung an Freud die doppelte Enttäuschung der Frau durch das Menstruationserlebnis hervor. Hatte sich das kleine Mädchen im ›gelingenden‹ Ausgang des ödipalen Konflikts mit der narzißtischen Kränkung aufgrund seiner Penislosigkeit abgefunden, sich statt dessen als Kompensation und Entwicklungsschritt ein Kind vom Vater gewünscht, so zeigt die Menstruation die Enttäuschung beider Wünsche an.

Buxbaum weist auf die entscheidende Rolle der Einstellung der Mutter zur eigenen Menstruation hin, die erheblich die Art der Verarbeitung des ersten Menstruationserlebnisses bei der Tochter beeinflußt (vgl. 1933, 402).

Landauer (1931) zeigt die Bedeutung des Menstruationserlebnisses beim Knaben auf. Das (Menstruations-)Blut kann ihm Beweis für die mögliche Realisierung seiner Kastrationsängste als Strafe für die Onanie sein. In seiner Arbeit gibt Landauer die Befürchtungen eines Patienten wieder: »Dieses Bluten – so sagt es in ihm – steht damit in einem Zusammenhang: der Penis fehlt der Frau. Er wird ihr immer, wenn er nachwachsen will, abgeschnitten. Das ist die geheimnisvolle Wunde. Man darf nicht davon sprechen, denn das Genitale wird abgeschnitten, wenn man an ihm gespielt hat« (179f).

Die unbewußten männlichen Überzeugungen, »die Frau sei ein *wegen Genitalbetätigung verstümmelter Mann* und der Mann selbst könne kastriert werden, sind typisch. Und sie haben zur *Ächtung der Frau in der Männergesellschaft* viel beigetragen« (Landauer 1931, 181).[9]

In einem bemerkenswerten Aufsatz arbeitet Schmideberg Äußerungsformen der männlichen Ängste (in unterschiedlichen historischen Epochen und Kulturen) in bezug auf die menstruierende Frau heraus. Unter anderem weist sie nach, daß die Hexe »ebenso wie die menstruierende, die kastrierende, sadistische Frau« (1931a, 183) versinnbildlicht. Auch skizziert Schmideberg den Gedanken, daß – entsprechend der infantilen Sexualtheorien und der damit einhergehenden sadistischen Deutung des Koitus – die Menstruation Angst und Schuldgefühle wecken kann. Sie wird dann als Beweis der Realisierung der sadistischen Tendenzen gegenüber Frauen empfunden. Die verdrängten und auf die Frauen projizierten sadistischen Wünsche rufen Angst vor Angriffen der Frauen (Kastration) hervor. Sie bieten gleichzeitig die (psychische) Legitimation für ihre Unterdrückung, die der Angstberuhigung der Männer dient. »Daß die Frauen sich diese schlechte Behandlung gefallen lassen, geht wohl darauf zurück, daß die Angriffe, die die Männer von ihnen befürchten, ihren eigenen unbewußten sadistischen Regungen entsprechen und sie deshalb Schuldgefühle empfinden« (Schmideberg 1931a, 196).

Neben der vertiefenden Diskussion der bisher vorwiegend angesprochenen triebtheoretischen Positionen der Psychoanalytischen Pädagogik dient das nächste Kapitel dazu, auch erste Aspekte des psychoanalytischen Narzißmuskonzepts zu erarbeiten.

3. Lern- und Leistungsstörungen

> »Denken Sie an den betrüblichen Kontrast zwischen der strahlenden Intelligenz eines gesunden Kindes und der Denkschwäche des durchschnittlichen Erwachsenen.« (Sigmund Freud)

Allgemein gelten in der Psychoanalyse Lern- und Leistungs- ebenso wie Verhaltensstörungen als Symptom- und damit als Kompromißbildungen. Sie sind Ausdruck einer jeweils besonderen Konfliktlage des Betroffenen, die sich für ihn selbst und für seine Umgebung unverstanden z. B. als Konzentrationsstörung, Schulangst oder Verwahrlosung äußern kann (vgl. beispielhaft Baudouin 1926; Mannoni 1964). Das symptomatische Verhalten erweist sich bei konkreter Analyse als abhängig von der jeweiligen Lebensgeschichte und regelmäßig als *subjektiv* sinnvoll und damit verschlüsselt kommunikativ. Es zeigt sich, daß der Betroffene unbewußt an infantilen Bedürfnisse, Ängsten und Wünschen festhält, die nicht zureichend verarbeitet werden konnten, weil traumatisch wirkende Konflikte mit wichtigen Personen der bisherigen Lebensgeschichte nicht gelöst werden konnten.

Eine der wesentlichen Einsichten der Psychoanalytischen Pädagogik – die sich bis heute jedoch in der allgemeinen Didaktik / Methodik-Diskussion kaum durchgesetzt hat (vgl. Neidhardt 1977, 32ff; 1984) –, besagt also, daß kognitive und affektive Prozesse auf das Engste miteinander verknüpft sind. Ja weiter noch, daß die Lernprozesse in Abhängigkeit von der affektiven und emotionalen Situation des Lernenden stehen. Dies bedeutet aber auch, daß Lern- und Leistungsstörungen aus unbewältigten Konfliktlagen und / oder Sozialisationsdefiziten resultieren, die im aktuellen Erleben und Interagieren aktualisiert und reproduziert werden. Die Frage nach den Ursachen des Lern(un)vermögens und der Leistungs(un)fähigkeit ist daher mit der Frage nach deren Genese und ihrer subjektiven Bedeutung verknüpft.

Zunächst ist es sinnvoll, einige zentrale Bedingungen des intakten Lernens kurz zu skizzieren. Insbesondere bietet sich die Betrachtung des ungestörten Lernens unter den vier folgenden Aspekten an (vgl. Lüders 1967):

1. dem strukturellen Aspekt,
2. dem dynamischen Aspekt,
3. dem ökonomischen Aspekt und
4. dem Aspekt der Selbstwertregulation.

Zu 1. *Struktureller Aspekt:* Ungestörte Lernprozesse basieren zunächst auf einer relativen Konfliktfreiheit und Autonomie des Ichs, insbesondere in seiner Funktion der Realitätsprüfung und damit der Dominanz der Sekundärprozesse. Hierbei spielen die für die Wahrnehmung und die Wahrnehmungsverarbeitung wichtigen organisierenden Funktionen eine zentrale Rolle. Darüber hinaus ist von Bedeutung, daß die Aktivitätspotentiale des Ichs weder durch die Abwehrstruktur übermäßig beeinträchtigt, noch durch Verbote und Gebote des Überich- / Ich-Ideal-Systems wesentlich eingeschränkt werden (vgl. Lüders 1967).
Sind die genannten Bedingungen nicht gegeben, können Lern- und Leistungsstörungen beobachtet werden, denen primär Ich-Einschränkungen (Hemmungen) zugrunde liegen. Diese Hemmung der Ich-Funktionen (Leistungsfähigkeit) werden meist durch Angstentbindung und Abwehrprozesse verursacht, die bereits früh, z. B. während der kindlichen Sexualforschung, erworben wurden und dann sekundär auf das gesamte Lernverhalten Ausdehnung finden (vgl. z. B. B. Bornstein 1930; Bychovski 1930).
Zu 2. *Dynamischer Aspekt:* Lüders weist darauf hin, »daß theoretische Leistungen... nur entstehen können, wenn Konflikte vorwiegend interstrukturell und nicht auf dem Wege über die Objektbeziehung gelöst werden, Objekte also nicht zu bedürfnisregulierenden Instanzen werden« (1967, 930). Dies setzt jedoch bereits ein autonomes und ich-starkes Individuum voraus. Gerade im Bereich des schulischen Lernens ist die Bedeutung der Beziehung zum Lehrer relevant, obwohl das Kind gemäß objektivierter Lernzieldefinitionen der Lehrpläne primär beziehungsunabhängig lernen soll. Ob also z. B. der Lehrer einen bestimmten Schüler an seinen autoritären Vater ›erinnert‹ oder nicht, soll keinen Einfluß haben auf seine Lern- und Leistungsfähigkeit. Diese Forderung unterstellt einen Reife- und Differenzierungsgrad der kindlichen Persönlichkeit, der in der Regel keineswegs vorausgesetzt werden kann. Wie an anderer Stelle noch zu zeigen sein wird, ist die Psychoanalytische Pädagogik deshalb gezwungen, zunächst mit und nicht an der (Übertragungs-)Beziehung der Klienten zu arbeiten.
Zu 3. *Ökonomischer Aspekt:* In der ökonomischen Betrachtungsweise wird insbesondere als Voraussetzung von Lern- und Leistungsfähigkeit die Dominanz der Sekundär- gegenüber den Primärprozessen sichtbar, die Fähigkeit also, Triebspannungen nach dem Realitätsprinzip zu bewältigen. Leistungen können demnach nur entstehen, »wenn sekundäre Prozesse eine regulative Funktion auf die mit Triebenergien arbeitenden Primärprozesse ausüben, Triebentspannungen nicht nach dem Lustprinzip, nicht auf direktem Wege und auch nicht mit Hilfe der Mechanismen der Verschiebung, der Verdichtung, der Ersatzbildung und Symbolisierung erreicht wird (...), sondern Triebenergien durch die Sekundärprozesse und die sie unterstützenden Substrukturen des Ichs gebunden werden, und so eine Transformation dieser Energien zur Delibidinisierung und Deaggressivierung, zur Neutralisierung und Sublimierung möglich wird« (Lüders 1967, 930).
Zu 4. *Aspekt der Selbstwertregulation:* Die drei oben genannten Bedingungen der

Lern- und Leistungsfähigkeit beruhen als Fähigkeit im wesentlichen auf differenziert ausgebildeten und intakten Funktionen eines starken Ichs. Der von Lüders (1967) besonders hervorgehobene Aspekt der Selbstwertregulation verweist hingegen auf die zusätzliche Bedingung einer stabilen Selbstwertregulation und damit einer kohärenten und entfalteten Struktur des Selbst-Systems als notwendige Voraussetzung ungestörter Lern- und Leistungsprozesse. Werden beispielsweise bei einer mangelhaften Integration und strukturbildenden Transformation von Größenphantasien kleinste Mißerfolge wie Katastrophen erlebt, so ist mit erheblicher Lernschwierigkeit zu rechnen: Lernen setzt voraus, daß der Lernende in der Lage ist, die Kränkung durch das Nicht-Wissen oder Nicht-Können und das Risiko des Scheiterns zu ertragen.

Soweit die Anmerkungen zu den individuellen Bedingungen des intakten Lernens und des Leistungsvermögens.

Bereits im letzten Kapitel wurde gezeigt, daß das kleine Kind nach der klassischen psychoanalytischen Auffassung bei seiner Sexualforschung scheitern muß, weil es den Geschlechtsunterschied leugnet. Freud vermutet, »der Eindruck dieses Mißglükkens bei der ersten Probe intellektueller Selbständigkeit scheint ein nachhaltiger und tief deprimierender zu sein« (1910b, 146).

Schmideberg verweist auf die Rolle des Onanieverbotes (und damit der Kastrationsdrohung) bei der Genese von Lernstörungen. »Der Mechanismus der intellektuellen Hemmung ist uns wohl bekannt. Mit der Verdrängung der sexuellen Wißbegierde wird die Wißbegierde überhaupt verdrängt, zugleich mit der verbotenen Onaniebetätigung wird auch die intellektuelle Betätigung überhaupt gehemmt« (1930, 467; vgl. z. B. auch B. Bornstein 1930, 448; ausführliche Darstellungen, die diese Hypothesen belegen, finden sich z. B. bei Schikola 1936 und Mänchen 1936).

Um eine präzise Begriffsbestimmung der »Lernstörung« bemüht sich Redl. Unter Begabung versteht er zunächst alle »funktionsrelevanten Voraussetzungen«, die »zur Vollbringung einer geforderten Leistung« (1934, 159) vorhanden sind. Folgerichtig basiert die Lernfähigkeit allgemein auf den funktions- und leistungsrelevanten Voraussetzungen der Lernarbeit (vgl. 159ff). Redl gibt folgende Definition von »Lernstörungen«: »Wir sprechen von Störungen immer dann, wenn die *tatsächlich* beobachtete Leistung eines Kindes schlechter ausfällt, als die aufgrund anderweitiger Beobachtungen *erwartete* Leistung aussehen müßte. Die Diskrepanz zwischen tatsächlicher und (...) zu erwartender Leistung ist also der springende Punkt für die Verwendung des Störungsbegriffes. Das Ausmaß dieser Diskrepanz gibt sogleich den Grad der ›Gestörtheit‹ an« (162).[1]

Daneben schlägt Redl eine systematische Einteilung der Lern- und Leistungsstörungen vor, »die als Folge von ›Störungen in der Triebentwicklung‹ auftreten, also vor allem als Folge von Fixierungen der verschiedensten Art« und solchen, die als Folge von »Störungen in der Ich-Entwicklung« (1934, 166) erscheinen. Mit Lüders (1967) kann – wie erwähnt – diese Einteilung ergänzt werden im Hinblick auf die Psychologie des Selbst (vgl. Kohut 1970; 1977): Unter diesem Aspekt sind Lern- und Leistungsstörungen als Folge mangelhafter Selbstwertregulation im Zusammenhang mit Fixierungen auf frühe Entwicklungsstufen des Selbst zu verstehen. Diese schematische Einteilung ist jedoch nicht dahingehend mißzuverstehen, daß die unterschiedliche Struktur, Psychodynamik und Genese von Lern- und Leistungsstörungen in praxi so scharf abzugrenzen wären. (Für die Verhaltensstörungen bietet sich die nämliche Einteilung an, sofern überhaupt eine scharfe Trennung zwischen Lern- und Verhaltensstörungen angezeigt ist.) Die Selbstwertregulation beispielsweise steht auch in Abhängigkeit zur Ich- und Triebentwicklung und umgekehrt.

Auf den ersten Blick werden zwei Wege sichtbar, auf denen im Sozialisationsverlauf hergestellte Triebkonflikte die realitätsgerechte Wahrnehmung und die Wahrnehmungsverarbeitung beeinträchtigen können. Die Beeinträchtigung kann erfolgen:

1. durch Triebkonflikte, die durch die Wahrnehmungsinhalte aktualisiert oder verschärft werden. (So hemmt z. B. die Angst/der Wunsch, sexuelle Beobachtungen machen zu können, das Schauen und wird dann sekundär auf die ›Anschauung‹ im allgemeinen übertragen, da im Unbewußten eine Gleichsetzung erfolgt.)
2. wenn libidinöse, narzißtische oder aggressive Regungen sekundär mit der Wahrnehmungsverarbeitung verbunden werden. (Wird z. B. das Denken als oral-aggressive Handlung empfunden, können Eß- durch Denkhemmungen vertreten und abgelöst werden, der Betroffene kann dann die ›geistige Nahrung‹ nicht aufnehmen (vgl. Schmideberg 1934, 109ff). Auch umgangssprachlich wird der Lernvorgang mit der oralen Einverleibung gleichgesetzt: »Hast du das endlich gefressen (begriffen)?«)

Sofern unbewußte Konflikte primär durch die Wahrnehmungsinhalte verschärft werden und so zu Lernstörungen führen, stellt das Objekt des Lernens, d. h. die Aufgabe, einen Auslösereiz dar, der zur Aktualisierung der unbewußten Konfliktlage im Hier und Jetzt der Lernsituation führt. Verschiedene Autoren haben sich deshalb z. B. mit Störungen des Rechnens (z. B. Aichhorn 1926, 202ff), Lesens (z. B. Klein 1931; Tamm 1927; 1929), Schreibens (z. B. Tamm 1927; 1929; Zulliger 1930) und Sprechens (z. B. Klein 1923, 253f, 257f) befaßt.[2]

Ob nun der Lerngegenstand oder die Modalität der Wahrnehmungsverarbeitung selbst aufgrund ihrer unbewußten Bedeutung den Lernprozeß beeinträchtigen, spielt für den *ökonomischen* Aspekt (und nur für diesen) des Lernvorganges eine zweitrangige Rolle. In beiden Fällen bewirkt die übermäßige Unlustentbindung (z. B. Angst oder Schuldgefühl) die Lern- und/oder Leistungshemmung. »Wenn immer eine einzelne Denkleistung (im weitesten Sinne) durch unbewußte Zusammenhänge Bedeutung hat oder Erinnerungen weckt, die unlustbetont sind, erschwert die damit verbundene *Unlustentbindung* die Denkleistung selbst. Diese Störung wird um so intensiver, je mehr solche Bedeutungen und Beziehungen sich damit verbinden ... Der Unlustcharakter der Assoziationen wirkt wie ein Reibungswiderstand« (Federn 1930, 407).

Auch die Symptomatik selbst läßt Rückschlüsse auf die der Störung zugrundeliegenden Konflikte zu. Allgemein legen Konzentrationsstörungen die Vermutung gescheiterter Sexualforschung und ihrer ungenügenden Verdrängung nahe (vgl. z.B. B. Bornstein 1930; Landauer 1929). Andauernde Mißerfolge gelten als Indiz für starke Schuldgefühle und unbewußte Selbstbestrafungstendenzen (vgl. z.B. Freud 1915; Landauer 1929; Laforgue 1930), und Versagens-(Prüfungs-)Ängste erinnern an die ödipale Konfliktsituation mit ihren entsprechenden Angstformen (vgl. z.B. Freud 1910b; Landauer 1929; Moeller 1968; Redl 1933; Stengel 1936).

In Anlehnung an Freud (1905b; 1910b) stellt Landauer (1929) die Dummheit der Zweifelsucht gegenüber. Er interpretiert diese als zwangsneurotischen bzw. hysterischen Lösungsversuch des Kastrationskomplexes.

Federn weist darüber hinaus auf den sekundären Krankheitsgewinn hin, der sich durch die Lernstörung ergeben kann: An der intellektuellen Hemmung wird oft festgehalten, »weil durch die erlangte Denkunfähigkeit oder Inkonsequenz Konflikte mit der Umgebung vermieden werden,... weil sie (die Kinder, der Ref.) auf die Vorteile ihrer Situation nicht verzichten wollen« (1930, 405).

Daß die Lernhemmung auch Ausdruck verschleierter Wut und Rache sein kann, mit deren Hilfe die Erwachsenen (besonders diejenigen, denen die Lernerfolge ihrer Kinder sehr wichtig sind) unerkannt bestraft werden können, zeigt Landauer (1929) ebenfalls auf. Dummheit wird so zur hochwirksamen, in ihrer eigentlichen Bedeutung aber nur schwer erkennbaren »Waffe« (Landauer) des Kindes.

Wie Hemmungen der Angstvermeidung und der Abwehr dienen können, hat Freud (1926a) gezeigt. Die Hemmung erspart dem Ich neuerliche Triebkonflikte und Verdrängungsleistungen über den phobischen Mechanismus der Vermeidung.

Auf die Rolle der Aggression bei der Psychodynamik und Genese von Lern- und Leistungsstörungen hat besonders auch Schmideberg hingewiesen: »Die intellektuelle Hemmung dient... der Vermeidung von Angst. In den von mir analysierten Fällen war die Angst die Folge der verdrängten Aggression, indem die unterdrückte Aggression auf die Objekte, denen die Aggression ursprünglich galt, projiziert und von ihnen als Vergeltung die gleichen Angriffe erwartet wurden« (1930, 477).

Ist nun die Form der Wahrnehmungsverarbeitung (einschließlich der Lernleistung und Produktion) mit konflikthaften Phantasien und Wünschen unbewußt verknüpft, so lassen sich phasenspezifische Angstformen und neurotische Konfliktbewältigungsstrategien unterscheiden. Während Lernstörungen primär mit der Aufnahme und Verarbeitung des Stoffes im Zusammenhang stehen, erscheinen Leistungsstörungen mehr um die Produktion (z.B. zu Prüfungszwecken) und die narzißtische Gratifikation durch die Produkte zentriert.

Bei der Aufnahme der geistigen ›Nahrung‹ sind die oralen Bemächtigungstendenzen – die oral-aggressiven ebenso wie die oral-rezeptiven – von großer Bedeutung für die Entwicklung der Lernfähigkeit. In Anlehnung an Abraham (1924), der die aufnehmenden und einverleibenden Vorgänge des Essens als Vorbild des intellektuellen Erfassens benennt, formuliert Schmideberg: »Alle Fälle von intellektueller Hemmung, die ich analysierte, ließen sich auf eine frühe Eßstörung zurückführen.« Und sie ergänzt, daß »für die intellektuelle Produktion... die Identifizierung mit der guten, Nahrung spendenden Mutter am vorteilhaftesten (ist). Diese Einstellung kann nur dann ohne Störungen aufrechterhalten werden, wenn die Angst nicht zu stark ist« (1934a, 112, 116). Besonders die unverarbeiteten oralen Ansprüche nach sofortiger und umfassender Fütterung sind geeignet, stetige und nur unter Schwierigkeiten fortschreitende Lernprozesse zu stören.

Lern- und Leistungsstörungen, die in der analen Trieborganisation wurzeln, fallen besonders auf durch die typischen Merkmale analer Ambivalenz, die im Zögern, Aufschieben und Zurückhalten zum Ausdruck kommen kann, ebenso wie durch zwanghaften Widerstand gegen die Befolgung von Richtlinien (Trotz) und dem damit verknüpften permanenten Kampf um Autonomie[3], sowie durch die Neigung zur Überschätzung der eigenen Produktion und der korrespondierenden Angst vor der Wertlosigkeit des eigenen Produkts (vgl. Heiman 1962; Lüders 1967, 921 f).

Störungen des Lernens, die primär durch die Konflikte der ödipalen Dreieckssituation bedingt sind, sind durch die phallische Form der Sexualität, verwoben in die konflikthafte ödipale Dramatik, gekennzeichnet. Konkurrenz- und Kastrationsängste stehen hier im Vordergrund des Erlebens, ebenso wie die Schuldgefühle, die im unbewußten Zusammenhang mit dem Eindringen (in die Arbeitsmaterie) erscheinen, weil hierdurch die inzestuösen Wünsche und Ängste erneut mobilisiert werden. »Richtet sich das Streben nach dem Erfolg unverändert auf das erste in der phallischen Phase ausgesuchte Liebesobjekt und ist die rivalisierende Einstellung mit ihren feindseligen Impulsen dem ersten übermächtigen Konkurrenten gegenüber erhalten geblieben, dann gerät der Griff nach dem sich anbietenden Liebesgewinn ins Kraftfeld der ödipalen Krise. Mit dem Versuch der Aneignung des Gewinns konstelliert sich die Möglichkeit der realen Erfüllung des Inzestwunsches, der Erfolg kann zum Sieg über den Rivalen werden, und es droht die Strafe des in der unbewußten Phantasie allmächtig gebliebenen Konkurrenten. Die Wiedergutmachung für ein so vermessenes Vorgehen kann nur durch den Verzicht auf den Erfolg, durch den Weg in die Krankheit oder durch die Demonstration des eigenen Unvermögens geleistet werden« (Lüders 1967, 922; vgl. Freud 1915b).

In der schon erwähnten Arbeit von Lüders (1967) entwirft der Autor ein Erklärungsmodell spezifischer Lern- und Leistungsstörungen, deren Erscheinung, Psychodynamik und Genese primär durch defizitäre Strukturen des Selbst und damit einer mangelhaften und stets gefährdeten Selbstwertregulation bedingt sind. Hier entzieht eine unzureichende Transformation der narzißtischen Energien sowie der frühen und unmodifizierten Strukturen des Größenselbst und der idealisierten Elternimago (vgl. Kohut 1970; 1977) der unbeeinträchtigten Arbeitsfähigkeit die Basis. Die Betroffenen zeigen »eine lähmende Angst vor Blamage«, entsprechend werden »schon kleinste Mißerfolge... wie Katastrophen erlebt, bescheidene Erfolge können Triumpfgefühle auslösen«. Im Erleben besteht nur die präambivalente »Alternative zwischen Allmacht und Ohnmacht, dem ›Alles-Können‹ oder ›Nichts-Können‹« (918).

Maßlose Ansprüche und umfassende Befürchtungen sind weitere Kennzeichen unzureichender Selbstwertregulation. Dabei ist die Allmachtsillusion – das ultimativ Absolute, Geniale und Grandiose zu leisten – funktionalisiert für die »Abwehr des Zustandes maximaler Hilflosigkeit« (935). Es herrschen exhibitionistische Triebtendenzen vor, das Ichideal ist primär narzißtisch besetzt (vgl. 917f).

Lüders zeigt, daß bei diesen Störungen die subjektive Bedeutung und Wertung der Lern- und Arbeitsleistungen nicht Können oder Nicht-Können heißt, sondern »Annahme oder Ablehnung« (935) durch das narzißtisch wahrgenommene und erlebte Objekt. Dieses Erleben erschwert vorab die Selbstdefinition als Lernender, da diese ja das (panisch gefürchtete) Eingeständnis der eigenen Unvollkommenheit und Abhängigkeit impliziert. Auch der Versuch, etwas zu produzieren, stellt dann ein ungeheures Wagnis dar: Jedes reale Produkt dokumentiert ja, daß die absolute, grandiose und geniale Leistung noch aussteht.

Auf eine spezifische Bedeutung der Eltern bei der Entstehung von Lernstörungen hat Buxbaum (1964) besonders aufmerksam gemacht. Sie sieht in der Aufrechterhaltung einer partiellen Symbiose von Mutter und Kind eine ätiologische Bedingung für funktionelle Mängel, aus denen Lern- und Leistungsstörungen entstehen, weil die partiell symbiotische Beziehung die ausreichende Entfaltung autonomer, differenzierender und synthetisierender Funktionen des Ichs behindert. Die Autorin zeigt, daß *umfassende* Lern- und Verhaltensstörungen das Ergebnis eines *fortgesetzten* Konfliktes mit der Mutter (Eltern) darstellen, während *symptomatisch begrenzte* Störungen auf internalisierte, *abgrenzbare* Konflikte verweisen. Dieser Gedanke wurde bereits 1930 von Bychovski in Ansätzen formuliert: »Es sind dies die in frühester Kindheit erworbenen, unbewußten Hemmungen, die sich in besonderen Störungen von Begabungen auswirken, und die mehr aktuellen psychischen Konflikte, die zumeist allgemeine Lernhemmungen bedingen« (422).

Besonderes Gewicht legt Buxbaum auch auf die Bedeutung von Schwierigkeiten von Vätern, die ihre Söhne nicht erfolgreich werden lassen können und deshalb übermäßig mit ihnen rivalisieren und auch kleinste Ansätze von Selbständigkeit und Männlichkeit bei ihnen unbewußt bekämpfen. Diese Haltung der Väter muß die Kastrationsängste der Söhne extrem verschärfen. Es besteht die Gefahr, daß diese sich der (intellektuellen) Kastration unterwerfen, um der realen zu entgehen.

Allgemein hat natürlich die unbewußte Beteiligung der Eltern an Verursachung und Stabilisierung der Auffälligkeit ihrer Kinder innerhalb der Psychoanalyse und der Psychoanalytischen Pädagogik weitreichende Beachtung gefunden. Johnson z. B. stellt fest: »Ob wir also ›gut‹ oder ›schlecht‹ werden, hängt von den Phantasien ab, die sich unsere Eltern über uns machen« (1949, 29; vgl. S. Bornstein 1934b; A. Freud 1965, 53ff; Robertson 1962 u. a.).

Auch Richter, der in seiner Studie (1963) insbesondere die kindliche Rolle aufgrund von elterlichen Delegationsmechanismen und Erwartungsphantasien, Übertragungen und narzißtischen Projektionen untersucht, zeigt, wie abhängig die Entwicklung des Kindes von den unbewußten Phantasien und Wünschen der Eltern ist.[4]

Die in diesem Kapitel begonnene Diskussion der Bedeutung narzißtischer Erlebnis- und Verarbeitungsweisen für spezifische Störungsformen wird in den nachfolgenden Ausführungen am Beispiel der Verwahrlosung – die als allgemeine Verhaltensstörung betrachtet werden kann – fortgeführt. Dabei ist es erforderlich, neben den frühen Arbeiten der Psychoanalytischen Pädagogik zum Thema verstärkt auch Ergebnisse der neueren psychoanalytischen Narzißmusforschung anzusprechen. Mehr noch als in diesem Kapitel verschiebt sich der Focus (inhaltlich bedingt) von der historischen Psychoanalytischen Pädagogik zur aktuellen Diskussion.

4. Verwahrlosung

Zu Beginn des letzten Kapitels wurde bereits hervorgehoben, daß Störungen des Verhaltens, des Lernens und Leistens (sofern eine Abgrenzung überhaupt sinnvoll erscheint) chiffrierter Ausdruck für vergangene und/oder aktuelle Beziehungsstörungen und deren Niederschläge im Subjekt sind. Deshalb kann vieles, was bereits bezüglich der Lern- und Leistungsstörungen formuliert wurde, ebenso auf die Genese, Psychodynamik und Struktur von Verhaltensstörungen Anwendung finden. Um mich nicht im Detail zu verlieren, möchte ich im folgenden nur auf das Problem der Verwahrlosung als umfassender Verhaltensstörung eingehen. Die Verwahrlosung bietet sich zur fundierten Erarbeitung nicht nur deshalb an, weil die neuere Narzißmusdiskussion der Psychoanalyse Erhebliches zur Klärung des Problemfeldes beitragen kann (besonders unter dem Aspekt der narzißtischen Wut und ihrer Abwehrfunktionen gegen die Mobilisierung archaischer Angstformen), sondern auch, weil die Sozial- und Heilpädagogik zunehmend mit frühen, präödipalen Beeinträchtigungen und umfassenden Störungen des Sozialisationsverlaufes konfrontiert wird.
Wenn man »Verwahrlosung« zunächst aus etymologischer Sicht näher betrachtet, so wird schon hierbei deutlich: Verwahrlosung hat etwas zu tun mit einem übermäßigen und deshalb unverarbeiteten Mangelzustand, für den die primäre Umwelt des Betroffenen verantwortlich ist. Das Wort Verwahrlosung geht aus dem Althochdeutschen »wara« hervor, das »Achtung« bedeutet. Wie Hartmann (1977, 3) ausführt, war im Mitelhochdeutschen »verwarlosen« noch ein transitives Verb, das somit im Sprachgebrauch selbst auf die Verursachung der Verwahrlosung im und während des Sozialisations- bzw. Erziehungsverlaufes hinwies. »Es konnte gesagt werden: Eltern ›verwahrlosen‹ ihre Kinder. Wenn von einem verwahrlosten Kind die Rede war, wurden folglich seine Erzieher verantwortlich gemacht« (Hartmann a. a. O.).
Daß im heutigen Sprachgebrauch nur noch gesagt werden kann, Eltern lassen ihre Kinder verwahrlosen (nicht: sie verwahrlosen ihre Kinder), reflektiert die Passivität der Eltern, ihr mangelndes Interesse an den Bedürfnissen des Kindes und ihr Unvermögen, das Kind als eigenständige Person wahrzunehmen.

»Verwahrlosung« verweist also bereits von der Wortbedeutung her auf einen Mangel an Achtung dem Kind gegenüber, auf eine unzureichende Beachtung des Kindes (waralos meint achtlos). Welche fatalen Folgen die Mißachtung kindlicher Bedürfnisse für die Entfaltung der Persönlichkeit hat, haben nicht nur die psychoanalytische Entwicklungspsychologie und Sozialisationstheorie aufgezeigt (vgl. Bettelheim 1967; Bowlby 1979; 1980; Leber 1976; 1978; Kohut 1970; Renggli 1974; Schmalohr 1968; Schmauch 1977; Spitz 1965; Trescher 1979a; Winnicott 1965; 1971 u.a.).
Unzureichende Achtung und mangelhafte Beachtung des Kindes – so kann vorwegnehmend festgehalten werden – sind aber selbst bereits symptomatisch für die ungenügende Beziehung Kind–Umwelt, als deren Folgen und Ausdruck der lebensnotwendige Widerhall und die Spiegelung des kindlichen Selbst sowie die Befriedigung der Körperbedürfnisse des Kindes massiv vernachlässigt werden, weil sie unbeachtet bleiben. Bestätigt wird diese (zunächst nur) etymologische Deutung durch die hinreichend belegte Tatsache, daß die Lebensgeschichten der sogenannten Verwahrlosten durch gestörte Familienverhältnisse und d.h. durch gestörte Beziehungsverhältnisse übermäßig gekennzeichnet sind (vgl. z.B. Glueck/Glueck 1957; Hartmann 1977; Rauchfleisch 1981; 1982; Specht 1967).
Hartmann z. B. fand bei seiner Untersuchung von verwahrlosten männlichen Jugendlichen den Familienzusammenhalt »augenfällig gestört«. Er stellt fest: Es »besteht bei 87,1 % unserer 1059 Jungen ein ›broken home‹« (1977, 88). 66,3 % der untersuchten Jugendlichen waren ehelich geboren, aber nur 38,8 % sind *vorwiegend* in dieser Elterngemeinschaft aufgewachsen. (Aber das bedeutet noch nicht, daß diese Jugendlichen nicht schwerwiegenden Trennungserfahrungen ausgesetzt gewesen wären.) Zur Zeit der Untersuchung leben noch 26,6 % der Eltern zusammen (vgl. a.a.O., 88f.). Diese Zahlen bestätigen Aichhorns Annahme, nach der »die Verwahrlosung und das Verbrechen Jugendlicher nur als Folgen eines Erziehungsnotstandes aufgefaßt werden« (1934, 92) können. Allerdings ist diese Aussage dahingehend zu präzisieren, daß ein »Erziehungsnotstand« Ausdruck und Folge von Beziehungsnotständen, Teil von gescheiterten oder nicht tragfähig entwickelten Beziehungen ist.
Was aber deckt nun der Begriff Verwahrlosung auf der Erscheinungsebene ab? Allgemein ist sehr schnell ein inhaltlicher Konsens dahingehend erreicht, daß auf das andauernde Versagen gegenüber sozialen Verhaltensanforderungen und das Mißachten von sozial anerkannten Regelungen des menschlichen Interagierens verwiesen wird. Eine nähere Analyse zeigt jedoch, daß eine von der Erscheinungsebene ausgehende, symptomorientierte Definition keine scharfe Präzisierung zuläßt, daß es sich bei der Verwahrlosung, im Gegensatz z.B. zu Zwangssymptomen, um einen umfassenden, kaum genügend abgrenzbaren Symptomkomplex handelt, der andere Auffälligkeiten einschließen kann, ohne sich mit diesen decken zu müssen und sich deshalb auch begrifflich – über die gegebene Beschreibung hinaus – nur schwer konkretisieren und präzisieren läßt. In diesem umfassenden Sinne definiert Hartmann »Verwahrlosung als fortgesetztes und allgemeines Sozialversagen« (1977, 5; im Orig. kursiv, der Ref.).

Das Erscheinungsbild der Verwahrlosung ist besonders durch folgende Merkmale gekennzeichnet (vgl. Glueck / Glueck 1957; Hartmann 1977, bes. 9ff., 130ff.; Rauchfleisch 1981; Trescher 1982b):

- psychische Labilität (allgemeine Bindungs- und Belastungsschwäche),
- Impulsivität (Unruhe, Rastlosigkeit, Suche / Sucht nach Abenteuer und Aufregung),
- Aggressivität und Destruktivität,
- Kriminalität (Frühtäter, Mehrfachtäter) und
- der sogenannte schlechte Umgang.

Bei dieser Aufzählung ist jedoch zu berücksichtigen, daß nicht notwendigerweise alle Merkmale zusammentreffen müssen. Verwahrlosung kann beispielsweise auch ohne kriminelle Auffälligkeit vorliegen.

Soviel zunächst zur erst oberflächlichen Beschreibung der Symptomatik. Zur Diskussion steht im folgenden, welche Hypothesen zur Subjektstruktur der Verwahrlosung im Rahmen der Psychoanalytischen Pädagogik entwickelt wurden bzw. entwickelt werden können.

4.1. Struktur, Psychodynamik und Genese

Als zentraler Erklärungsmodus der Verwahrlosungserscheinungen fand im Einklang mit der klassischen Psychoanalyse immer wieder die Annahme eines (aus der Sicht sozialer Normierungen) mangelhaft entfalteten, d. h. defekten Überich / Ichideal-Systems Verwendung. Diese Hypothese bietet sich nicht nur aufgrund der Orientierung der klassischen Psychoanalyse am ödipalen Konfliktmodell an, sondern auch deshalb, weil die Beobachtung (jedoch nicht notwendig die Analyse) lehrt, daß die Verwahrlosten kaum unter Schuldgefühlen leiden.

Aichhorn z. B. schreibt: »Es läßt sich leicht begreifen, daß soziales Handeln nur möglich ist, wenn der Mensch ein sozial gerichtetes Über-Ich in sich trägt, dem er auch willige Gefolgschaft leistet. Zu dissozialen Äußerungen kommt es, wenn das Über-Ich Fehler und Mängel, d.h. von den Forderungen der Gesellschaft abweichende Züge aufweist, oder wenn einem sozial ausgerichteten Über-Ich das Ich die Gefolgschaft immer wieder zu verweigern strebt« (1926, 213).

Alexander und Staub ergänzen, »daß die Abhängigkeit des Ichs von dem hemmenden Über-Ich geschwächt wird und das Ich dadurch seiner ursprünglichen Neigung, den Tendenzen des Es zur Motilität zu verhelfen, nachgeben kann« (1929, 299). Und Freud vermerkt: »Beim Verwahrlosten, der ohne Liebe erzogen wurde, entfällt die Spannung zwischen Ich und Über-Ich, seine ganze Aggression kann sich nach außen richten« (1930, 490 Fn.).

Mit anderen Worten: die im ›normalen‹ Entwicklungsverlauf mit dem »Untergang des Ödipuskomplexes« vollzogene Wendung der ödipalen Aggression nach innen, die beim Jungen aufgrund der Kastrationsangst und der Liebe zum Vater nicht in Handlung umgesetzt und nach außen abgeführt wird und damit zum strukturierten Aufbau des Überich / Ichideal-Systems führt, ist beim Verwahrlosten unterblieben bzw. mißlungen.

Daß es sich jedoch bei den Verwahrlosungserscheinungen in der Regel nicht um neurotische (Konflikt-)Verläufe handelt, die in der ödipalen Dramatik wurzeln, sondern vorwiegend um Folgen tiefgreifender und schon sehr früh angelegter Störungen, die zu Strukturdefekten führen, deutet bereits Schmideberg in zwei Arbeiten an (vgl. 1932; 1934c).

Alexander und Staub stellen die autoplastischen Konfliktlösungsversuche des Neurotikers der vorwiegend alloplatischen Neigung des Verwahrlosten, seinem ›acting out‹, gegenüber. »Er *handelt* und läßt sich durch die Sozietät nicht in die Phantasiewelt der Symptome hineindrängen. Der Neurotische behält den ursprünglich infantilen Inhalt seiner Triebansprüche, begnügt sich aber mit den phantastischen Befriedigungen, die ihm die Symptome gewähren« (1929, 316).

Schmideberg (1934c, 363) weist darauf hin, daß die These von den mangelhaften moralischen Regungen als Folge der gescheiterten Bewältigung der ödipalen Dramatik für die Erklärung der Verwahrlosung nicht notwendig ausreiche. Sie zeigt, daß lebensgeschichtlich frühere Belastungsfaktoren für das Zustandekommen der Verwahrlosung angenommen werden müssen, und erinnert (in Anlehnung an die Arbeiten von Klein) an die Aspekte frühester Angstformen und archaischer, unstrukturierter Schuldgefühle, die sekundär zu Aggressions- und Destruktionsdurchbrüchen führen.

Es wurde bereits darauf hingewiesen, daß Aichhorn Verwahrlosung als Folge eines Erziehungsnotstandes kennzeichnet. Die indes naheliegend scheinende Interpretation, Verwahrlosung nurmehr als Ergebnis und Folge eines »Führungsmangels« zu erfassen (so interpretiert Hartmann Aichhorns Konzept, vgl. 1977, 14), ist ausgesprochen fragwürdig, zumindest mißverständlich. Diese Interpretation würde vom zentralen Problem der Verwahrlosung, nämlich einer gescheiterten Eltern / Erzieher-Kind-Beziehung und, damit im Zusammenhang stehend, eines umfassenden *Beziehungs*mangels, ablenken. Gleichwohl ist nicht zu leugnen, daß bestimmte Stellungnahmen Aichhorns die Interpretation Hartmanns nahelegen. So beschreibt Aichhorn Angehörige eines Typus, »die verwahrlosen, weil sie unter zu geringem Erziehungsdruck standen« (1936, 45). Diese Verwahrlosungsgenese als Folge von Verzärtelung und Überversorgung hält Aichhorn allerdings für selten. »Der in der Fürsorgeerziehung viel häufiger vorkommende Typus ist der zweite, Verwahrlosung infolge großer, durch die Erziehungspersonen ausgeübter Strenge und ein dritter, ihm ähnlicher, den wir aus Familien stammend beobachten konnten, in denen beide extremen Erziehungsverfahren gleichzeitig in Anwendung gekommen waren« (1925, 175).

Auf die schädigenden Auswirkungen widersprüchlicher Erziehung, die zum dritten Typus der Verwahrlosung führen kann, wurde bereits im Abschnitt über die Strafe (vgl. Kapitel 1.3.) unter dem Stichwort »alternierende Ambivalenz« hingewiesen. Aber auch bei dem ersten Typus, der Verwahrlosung als Folge der Überfürsorge und

Verzärtelung, ist höchst zweifelhaft, ob das ›Zuwenig‹ an Erziehung nicht präziser heißen müßte: zu wenig an adäquater, die Persönlichkeit und Befindlichkeit des Kindes respektierender Beziehung, weil die Beziehung zum Kind z. B. auf narzißtischen Projektionen beruht, wie sie von Richter (1963) beschrieben werden. Auch die sogenannte Wohlstandsverwahrlosung, Ergebnis eines Übermaßes dinglicher Zuwendung bei gleichzeitig mangelnder realer Beziehungspräsenz der Eltern dem Kind gegenüber, kann nicht einfach als Führungsmangel beschrieben werden. Nicht primär der Mangel an Führung ist es, der hier das Kind in die Verhaltensauffälligkeit treibt, um endlich eine Reaktion der Eltern zu erfahren, d. h. bestätigt zu bekommen, daß es da ist und sein darf. Vielmehr ist jener Mangel zentral, der sich aus der Unfähigkeit der Eltern/Erzieher ergibt, die Beziehungsbedürfnisse des Kindes (die durchaus ›Führung‹ einschließen können) adäquat wahrzunehmen und ihnen zu entsprechen. Diese Eltern sind in der Regel für das Kind psychisch abwesend, obwohl sie physisch anwesend sind, d. h. »das Kind ist im sozialen Sinn Vollwaise« (Meng 1935a, 179). Die übermäßige dingliche Zuwendung und die oft zur Schau gestellte Emotionalität verdecken nur den Tatbestand, daß diese Kinder gleichsam seelisch verhungern.

Daß es sich beim ›Erziehungs‹-Notstand, der zur Verwahrlosung führt, nicht um eine kurzfristige, punktuell konflikthafte Ausnahmesituation in der Eltern-Kind-Beziehung handeln kann, macht Aichhorn deutlich, indem er auf den Zustand eines umfassenden Erziehungsrückstandes bei Verwahrlosten hinweist (vgl. 1925, 177). Dies wird in der Verwahrlosungssymptomatik ebenfalls ersichtlich, die eine unzureichende Steuerung durch Sekundärprozesse zeigt. Ebenfalls ist die Ablösung des Lustprinzips durch das Realitätsprinzip, wie das für die ›normale‹ Entwicklung unterstellt wird, beim Verwahrlosten nur bruchstückhaft gelungen. »Er wird vom Lust-Ich getrieben, für ihn existiert im Momente der Tat die Realität mit ihren späteren unangenehmen Folgen nicht« (Aichhorn 1925, 177; im Orig. kursiv, der Ref.). Zulliger hält fest, daß der Kern des Überichs hier »aus dem zum Ideal erhobenen Trieb-Ich (besteht). Die Erfüllung der triebhaften Wünsche ist zur höchstleitenden Instanz geworden« (1935b, 161).

Diese Aussage erinnert an das Luststreben des kleinen Kindes, dem Freud mit der These vom »purifizierten Lust-Ich« begrifflich entsprochen hat. Aichhorn verbindet deshalb den offensichtlichen Mangel an verhaltenssteuernden Sekundärprozessen beim Verwahrlosten mit einer weiteren These, die die Auffassung vom Entwicklungsrückstand stürzt. Er unterstellt den in der klassischen Psychoanalyse durchgängig zu findenden Natur-Kultur-Antagonismus (vgl. Bansemer 1978; Dahmer 1973; Lorenzer 1970b; 1972a; u. a.) und folgert: »*Das Kind ist von Natur aus dissozial.* Unerzogenheit und manifeste Dissozialität fallen dann zusammen. Und der Erziehung wäre dann die Aufgabe zugestellt, die Kinder vom Zustand der *manifesten Dissozialität* in den der *Sozialität* überzuführen« (1932, 337).[1]

Auch wenn diese Annahme der manifesten Dissozialität des kleinen Kindes nicht geteilt werden kann – neben dem problematischen Naturbegriff Aichhorns sollte zudem bedacht werden, daß Dissozialität von gesellschaftlichen Institutionen primär aufgrund von Abweichungen gegenüber Normvorgaben definiert wird: vom Säugling erwartet jedoch niemand die Erfüllung hochspezifischer sozialer Zumutungen –, weist doch die These vom Entwicklungsrückstand auf genetisch vor der ödipalen Dramatik liegende Störungen des Sozialisationsprozesses bei Verwahrlosten hin.

Die Dominanz des Luststrebens ist nun besonders geeignet, im Erziehungsprozeß zu permanenten Konflikten zu führen. Die Vorherrschaft des Lustprinzips führt dazu, daß Versagungen kaum ertragen werden können. Deshalb ist »in allen Fällen der Verwahrlosung ganz deutlich der Kampf zu sehen, der zwischen Kind und Eltern tobt« (Aichhorn 1936, 9). Zulliger schildert das Erleben und die Motivation eines Jugendlichen innerhalb dieses Kampfes: »Er war so lange gehorsam als er vermutete, daß die Eltern stärker seien als er. Einmal im Bewußtsein seiner Kraft, mag er nicht mehr folgsam und artig sein. Seine Unfolgsamkeit wird sogar durch Racheimpulse verstärkt. Er will jetzt schon zeigen, wer ihm befiehlt: Niemand darf es wagen, und wenn man es versucht, dann tut er das Gegenteil und freut sich, sich durchzusetzen; denn ein jedesmal erlebt er Selbstgefühl, Machtrausch. Jahrelang hat er sich vorgestellt, die Eltern seien mächtiger, stärker als er, bis er dann einsah, daß ihm ebensolche Fähigkeiten eigen sind, wie seinen ehemaligen Beherrschern. Und jetzt dreht er einfach den Spieß um. Er muß sich tagtäglich von seiner Übermacht überzeugen« (1935a, 143).

›Er dreht den Spieß um‹: Die Erzieher finden sich plötzlich in der Position des Ohnmächtigen und Wertlosen, dem Terror ausgeliefert. Rache (und dadurch mögliche Verleugnung der eigenen Bedürftigkeit, Ohnmacht und Hilflosigkeit) scheint das Handeln zu bestimmen.

Leber hat in seiner Arbeit »Rückzug oder Rache« (1976) die milieuabhängigen Schicksale der narzißtischen Wut aufgrund bereits früh einsetzender Vernachlässigung untersucht und zeigt, in welch großem Umfang der »soziale Ort« (Bernfeld) auch hierfür von Bedeutung ist. Er belegt, daß dem ausgeprägten Rachemotiv die leidvollen Erfahrungen frühester, massiver Vernachlässigung zugrunde liegen und die Rache einen Versuch darstellt, der existentiellen Angst, die um die Vernichtung des Selbst kreist, Herr zu werden (vgl. auch Leber 1979; Schmidbauer 1980; 1981; Trescher 1979b).

Wie Kohut (bes. 1977), Redl/Wineman (1951) und Winnicott (1965) nachgewiesen haben, ist der Haß und die narzißtische Wut mit dem Abwehrsystem eng verflochten und dient primär der Abwehr von Abhängigkeit (Nähe), Hilflosigkeit und Ohnmacht. Bei der näheren Betrachtung der vielschichtigen Verwahrlosungssymptomatik werden wir hierauf noch zu sprechen kommen. Zunächst kann festgehalten werden, daß es dem Verwahrlosten mit Hilfe des Agierens narzißtischer Wut möglich ist, die anderen ohnmächtig und hilflos zu machen und sich deshalb stark, unabhängig, unzerstörbar und grandios, mit einem Wort: omnipotent zu fühlen. Dies deckt sich mit Mengs Vermutung, daß Verwahrlosung »aus Entbehrung und Verlangen nach Kompensation des enttäuschten Narzißmus» (1935a, 174) erwächst.

Einen weiteren zentralen Hinweis auf die Psychodynamik geben Alexander und Staub, die der Frage nachgehen, welche Bedingungen zur Ausschaltung der handlungsleitenden Funktionen des Überich/Ichideal-Systems führen können. Sie diagnostizieren beim Kriminellen (und dies kann auf den allgemeinen Bereich der Verwahrlosung ausgedehnt werden) die subjektive Überzeugung, daß die dissoziale Tat einer Notwehrsituation entspringt – und: »in Notwehr moralische Hemmungen gelten zu lassen, d.h. Rücksicht zu nehmen, wäre ja pure Selbstzerstörung« (Alexander/Staub 1929, 300). In diesem Zusammenhang beschreiben die Autoren die Schuldprojektion als besonders geeignet, hemmende Einflüsse des Überichs auszuschalten. »Die Realität wird in der Weise umgedeutet, daß das kranke Ich sich in Notwehr zu befinden glaubt, die reale Situation wird falsch interpretiert, und zwar derart, als ob der Schuldige das Opfer, der Angegriffene selbst schuldig wäre« (1929, 302; vgl. auch Fromm 1931, 238f.). Diese tendenziell wahnhafte Realitätsdeutung teilt die Welt dichotomisch auf in gut *oder* schlecht/böse, Verfolger *oder* Verfolgte. Sie entspricht einer präambivalenten Entwicklungsstufe der Persönlichkeit, auf der ein Objekt, das vom Selbst noch nicht zureichend getrennt ist, nur als gut oder böse wahrgenommen werden kann, auf der die Ambivalenz einem Objekt gegenüber noch nicht erfahrbar ist: Das Objekt hat noch nicht gute *und* schlechte Eigenschaften, sondern es ist in seiner Gesamtheit absolut gut oder absolut böse: die gute, nährende und wärmende Mutter oder die abwesende, böse, verfolgende und zerstörende Mutter. Diese Form der Wahrnehmungsverarbeitung und Wirklichkeitsbewältigung entspricht einer sehr frühen Entwicklungsstufe von Ich und Selbst und zeigt eine Abwehrformation gegen archaische Vernichtungsängste, die noch nicht selektiv (wie etwa bei der Verdrängung) arbeitet. Auf dieser frühen Stufe der Entwicklung kann das kleine Kind nur umfassend, gleichsam als ganzes reagieren. Entsprechend wahnhafte Züge zeigt die Realitätsdeutung. Die innere Wirklichkeit des Verwahrlosten, Ergebnis seiner desolaten Sozialisationsbedingungen, dominiert umfassend die Wahrnehmung der äußeren Wirklichkeit. Die Deutung der Realität als verfolgende entspricht dem Abwehrkampf gegen die Reaktualisierung der Erfahrungen mit der »bösen«, d.h. der abwesenden Mutter. Auf unbewußter Ebene versucht der Verwahrloste in kontraphobischer Weise dem erwarteten Angriff zuvorzukommen, aktiv zu werden, nicht ausgeliefert und abhängig zu sein. So wird er zum Verfolger, um nicht selbst verfolgt, d.h. vernichtet zu werden. Daß sich diese zunächst wahnhafte Realitätsdeutung aufgrund der Projektion archaischer Rache- und Vergeltungsphantasien alsbald als zutreffend herausstellt, stabilisiert sekundär die Realitätsumdeutung. Das soziale Umfeld wird ja zur Reaktion gezwungen, die kriminelle Tat tatsächlich verfolgt. Und zwanghaft wird die Reproduktion der frühen Erfahrungen erneut unter dem Diktat des Wiederholungszwangs in Szene gesetzt (vgl. Leber et al. 1983). So wird die ›wahnhafte‹ Deutung der Wirklichkeit wieder zur subjektiven Wahrheit.[2]

Die Überzeugung, sich in einer permanenten Notwehrsituation zu befinden – die durchgängig bei verwahrlosten oder von Verwahrlosung bedrohten Jugendlichen zu finden ist –, macht deutlich, daß das primäre Ziel des Betroffenen die Erhaltung des Lebens, die *Selbsterhaltung* ist. Dies sollte wörtlich verstanden werden. Das dissoziale Verhalten dient primär der Selbst-Erhaltung. Diese Dimension der Erhaltung des Selbst konnte jedoch in der Diskussion der Psychoanalytischen Pädagogik (vor dem Zweiten Weltkrieg) nicht zureichend gewürdigt werden, weil sie ja notgedrungen auf den Kategorien der Triebpsychologie basierte. Erste Ansätze zu einer Psychologie des Selbst – wie beispielsweise Ferenczis Arbeit »Entwicklungsstufen des Wirklichkeitssinns« (1913b) – wurden in der Zeit vor dem Zweiten Weltkrieg aus vielerlei Gründen zunächst nicht weitergeführt, und erst Mitte der sechziger Jahre begann die Entfaltung der Psychologie des Selbst Gestalt anzunehmen. Gleichwohl wurde jedoch auch in der »Zeitschrift für psychoanalytische Pädagogik« die klassische Narzißmustheorie unter dem Stichwort »narzißtisch-triebhafter Charakter« für die Verwahrlosungsforschung und -diskussion nutzbar gemacht (vgl. z. B. 9. Jahrgang, Heft 3, 1935).

Es wurde schon erwähnt, daß die Abwehr des Verwahrlosten relativ unspezifisch ist, daß er gleichsam im ganzen reagiert. Meng hebt hervor, daß beim Verwahrlosten »die meisten Reaktionsbildungen des normalen Kindes im Ich gegen Es und Umwelt (unterbleiben), das Kind lernt nicht normal verdrängen.... Bei mangelhafter Fähigkeit zum Verdrängen wird das Kind später bei Gefahrensituationen, wie es der Psychotiker tut, die Realität verkennen oder zu ihrer Bewältigung andere Mechanismen der Abwehr oder Flucht in Bewegung setzen, namentlich regredieren« (1935a, 174, 175).

In diesen Ausführungen Mengs ist bereits die Auffassung einer Ichstörung im Zusammenhang mit der Verwahrlosung impliziert. 1951 erweitern Redl und Wineman die Verwahrlosungsdiskussion differenziert um den ichpsychologischen Aspekt, indem sie auf defekte Ich-Funktionen neben den Störungen des Überich/Ichideal-Systems verweisen (vgl. bes. 30, 60ff., 75f. und 145f.; auch Rauchfleisch 1981).

Nachfolgend werden die oben bereits stichwortartig angeführten Symptomkomplexe der Verwahrlosungserscheinungen nochmals im Hinblick auf ihre mögliche psychische Bedeutung aus der Sicht der neueren psychoanalytischen Narzißmustheorie diskutiert. Empirisch fundierter Ausgangspunkt der Symptombeschreibung ist die Studie Hartmanns (1977, bes. 9ff., 128ff.).

Als zum Erscheinungsbild der Verwahrlosung gehörig hatten wir folgende Merkmale benannt:

1. Psychische Labilität (allgemeine Bindungs- und Belastungsschwäche),
2. Impulsivität (Unruhe, Rastlosigkeit, Suche/Sucht nach Abenteuer und Aufregung),
3. Aggressivität und Destruktivität,
4. Kriminalität (Frühtäter, Mehrfachtäter) und
5. der sogenannte schlechte Umgang.

Zu 1. *Labilität:* Charakteristisch für die Diagnose »Labilität« ist insbesondere die signifikante Bindungs- und Belastungsschwäche der Verwahrlosten. Bindungsschwäche meint eine weitreichende Unfähigkeit, *strukturierte* Objektbeziehungen eingehen zu können. Verwahrloste scheinen kaum in der Lage, auf andere Menschen Rücksicht zu nehmen oder Sorge um sie zu empfinden: Objekte sind ihnen (oberflächlich betrachtet) relativ unwichtig. Im Gegensatz zu ›normalen‹ Jugendlichen, die enge Beziehungen eingehen und damit potentielle Abhängigkeit vom Objekt riskieren, nehmen Verwahrloste die Objekte häufig nur zur Kenntnis oder ›benutzen‹ sie zur Erreichung irgendwelcher Vergünstigungen. Daneben existiert ebenfalls eine oft kaum kontinuierliche Wertschätzung von Gegenständen.

»Zu der Bindungsschwäche kommt häufig eine Belastungsschwäche; der Verwahrloste hat nicht nur Schwierigkeiten, Bindungen einzugehen, er hat auch Schwierigkeiten, Belastungen zu ertragen. Es wird beispielsweise... geklagt, daß er bei Frustrationen dazu neigt, ›die Flinte ins Korn zu werden‹. Er kann es nicht ertragen, wenn er von Erwachsenen gerügt oder von Gleichaltrigen gehänselt wird, wenn eine Arbeit mißlingt oder eine Wunscherfüllung verschoben wird.... Es wird vor allem darüber geklagt, daß er minderen Versuchungen erliegt: der Sonnenschein genügt, um ihn vom Schulweg fortzulocken, zum Baden oder Bummeln zu verführen (mangelhafte Versuchungstoleranz). Schließlich ist er intolerant in bezug auf Aufsicht und Anweisung (mangelhafte Fähigkeit, Reglementierungen zu ertragen) und sehr empfindlich in Hinsicht auf vermeintliche Benachteiligungen« (Hartmann 1977, 130).

Folgende Punkte fallen besonders auf:

- Geringe Sorge und Rücksichtnahme verweisen auf eine unzureichende Polarisierung des Erlebens zwischen Subjekt und Objekt. Fremde Interessen und Bedürfnisse können nur schwer als solche wahrgenommen und akzeptiert werden; man ist versucht zu sagen, das Selbt des Verwahrlosten füllt seine ganze Welt aus, er beharrt auf einem ›egozentrischen‹ Weltbild (im Sinne Piagets). Pädagogen, die mit Kindern aus sozialen Randgruppen arbeiten, berichten beispielsweise immer wieder von Kindern, die anderen teilweise erhebliche Schmerzen zufügen. Wenn sie darauf jedoch aufmerksam gemacht werden, hören sie nur unverständig zu, obwohl sie selbst bei nur geringfügigen Anlässen sofort zu weinen beginnen oder unangemessen aggressiv reagieren. Diese Kinder sind offenbar nicht zureichend imstande, Objekte als eigenständige, von ihrem Erleben unabhängige und getrennte Zentren der Aktivität, des Erlebens und Fühlens wahrzunehmen: vielmehr betrachten sie diese als Teil des eigenen (erweiterten) Selbst.
- Die auffällige Schwierigkeit, Belastungen zu ertragen und zu meistern, weist ebenfalls auf einen vergleichsweise frühen Ursprung der Störung hin, d.h. auf eine erheblich gestörte primäre Kind-Umwelt-Beziehung. Das zum Zwecke der Abwehr aufgebaute »Phantasma« (vgl. Mannoni 1964), groß, mächtig und unzerstörbar zu sein, droht zu zerspringen, weil sich die Realität notgedrungen dem halluzinatorischen Bewältigungsversuch der frühen Kränkung sperrt: Es reicht nicht aus zu wünschen, wo zu handeln ist. Aber Handeln, das Ertragen von Belastungen, macht es notwendig, die durch die Realität gesetzten Grenzen anzuerkennen. Begrenzungen aber sind Gift für die Größenphantasien und damit für den Kompensationsversuch, der zum Ziel hat, den Defekt des Selbst zu verdecken. Wenn jedoch die Größenphantsien unmittelbar zur Erhaltung des Selbst notwendig sind, sie also primär Abwehrfunktion gegenüber existentiellen Ängsten erfüllen, bleibt nur der

Rückzug von der Realität oder der Versuch, die selbsterhaltende Illusion der Allmacht mittels des Agierens narzißtischer Wut zu bewahren, indem die ›Welt‹ durch Terror unterworfen (vgl. Leber 1979) oder zur Reaktion gezwungen wird. Im Grunde ist dies der Versuch, durch Gewalt eine spiegelnde Reaktion des Selbstobjekts zu erzwingen, dabei gleichzeitig aber die Abhängigkeit von ihm zu vermeiden.

– Auch die gefährdete Selbstwertregulation wird in den Ausführungen Hartmanns zur Symptomatik sichtbar: Anweisungen von Erziehern auszuführen, bedeutet den Verwahrlosten Unterwerfung, Minderwertigkeit, Schwäche. Das Mißlingen einer Arbeit schlägt in der Selbstwahrnehmung und -beurteilung auf die gesamte Selbstbewertung durch: Nicht nur *diese* Arbeit/Leistung ist schlecht gelungen, das ganze Selbst wird als unwert und schlecht erlebt.

»Das verwahrloste und das normale Kind unterscheiden sich auffallend durch ihr verschiedenes Ertragen der Realität« (Petersen 1929, 229). Diese oben schon sinngemäß getroffene Feststellung wird nun genauer als mit dem Hinweis auf das scheinbar ungebrochene Lustprinzip verstehbar. Ertragen der Realität bedeutet wesentlich auch Anerkennung und Respektierung von Begrenzungen. Wenn jedoch das Erleben von Grenzen unmittelbar auf eine brüchige Selbstwertregulation trifft, wenn Begrenzungen Gefühle der Ohnmacht, Unfähigkeit, Wut und Schlechtigkeit auslösen, ist ein Ertragen-Können der Realität kaum möglich. Ebenso wie das tief narzißtisch verwundete, noch sehr kleine Kind muß der Verwahrloste am Phantasma archaischer Grandiosität festhalten. Die »strukturbildende Verinnerlichung« (Kohut) als Prototyp gelingender Entwicklung muß so notwendig scheitern. Diese hätte ihren Ausgangspunkt in einer tragenden empathischen Verschmelzung mit einem allmächtigen Selbstobjekt und fände ihren Endpunkt im gesicherten Selbstwertgefühl, einschließlich dem Streben nach ›realistischen‹ Idealen und persönlichen Erfolgen (vgl. Kohut 1970; 1977).

Bei dieser Genese der Verwahrlosung, bedingt durch früheste Deprivation, gehen archaische Schuldgefühle und Selbstwertregulation unmittelbar zusammen. Was zunächst als Mangel an strukturierten Schuldgefühlen erscheinen mag, nämlich mangelhaftes Schuldbewußtsein bezüglich spezifischer (Un-)Taten, das bei neurotischen Entwicklungsverläufen mit ödipaler Thematik regelmäßig zu finden ist, erweist sich nun als umfassendes Selbstunwertgefühl, als permanent drohende »narzißtische Katastrophe« (vgl. Henseler 1974). In nur defizitär entfalteten Strukturen des Selbst scheint ein wesentlicher Grund dafür zu liegen, daß Versagungen und Begrenzungen durch die Realität von Verwahrlosten so schwer ertragen werden können. Klein ist der Auffassung, daß diese Unfähigkeit dazu führt, »daß alle durch die Erziehung bedingten Versagungen unbewußt als Strafe empfunden werden« (1932, 108). Die Versagungen werden also als Bestätigung der eigenen Minderwertigkeit und Schlechtheit erlebt.

Zu 2. *Impulsivität:* Impulsivität umschreibt ein Verhalten und Erleben, das sich durch eine »eigentümliche Unruhe, Rastlosigkeit, Getriebenheit« kennzeichnen läßt. »Verwahrloste haben ein ausgeprägtes Verlangen nach Abenteuer und Aufregung, nach Sensation und Excitation, nach allem, was im Englischen mit dem Begriff ›thrill‹ umschrieben wird.... Suche, ja Sucht nach Sensationen und Excitationen bestimmen beispielsweise ihre Berufs- und Freizeitinteressen.... Suche, ja Sucht nach Sensationen und Excitationen bestimmen auch manche ihrer sozialen Fehlverhaltensweisen, besonders häufig ihr Streunen und Stehlen. In ihrem Streunen und Stehlen geht es oft und vor allem um den Nervenkitzel, etwas Verbotenes und Gefährliches zu tun, Schwierigkeiten und Hindernisse zu überwinden, Entdeckung und Verfolgung zu riskieren« (Hartmann 1977, 131).

Als eine der Wurzeln der Rastlosigkeit und Getriebenheit kann die bereits hervorgehobene Beziehungsschwäche bezeichnet werden. Die Betroffenen scheinen nirgendwo Halt (Aichhorn z. B. spricht nicht grundlos immer wieder von Verwahrlosten als Haltlosen), d. h. eine psychische Heimat, einen »Ort zum Leben« (Mannoni) finden zu können. So sehr sie eine »haltende Umwelt« (Winnicott) suchen, so sehr fliehen sie auch davor, indem sie immer wieder die ursprüngliche narzißtische Katastrophe mit Stellvertretern (Erzieher, Lehrherr, Kollegen etc.) neu inszenieren, sich letztendlich als untragbar erweisen. Clos (vgl. 1982) hat diese fatale Situation aufgezeigt, in der diese Jugendlichen immer wieder in dem zwanghaft herbeigeführten Neuinszenieren des ursprünglichen Traumas ihre Umwelt ebenfalls als nicht tragend, als unzureichend haltend und schützend erleben und damit eine subjektive Rechtfertigung ihres dissozialen Verhaltens finden.

M. Balint hat in seiner Arbeit »Angstlust und Regression« (1959) die Suche/Sucht nach Abenteuer und Aufregung untersucht. Der von ihm beschriebene Typus des »Philobaten« zeigt einen Bewältigungsversuch der narzißtischen »Grundstörung« (vgl. M. Balint 1968), wie er auch beim Verwahrlosten in stark dissozialer Ausprägung zu finden ist. Auf den ersten Blick imponiert der ausgesprochene Philobat als jemand, der, allein auf sich selbst vertrauend, sich oft gefährlichen Situationen heroisch stellt, Gefahr sucht und genießt, Abhängigkeit und d. h. Objekte meidet. Wie der Verwahrloste sucht er Möglichkeiten, Angstlust und Nervenkitzel (thrill) zu erleben, die Furcht zuversichtlich auszuhalten und (reale) Gefahren zu meistern. Innerhalb dieser Suche nach Nervenkitzel und Sensationen treten drei grundlegende Merkmale hervor: »die objektive äußere Gefahr, welche Furcht auslöst, das freiwillig und absichtlich Sich-ihr-Aussetzen und die zuversichtliche Hoffnung, daß alles schließlich doch gut enden wird« (M. Balint 1959, 20).

Das Erleben des Nervenkitzels ist nun durch dissoziale, insbesondere durch *verbotene* Handlungen besonders leicht erreichbar. Und im dissozialen Verhalten erweist sich die eigene Grandiosität: Alle beugen sich den Ver- und Geboten: der Verwahrloste aber als (negativer) Held wird zeigen, daß er sich nicht zu unterwerfen braucht. Er konfrontiert sich mit der Gefahr der Entdeckung und Verfolgung, tut das Verbotene und – sofern er nicht entdeckt wird – erlebt im Triumpf seiner Überlegenheit Unverwundbarkeit und Größe.[3]

Dieses Phantasma dient der Abwehr von Depression (vgl. z. B. Argelander 1976, 12;

M. Balint 1959, 45, 110; Hartmann 1977, 131; Rauchfleisch 1981) und oftmals dem Schutz vor Depersonalisierungsgefühlen. Bei der dissozialen Tat ist der Verwahrloste aktiv Handelnder, mächtig und groß, nicht der ohnmächtig fremder Willkür Ausgelieferte. Das Erleben der Angstlust erlaubt ihm, sich lebendig und intakt zu fühlen, endlich etwas bewirken zu können.

Auf unbewußter Ebene gelingt es so, mit dem allmächtigen primären Objekt, der »guten Mutter«, wieder zu verschmelzen, von ihren »freundlichen Weiten« (M. Balint) getragen und gehalten zu werden (vgl. zum »Sicherheitsprinzip« die Arbeit von Joffe und Sandler 1967).

Dieses Phantasma dient darüber hinaus der Abwehr existentieller Angst von psychotischer Qualität und Intensität, die dann entsteht, wenn die haltende Umwelt fehlt. Die Panik und das Grauen angesichts der zerstörenden, verfolgenden »bösen Mutter« können so in Schach gehalten werden.[4]

Auch im Streunen wird die philobatische Suche nach dem allmächtigen (konturlosen) Objekt sichtbar. Der Sonnenschein, der genügt, um den Verwahrlosten vom ›rechten Weg‹ abzulenken, ist eine für ihn unwiderstehliche Aufforderung, sich den »freundlichen Weiten« vertrauensvoll zu überlassen.

Gefahr und Angst entstehen erst, wenn konturierte Objekte auftauchen und die Illusion der Harmonie bedrohen. M. Balint stellt fest, »daß die philobatische Welt aus *freundlichen* Weiten besteht, die mehr oder weniger dicht mit gefährlichen und unvorhersehbaren Objekten durchsetzt ist« (1959, 30). Diese Objekte sind jene störenden Aspekte der Wirklichkeit, die das Phantasma durch ihre Grenzziehungen und ihren Widerstand auf unvorhersehbare und willkürliche Weise zerplatzen lassen. Sie sind, wie gezeigt, Repräsentanten und Stellvertreter der verfolgenden und zerstörerischen, der versagenden primären Umwelt, die der Verwahrloste einst *real* erfahren hat.

Insbesondere die Suche / Sucht nach Angstlust-Erlebnissen und Nervenkitzel bei der Ausführung verbotener Handlungen zeigt oftmals manisch anmutende Abwehrversuche, wie z. B. die halluzinatorische Verleugnung ernsthafter, realer Gefahren. Raymond Chandler hat seinen Detektiv Philip Marlowe den denkwürdigen Satz sagen lassen: »Nicht kugelfest zu sein, das war ein Gedanke, an den ich mich erst gewöhnen mußte« (1939, 64). Noch unbefangener formuliert Mesrine das Phantasma eigener Grandiosität in seiner Autobiographie: »Ich kannte meine Grenzen – ich hatte keine« (1977, 265).[5] Dies illustriert sehr plastisch die Überzeugung persönlicher Unverletzbarkeit, solange das Phantasma, mit der haltenden Umwelt eins zu sein, aufrecht erhalten werden kann.

Es ist letztendlich das Ziel der beschriebenen Sucht / Suche, zu jener (vielleicht nur intrauterin erlebten) Harmonie zurückzukehren, die vor der narzißtischen Katastrophe bestand und in der die traumatische Trennung des Selbst vom (allmächtigen) Objekt noch nicht erfolgt war. Die Sehnsucht richtet sich auf das Wiederfinden »jener Harmonie der freundlichen Weiten, die einen sicher hält und umschließt« (M. Balint 1959, 69). Das ist weniger schmerzhaft als die Suche nach dem wirklichen Objekt, das verloren ist und sich nirgendwo wiederfinden läßt.

Die Suche nach thrill hat für den Verwahrlosten die primäre Funktion, jene schmerzhaften Defekte im Selbst zu verdecken, die entstanden, weil die strukturbildende Verinnerlichung, die sukzessive Introjektion der haltenden Aspekte der primären Umwelt mißlang. Anstelle eines »Urvertrauens« (Erikson) bezüglich der Welt der Objekte und bezüglich der Lebendigkeit und Intaktheit des Selbst, die sich in der Überzeugung spiegeln, letztendlich gut, lebensfähig und -berechtigt zu sein, tritt beim Verwahrlosten der zwanghafte Versuch, sich auf vielfältige Weise der eigenen Intaktheit zu versichern. Hier hat auch die Suche nach entsprechenden Surrogaten ihre Funktion.

Zu 3. *Aggression/Destruktivität:* Fallen die Perversionen durch eine mangelhafte Hemmung der Sexualität auf (deshalb werden sie als »Negativ der Neurosen« [Freud] beschrieben), so imponiert die Verwahrlosungssymptomatik durch eine mangelhafte Hemmung der Aggressivität. Es wurde schon mehrfach darauf hingewiesen, daß Destruktionsdurchbrüche, daß narzißtische Wut motiviert ist vom Versuch, die lebensnotwendige Spiegelung durch das Selbstobjekt zu erzwingen. Kohut beschreibt die narzißtische Wut als Desintegrationsprodukt, als Zerfallsprodukt des Selbst (vgl. 1977, 106ff.). »Insbesondere destruktive Wut ist immer durch eine Verletzung des Selbst motiviert« (1977, 108).

Die ursprüngliche ›Allmacht‹ des sehr kleinen Kindes, die es in harmonischer Einheit mit der haltenden Umwelt phantasiert und erfährt, ist gekennzeichnet durch die Sicherheit, daß alles zur Verfügung steht, was nötig ist, daß nichts zu wünschen bleibt. Je tiefer in der/den narzißtischen Katastrophe(n) der Sturz aus der Allmacht in die Ohnmacht, in gefühl- und haltlose Leere erfolgt, um so intensiver muß sich das Kind an die Illusion seiner Omnipotenz und Unverletzbarkeit klammern (vgl. Leber 1976), weil das Sicherheit gewährende Objekt nicht verfügbar ist.

Das Agieren der tiefen, narzißtischen Wut ist geeignet, die Illusion zu sichern, mächtig und unverletzbar zu sein. Sie entsteht dann, wenn das narzißtisch wahrgenommene (als zum Selbst gehörig erlebte) Objekt sich der Verfügbarkeit entzieht. Destruktive Handlungen sind Versuche, Ohnmachtserfahrungen in das Erleben von Allmacht zu verwandeln: narzißtische Wut ist eine Reaktion auf das (ursprünglich reale) Erleben eines Angriffs auf die eigene Person, auf die brutale Mißachtung der vitalen Belange des Kindes.

Die tiefe, früh erlebte Ohnmacht, die Überzeugung, nichts bewirken zu können, d. h. letzten Endes, nicht(s) zu sein, nötigt das verletzte Selbst, durch Destruktion eine Reaktion der Umwelt zu erzwingen. Auch eine negative Reaktion bestätigt zumindest, daß das Selbst existiert, daß es etwas bewirken kann.

Bereits die oberflächliche Betrachtung der Lebensverläufe Verwahrloster, ihre dissozialen Karrieren zeigen, daß sich dieses Bemühen auf fatale Weise beständig gegen das Selbst kehrt. Vom Wiederholungszwang getrieben, inszeniert der Verwahrloste unablässig die Zerstörung jeder Beziehung, die zur Erfüllung seiner vitalen Bedürfnisse beitragen könnte. Im zwanghaften und doch hilflosen Versuch, den Zustand »primärer Liebe« (vgl. M. Balint 1955) endlich zu finden, wird die archaische Liebe zum

Selbstobjekt selbst lebensbedrohlich, ja selbstzerstörerisch. Aus sozialisationstheoretischer Sicht heißt das, der Eros pervertiert zum Todestrieb.
Aufgrund der dem Wiederholungszwang unterworfenen Reproduktion früher schmerzhafter Erfahrungen und deren gescheiterte Bewältigungsversuche scheint die Spaltung in absolut Gut oder vollkommen Schlecht/Böse ebenso wie die unterdrückte Wut so stark zu werden, »daß das geliebte Objekt schon nach kurzem zum gehaßten und darum in der Projektion auch zum gefürchteten wird« (Schmideberg 1932, 321). Dann aber sind die dissozialen Handlungen subjektiv Präventivschläge, um den gefürchteten Angriffen zuvorzukommen (vgl. die obigen Ausführungen zum Notwehrmotiv). Diesem kontraphobischen Abwehrversuch liegt das Motiv zugrunde, erneute Erfahrungen mit einer »bösen Mutter« – und damit korrespondierend mit dem bösen/schlechten Selbst – zu verhindern (vgl. Schmidbauer 1981, 234 ff.; Trescher 1979b, 95 ff.).
Wie gezeigt, hat dieser Abwehrversuch unmittelbar selbsterhaltende Funktion: Gelingt es nicht, eine empathische Reaktion, den Widerhall des Selbstobjekts zu erzwingen, dann wird das Böse und Schlechte beim Objekt real. Durch Abspaltung und Projektion gehört nun das Böse nicht mehr zum Selbst – und beim anderen kann es bekämpft und (kurzfristig) beherrscht werden.
Zu 4. *Kriminalität:* »Kriminalität ist zwar nicht ein obligates, aber ein frequentes Merkmal der Verwahrlosung. Von den untersuchten Berliner Probanten waren 75 % straffällig geworden. Sofern sie straffällig wurden, waren sie oft Mehrfachtäter, häufig Frühtäter und überwiegend Vermögenstäter« (Hartmann 1977, 131 f.). Die häufig bei Verwahrlosten anzutreffende Kriminalität fügt sich in das bereits skizzierte Bild narzißtischer Traumatisierung und deren Folgen. Die Suche nach Angstlust-Erlebnissen, nach dem Gefühl, sich lebendig, intakt und machtvoll zu empfinden, charakterisieren ebenso Motive der kriminellen Handlung, wie das Bedürfnis, das Böse, Verfolgende auszustoßen, ihm im Anderen Gestalt zu verleihen und es so faßbar und bekämpfbar zu machen.
Auch weitere zentrale Merkmale der Verwahrlosung, schulische und intellektuelle Mängel (vgl. Hartmann 1977, 132 f.), können durch die bisherige Analyse erhellt werden. Insbesondere die Kränkungen durch Reglementierung und Insuffizienzgefühle (zu lernen bedeutet ja an erster Stelle, eigene Unvollkommenheit ertragen zu müssen) werden von Verwahrlosten oder von von Verwahrlosung bedrohten Jugendlichen unmittelbar als gefährliche Übergriffe auf ihr Selbst erlebt und sind deshalb von ihnen schwer zu ertragen. (Vgl. auch die Ausführungen in Kapitel 3 zur Bedeutung der Selbstwertregulation bei Lern- und Leistungsstörungen.)
Zu 5. *Schlechter Umgang:* Das Merkmal »schlechter Umgang« (vgl. Hartmann 1977, 132) ist ebenfalls kaum als Ursache von Verwahrlosung interpretierbar. Vielmehr dient dieser dem Verwahrlosten eher als Fluchtpunkt, zu dem er vor dem als feindselig erlebten sozialen Umfeld fliehen kann. Dieser Ort ist sehr wohl geeignet, Gefühle von Minderwertigkeit und Schuld, von Ohnmacht und Scham herabzusetzen, wenn nicht gar euphorisch auszugleichen. Im Hinblick auf die Genese der Verwahrlosung ist der

schlechte Umgang sekundärer Ausdruck und Bewältigungsversuch der ursprünglichen Deprivation.

Ich werde die Überlegungen zur Verwahrlosungsproblematik an dieser Stelle beenden. (Zur weiteren Diskussion, insbesondere auch im Hinblick auf die heilpädagogische bzw. therapeutische Arbeit mit diesen Klienten vgl. Clos 1982; Rauchfleisch 1981; 1982; Redl/Wineman 1951; Trescher 1981 und 1982b.) Es ist deutlich geworden, daß Verwahrlosung auf dem Boden einer nicht ausreichenden primären Beziehung erwächst, daß der Verwahrloste deshalb verwahrlost, weil er in seinem Leben unsagbaren Kränkungen und Demütigungen, oftmals von Lebensbeginn an, ausgesetzt worden ist, ohne diese ausreichend kompensieren zu können. Es kann nun verstanden werden, daß der Verwahrlosung ein verzweifelter, ohnmächtiger Bewältigungsversuch der ursprünglichen narzißtischen Katastrophen zugrunde liegt, mit dem Ziel, psychisch lebendig zu bleiben, das geschädigte Selbst zu erhalten.

»Es ist die Entbehrung an Liebe, welche, einer seelischen Unterernährung vergleichbar, die erste Vorbedingung für die Entstehung dissozialer Züge schafft. Es bildet sich ein Übermaß von Haß und Wut, das ursprünglich gegen einen engeren Personenkreis gerichtet, später der sozialen Gesamtheit gilt« (Abraham 1925, 207). Was hier von Abraham empathisch mit Liebe umschrieben wird, kann für die Verwahrlosungsgenese heute mit Hilfe der psychoanalytischen Narzißmustheorie und Entwicklungspsychologie (Sozialisationstheorie) differenzierter formuliert werden: Es ist die Entbehrung einer empathisch haltenden, Sicherheit und Lust garantierenden primären Umwelt.

Das Agieren narzißtischer Wut dient dem Versuch, diese haltende Umwelt dennoch zu erzwingen. Von der Sehnsucht nach Objekten primärer Liebe getrieben, scheitert der Verwahrloste zwangsläufig an der Realität. Die bereits früh angelegte Überzeugung von der Existenz einer feindseligen Instanz (die Übermacht der Imago der »bösen Mutter«), die ihn verfolgt, ihm Leiden und Schaden zufügt und ihn vernichten will, wird so immer wieder bestätigt. Unter der Regie des Wiederholungszwangs werden wichtige Personen seiner sozialen Umwelt in szenischer Komplettierung regelmäßig zu neuen Verfolgern. In ihrer Ohnmacht dem Verwahrlosten gegenüber sind sie unfähig, seine Wut zu verstehen und auszuhalten. So müssen sie etwa Polizeikräfte zur Hilfe holen, ihn in ein anderes Heim verlegen oder ähnliches und bestätigen so (sich selbst wie dem Verwahrlosten), daß er untragbar ist und Bestrafung verdient (vgl. Clos 1982).

Welche innerpsychischen Mechanismen veranlassen aber z. B. verwahrloste Jugendliche, real vergangene, schmerzhafte Erfahrungen immer wieder mit Stellvertretern primärer Bezugspersonen zu wiederholen?

Im nachfolgenden Kapitel wird das psychoanalytische Konzept der Übertragung vorgestellt, das zentrale Hinweise für die Beantwortung dieser Frage nach dem Wiederholungszwang gibt.

5. Übertragung

5.1. Begriff

Peter, 17 Jahre alt, lebt seit ca. drei Monaten in einem Jugendwohnheim. Es ist dies sein sechster Heimplatz. Der erste war ein Säuglingsheim. Bevor er in das jetzige Jugendwohnheim kam, lebte er ungefähr ein Jahr lang in einer Pflegefamilie. Auch dort, wie in den Heimen zuvor, wurde er für seine Umgebung zunehmend »untragbarer«. Er bestahl (nicht nur) seine Pflegeeltern, ging kaum zur Schule und zeigte deutliche Verwahrlosungserscheinungen. Von den Pflegeeltern zunächst finanziert, zog er mit einer Freundin zusammen. Als diese ihn nach kurzer Zeit verließ, unternahm Peter einen Suizidversuch und wurde deshalb für zwei Monate in einem psychiatrischen Krankenhaus untergebracht.

Nachdem Peter in besagtes Jugendwohnheim übersiedelt ist, zeigt er sich zunächst sehr bemüht, allen Anforderungen nachzukommen. Allmählich jedoch häufen sich die Schwierigkeiten im Umgang mit Peter. Er ist unzuverlässig, belügt seine Kameraden und Erzieher schamlos und beutet sie psychisch und materiell aus. Der Schulbesuch ist unregelmäßig; Peter soll von der Schule verwiesen werden. Den verantwortlichen Erziehern ist sein Verhalten unerklärlich, sie sehen keinen Anlaß für seine Veränderung und fühlen sich hintergangen, gedemütigt und benutzt. Peter bereitet erhebliche Disziplinschwierigkeiten, er hält sich nicht mehr an die Hausordnung, ja, er bedroht sogar offen eine seiner Gruppenerzieherinnen, der er zu Beginn seines Aufenthaltes in diesem Heim scheinbar sehr nahestand. Diese fühlt sich mittlerweile von Peter körperlich bedroht. Sie hat Angst, mit ihm alleine zu sein. Sie will, daß Peter das Heim verläßt und weigert sich, ihn weiter zu betreuen. Gegebenenfalls will sie kündigen.

Schon eine oberflächliche Betrachtung von Peters Verhalten legt die Vermutung nahe, daß er unbewußt immer wieder schmerzhafte Trennungserfahrungen herbeiführt, daß Peter scheinbar gar nicht erwartet, von seinen neuen Bezugspersonen *nicht* verstoßen zu werden.

Die erneute Aktualisierung dieses Trennungsthemas (nämlich untragbar zu sein, weggeschickt zu werden, schlecht zu sein), bahnt sich nun auch in seiner jetzigen Umgebung an. Seine Erzieher sind rat- und hilflos, sie verstehen nicht, weshalb sich Peter plötzlich als so überaus schwierig erweist. Obwohl die Erzieher aus der bisherigen Lebensgeschichte Peters wußten, daß er in kaum einer Einrichtung länger als ein bis zwei Jahre ›gehalten‹ werden konnte, haben sie doch erwartet, daß dies bei ihnen möglich sein werde. Sie haben ›vergessen‹, daß Peter seine Geschichte, seine Vorerfahrungen, Erwartungen und Einstellungen auch in dieses Heim mitgebracht hat.[1]

Peter erwartet von den neuen Erziehern, daß auch diese ihn bald wegschicken werden. Für ihn liegt es deshalb nahe, dieser (vermeintlich) feindseligen Umwelt auch feindselig zu begegnen.

Bevor Peter also überhaupt seinen jetzigen Erziehern begegnet, hat er schon einen subjektiven Erwartungsrahmen aufgebaut, ein größtenteils unbewußtes Bild seiner Erzieher und dessen, was ihn im neuen Heim erwarten wird. Man kann sagen, er *überträgt* seine Vor- und Parallelerfahrungen – wie jedermann – auf neue Situationen, insbesondere aber auch auf neue Beziehungsangebote.

Diese Form der ›Übertragung‹ ist ein allgemeiner Mechanismus, der es überhaupt erst ermöglicht, sich zu verhalten: vergangene Erfahrungen werden dazu benutzt, sich in neuen Situationen zu orientieren, um diese bewältigen zu können; Denken wird in die Funktion des Probehandelns gestellt. Sofern über die Realitätsprüfung die ursprünglichen ›Übertragungen‹ adäquat korrigiert oder bestätigt werden können (Lernfähigkeit) und nicht zwanghaft an der ursprünglichen (Be-)Deutung der Beziehungsrealität festgehalten werden muß, kann jedoch nicht von Übertragung im psychoanalytischen Sinne gesprochen werden. Der Übertragungsbegriff der Psychoanalyse schließt die intakte Erfahrungsfähigkeit, eine kurzfristige Korrektur der ›Übertragung‹ von Vor- und Parallelerfahrungen, bezogen auf die Übertragungsfigur, aus. Konstitutiv für den Übertragungsmechanismus ist vielmehr, daß er blind macht gegenüber den gegenwärtigen Erfahrungen mit einem Objekt, weil Beziehungserfahrungen mit einem wichtigen früheren (infantilen) Objekt die aktuelle Wahrnehmung und die Erfahrungsverarbeitung überlagern, verzerren und blockieren. In der Übertragungsreaktion wird also das Objekt subjektiv so erlebt, *als ob* es sich beispielsweise um die Mutter, den Vater oder ein Geschwister handelte.

Somit ist die Übertragungsreaktion »im aktuellen Zusammenhang unangemessen, aber sie war früher einmal eine angemessene Reaktion auf eine Situation der Vergangenheit. So unpassend, wie Übertragungsreaktionen auf eine Person in der Gegenwart sind, so genau passen sie auf jemand in der Vergangenheit« (Greenson 1978, 164). Diesen Wiederholungscharakter der Übertragung hebt Freud z. B. in »Erinnern, Wiederholen und Durcharbeiten« (1914a) und in »Jenseits des Lustprinzips« (1920) hervor. Auch kennzeichnet er Übertragungen als »Neuauflagen« (1905b, 279) und spricht vom »Klischee (...), welches im Laufe des Lebens regelmäßig wiederholt, neu abgedruckt wird« (1912, 364f.). Zulliger nennt die Übertragung eine »unbewußte Personenverwechslung« (1951, 166), und Freud spricht von »falscher Verknüpfung« (1985, 364f.).

Die Übertragung beinhaltet also eine unangemessene Verschiebung einer (real vergangenen) Beziehung zum infantilen Objekt in die Gegenwart. Sie impliziert den unbewußten Versuch, Beziehungen der Vergangenheit zu wiederholen. Die Übertragung ist deshalb vom Standpunkt der Realität »ein Anachronismus, ein Irrtum in der Zeit« (Greenson 1967, 163). Unter besonderer Beachtung dieser Verschiebung einer vergangenen Erfahrung (oder Erfahrungsfolge) mit einem infantilen Objekt auf ein Objekt der Gegenwart und der daraus notwendig resultierenden Unangemessenheit der Haltungen (und Gefühle, Phantasien, Wünsche, Ängste etc.) diesem gegenwärtigen Menschen gegenüber, hat Greenson folgende Definition der Übertragung formuliert:

»Übertragung ist das Erleben von Gefühlen, Trieben, Einstellungen, Phantasien und Abwehr gegenüber einer Person in der Gegenwart, die zu dieser Person nicht passen, sondern eine Wiederholung von Reaktionen sind, welche ihren Ursprung in der Beziehung zu wichtigen Figuren der frühen Kindheit haben und unbewußt auf Figuren der Gegenwart verschoben werden. Die beiden hervorstechendsten Merkmale einer Übertragungsreaktion sind: sie ist eine Wiederholung und sie ist unangemessen« (1967, 167). Die Greensonsche Definition (die den folgenden Ausführungen zugrunde liegt) impliziert nun vier miteinander eng verbundene Grundannahmen (vgl. z. B. Brenner 1976; Freud 1914a; 1915a; Greenson 1967; 1982; Menninger/Holzmann 1973; Racker 1959; Sandler et al. 1973; Stone 1961):

1. Die Übertragungsbeziehung ist eine wiederbelebte *Objekt*beziehung zu einem frühen und wichtigen Objekt, die mittels eines Stellvertreters aktualisiert wird.
2. Übertragungsreaktionen sind deshalb an *Regression* gekoppelt.
3. Sie folgen *unbewußten* infantilen Beziehungsmustern: sie werden nicht erinnert, sondern in Haltungen und Handlungen umgesetzt.
4. Sie basieren im wesentlichen auf *Verschiebungen*, auf Ersetzungen des früheren Objekts durch Stellvertreter im Hier und Jetzt.

Die angeführten notwendigen Implikationen von Übertragungsreaktionen lassen sich auch im Erleben Peters wiederfinden. Das Trennungsthema zeigt Peters Erwartungen als Wiederholung früherer Erfahrungen mit wichtigen Objekten, die damit einhergehende Regression, die unbewußte Umsetzung in Handlung und die Verschiebung der Erfahrungen mit früheren Objekten auf die aktuell verfügbaren Erzieher. Deshalb ist sein Verhalten der äußeren Realität gegenüber unangemessen. Bezüglich seiner inneren Wirklichkeit ist es jedoch folgerichtig.

Es bleibt festzuhalten, daß spontane Übertragungsreaktionen gängige Anteile alltäglicher Interaktionen sind.[2] »Übertragungsfaktoren sind universell und ubiquitär. Sie sind nicht auf die analytische Situation beschränkt oder dort auch nur psychodynamisch wichtiger als anderswo« (Brenner 1976, 118f.). So sind spontane Gefühlsreaktionen wie Sympathie, Vertrauen oder Antipathie und Angst unbekannten Objekten gegenüber Belege für alltägliche Übertragungsreaktionen, die von äußerlichen Attributen wie Mimik, Gestik, Kleidung, Aussehen, Status etc. ausgelöst werden und der unbewußten Interpretation gemäßt der Übertragung unterliegen. Gleichwohl ist das psychoanalytische Setting (einschließlich der Technik) besonders geeignet, Übertragungsreaktionen zu fördern, zu stabilisieren (Übertragungsneurose) und zu bearbeiten. Sie wird hier deshalb konturierter als im Alltag sichtbar.

5.2. Äußerungsformen

Übertragungsreaktionen kennzeichnen also besonders zwei Momente: die Wiederholung infantiler Beziehungsmuster sowie ihre Unangemessenheit im aktuellen Beziehungskontext. Übertragungsreaktionen machen blind für die realitätsgerechte Re-

flexion und Koordination des Handelns, weil alte, unbewältigte Konflikte unbewußt reaktualisiert werden, dadurch die Wahrnehmung und die Wahrnehmungsverarbeitung aktueller Beziehungsdynamik überlagern, verzerren und entstellen können.

Übertragungsreaktionen sind nun besonders geeignet, die pädagogische Interaktion zu behindern, wenn nicht gar ganz scheitern zu lassen (wie dies bei Peter sichtbar wurde). Salzberger-Wittenberg hat häufig beobachtbare Haltungen und Erwartungen von Klienten der Sozialarbeit zusammengestellt, in denen sich unschwer Übertragungsreaktionen erkennen lassen. Sie nennt: »Die Hoffnung, seine Sorgen los zu werden... Die Hoffnung, daß ihm (dem Klienten, der Ref.) jemand eine Last tragen hilft... Die Hoffnung, geliebt zu werden... Die Furcht, beschuldigt zu werden... Furcht vor Strafe.... Die Furcht, im Stich gelassen zu werden« (1973, 20ff.; im Orig. kursiv, der Ref.).[3] Diese Erwartungen der Klienten zeigen Gefühle, Wünsche und Einstellungen, wie sie auch kleine Kinder ihren Eltern gegenüber erleben. Das Erleben von Abhängigkeit, Angst und Hoffnung der Klienten dem Sozialarbeiter gegenüber verweist auf einen infantilen Ursprung, wie er in den Polaritäten Erwachsener-Kind, mächtig–hilflos, stark–schwach zum Ausdruck kommt. Dies stellt eine Reproduktion von Einstellungen zu infantilen Objekten dar.

Allerdings muß hervorgehoben werden, daß die reale Situation von Sozialarbeiter und Klient in der Regel ein Übertragungsgefälle zur infantilen Seite hin provoziert. Der Pädagoge, an den die oben genannten Beziehungserwartungen herangetragen werden, ist ja, wie einst die Eltern, auch faktisch mächtiger. Er kann bestimmte Unterstützungen und Hilfeleistungen gewähren oder ablehnen. Diese reale Situation, in die sich der Klient begeben muß, fördert zwangsläufig die Aktualisierung spezifischer Übertragungsbereitschaften im Hier und Jetzt des pädagogischen Dialogs. Schon daß der Klient fremde Hilfe in Anspruch nehmen muß, konstituiert bereits ein (infantilisierendes) Übertragungsverhältnis zu einem mächtigen Objekt, dem sich der Klient nur schwer entziehen kann.

In der Literatur der Psychoanalytischen Pädagogik wurde häufig darauf hingewiesen, daß in pädagogischen Praxisfeldern, für die Abhängigkeitsverhältnisse charakteristisch sind (wie z. B. in Schule, Erziehungsberatung und Sozialarbeit), Übertragungsreaktionen umfassender und leichter evoziert werden als in Beziehungen zwischen auch real gleichgestellten Partnern (vgl. Freud 1914c; Greenson 1978, 166; Neidhardt 1977, 73ff.; Stone 1961, 101 u.a.).

Selbstredend nimmt auch der Pädagoge die Beziehung zum Klienten keinesfalls ohne latente Übertragungsbereitschaft auf. Bereits bei der Berufswahl werden unbewußte (deshalb jedoch nicht notwendigerweise negative) Motive eine zentrale Rolle gespielt haben (vgl. Kapitel 1.2.). Aber auch scheinbar oberflächliche Attribute des Klienten können den Erwartungsrahmen und damit auch die Wahrnehmungsfähigkeit des Pädagogen bestimmen. Eine korrekte Kleidung des Klienten z. B. mag die Erinnerung an den eigenen kleinlich-peniblen Vater wachrufen. Diese Übertragungsreaktion kann dazu führen, die wirkliche Persönlichkeit des Klienten und

seine Probleme und Anliegen durch die Zerrbrille der eigenen, unbewältigten Kindheit wahrzunehmen.
Eine für Pädagogen hilfreiche Differenzierung von Übertragungsreaktionen nach objektpsychologischen, strukturellen und genetischen Gesichtspunkten hat Muck zusammengestellt (vgl. 1980, 77ff.). Der erste Differenzierungsschritt richtet sich auf die Art und Weise, wie die infantilen Objekte vom Subjekt einst erlebt worden sind und wie diese nun in der Übertragungsreaktion gleichsam erneut wieder lebendig werden. Schematisierend und vereinfachend können Mutter-, Vater- und Geschwisterübertragungen unterschieden werden. Mutterübertragungen werden häufig durch unbewußte Themen wie umfassende Idealisierung, Omnipotenz, Sicherheit, Versorgung/Ernährung, Angst vor Trennung, Fallengelassen-Werden und Verfolgung dominiert. Vaterübertragungen thematisieren oft Autoritätsprobleme, Macht und ödipale Rivalität, während bei Geschwisterübertragungen meist Eifersucht und Neid (der andere bekommt mehr) eine zentrale Rolle spielen.
Unter strukturellem Aspekt können diese Übertragungfiguren weiter differenziert werden. So verweist z. B. das Erleben des Objekts als Verführer (etwa bei der schulischen Aufklärung) auf eine Übertragungsreaktion, in der die Triebanteile besonderes Gewicht haben. Muck spricht hier von *»Es-Übertragungen«*. Strukturierte Schuldgefühle und Strafängste gegenüber dem Pädagogen würden dann eher einer Übertragungsreaktion auf der Überich-Ebene entsprechen, in der der Pädagoge z. B. als Platzhalter für die Person des kritischen und strafenden Vaters der Kindheit funktionalisiert wird. Von »Ich-Übertragungen« spricht Muck, wenn der Pädagoge »als Bezugsperson erlebt wird, die ehemals das Erleben von Klarheit, Orientierung, Integration usw. vermittelt hat« (1980, 78).
Unter dem genetischen Gesichtspunkt ist insbesondere die Qualität und Modalität der reaktualisierten Partialtrieborganisation von besonderer Relevanz. Muck unterscheidet hier gemäß der psychoanalytischen Phasenlehre orale, anale und phallisch-genitale Modalitäten der Objektwahrnehmung. Dabei ist die Atmosphäre bei der Übertragung oraler Aspekte durch die Befriedigung versus Versagung frühester psycho-physischer Bedürfnisse geprägt. Unbewußte Themen können beispielsweise sein: eine orale Dämonisierung der Umwelt, orale, allumfassende Gier, umfassendes Mißtrauen oder unerschütterliches Vertrauen in eine versorgende und schützende Umwelt usw.
Das zentrale Thema der analen Phase kreist hingegen um Autonomie, Trotz, Produktivität, Schmutzlust, Unterwürfigkeit, analen Wert (be-sitzen, den ›Topf‹ nämlich). Hierzu gehören entsprechende Haltungen und Gefühle aus der sogenannten Trotzphase und der Sauberkeitserziehung.
Der phallisch-genitale Aspekt hingegen ist durch ödipale Themen gekennzeichnet. Geschlechtsspezifische Sexualität, gerichtete und strukturierte (ödipale) Aggression, Rivalität dem gleichgeschlechtlichen Elternteil (bzw. dessen Stellvertreter) gegenüber und differenzierte Schuldgefühle und Angstformen (Kastrationsängste) sind deren wichtigste Inhalte.

Die aufgezeigte Differenzierung bleibt jedoch notwendig schematisch, wenn das Augenmerk jeweils nur auf einen Aspekt der umfassenderen Übertragungsdynamik gerichtet wird. Was beispielsweise unter dem objektpsychologischen Gesichtspunkt als Vaterübertragung erscheint, mag sich bei der Frage nach dem strukturellen Aspekt auch als Überich-Forderungen, die vom Übertragungsobjekt erwartet werden, darstellen. Darüber hinaus fördert der Blick auf den genetischen Aspekt der Übertragungsreaktion, als womöglich zentrales unbewußtes Thema, die phallische Rivalität mit der Vaterfigur zutage, die z. B. in der »Angst, den kürzeren (Penis) zu ziehen« deutlich werden kann.
Zudem ist es hier notwendig, auf die narzißtischen Modalitäten der Übertragungsreaktionen aufmerksam zu machen, die Muck, ohne näheren Hinweis, hauptsächlich unter den Stichworten orale Modalitäten und Mutterübertragung thematisiert. Allerdings ist es begrifflich schwierig, innerhalb des narzißtischen Erlebens zwischen Subjekt und Objekt zu unterscheiden, und damit muß auch die begriffliche Abgrenzung von Übertragung und Projektion an Schärfe und Genauigkeit verlieren. Die Reduktion des narzißtischen Themas auf den triebdynamischen (oralen) Anteil an der Objektbeziehung im Zusammenhang mit der Mutterübertragung bietet innerhalb dieses Problems einen gangbaren Weg. Gleichwohl ist es sinnvoll, das narzißtische Thema differenzierter zu betrachten, da dessen Analyse (wie z. B. bereits bei der Verwahrlosungsproblematik gezeigt wurde) von großer Bedeutung für das Verständnis der Klienten der Pädagogik sein kann. Es ist deshalb unerläßlich, das narzißtische Erleben des Objekts in der Übertragungsreaktion ebenfalls kurz anzusprechen. Selbstverständlich sind die orale und die narzißtische Objektwahrnehmung nicht alternativ zu sehen, vielmehr stellen beide Formen real nur zwei Seiten derselben ›Medaille‹ dar. Je nach theoretischem Zugriff (mit dem Focus der Triebpsychologie oder demjenigen der Psychologie des Selbst) überwiegt das eine oder das andere. Wenn z. B. das Stillen eines dreimonatigen Säuglings näher betrachtet wird, kann dies unmittelbar gezeigt werden: Die Aufmerksamkeit unter dem Aspekt der Triebpsychologie wird sich hier vorwiegend auf die orale Triebbefriedigung richten, während die vordringliche Beachtung der narzißtischen Entwicklungslinie mehr diffuse Erlebnismodalitäten focussiert, wie getragen zu werden, mächtig und unverletzbar zu sein in der Verschmelzung mit den freundlichen Weiten (der guten Mutter), von denen das Baby sicher getragen wird und in denen es inneren und äußeren Halt findet, bevor Innen und Außen überhaupt relevante Beschreibungen seines Erlebens sind (vgl. Trescher 1979a, 70f.).
Wesentliches Kennzeichen der Wiederbelebung sehr früher Erfahrungen ist, daß die unbewußten Themen nicht primär um Trieb*konflikte* im eigentlichen Sinn kreisen, sondern um Themen, die das Selbst und die narzißtisch erlebten Objekte betreffen. Die zugrundeliegenden Störungen des Sozialisationsverlaufs basieren im ersten Fall auf strukturellen Konflikten im Zusammenhang mit (inzestuösen) libidinösen und aggressiven Strebungen, die bereits ein im wesentlichen kohärentes und stabiles Selbst (und Ich) voraussetzen. Angst entsteht hier bei der Gefahr von Triebdurchbrüchen, die Angstinhalte thematisieren vorwiegend Angst vor Liebesverlust und Kastration.

Im zweiten Fall hingegen kreist die Angst unmittelbar um den Bestand des Selbst und ist mit entsprechend elementaren und existentiellen Inhalten verknüpft. Der Sozialisationsverlauf ist hier durch ein Scheitern der zur Ausbildung eines stabilen Selbst notwendigen phasengerechten und versöhnenden Enttäuschung am idealisierten Objekt gekennzeichnet. Im gelingenden Verlauf der frühesten Beziehungen führt die sukzessive Internalisierung zentraler Funktionen des Objekts zur stabilen innerpsychischen Strukturbildung, die allmählich und immer besser jene Funktionen übernehmen kann, die zunächst das Objekt wahrzunehmen hatte. Dieser phasenspezifische Prozeß beginnt mit der Internalisierung der haltenden und schützenden Aspekte der Umwelt und findet seinen vorläufigen Abschluß mit den Identifikationsprozessen im Untergang des ödipalen Konflikts.
Wenn aber dieser Prozeß schon früh durch einen Mangel an Austausch, durch Vernachlässigung der elementaren Lebensbelange des sehr kleinen Kindes, durch einen Mangel an empathischer und fürsorglicher Beziehung mit dem Selbst-Objekt gestört wird, »dann erwirbt das Kind die erforderliche innere Struktur nicht, sondern seine Psyche bleibt an ein archaisches Objektbild fixiert, und seine Persönlichkeit wird später und sein ganzes Leben hindurch in einer offenbar intensiven Form von Objekthunger von gewissen Objekten abhängig bleiben. Die Intensität der Suche nach solchen Objekten und die Abhängigkeit von ihnen erklärt sich aus der Tatsache, daß in ihnen ein Ersatz für fehlende Segmente der psychischen Struktur gesucht wird. Sie werden nicht um ihrer Eigenschaften willen geliebt, und ihre Aktionen werden nur undeutlich wahrgenommen; sie werden vielmehr benötigt, um die Funktionen eines Segments des seelischen Apparates zu übernehmen, das sich in der Kindheit nicht ausbilden konnte« (Kohut 1969, 176).
Beim Kind führt diese traumatische Störung zu einem reaktiven Selbsterhaltungsversuch (es kann hier eigentlich noch nicht von strukturierten Abwehrmechanismen gesprochen werden; vgl. Mahler 1968), der das Selbst an archaische Konfigurationen fixiert. Entsprechend labil und gefährdet ist die Selbstwertregulation auch später beim Jugendlichen oder Erwachsenen, da z. B. das Phantasma eigener Grandiosität in einem permanenten Widerspruch zu den eigenen Begrenzungen in der Realität und der Begrenztheit der eigenen Möglichkeiten steht.
Kohut unterscheidet nun zwei Übertragungsreaktionen, die ihre Wurzeln einerseits in der Fixierung an ein archaisches Objektbild und andererseits an ein archaisches Selbst haben. In der idealisierenden Übertragung wird das Objekt als Zentrum aller »Seligkeit und Macht« erlebt, ohne dessen Präsenz »fühlt sich das Kind wertlos und schwach« (Kohut 1969, 174; vgl. 55ff.), weil das Selbst-Objekt dazu benötigt wird, das nur rudimentär entfaltete Selbst zu stabilisieren und am Leben zu erhalten. Die Idealisierung des Objekts entspricht dem positiven Charakter der Übertragung, deren negative Anteile können u. a. in eher paranoiden Inhalten zum Ausdruck kommen, wie sie bereits im Zusammenhang mit den Verwahrlosungserscheinungen diskutiert wurden.
Bei der Dominanz idealisierender Übertragungsreaktionen ist eine unablässige Suche

nach Anerkennung, eine extreme Empfindlichkeit gegen Kritik und Begrenzungen (durch das idealisierte Objekt) sowie – daraus resultierend – eine äußerste Verletzbarkeit der Selbstachtung zu beobachten.
Die stärker die Subjektseite thematisierende Übertragung nennt Kohut Spiegelübertragung.[4] Diese stellt eine »Wiederbelebung des Entwicklungsstadiums dar, in dem das Kind versucht, einen Teil des ursprünglichen, allumfassenden Narzißmus festzuhalten, indem es Vollkommenheit und Macht auf ein grandioses Selbst konzentriert und alle Unvollkommenheiten der Außenwelt zuschreibt« (Kohut 1969, 183). Unbewußte Themen dieser Übertragungsreaktionen können sein: Verlangen nach ungeteilter Bewunderung und Aufmerksamkeit, Grandiosität und Allmacht, Kränkbarkeit und reaktive narzißtische Wut, wenn das Phantasma der Omnipotenz nicht aufrecht erhalten werden kann.

Zusammenfassend kann festgehalten werden, daß es sich bei vorwiegend narzißtischen Übertragungsreaktionen um die Wiederbelebung archaisch-verschwommener Subjekt-Objekt-Relationen handelt, die – genetisch gesehen – in relativ frühen und deshalb basalen Traumatisierungen wurzeln. Hier ist eine Strukturierung der Wahrnehmung und der Wahrnehmungsverarbeitung sowie eine gesicherte Polarisierung von Selbst und Nicht-Selbst noch nicht erreicht.[5]

5.3. Übertragungsreaktionen im pädagogischen Feld

Die beiden hervorragenden Kennzeichen von Übertragungsreaktionen, die Wiederholung infantiler Beziehungskonstellationen und die sich hieraus ergebende Unangemessenheit der Reaktionen auf ein Objekt im aktuellen Interaktionsgeschehen, sind nicht nur geeignet, den pädagogischen Prozeß voranzutreiben, sondern ebenso ihn zu blockieren. In der Übertragung werden ja insbesondere auch konflikthafte Anteile vergangener Interaktionen und deren gescheiterte Verarbeitung wiederbelebt. Übertragungsreaktionen sind also durchaus zweischneidig.
Inwieweit von positiver oder negativer Übertragung gesprochen werden kann, hängt davon ab, ob die libidinösen oder primär die aggressiven Besetzungen überwiegen. Die Spezifizierung nach den Bestimmungen positiv oder negativ deutet jedoch schon an, welche Form der Übertragung für den Fortgang des pädagogischen Dialogs zunächst wünschenswert ist. Aus der Sicht der Psychoanalytischen Pädagogik bedeutet das, daß es für den Erzieher unabdingbar ist, eine positive Übertragungsbeziehung seines Klienten zu ihm zu fördern und möglichst dauerhaft zu stabilisieren. Wolffheim hält diese Fähigkeit überhaupt für die »Vorbedingung *jeder* Erziehertätigkeit« (1930b, 388), und Petersen vermerkt: »Die Herstellung der positiven Übertragung ist das A und O aller Erziehungskunst« (1929, 229f.). Daß eine überstarke positive Übertragung jedoch für den ungestörten Fortgang des pädagogischen Prozesses insbesondere dann störend werden kann, wenn diese gleichsam die ›ganze Welt‹ des

Klienten ausfüllt und sich das gesamte Interesse beispielsweise nur noch dem geliebten Lehrer zuwendet und alle anderen Lebensbereiche dieser Übertragungsbeziehung untergeordnet werden, wurde besonders von Bychowski (1930, 425f.), Kuendig (1927/28, 231ff.) und Stern (1930) diskutiert.

Zulliger (bes. 1930c) untersucht die angeblichen Gefahren (vgl. E. Fischer 1929) der bewußten Arbeit mit Übertragungsprozessen. Er vertritt und belegt seine Hypothese, daß die Bindungen des Klienten an den Pädagogen, die Übertragungsreaktionen entstammen, grundsätzlich wirksam sind. »Alle Erziehung vollzieht sich aufgrund der ›Bindungs-‹, der Übertragungsfähigkeit der Kinder! Zu einem Erzieher, der nichts von der Tiefenpsychologie weiß, und einem, der in ihre Lehren eingedrungen ist und sie zu praktizieren vermag, besteht aber ein Unterschied: der erste *erleidet* die kindliche Übertragung passiv, der andere handhabt sie *aktiv*« (Zulliger 1951, 166). Das Bemühen der psychoanalytischen Pädagogen richtet sich also primär darauf, *mit* der Übertragung (in der Realität) zu arbeiten, d.h. bestimmte Übertragungsreaktionen zu fördern, andere, den pädagogischen Prozeß störende, zu hemmen, wenn möglich zu beseitigen.[6]

Neidhardt z.B. hebt hervor, daß eine »fürsorgende, helfende väterliche und mütterliche Haltung des Lehrers... ein positives Übertragungsverhältnis wecken« wird; seine versagende Haltung hingegen kann »unter Umständen aber eine negative Übertragung auslösen« (1977, 75).

In ihrer positiven Form ist die Übertragung im Rahmen professioneller Pädagogik der Träger des Vertrauens, die dem ›gesunden‹ oder wenig gestörten Klienten dabei hilft, sich auf die gemeinsame Anstrengung einzulassen und diese trotz Schwierigkeiten und Enttäuschungen zu bewältigen. Sie ist, wie Neidhardt dies formuliert, beispielsweise für das Kind in der Schule der Anlaß, »um vertrauensvoll in eine noch unbekannte, unterrichtlich vermittelte Realität auszuschreiten« (a.a.O.).

Aber nicht nur die negative Übertragung kann Träger des Widerstandes werden, sondern auch die positive. Dies gerade dann, wenn die idealisierende Übertragung im Spiel ist. Die idealisierende Übertragung ist besonders durch umfassende (und deshalb kaum befriedigbare) Wünsche, Erwartungen, Gefühle und Affekte dem grandiosen (Selbst-)Objekt gegenüber gekennzeichnet. Eine häufige Äußerungsform dieser Übertragungsreaktion findet sich in der pädagogischen Praxis im unbewußten Appell des Klienten an den Pädagogen, der mit dem Satz: »Sei meine gute Mutter« gut umschrieben werden kann. In der komplementären Einstellung (vgl. Kap. 8.1. und 8.3.) des Pädagogen tauchen häufig Gefühle auf, wie »aufgefressen«, »ausgesaugt«, überfordert, als eigenständige Person nicht geachtet, d.h. benutzt zu werden etc.

»Konkordante Einstellungen« (vgl. Kapitel 8.1. und 8.3.) manifestieren sich oft in Phantasien wie das Kind/den Jugendlichen zu adoptieren oder mit ihm eine neue Mutter-Kind-Einheit einzugehen. Sie sind häufig, nicht nur bei Berufsanfängern, zu beobachten.

Die besondere Gefahr der idealisierenden Übertragung für den pädagogischen Dialog liegt nun darin, daß ihre umfassende, narzißtische Qualität einschließlich der entsprechenden Ansprüche an das Objekt, notwendig mit den Begrenzungen der pädagogischen Realität kollidieren müssen, was für den Betroffenen mit erheblichen Kränkungen und Gefährdungen des labilen Selbst verbunden ist. Kann der illusionäre Charakter des Phantasmas, mit dem idealisierten Objekt verschmolzen und eins zu sein, nicht mehr verleugnet werden, bricht die Realität gleichsam in das narzißtische Kontinuum zerstörerisch ein, dann lassen sich in der pädagogischen Arbeit mit früh gestörten Klienten insbesondere zwei ineinander verwobene Reaktionsweisen beobachten.

Beide sind geeignet, den pädagogischen Dialog zu hemmen und nicht selten sogar zu sprengen: Auf der Objektseite der Beziehung findet eine elementare Entwertung statt. (Der ursprüngliche Appell: »Sei meine gute Mutter« verwandelt sich in die unbewußte Überzeugung: »Du bist meine schlechte, verfolgende Mutter«.)

Auf der Subjektseite der Interaktion führt die gleiche Bewegung zu einer ›Aufblähung‹ des Selbst, zur Reaktualisierung des Größenselbst, meist getragen durch das Agieren narzißtischer Wut und Destruktion. Die positive Übertragung kippt also um in die negative. Nun wird das vorher idealisierte Objekt als ebenso mächtig, aber als böse, verfolgend und zerstörerisch erlebt. Subjektiv wird die narzißtische Wut, die aus der neuerlichen Verletzung des Selbst entstammt, zum Präventivschlag, zum Selbsterhaltungsversuch funktionalisiert, mit dem Ziel, das als gefährlich und verfolgend erlebte Objekt abzuwehren, auszustoßen.

Fatalerweise wird unter der Regie des Wiederholungszwangs diese ›paranoide‹ Wirklichkeitsdeutung in der pädagogischen Praxis nur allzuoft bestätigt und damit sekundär zur Wirklichkeit. Die Erzieher, erschrocken und entsetzt über die Vehemenz der Wut und der Entwertung durch den Jugendlichen, wenden sich von ihm ab, er wird z. B. von der Schule verwiesen, kommt in ein anderes Heim oder ähnliches. Dieses Drama ist auch bei der eingangs des Kapitels skizzierten Falldarstellung Realität geworden: Die von Peter gesuchte »haltende Umwelt« (Winnicott) scheint in der ihm zugänglichen Realität nicht zu finden zu sein. Seine Umwelt kann ihn (nicht mehr) halten und er wird seinerseits für diese untragbar. Peter hat mit unbewußter ›Hilfe‹ seiner Erzieher erneut eine frühe Traumatisierung Realität werden lassen (vgl. Clos 1982). Und dieser Punkt ist entscheidend bei der Diskussion von Übertragungsreaktionen im pädagogischen Feld: Der Wiederholungscharakter der Übertragung *läßt das Objekt nicht unbeteiligt*. Der Wiederholungszwang richtet sich auf eine *szenische* Reproduktion des ursprünglichen Traumas (und seiner Abwehrversuche), in der das Objekt – in unserem Fall der Pädagoge – *wirklicher* Teilhaber (mit allen Ängsten, Wünschen, Affekten etc.) an der dramatischen Neuinszenierung des ursprünglichen Traumas wird. Der Pädagoge kann hierbei nicht unbeteiligt bleiben. Die Reproduktion leidvoller Erfahrung im Hier und Jetzt des pädagogischen Dialogs gelingt nur, wenn der Pädagoge unbewußt mitspielt, d. h. mitagiert. Erste Bedingung der Bereitstellung korrigierender Erfahrungen im Rahmen der pädagogischen Interaktion ist demnach für den Pädagogen die beständige

Reflexion und Kontrolle der Eigenbeteiligung am konflikthaften und konfliktträchtigen Geschehen, der Verführung, die ihm von seinem Klienten unbewußt zugedachte Rolle auch wirklich zu übernehmen.

Es wurde hervorgehoben, daß anstelle der Erinnerung an das (vergangene) infantile Geschehen die Übertragungsreaktionen treten. Damit wird aber das Agieren in der Übertragung, die mit ihr einhergehenden Haltungen und Handlungen, die Einstellungen, Triebwünsche, Gefühle usw. zu einer chiffrierten Mitteilung über die Befindlichkeit des Klienten. Was er über seine Geschichte nicht sagen kann (weil es der Abwehr unterliegt), teilt er in der Übertragungsreaktion (oder in einer Folge davon) verschlüsselt mit. Damit wird die Reflexion der Übertragungsreaktionen für den Pädagogen der Weg zur Dechiffrierung, zum Verständnis des lebensgeschichtlichen Codes seiner Klienten und des subjektiven Sinnes, des scheinbar irrationalen, unangemessenen Erlebens, Fühlens und Handelns in Beziehungen. Daß die Reflexion der Teilhabe des Pädagogen an der Neuinszenierung konflikthafter Szenen, d.h. seiner Gegeneinstellung, eine nämliche und nicht minder große Bedeutung hat, darauf kann an dieser Stelle zunächst nur hingewiesen werden. Der Hinweis auf die nur szenisch mögliche Gestalt von Übertragungsreaktionen wird jedoch in Kapitel 8 erneut aufgenommen und diskutiert.

Für den einzelnen Pädagogen ist es sicherlich eine nicht zu unterschätzende Entlastung, in der pädagogischen Alltagspraxis zu wissen, daß eine Vielzahl der konfliktträchtigen Verhaltensweisen und Einstellungen seiner Klienten auf Übertragungsreaktionen basieren.[7] Sie gelten eigentlich nicht wirklich seiner Person, sondern er ist (zunächst) nur insoweit relevant, als er zum Platzhalter und Stellvertreter wichtiger Personen aus der Lebensgeschichte des Klienten werden kann.

Dieses Wissen birgt aber auch die Gefahr in sich, für die eigene Abwehr funktionalisiert zu werden. Etwa in Form von Rationalisierungen kann leicht der eigene Anteil des Pädagogen an Konflikten mit seinen Klienten verdrängt werden. Es bleibt deshalb wichtig, neben der Beachtung des Übertragungsgehaltes, die Eigenbeteiligung am Konflikt in der Realität der pädagogischen Praxis nicht zu unterschätzen. Der Pädagoge ist ja weitaus weniger als der Analytiker durch ein strukturiertes Setting vor dem Agieren eigener Problemlagen geschützt, und auch in seiner Beziehung zum Klienten wirkt die (äußere) Realität weitaus stärker ein als in diejenige von Analysand und Analytiker. Im Vergleich zur Analyse ist »im Erzieherischen … alles labiler… *Unser* Verhältnis zu unseren Zöglingen kann der Gegenseitigkeit und einer, wenn auch sehr geklärten Affektivität,nicht entraten. *Wir* schalten in der Übertragungsrolle, die uns zufällt, unsere Person nicht aus, sondern spielen mit unserer ganzen (sei es: analysierten) Person eine wichtige Rolle im Leben des Kindes« (Homburger 1930, 201). Und bezüglich der Anwendung von ›Deutungen‹ des Pädagogen stellt Homburger fest: »Vor allem muß ihm klar sein, daß konsequente Deutung und Verwertung des Gedeuteten in den Bereich umsichtiger, regelmäßiger Analyse gehört« (1930, 211). Hierbei ist zu bedenken: »Aufdecken ist eben nicht dasselbe wie Verarbeiten« (Kuendig 1926/27, 227). Insbesondere die rekonstruktive

Deutung gehört in die Analyse, nicht in die Pädagogik. Die der Pädagogik adäquate und entsprechende Form der ›Deutung‹ ist primär die gemeinsame, dialogische Herausarbeitung der Bedeutung von Geschehnissen in der gemeinsamen Beziehung, in einer gemeinsam erfahrenen und geteilten Realität. Sie bleibt auf dieser Ebene und kann nicht dazu dienen, die Lebensgeschichte des Klienten *im Sinne der »Kur«* auf- und durchzuarbeiten.

Bevor in Kapitel 8 weitere Aspekte des psychoanalytischen Verfahrens und der psychoanalytischen Methode diskutiert werden, werden in den beiden folgenden Kapiteln zwei weitere Bereiche der historischen Psychoanalytischen Pädagogik erarbeitet. Zunächst geht es um das genuin pädagogische Thema Erziehung in Gruppen und im darauf folgenden Kapitel um Kinderanalyse und Erziehungsberatung. Der große Kontrast zwischen »Kinderanalyse« und »Erziehung in Gruppen« hinsichtlich der wissenschaftlichen Erträge macht auch deutlich, wie schwierig es für die psychoanalytischen Pädagogen war, eigenständige, von der klassischen psychoanalytischen Situation verschiedene Praxiskonzepte zu entwickeln. So differenziert die Konzepte zur Kinderanalyse und -therapie sind, so flach und unscheinbar wirken hierin im Vergleich die Überlegungen zur Erziehung in Gruppen aus den zwanziger und dreißiger Jahren.

6. Erziehung in Gruppen

Mit Freuds Arbeit »Massenpsychologie und Ich-Analyse« (1921) wird in der Psychoanalyse zum ersten Mal umfassend die Dynamik von Gruppenprozessen untersucht. Die Frage nun, wie sich Erziehungsprozesse in Gruppen auswirken und wie diese verlaufen, ist für den Pädagogen von zentraler Bedeutung, insofern sich professionelle Pädagogik häufig in Gruppen vollzieht.

In der Psychoanalytischen Pädagogik wurde dieser Tatbestand lange eher vernachlässigt (auch aufgrund der vorwiegenden Orientierung am Zwei-Personen-Modell der »Kur«). Und erst 1936 stellt Zulliger nachdrücklich fest, »daß innerhalb der psychoanalytischen Pädagogik... eine Lücke besteht«, daß die Forschung »in bestimmtem Sinne einseitig geblieben« (337) ist. Diese »Lücke« ist durch die nicht hinreichende Berücksichtigung der gruppenpsychologischen Probleme in der pädagogischen Praxis bedingt. So vermerkt Zulliger bezüglich der Schule u.a., daß dem Lehrer »die glückliche Bewältigung all der Erziehungsschwierigkeiten bei normalen Kindern nur dann gelingt, wenn er aus Instinkt oder willentlich und wissentlich die auftretenden Probleme als massenpsychologische Phänomene angreift und erledigt« (1936, 338).

Schon früher (1930b) hatte Zulliger darauf hingewiesen, daß der Lehrer nur als »Lehrer-Führer« (43), also in der Rolle eines Führers[1], der primär die Beziehung

Lehrer–Gruppe fördert und der zu starke Einzelbeziehungen zwischen ihm und seinen Schülern zu verhindern trachtet, seinen erzieherischen Auftrag erfüllen kann. Nur so sei es dem Pädagogen möglich, die Einzelindividuen zu einer Gemeinschaft zusammenzufügen, »deren Individuen sich untereinander identifizieren und ein gleichmäßiges und gemeinsames Ichideal bilden, dessen Vertreter sie im Führer erblicken« (1930b, 49). In dem oben erwähnten späteren Aufsatz (1936) entwickelt Zulliger diese Vorstellung weiter analog der Freudschen Erkenntnisse bezüglich der Massenpsychologie. Er hebt hervor, daß die Gemeinschaftsbildung nur »unter dem Gesetz der Versagung« gelingt, die mit der »nötigen Empfindsamkeit ... dosiert werden muß« (1936, 340; vgl. auch 1951, 167). So wird dann der Lehrer in seiner Doppelfunktion als Wissensvermittler und als »Führer« im idealen Fall zum Grenzgänger und Vermittler »zwischen Trieben und Ichideal seiner Schüler wie ein Parlamentär, der von beiden feindseligen Seiten her mit außerordentlichen Vollmachten ausgerüstet ist. Er leitet Versöhnungen der auseinanderstrebenden Instanzen in die Wege, indem er Ansprüche des Ichideals, wo diese überstrenge sind, kritisiert und heruntersetzt, aber auch die Triebansprüche dämpft und ihnen hilft, sich ichgerecht zu betragen« (1930b, 43; vgl. auch Bernfeld 1927c; Buxbaum 1936; Weiss 1936).

Wichtig ist der von Zulliger immer wieder betonte Hinweis, daß der Pädagoge keinesfalls die Gruppe aus den Augen verlieren darf, wenn er sich einzelnen Kindern zuwendet, daß er vermeiden soll, überstarke Paarbeziehungen zu ihnen herzustellen. (Hierin läge nicht zuletzt auch die Gefahr der Provokation von unerwünschten Geschwisterübertragungen.) Entscheidend für das Voranschreiten des pädagogischen Dialogs ist also primär die Beziehung Pädagoge–Gruppe, in den Worten Zulligers, die Beziehung der (Klassen-)Gruppen-Gemeinschaft zum Führer, die auf der Versagung (von Paarbeziehungen) beruht.

Für Zulliger ist die pädagogische Handhabung der gruppenpsychologischen Erkenntnisse notwendige Bedingung Psychoanalytischer Pädagogik. Diese ist für ihn »hauptsächlich Handhabung der psychoanalytisch erforschten Massenpsychologie. Der psychoanalytische Pädagoge arbeitet bewußt mit den Phänomenen der Massenübertragung, Gegenübertragung, Versagung, Verzicht, Identifikationswunsch der Kinder; er tut dies ohne zu ›analysieren‹, sondern durch entsprechende Reaktion und Gegenreaktion, durch sein *Verhalten*« (1936, 343).

Die hier wiedergegebenen kurzen Ausführungen zur Erziehung in Gruppen sind die wesentlichen Überlegungen zu diesem Thema im Rahmen der Psychoanalytischen Pädagogik bis zum Zweiten Weltkrieg. Auch später findet das Thema mit wenigen Ausnahmen (z.B. Redl 1966) kaum Beachtung. Zwar hat Reiser (bes. 1972a, b, auch 1977) für den Schulbereich einen weiterführenden und m.E. sehr fruchtbaren Ansatz vorgelegt; er selbst hat diesen jedoch nicht weiter ausgebaut.

Die Erforschung von Gruppenprozessen in der Psychoanalyse konzentrierte sich vielmehr auf den therapeutischen Bereich. Einen Einbezug dieser Ergebnisse in die regelhafte pädagogische Gruppenpraxis findet auch heute noch nur am Rande statt.

Antworten auf die Frage, warum in der Blütezeit der Psychoanalytischen Pädagogik in den zwanziger und dreißiger Jahren die Arbeit in Gruppen nicht eine der pädagogischen Realität angemessene Beachtung fand, werden im 9. Kapitel diskutiert.
Ich möchte jedoch trotzdem einige grundlegende Ergebnisse der psychoanalytischen Kleingruppenforschung hier anführen, um auf ihre Bedeutung auch für die pädagogische Praxis hinzuweisen.
Die während und nach dem Zweiten Weltkrieg verstärkt beginnende Erforschung von Gruppenprozessen führt zu einer differenzierteren Sicht und inhaltlichen Beschreibung der Dynamik von Kleingruppen, insbesondere auch im Hinblick auf die Übertragungsprozesse in Gruppen (vgl. Argelander 1972; Bion 1961; Grinberg et al. 1957; Finger 1977; Foulkes 1964; 1975; Kutter 1976; Wolf/Schwartz 1962 u.a.).
Auch für den pädagogischen Bereich ist die hier erarbeitete Differenzierung bewußter und unbewußter Gruppenprozesse wichtig, wobei zu bedenken bleibt, daß die unbewußte Thematik das Beziehungsgeschehen dominiert und insbesondere in konflikthaften und konfliktträchtigen Interaktionen die inhaltliche Arbeit (z. B. die Lernarbeit) der Gruppe behindern kann. Beim Gruppengeschehen spielen verdrängte, unbewußte Wünsche, Phantasien, Abwehr- und Widerstandsprozesse und deshalb insbesondere die Übertragungs-/Gegenübertragungsdynamik eine zentrale Rolle. Ihren jeweiligen Ausdruck finden diese in unbewußten Gruppenphantasien, die für das Geschehen in Gruppen erlebnis- und handlungsleitend werden können. Die zentralen unbewußten Themen dieser gemeinsamen Gruppenphantasien entfalten sich im Rahmen des Übertragungsgeschehens im Rückgriff auf infantile Positionen (Konflikte), der Abwehr und des Widerstandes. Sie thematisieren typische individuelle, lebensgeschichtliche Konfliktpotentiale, jeweils entsprechende Erfahrungen und Erfahrungsverarbeitungsversuche, die im Gruppenprozeß erneut virulent werden. Dabei werden bei den einzelnen Gruppenmitgliedern jeweils analoge (nicht identische) Erfahrungen aus der Lebensgeschichte wiederbelebt und gemeinsam agiert: Die Gruppe ›einigt‹ sich unbewußt auf ein bestimmtes Thema (etwa den Autoritätsprotest, Gefühle der Ohnmacht angesichts eines als übermächtig erlebten Objekts etc.). Besonders Geschwisterübertragungen (Neid, Eifersucht) auf die anderen Gruppenmitglieder sind ebenso häufig zu finden wie Elternübertragungen auf den Gruppenleiter (etwa den Lehrer oder die Erzieherin im Kindergarten).
Bion (1961) hat drei in jeder Gruppe wiederkehrende gemeinsame Einstellungen, die »basic assumptions«, beschrieben. Er nennt:

1. Die Position der *Abhängigkeit* (»dependence«), in der von einem mächtigen Führer umfassende Sorge und Sicherheit erwartet wird. Die Gruppe phantasiert sich in passiver und umfassender Abhängigkeit von diesem.
2. Die Einstellung *Kampf–Flucht* (»fight–flight«), in der der Kampf mit oder die Flucht vor einem gefürchteten Objekt (z. B. dem Gruppenleiter oder eine durch Projektion geschaffene äußere Feindfigur) der Gruppe das geeignete Mittel zu ihrer Erhaltung erscheint.

3. Die *Paarbildung* (»pairing«). In dieser Grundeinstellung ist die Gruppe von optimistischen Gefühlen und Hoffnungen erfüllt, daß die Vereinigung zweier (oder auch mehrerer) Gruppenmitglieder den Fortbestand der Gruppe sichert. Damit werden Rivalität und Angst vor einer möglichen Spaltung abgewehrt.

Diese unbewußten Grundeinstellungen wirken dabei häufig unerkannt »in diametralem Gegensatz zu Arbeitsziel und bewußten Anforderungen der Gruppe« (Finger 1977, 26), was selbstverständlich leicht zu einer Verminderung oder Blockierung der Arbeitsfähigkeit führt.

Argelander (1972) weist nach, daß Gruppen sukzessive eine jeweils besondere »Gruppenkultur« entwickeln. Diese spezifischen Eigenarten jeder Gruppe werden deutlich in den im Laufe ihrer Geschichte sich herausbildenden strukturellen Merkmalen und Konfigurationen. S. E. entwickelt jede Gruppe sukzessive relativ feste strukturelle Grundkonfigurationen, die einem (von den Mitgliedern gemeinsam geteilten) ›individuellen‹ Überich, Ich, Selbst und einer Triebstruktur ähneln. Die Gruppe nimmt damit eine »eigene spezifische Gestalt an und wird zu einer quasi-eigenständigen Individualität« (Finger 1977, 33 f.), die in ihren wesentlichen strukturellen Aspekten einem einzelnen Subjekt vergleichbar ist.

Finger (vgl. 1977; 1978) hat die narzißtischen Phänomene in Gruppen einer eingehenden Untersuchung unterzogen. Die narzißtische Ebene kennzeichnet dabei eine qualitativ besondere Stufe des Gruppengeschehens, die sich in deutlich abgrenzbaren Phänomenen manifestiert. Diese äußern sich psychodynamisch als Überwiegen des Primärprozesses und dem damit einhergehenden Verlust reifer Funktionen des Ichs. Im Übertragungsgeschehen findet sich die szenisch hergestellte Wiederbelebung früher Imagines und entsprechender Phantasmen. Dabei geht die spontane Regression auf die präsymbolische Entwicklungsstufe Hand in Hand mit spezifischen Abwehrbewegungen (Finger spricht von »Pseudosymbolen«) gegen narzißtische Konfliktkonstellationen (Verlust von Grenzen, archaische Angstformen, drohender Zusammenbruch der Selbstwertregulation etc.).

Es ist hier nicht der Ort, differenzierter auf die Struktur und Dynamik therapeutischer Gruppen einzugehen. Für den pädagogischen Kontext ist es allerdings überaus bedeutsam, in konflikthaften Interaktionsverläufen mit und in Gruppen die gemeinsamen Gruppenphantasien, deren erlebnis- und verhaltensrelevante Hauptthemen wahrzunehmen, zu entschlüsseln und zu verstehen, um dann das Verstandene in einen konstruktiven pädagogischen Dialog, in pädagogisches Handeln umsetzen zu können.

Ich möchte die Bedeutung von gemeinsamen Gruppenphantasien anhand eines Interaktionsverlaufes einer Supervisionsgruppe skizzieren. Es handelt sich dabei um Teilnehmer eines viersemestrigen Projekts im Rahmen der universitären Ausbildung von Heil- und Sonderpädagogen (Lehramt- und Diplomstudiengang).[2]

Die Gruppe besteht aus dem Gruppenleiter, dem Ko-Leiter sowie zwölf Studentinnen und Studenten. Die Gruppe arbeitet bereits seit annähernd vier Semestern zusammen. Jeder der Teilnehmer ist mindestens an einem Nachmittag in der Woche in pädagogischen Praxisfeldern (Kindergruppen, Lehraufträge an Sonderschulen o. ä.) tätig.
Wenige Wochen vor dem Ende des Sommersemesters, das auch das Ende der Supervisionsgruppe bedeutet, bringt eine Studentin ihre Probleme aus der Arbeit mit einer 17jährigen Jugendlichen in die Supervisionsgruppe ein. Sie berichtet mit sichtbarer emotionaler Beteiligung, daß diese junge Frau, die im übrigen durch schwere Verwahrlosungserscheinungen, Drogen- und Alkoholmißbrauch auffällt, schwanger geworden sei und der Schwangerschaft äußerst ambivalent gegenüberstünde.
Die Gruppe nimmt dieses Thema sofort auf und diskutiert die Frage, inwieweit die Jugendliche fähig sei, ihr Kind nach der Geburt alleine zu erziehen, da sie in keiner festen Beziehung lebt und auch ihr derzeitiger Partner eine enge und längerfristige Bindung rigoros ablehnt. Weiter steht in der Gruppe kurz zur Frage, ob ein Schwangerschaftsabbruch oder die Freigabe des Kindes zur Adoption sinnvolle Lösungsmöglichkeiten wären.
Merkwürdigerweise versucht die Gruppe kaum, nach den Wünschen der jungen Frau zu forschen, sondern beschäftigt sich hauptsächlich damit, was mit dem noch ungeborenen Kind geschehen solle und was dieses für die Jugendliche bewirken könne.
Überraschend (für den Beobachter) lehnt die Gruppe einschließlich der Betreuerin (sie ist zum Zeitpunkt der Sitzung in einem Frauenzentrum sehr aktiv und organisiert u. a. Schwangerschaftsabbrüche für deutsche Frauen in Holland) Abtreibung oder Adoption völlig ab und konzentriert sich vielmehr darauf herauszustellen, welche positiven Entwicklungschancen durch Schwangerschaft, Geburt und Aufzucht des Kindes bei der Klientin induziert werden könnten.
Die Gruppe ist in illusionärer Weise der festen Überzeugung, die Klientin könnte durch das Kind ihre eigenen Probleme nachhaltig lösen. Sie verleugnet, daß diese ihre Schwangerschaft auch ablehnt und darüber hinaus selbst kaum in der Lage ist, die eigenen Schwierigkeiten zu bewältigen, und daß sie durch das Kind sicherlich zusätzlichen Belastungen ausgesetzt sein wird. Vom noch ungeborenen Kind erwartet die Gruppe die umfassende (Er-)Lösung von den Problemen der Klientin. Die Gruppe ist überzeugt, ein Schwangerschaftsabbruch oder eine Freigabe des Kindes zur Adoption darf auf keinen Fall stattfinden, ja, dies steht in der Gruppendiskussion nicht einmal ernsthaft zur Debatte.

Soweit die Interaktionssequenz. Auch ohne den Gruppenprozeß näher zu betrachten, fällt doch auf, daß irrationale Momente in der scheinbar rationalen Diskussion enthalten sind. Eine große Selbstbetroffenheit der Teilnehmer beim Thema »Abtreibung/Adoption« wird deutlich. Diese erlaubt kaum den Versuch, Schwangerschaftsabbruch oder Adoption als Möglichkeit neben anderen zu überprüfen. Zudem finden die Wünsche und Vorstellungen der jungen Frau kaum Beachtung: Offensichtlich beschäftigt sich die Gruppe gar nicht so sehr mit deren Problemen, sondern mit eigenen Wünschen, Einstellungen, Hoffnungen und Ängsten.
Ein Widerspruch zwischen den scheinbar ausschließlich rationalen, bewußten Motiven des Gruppengesprächs und dem unbewußten Thema der Gruppe wird so deutlich. Die Vermutung drängt sich auf: Die Gruppe spricht nur scheinbar über pädagogische Probleme mit Klienten; sie selbst ist es, die vom Thema »Abtreibung/Adoption« (Verstoßen-Werden) betroffen ist.
»Abtreibung« hat also für diese Gruppe eine besondere, »privatsprachliche« (Lorenzer) Bedeutung. Die gemeinsame Gruppenphantasie, bestimmt durch den Grup-

penprozeß, scheint bei den einzelnen Teilnehmern im jeweils individuell-lebensgeschichtlichen Kontext die Erlebnisfigur Abtreibung/Adoption virulent werden zu lassen (z. B. als Trennung, Weggeschickt- oder Verstoßen-Werden usw.): Die Gruppe beschäftigt sich unbewußt mit *ihrer* »Abtreibung«. Sie wird ja in wenigen Wochen ›sterben‹. Das Ende des Projekts steht bevor, die Gruppe wird sich auflösen, die Teilnehmer müssen vom »Wir« der Gruppe zum »Ich« des selbstverantwortlichen einzelnen zurückkehren. (Bei mehreren Teilnehmern fällt das Ende der Gruppe auch mit dem Examen zusammen, also der Beendigung des Studiums und damit auch der Trennung von der alma mater Universität.)

Die gemeinsame Phantasie, die die bewußte Arbeitsebene überlagert, damit das bewußte Arbeitsziel sabotiert (die Reflexion pädagogischer Praxis), hat also die Abtreibung der Gruppe zum Thema. Die Gruppe reproduziert eine (infantile) Szene der (Ab-)Trennung, der Loslösung, die erzwungen wird, bevor das Kind (das Gruppenmitglied) die Angst überwunden hat, die entsteht, wenn es glaubt, allein nicht (über-)leben zu können. Ohne die Mutter (die Gruppe/Gruppenleiter) fühlt sich das Kind (der Teilnehmer) hilflos.

Zurückweisung, Kränkung, Ohnmacht, Wut, Gefühle der Hilflosigkeit und Unfähigkeit als Reaktion auf die Anforderung, bald alleine mit den Problemen pädagogischer Praxis zurechtzukommen, spiegeln sich in der geschilderten Dynamik des Gruppengeschehens. Obwohl das Gruppengespräch scheinbar rational um pädagogische Probleme zentriert ist, bringt die Gruppe in Wirklichkeit mit der kritiklosen Verneinung der Adoption/Abtreibung zum Ausdruck: es darf für *uns* keine Trennung geben. Zwar steht auf der bewußtseinsfähigen Ebene des gemeinsamen Arbeitsbündnisses anscheinend die Bewältigung der pädagogischen Praxis zur Diskussion, trotzdem ist das unbewußte Thema die eigene Vertreibung aus der Sicherheit gewährenden Supervisionsgruppe. Was also auf der Ebene der gemeinsamen, allen Teilnehmern zugänglichen Reflexion hier erscheint, wird unbewußt dominiert von der eigenen Betroffenheit über das Ende, den Tod der Gruppe. Dies wird besonders deutlich in der unverrückbaren Überzeugung, die Verwahrlosungserscheinungen der jungen Frau könnten durch Verhinderung der Adoption oder des Schwangerschaftsabbruches beseitigt werden. Die Gruppe ist nicht in der Lage, das Eintreffen dieser unwahrscheinlichen Entwicklung ernsthaft in Frage zu stellen.

In der Interaktionssequenz, die noch andere hier vernachlässigte Aspekte besitzt (z. B. die messianischen Erwartungen und Hoffnungen, die an das noch ungeborene Kind geknüpft sind), wird deutlich, daß gemeinsame unbewußte Phantasien auch in den Gruppen des pädagogischen Alltags virulent sind und erlebnis- und handlungsbestimmend werden können.[3]

Wie erwähnt sind neben der Erziehungsberatung Konzepte der Kinderanalyse bzw. -therapie, die sich ja aus der Psychoanalytischen Pädagogik entwickelt haben, Gegenstand des nächsten Kapitels. Besonders im Kontrast zwischen Differenziertheit der Erarbeitung und den Ergebnissen zur »Arbeit in Gruppen« und den klassischen Konzepten zur *Behandlung* von Kindern wird deutlich werden, wie hochdifferenziert Theorie und Praxis der therapeutischen Verfahren im Gegensatz zum Gruppenkonzept der Psychoanalytischen Pädagogik sind.

7. Therapeutische Konzepte

Dieses Kapitel dient u. a. der Beschreibung und Würdigung von Konzepten zur Kinderanalyse und Erziehungsberatung, die ihren Ursprung, entgegen dem ersten Augenschein, in der Psychoanalytischen Pädagogik haben. Es ist nicht zu leugnen, daß die Psychoanalyse als Heilbehandlung neurotisch kranker Erwachsener ursprünglich aus der Medizin erwachsen ist. Wie Bittner (1967, 192) hervorhebt, sollte jedoch auch nicht vergessen werden, daß die Kinderanalyse, die Behandlung Verwahrloster und auch die psychoanalytischen Konzepte zur Erziehungsberatung überwiegend auf dem Boden der Psychoanalytischen Pädagogik entstanden sind.

7.1. Kinderanalyse

Gemeinhin wird die Idee der Analyse von Kindern mit Freuds »Analyse der Phobie eines fünfjährigen Knaben« (1909) in Verbindung gebracht (vgl. z. B. Hug-Hellmuth 1921, 181; Klein 1932, 10).[1] Dies obwohl Freud der Möglichkeit der Analyse von Kindern eher skeptisch gegenüberstand. 1918 beispielsweise stellt er fest, daß die Analyse eines Kindes »nicht sehr inhaltsreich sein (kann); man muß dem Kind zu viele Worte und Gedanken leihen und wird vielleicht doch die tiefsten Schichten undurchdringlich für das Bewußtsein finden« (1918, 30f.). Der Leitgedanke der Psychoanalyse als ärztlichem Verfahren, Heilung durch umfassende Erkenntnis (i.S. von »Erinnern, Wiederholen und Durcharbeiten«) zu erzielen, also die Einsichtsfähigkeit des erwachsenen Ich zur Lösung und Bearbeitung infantiler Konflikte einzusetzen, scheint beim Kind nur eingeschränkt möglich zu sein.

Die sprachliche Form der Mitteilung hat für das Kind weitaus geringere Relevanz als für den Erwachsenen, die Handlung hingegen eine größere. Es ist real und aktuell abhängig von seinen Erziehungspersonen; Konflikte mit den primären Objekten der Umwelt sind nicht nur vergangene, sondern größtenteils auch gegenwärtige. Die Persönlichkeitsentwicklung des Kindes ist nicht in dem Maße abgeschlossen wie beim Erwachsenen. Die Balance zwischen Es, Ich, Überich und Außenwelt ist labiler und in Veränderung begriffen. Kurz, das Kind ist »nicht ein Erwachsener in Kleinformat ..., sondern ein Mensch, der seine eigene Lebensform, seine eigenen Rhythmen hat. Man kann es nicht, in der Psychoanalyse ebensowenig wie sonst, wie einen Erwachsenen behandeln« (Baudouin 1964, 7).

In der therapeutischen Situation äußert sich die Differenz vom Kind zum Erwachsenen deshalb besonders in der weitreichenden Untauglichkeit der tragenden Säule des therapeutischen Dialoges und damit der psychoanalytischen Technik: der Grundregel der freien Assoziation[2] (und dem ›Kampf‹ um diese Grundregel). Die Analyse Erwachsener bedient sich primär der Sprache, der verbalen Mitteilung und gemeinsamen Reflexion. Das Kind aber handelt (agiert) eher, anstatt zu assoziieren (vgl. z. B. Klein 1932). Es besteht auf der »Ersetzung des Wortes durch die Tat« (A. Freud 1965, 37).[3] Rückblickend auf die Entwicklung der Kinderanalyse formuliert A. Freud: »Die Geschichte der Kinderanalyse ist im Grunde nichts anderes als eine endlose Kette von Versuchen, den Ausfall der freien Assoziation durch andere technische Hilfsmittel zu ersetzen. Freies Spiel mit der sogenannten ›kleinen Welt‹, zeichnen, malen, modellieren, Phantasiespiele aller Art füllen die Behandlungsstunde in der Kinderanalyse und sollen dem Analytiker Material liefern, das er zur Deutung verwenden kann« (a. a. O.).
Aber auch noch andere Besonderheiten sind für den therapeutischen Prozeß bedeutsam. Das Kind verfügt, wenn überhaupt, nur in sehr geringem Maße über die erwachsene Fähigkeit zur Introspektion (vgl. z. B. A. Freud 1965, 198). Die Systeme Bewußt-Unbewußt sind nicht so klar getrennt wie beim (neurotischen) Erwachsenen (vgl. z. B. Freud 1918, 139; Klein 1926, 371; 1932, 20). Unbewußte Phantasien kommen deshalb leichter zur Äußerung und die vorbewußte Phantasietätigkeit hat ein geringeres Gewicht (vgl. Schmideberg 1934b, 196f.). Die Symbolik spielt eine große Rolle (vgl. Klein 1932), ebenso die noch nicht gefestigte Scheidung von Außen und Innen, Belebt und Unbelebt etc. und deshalb besitzt auch das magische Denken eine hohe Bedeutung (vgl. Zulliger z. B. 1951; 1952; 1966).
Das Kind verfügt kaum über Krankheitseinsicht (vgl. z. B. Buxbaum 1935, 239f.; A. Freud 1965, 36; Hug-Hellmuth 1921, 180; Wälder 1935, 10) und der sekundäre Krankheitsgewinn ist oft relativ hoch. (Ausnahmen beschränken sich im wesentlichen auf Angstzustände.) Deshalb kommt das Kind zunächst »nicht wie der Erwachsene aus eigenem Antriebe, sondern durch den Willen der Eltern zur Analyse« (Hug-Hellmuth 1921, 179). Dieser Umstand legt es aus der Sicht des Kindes nahe, den Analytiker zunächst als Handlanger und Verbündeten der Eltern wahrzunehmen (negative Übertragung).
Die aktuelle äußere Realität des Kindes, die Einflußmöglichkeiten und die Einflußnahme seines sozialen Umfeldes auf sein Leben und auch auf den Therapieverlauf, läßt sich nicht aus dem Therapiezimmer verbannen. Nicht nur, daß das Kind (durch die positive Übertragung) leicht in Loyalitätskonflikte zwischen Erziehungspersonen und Analytiker verstrickt werden kann, auch die Aktualität des zur Erkrankung führenden Erziehungsmilieus, die stabilisierende Funktion der neurotischen Entwicklung des Kindes für das Familiengleichgewicht[4] und besonders die faktische Macht der Eltern, jederzeit die Analyse abbrechen zu können, machen eine Berücksichtigung der Belange der Erzieher notwendig. Es kann also durchaus sein, daß der Therapeut sich genötigt sieht, die häusliche Realität vor Ort kennenzulernen (vgl. bes.

Berna 1949; 1973; Zulliger 1966), wenn nicht gar in diese direkt einzugreifen (vgl. A. Freud 1927, 80).

Die Aktualität und Relevanz des kindlichen Umfeldes für seine Erkrankung eröffnet im Grunde nur drei Verhaltensmöglichkeiten für den Analytiker – und alle drei sind in der Geschichte der Psychoanalytischen Pädagogik und der Kinderanalyse erprobt worden:

1. Den Versuch, jede Beziehung zu den Eltern zu vermeiden und diese nur insoweit zu berücksichtigen, als sie als ›Material‹ des Kindes im analytischen Prozeß auftauchen.
2. Die Trennung des Kindes von den Eltern für die Dauer einer analytischen Behandlung und eine Unterbringung des Kindes in »einer mehr indifferenten Umgebung« (Burlingham 1932, 273).
3. Die Einbeziehung der Eltern in den analytischen Prozeß durch Elterngespräche und den Versuch, durch die Arbeit mit ihnen auch ihre Schwierigkeiten in der Beziehung und Erziehung des Kindes zu bearbeiten. So kann dem Kind auch von seiten der äußeren Realität Hilfestellung zur Überwindung seiner Konflikte gegeben werden.

Grundsätzlich wird es wohl nur schwer möglich sein, ausschließlich nach dem ersten Verfahren vorzugehen. Auch wenn der Analytiker versucht, die häusliche Realität des Kindes gleichsam auszublenden, bleibt es doch unmöglich, »eine Kinderanalyse ganz ohne Mitarbeit der Eltern auszuführen; sie haben die Macht, die Behandlung jederzeit zu unterbrechen, jederzeit zu stören, und sie haben es in der Hand, nach Vollendung der Behandlung ihre Ergebnisse durch neue Einschränkungen, die sie dem Kind auferlegen, ernstlich in Frage zu stellen« (Burlingham 1932, 273).

Fürsprecher der zweitgenannten Vorgehensweise, der Trennung des Kindes von den Eltern, finden sich eigentlich nurmehr bei Krankheitsbildern, die nicht zum neurotischen Formenkreis im eigentlichen Sinne gehören (etwa der Verwahrlosung oder den frühkindlichen Psychosen). Bettelheim fordert z. B. in seiner Arbeit mit autistischen Kindern (einer Form der frühkindlichen Psychose), die rigorose Entfernung der Kinder aus dem Elternhaus (vgl. Bettelheim 1950; 1955; 1967; auch Pfister 1921).[5]

Alle genannten Punkte der Besonderheit des neurotischen Kindes und seiner Lebenswelt im Vergleich zum Erwachsenen legen zunächst nahe, die Bedeutung der pädagogischen Elemente in der Kindertherapie nicht zu gering einzuschätzen. Die ersten konzeptionellen Schritte in der Analyse von Kindern zeigen deshalb auch deutlich die Nähe zur Pädagogik. Hug-Hellmuth kennzeichnet ihre Arbeit explizit als »heilerzieherische Analyse« (1921, 179). Darüber hinaus unterstreicht sie: »Der heilpädagogische Analytiker darf nie vergessen, daß vor allem die *Kinderanalyse* stets … *Erziehung ist«* (a.a.O.).

Auch Anna Freud hebt in ihrer »Einführung in die Technik der Kinderanalyse« (1927) den pädagogischen Anteil an der Kinderanalyse immer wieder hervor. Im »idealen Fall«, schreibt sie, mache der Analytiker »eine mit den wirklichen Erziehern des Kindes geteilte Arbeit« und dieser habe, als reale Bezugsperson, »auch die Liebe oder den Haß des Kindes mit ihnen zu teilen« (48).

Die ›Unfertigkeit‹ der Persönlichkeit des Kindes, die hohe Bedeutung seiner aktuellen Beziehungen für den Sozialisationsverlauf und seine Symptomatik machen es erforderlich, »daß der *Kinderanalytiker neben seiner analytischen Stellung auch eine pädagogische einnimmt«* (Meng 1928, 361).

Diese pädagogische Stellung wird besonders in der von Anna Freud ursprünglich als notwendig erachteten Einleitungsphase der Kinderanalyse deutlich. Wie schon erwähnt, fehlt dem Kind weitgehend die Krankheitseinsicht, und auch die Fähigkeit zur Introspektion ist kaum entwickelt. Diese Besonderheiten des Kindes im Vergleich zum erwachsenen Patienten machen es notwendig, dem eigentlichen therapeutischen Prozeß eine Phase voranzustellen, die das Kind analysierbar machen und es zur Vereinbarung eines Arbeitsbündnisses führen soll. (Z.B. bei Hoffer 1935 findet sich eine ausführliche Darstellung der Einleitung der Kinderanalyse.) »Erst dann, wenn das Kind unsere Hilfe anruft, um es von seinen Ängsten, seinen Dummheiten, seinem Schlimmsein, oder wie es selbst seine Krankheit benennen mag, zu befreien, ist es mit den Miteln der Erwachsenen-Analyse analysierbar geworden. Es fängt an, bewußte Mitteilungen zu machen, es arbeitet mit, das Wort tritt an die Stelle des Agierens« (Buxbaum 1934, 240).

Um dieses Ziel zu erreichen, muß der Analytiker jedoch aktiv werden, um eine positive Beziehung und eine »zärtliche Bindung« (Meng) des Kindes an ihn zu gewährleisten. Nach den Worten Grotjahns muß er deshalb »mehr sein als bloß ein Interpret des Unbewußten« (1937, 23).[6] Nach Anna Freuds Ausführungen muß diese Bindung fest und tragfähig sein, bevor die Einleitungsphase abgeschlossen werden kann. *»Es muß dem Analytiker gelingen, sich für die Dauer der Analyse an die Stelle des Ichideals beim Kinde zu setzen*, er darf eine analytische Befreiungsarbeit nicht früher beginnen, ehe er sich versichert hat, das Kind in diesem Punkt völlig beherrschen zu können« (1927, 60). Es soll also gewährleistet werden, daß ein Kind eine vertrauensvolle, respektierende, bewundernde Beziehung zum Analytiker herstellt und so von ihm abhängig wird. A. Freud hebt mehrfach »die Notwendigkeit der völligen Beherrschung des Kindes durch den Analytiker« ebenso wie diejenige, »das Kind erzieherisch in der Gewalt zu haben« (1927, 61, 64), hervor.

Die pädagogischen Elemente sind überdeutlich; in diesem Ansatz geht es auch und wesentlich um Erziehung. Kindheit »bedeutet, daß die Erziehung noch nicht abgeschlossen ist und die Analyse, sobald sie mit dem Über-Ich des Kindes in Berührung kommt, *nolens volens* erzieherische Funktion annimmt« (Baudouin 1964, 19; vgl. auch A. Freud 1927, 77).[7]

Die nach den frühen Konzepten A. Freuds notwendige Aktivität des Analytikers bedingt – ebenso wie die reale Abhängigkeit des Kindes von den Eltern – eine weitere Besonderheit (Schwierigkeit) der Kinderanalyse: Das Kind entwickelt (nach dem frühen Konzept von A. Freud; vgl. jedoch A. Freud 1965, 43ff.) keine Übertragungsneurose.[8] Es ist nicht bereit, eine Wiederholung seiner Beziehungen vorzunehmen, weil die ursprünglichen Objekte der Liebe und des Hasses ja nach wie vor die zentralen Personen des alltäglichen Lebens, der Befriedigung und Versagung sind. »Der Analytiker tritt als eine neue Person in diese Situation ein, er wird sich wahrscheinlich mit den Eltern die Liebe oder den Haß des Kindes zu teilen haben. Es besteht aber für das Kind keine Nötigung, ihn ohne weiteres mit den Eltern zu vertauschen« (A. Freud 1927, 46).

Andererseits ist aber der Analytiker, der erzieherische Aufgaben im Rahmen der Kinderanalyse wahrnimmt und damit Stellung bezieht und auch wertet, für das Kind zwar eine »klar umrissene und in vielen Hinsichten neuartige Persönlichkeit ..., aber leider ein schlechtes Übertragungsobjekt« (A. Freud 1927, 47).

Beide Umstände verhindern, daß die Übertragungsreaktionen des Kindes in eine Übertragungsneurose überführt werden können. »Trotz aller zärtlichen und feindseligen Regungen gegen den Analytiker spielt es seine abnormen Reaktionen weiter dort ab, wo sie vorher abgespielt wurden: in der häuslichen Umgebung« (A. Freud a. a. O.).

Eine konträre Position in der Frage der Übertragungsneurose vertritt zu dieser Zeit Melanie Klein. Sie formuliert: »Meine Beobachtungen ergeben, daß sich auch beim Kinde eine Übertragungsneurose entwickelt, die der beim Erwachsenen analog ist, sofern nur beim Kinde eine der Erwachsenenanalyse adäquate Methode (d.h. ohne pädagogische Beeinflussung und mit voller Analyse der auf den Analytiker gerichteten negativen Regungen) zur Anwendung kommt« (1932, 11).[9] Sie führt also das Nichtzustandekommen einer Übertragungsneurose beim Kind auf die pädagogischen Elemente (d.h. die technischen Fehler) in A. Freuds Konzeption zurück. Auch A. Freuds These von der Schwäche des Überich/Ichideal-Systems beim Kind widerspricht Klein: »Ich fand, daß Strenge des Über-Ichs beim Kinde in allen Altersstufen selbst durch tiefgehende Analyse nur schwer gemildert werden kann, und daß die Herabsetzung der Strenge des Über-Ichs auch ohne erzieherische Beeinflussung seitens des Analytikers zu keiner Schädigung, sondern zu einer Stärkung des Ichs führt« (a. a. O.). Klein reflektiert hier auf ihre Untersuchungen der »Frühstadien des Ödipuskonfliktes« (1928; vgl. auch 1932, 133ff.; 1933), in denen sie beschreibt, wie archaische Überich-Vorläufer bereits sehr früh beim Kind zu beobachten sind. Besondere Beachtung schenkt sie der Rolle von frühen Ängsten und frühen Schuldgefühlen.

Während A. Freud also postuliert, daß der klassische psychoanalytische Prozeß beim Kind letztendlich deshalb nicht zustande komme, weil sein Ich noch zu schwach und sein Überich noch unfertig sei, der Analytiker deshalb mit padagogischen Miteln dieses stützen und jenes stärken müsse, nimmt Klein an, daß das Überich des Kindes grausamer und verfolgender sei als dasjenige des Erwachsenen. Weil das Kind mehr der aktuellen Angst ausgesetzt ist und auch eine größere Angstbereitschaft mitbringt als der Erwachsene, hält sie die rechtzeitige (d.h. in der Regel die sofortige)[10] und tiefe Deutung des vom Kind gelieferten Materials für unbedingt geboten (vgl. z. B. 1932, 36; auch 1926, 374). Die Deutung wirkt angstlösend, führt das Kind zu einer besseren Realitätsanpassung (weil die Unterscheidung von Innen und Außen gefördert und gefestigt wird) und wirkt deshalb – ohne pädagogische Kunstgriffe – ichstärkend.

Darüber hinaus ist Klein der Auffassung, daß das Kind eine »spontane Übertragungsfähigkeit« (1932, 35) mitbringt: »die *Übertragung* setzt beim Kinde *sofort* ein« (1932, 32). Eine Einleitungsphase ist deshalb unnötig und behindert darüber hinaus die spätere Analyse der Übertragung.

Für Klein sind die Erwachsenen- und die Kinderanalyse »*wesensgleich*. Die konsequente Deutung, die schrittweise Auflösung der Widerstände, das stete Zurückführen der positiven und negativen Übertragung auf frühere Situationen führt auch beim Kinde zur vollen Herstellung der richtigen analytischen Situation. Eine Voraussetzung dafür ist, daß sich der Analytiker *jeder nicht-analytischen*, also auch pädagogischen *Beeinflussung*, analog wie beim Erwachsenen, *enthält*. Die Übertragung wird demnach durchaus analog der in Erwachsenenanalyse gehandhabt« (1932, 24f.). Nach diesem Konzept muß der Analytiker also grundsätzlich seinen ›neutralen‹ Standpunkt beibehalten. Dies wird um so wichtiger, je tiefer die Analyse geht und je primitiver das Material des Kindes ist (vgl. Segal 1973, bes. 156ff.).

Neben den bereits erwähnten Differenzen bezüglich der Einleitungsphase, der Übertragungsfähigkeit (-neurose) des Kindes, des kindlichen Ichs und Überichs sowie der Anwendung pädagogischer Elemente in der Analyse unterscheiden sich die beiden Konzepte von Anna Freud und Melanie Klein noch in einem weiteren, ebenfalls zentralen Punkt. Zwar sind sich beide Autorinnen einig darin, daß das Kind nicht oder kaum (jedenfalls nicht in ausreichendem Maße) zur freien Assoziation fähig ist. Jedoch unterscheiden sich ihre Konzepte hinsichtlich der theoretischen und praktischen Konsequenzen.

A. Freud versucht, diesem Problem zu begegnen, indem sie insbesondere auf die Deutung von Träumen (vgl. z. B. 1927, 28ff.), Tagträumen (vgl. z. B. 1927, 30) und Gesprächen zurückgreift oder auch andere technische Hilfsmittel wie das Zeichnen (vgl. z. B. 1927, 32ff.) in Anspruch nimmt. Darüber hinaus erkundet sie das soziale Umfeld des Kindes und ermittelt die Krankengeschichte bei seinen Erziehern (vgl. z. B. 1927, 27). Die Verwendung des Spiels als *zentralem* Bestandteil der Analyse findet sich jedoch bei A. Freud nicht (vgl. auch Nitsch-Berg 1978, 36; Rehm 1967, 150).

Ein anderes Bild zeigt das Konzept von Klein. Hier nimmt das Spiel eine tragende Rolle im therapeutischen Prozeß ein. Sie legt dem Kind »kleine hölzerne Männchen, Frauen, Wagen, Autos, Züge, Tiere, Bausteine, Häuser, ferner Papier, Schere, Bleistifte« (1932, 27) bereit, ermöglicht dem Kind Spiele mit Wasser, Basteln, die Verwendung und den Einbezug der gesamten Einrichtung des Behandlungsraumes in das Spiel und bezieht auch Rollenspiele in die Analyse mit ein (vgl. 1926, 370; 1932, 44f.; 1955, 17f.), um nur einige Spielmöglichkeiten zu nennen.[11] (Übrigens hat bereits

Hug-Hellmuth die bedeutende Rolle des Spiels in der Kinderanalyse hervorgehoben; vgl. 1921, 187).

Bei der von Melanie Klein entwickelten Spieltechnik treten Spielhandlungen des Kindes an die Stelle der freien Assoziation in der Erwachsenenanalyse. Das Spielen wird gleichgesetzt mit der verbalen Kommunikation und gilt als symbolischer Ausdruck unbewußter Konflikte. Der besondere Wert der Spiele liegt in der direkteren Darstellung der unbewußten Konfliktlage gegenüber den sprachlichen Ausdrucksmöglichkeiten des Kindes. Trotzdem plädiert Klein – im Gegensatz etwa zu Zulligers ›deutungsfreier‹ Kinderanalyse (vgl. z. B. 1951, 94ff.; 1952, 83ff.; 1966) – für »die *volle Einbeziehung der Sprache,* soweit das Kind sie beherrscht« und hebt hervor, daß dies »die Voraussetzung einer *abgeschlossenen Analyse*« (1932,45) sei.

Klein setzt also die Spielhandlungen des Kindes dem freien Assoziieren des erwachsenen Patienten gleich. Störungen des Spielablaufes entsprechen den Störungen der freien Assoziation (Widerstand). Sie selbst beschreibt die Spieltechnik wie folgt: »Das Kind bringt durch das Spiel Phantasien, Wünsche, Erlebnisse in symbolischer Weise zur Darstellung. Es bedient sich dabei der gleichen Sprache, der archaischen, phylogenetisch erworbenen Ausdrucksweise, die wir aus dem Traume kennen.... Die Symbolik ist nur ein Teil davon; wir müssen, wenn wir das Spiel im Zusammenhang mit dem ganzen Gehaben des Kindes in der Analysestunde richtig erfassen wollen, nicht nur die oft im Spiel so deutlich hervortretende Symbolik, sondern alle Darstellungsmittel und Mechanismen der Traumarbeit beachten und der Erforschung der ganzen Zusammenhänge eingedenk bleiben. Bei Anwendung dieser Technik finden wir bald, daß uns das Kind nicht weniger Assoziationen zu den einzelnen Spielstücken bringt als der Erwachsene zu den Traumstücken. Die Details des Spieles zeigen dem aufmerksamen Beobachter den Weg; dazwischen erzählt das Kind noch allerlei, was wohl als Assoziation zu werten ist« (1926, 371 f.). Und sie weist darauf hin, daß es sich bei ihrer Technik der Spielanalyse im Vergleich zur Analyse erwachsener Patienten einzig »um einen *Unterschied* der *Technik, nicht* des *Behandlungsprinzips* (handelt). Die Analyse der Übertragungssituation und des Widerstandes, die Behebung der frühinfantilen Amnesie und der Auswirkungen der Verdrängung sowie das Aufdecken der Urszene werden mittels der Spieltechnik durchgeführt. Es gelten also für diese Technik alle Kriterien des psychoanalytischen Verfahrens. *Die Spielanalyse führt zu den gleichen Wirkungen wie die klassische Technik, nur in den technischen Maßnahmen paßt sie sich der kindlichen Seele an*« (1932, 27).[12]

Aufgrund ihrer Technik ist Klein wesentlich auf Symboldeutungen der Spielhandlungen des Kindes angewiesen. Dieser Punkt ist in der Diskussion der beiden Konzepte oft problematisiert worden.

Anna Freud formuliert »Bedenken gegen eine zu konsequente Durchführung der Symboldeutung« und die »vollkommene Gleichsetzung zwischen Einfall und Spielhandlung« (1936, 32). Aus der Sicht der Ich-Psychologie hebt sie hervor, daß beim Kind ja nicht nur die Fähigkeit zur freien Assoziation wegfällt, sondern im therapeutischen Prozeß damit auch der »Kampf um die Grundregel« (a. a. O.) nicht zum Tragen kommt und so die Kenntnis der Ich-Widerstände, d.h. die Kenntnis der Abwehr des Ichs gegen die Triebabkömmlinge, lückenhaft bleibt. Darüber hinaus sieht sie ernsthafte Gefahrenmomente der Kleinschen Technik: »Symboldeutungen überspringen und vernachlässigen die Ichmaßnahmen gegen abgewehrte Inhalte und steigern in der Folge die Ängste und Widerstände des Patienten, anstatt sie geduldig und allmählich abzubauen« (1965, 29; vgl. auch B. Bornstein 1949, 726ff.).[13]

Auch Kleins Hinweis auf die Traumanalyse bei erwachsenen Patienten (s. o.) bleibt problematisch. Gerade die Traumdeutung ist auf die Assoziationen des Patienten zum Traum angewiesen. Die reine Symboldeutung bleibt notwendig Hilfskonstrukt, weil sie vor allem die Besonderheit, die Individualität des Patienten nur unzureichend zu artikulieren in der Lage ist (vgl. Lorenzer 1970b).[14]

Aber auch in weiteren Punkten wendet sich Anna Freud gegen die Kleinsche Deutungstechnik. Sie unterstreicht, wie wichtig es sei, »sich nicht von der scheinbaren Fülle der neuen Einsichten blenden zu lassen. Neben den manifesten Haltungen, die für uns durchsichtig geworden sind, gibt es eine Unzahl anderer, die nicht an eine spezielle Herkunft gebunden sind, oder deren Herkunft noch unerkannt geblieben ist. Ein Großteil des kindlichen Benehmens ist daher noch rätselhaft und wartet auf Aufklärung durch Forschungsarbeit innerhalb der Analyse selbst« (1965, 29).

Ein weiteres Argument gegen die Spieltechnik formuliert B. Bornstein (ohne sich jedoch explizit auf Klein zu beziehen), indem sie darauf hinweist, »daß erfahrungsgemäß durch eine direkte Deutung das Spiel des Kindes leicht seine natürliche Funktion, nämlich Vergnügen, Kommunikation, Lernen und Sublimieren, verlieren kann. Es besteht die Gefahr, daß das Spiel dadurch zu einer stereotypen oder sexualisierten Aktivität wird, die eine weitere Sublimierung stören würde. Pathologische Haltungen sollten nicht in bezug auf konstruktive, relativ konfliktfreie Tätigkeiten analysiert werden, sondern – wenn möglich – im Zusammenhang mit anderen Manifestationen, wie z. B. Träumen, Fehlleistungen, neurotischen Symptomen usw.« (1949, 738f.).

Einen sehr beachtenswerten Einwand gegen die Gleichsetzung von freiem Spiel und freier Assoziation benennt Grotjahn. Er weist insbesondere auf die ›Aktivität‹, die nur schwer veränderbare Dinglichkeit und damit Ausdrucksfähigkeit des Spielobjekts hin. »Selbst die Spielmethode von Melanie Klein ist weit davon entfernt, einen Ersatz für die freien Einfälle zu bieten... Spielen ist... immer eine Beschäftigung *mit* etwas... Wenn Melanie Klein das Spiel mit der freien Assoziation vergleicht, dann müßte sie zwei verschiedene ›freie Assoziationen‹ in Betracht ziehen – die des Kindes und die des Objekts. Das spielende Kind folgt nicht nur seinen freien Einfällen. Es ist nicht allein, wie es der psychoanalytische Patient auf dem Sofa ist. Es ist in der Gesellschaft seines Spielobjekts. Das Verhalten des Kindes wird zum Teil durch die Art und das Verhalten des Spielobjekts gelenkt und motiviert« (1937, 23).

Ich möchte die Diskussion der Konzepte von Anna Freud und Melanie Klein an dieser Stelle beenden. Wichtig bleibt allerdings noch der Hinweis auf die veränderte Einstellung A. Freuds heute. Insbesondere die Annahme, daß das Kind keine Übertragungsneurose ausbilde und daß deshalb eine Einleitungsphase mit pädagogischen

Elementen notwendig sei, ist von ihr revidiert worden. »Daß Kinder einzelne Übertragungsreaktionen entwickeln, aber keine volle Übertragungsneurose zustande bringen, ist eine Ansicht, die sich nach dem Wegfall der einleitenden Phase und ihrer Ersetzung durch die Abwehranalyse[15] nicht mehr aufrechterhalten läßt. Das soll nicht heißen, daß ich aufgrund der heutigen Erfahrung von der Identität der kindlichen Übertragungsneurose mit der des Erwachsenen überzeugt bin. Die Beziehungen zwischen den beiden Erscheinungen sind, meiner Meinung nach, auch jetzt noch eine offene Frage« (1965, 43f.).

Bittner zeigt, daß die neue Einschätzung der pädagogischen Elemente in der Kinderanalyse von A. Freud »nicht restlos verständlich sind« (1967, 183). Sie hebt nach wie vor die Realität des Analytikers als »neues Objekt« für das Kind hervor, der »zu neuen Beziehungen anregt« (zit. nach Bittner, a.a.O.), und ebenso verweist sie auf »die überragende Rolle der Umwelteinflüsse« (1965, 56) für die Erkrankung des Kindes und deshalb auf die Bedeutung der Eltern für den therapeutischen Prozeß. »Alle diese Momente aber werden – und das ist das Neue! – nicht mehr als ›pädagogische‹ angesprochen, ohne daß auf der anderen Seite die frühere Ansicht ausdrücklich revoziert würde – die pädagogischen Aspekte der Psychoanalyse des Kindes sind sozusagen stillschweigend ›unter den Tisch gefallen‹« (Bittner 1967, 183f.).

Einen anderen Weg in der pädagogisch-therapeutischen (bzw. heilpädagogischen) Behandlung von Kindern ging Zulliger. Er entwickelte und praktizierte eine ›deutungsfreie‹ Kindertherapie, die Bittner als »psychoanalytisch-pädagogische Mischtechnik« (1967, 183) klassifiziert.

Wie Zulliger berichtet, reichen seine ersten Versuche mit dieser Methode zurück bis in die »Jahre des Ersten Weltkrieges« (1966, 81). Gleichwohl publizierte er bis 1935 nicht über sein Verfahren. Der Grund war »ein schlechtes Gewissen. Mir schien, ich ›versündige‹ mich gegen die klassische Methode der Psychoanalyse, die doch darauf ausgeht, dem Patienten, ob er nun Erwachsener oder Kind sei, ein Stück seines Unbewußten bewußt zu machen« (1951, 94).

Bei der Anwendung seiner »reinen Spieltechnik« (1951, 94) ist es Zulligers Absicht, die »heilenden Kräfte im kindlichen Spiel« (1952) zum Zwecke der Therapie zu mobilisieren und zur Heilung zu nutzen.

Im Spiel selbst sieht Zulliger die besondere Ausdrucks- und Erlebnisweise des Kindes, in der seine eigentliche Sprache am weitestgehenden zum Vorschein kommt (vgl. z. B. Zulligers Vorwort zur vierten Auflage in: 1951, 8, und Bittner 1967, 172ff.). Er belegt dies in seinen Arbeiten mit unzähligen, farbigen Schilderungen wie der folgenden:

»Wir sehen ein Kind mit einem Holzscheit spielen. Es hat es in Lumpen gewickelt, es spricht mit ihm, es läßt sich ›durch seinen eigenen Mund‹ vom Scheit mitteilen, was dieses will, möchte und denkt. Es hält mit ihm Zwiesprache, reicht ihm Essen und Trinken, bettet es in eine Kartonschachtel als ›Wiege‹ usw. Und wir sagen lächelnd: ›Das Kind nimmt das Scheit für seine Puppe – es phantasiert das Holzstück in eine Puppe um und spielt mit ihr – und dies entspricht dem anthropomorphisierenden Denken nach Kinderart!‹

Wir irren. Das Scheit ist nicht ›anstelle‹ der Puppe, es ist nicht einmal nur *die* Puppe: *es ist das*

Kind des Kindes, und was es mit dem Scheite treibt, ist viel mehr als das, was uns Erwachsenen ein Spiel bedeutet. Das mit dem Scheit spielende Kind hält das, was wir als sein ›Spielzeug‹ auffassen, für sein *lebendiges* Kind, das es pflegt. Nur dann, wenn wir dies begriffen haben, können wir uns in das ›spielende‹ Kind einfühlen und eindenken und verstehen, daß es um sein Scheit Tränen der bittersten Trauer weinen, höchste Freuden und tiefstes Herzeleid empfinden kann. Man nehme dem Kind sein ›Kind‹ weg und werfe es in den Ofen – man wird erschrocken sein über die Reaktion des (wirklichen) Kindes! Wir haben einen glatten Mord begangen – und unser Kind fühlt in starrem Erschrecken, wozu wir fähig sind und – was es selbst von unserer Seite her erwarten könnte!« (1952, 14f.)

Kinder leben also (noch) in einer anderen ›Wirklichkeit‹ als Erwachsene. Kinder erleben, denken und handeln anders als diese. Zulliger beschreibt Wesenszüge der »kindlichen Denkart« so:

1. »Es wird in Symbolen gedacht und agiert;
2. ... Es wird prälogisch gedacht und gehandelt;
3. alle Tiere sind Stellvertreter für Menschen... Sie werden anthropomorphologisch aufgefaßt, ebenso wie die Welt der Dinge. Das Denken ist animistisch;
4. und es ist magisch.«

Und zusammenfassend hält Zulliger fest, »daß die Kinder, je jünger sie sind, desto ausschließlicher *nach den Gesetzen des Unbewußten denken und handeln* und deshalb anders als wir, die wir uns am Objektiven orientieren, seine Gesetze zu erkennen suchen und uns danach richten« (1952, 62, 63).
Wie im obigen Beispiel Zulligers beschrieben, bedeutet das Holzscheit für das spielende Kind nicht einfach sein Kind, sondern das Scheit *ist* das Kind des Kindes. Was dem Erwachsenen als belangloses Spielzeug erscheint (was es wohl auch für das Kind ist, solange es das Scheit noch nicht belebt, d.h. als sein Kind erschaffen hat), ist für das Kind im Augenblick des Spiels sehr viel mehr: Das Spielzeug vermag ein wirkliches Brüderchen oder ein wirklicher Teufel zu sein. Dieser Umstand ist die Basis von Zulligers Konzeption der Kindertherapie, und er wird von ihm entsprechend häufig hervorgehoben (z.B. 1952, 78; 1966, 35).
Lebt das Kind aber gleichsam noch weitgehend in einer anderen ›Wirklichkeit‹ als der Erwachsene, ist sein Denken, Fühlen und Handeln weitaus mehr primärprozeßhaft-magisch bestimmt, dann ist es sinnvoll, nicht über den »Umweg« (Zulliger 1951, 111) des Bewußtseins auf das Kind einzuwirken (Deuten), sondern direkt mit dem Unbewußten in Kontakt zu treten, indem der Therapeut am Spiel des Kindes teilnimmt. »Im Spielen reden wir mit dem Kind direkt in der Symbolsprache des Unbewußten, und es ›versteht‹ sie unmittelbar« (Zulliger 1951, 110).
Und wenn ›Magie‹ Teil der kindlichen Lebenswelt ist, dann kann auch auf ›magische‹ Weise im Spiel eine Heilung, d.h. eine Verarbeitung der infantilen Konflikte hergestellt werden. (Dabei genügt jedoch das Wünschen nicht: die therapeutische Intervention muß geplant und vom Verstehen getragen sein.)
Die Deutungsarbeit i.S. des »Erinnern, Wiederholen und Durcharbeiten« (Freud 1914a), d.h. Heilung über den Zuwachs von Erkenntnis, der bewußten Wiederaneig-

nung und Verarbeitung von konflikthaften Anteilen der Lebensgeschichte durch die Synthese von Erleben und Erkenntnis, ist dann folgerichtig in Zulligers Ansatz dysfunktional. Aufklärung, Erkenntnis und Bewußtsein sind Gift für die ›Magie‹ – auch für die des Therapeuten.

Zulligers Technik konzentriert sich darauf, mit dem Kind zu spielen, sich zunächst im gemeinsamen Spiel den Spieleinfällen des Kindes zu überlassen. Das Spiel wird nicht gedeutet, die Interventionen beschränken sich auf Spieleingriffe, auf aktives Mitspielen (vgl. z. B. Zulliger 1966, 42). In das gemeinsame Spiel kann alles einbezogen werden, was irgendwie als Spielobjekt dienlich sein kann. Wichtig dabei ist Zulliger nur, daß die Spielmaterialien möglichst unspezifisch sind und von sich aus – wie etwa Regelspiele – keinen Spielverlauf vorgeben (vgl. z. B. 1966, 26ff.). Beispielsweise arbeitet Zulliger oft mit dem »Gemüsetheater« (vgl. z. B. 1951, 95). Dabei handelt es sich um Früchte des Gartens (Mohrrüben, Kartoffeln, Kohlköpfe, Kürbisse, Äste und Stöckchen usw.), die mit geringem Aufwand in menschliche Wesen, Zauberer, Teufel, wilde Tiere, Märchenfiguren etc. verwandelt werden können, und mit denen dann gespielt werden kann. Mit der ›Wertlosigkeit‹ des Spielmaterials beugt Zulliger Hemmungen (z. B. eine teure Puppe zu zerstören), aber auch Schuldgefühlen vor. Dies auf zweifache Weise. Einerseits gegenüber dem Material (und damit dem Therapeuten), wenn etwa eine wertvolle Königpuppe statt eines Kartoffelkönigs Ziel vehementer Angriffe wäre und zerstört werden würde, andererseits kann die Vernichtung des Kartoffelkönigs auf magische Weise widerrufen werden, indem mit wenigen Schnitten an einer anderen Kartoffel dem Kartoffelkönig wieder zur Auferstehung verholfen und damit sein Tod ungeschehen gemacht wird. Darüber hinaus kann das Kind im Spiel – und dies gilt insbesondere für Phobie-Objekte – selbst zum Beherrscher der gefürchteten Wesen, wie etwa dem Teufel, der es nachts mit glühenden Augen vor dem Bett stehend zu Tode erschreckt, werden. Im Spiel muß sich dieser der Macht des Kindes beugen. Das Kind hat ihn ja im Spiel aktiv erschaffen und ist nicht – wie des nachts – seinem Erscheinen hilflos ausgesetzt. Dadurch kann das angsterregende Objekt, das Stellvertreter für die befürchteten Angriffe eines primären Objektes sein mag, in die Omnipotenz des Kindes zurückgeholt werden. Die Macht des Teufels beispielsweise wird dadurch gebrochen, daß er – im Spiel – unter der Kontrolle des Kindes steht (vgl. Zulliger z. B. 1952, 74; 1966, 20ff.; Trescher 1982a).

Auch scheut sich Zulliger nicht, ausgedehnte Spaziergänge mit seinen kleinen oder jugendlichen Patienten zu machen, Höhlen aufzusuchen oder im Wald mit ihnen herumzutollen (vgl. z. B. 1966, 52ff.). Immer bleibt Zulliger aktiv, macht auch besondere Spielangebote, wenn ihm dies notwendig erscheint (wie z. B. eine Höhle aufzusuchen). Im Spiel selbst interveniert er, indem er den Spielverlauf durch reflektiertes Mitspielen verändert und damit das gemeinsame Spiel in einen spielerisch-handelnden Dialog mit dem Kind überführt. Die nachfolgenden Therapiesequenzen zeigen dies deutlich:

»Einst brachte man mir eine Achtjährige, die nicht mehr sprach, obwohl sie dies vorher getan hatte und auch ihre Ohren in Ordnung waren. Wir bauten im Garten mit abgefallenen Kirschbaumzweiglein Häuschen. Bald merkte ich, daß die kleine Klara die elterliche Wohnung darstellte. Ich hatte ein Rindenstück als Küchenherd bezeichnet und in einen der Räume gestellt. Klärchen schüttelte den Kopf, ergriff den Herd und stellte ihn in einen anderen Raum. Sie tat dies ebenso mit anderen Holzstückchen, die ich als Bett, worin die Eltern schliefen, bezeichnet hatte. Der Vater war ein länglicher Kieselstein, die Mutter ein kürzerer, rundlicherer.
Ich ergriff einen weiteren kleinen Kieselstein. ›Dies ist das Kind. Wo legen wir es zum Schlafen hin? Da ist noch ein Stübchen, und hier ist die Wiege!‹
Klärchen ergriff das Kind und legte es zwischen die Eltern. Im Verlaufe des weiteren Spieles, wie zufällig, legte ich das Kind neben die Mutter, also so, daß diese in der Nähe des Vaters lag.
Klärchen blickte mich vorwurfsvoll an, legte das Kind wiederum zwischen die Eltern. Später legte ich das Kind wieder auf die Seite der Mutter. Klärchen ergriff die Mutter und warf sie wütend über die Gartenhecke...
Ich hatte begriffen,... daß Klärchen auf seine Mutter eifersüchtig war, sie wegwünschte. Hätte ich ihm nun sagen, erläutern sollen, es leide an einem ›weiblichen Ödipuskonflikt‹ und wünsche seine eigene Mutter weg? Mir scheint, es wäre dies Unsinn gewesen.
›Ja!‹ bestätigte ich, ›das Kind muß zwischen Vater und Mutter liegen, damit es schön warm hat!‹
Klärchen nickte lebhaft mit zufriedenem und dankbarem Blick. Wir spielten weiter.
Später einmal machten wir ein Feuerlein, brieten darin Kartoffeln, die wir als Frauenköpfe, Hexenköpfe, als ganze Hexen beschnitzt hatten, und wir aßen sie auf. Wir beschnitzten Runkelrüben zu Hexenfratzen, höhlten sie aus, stellten bei verdunkeltem Fenster Kerzchen hinein, fürchteten uns vor ihnen, wehrten uns, zerschnitten sie und fütterten sie den Kaninchen. Aus kropfigen Tannästen, die wir im nahen Walde suchten, gestalteten wir mit Taschenmesser und Guachefarben scheußliche Hexenköpfe oder Hexenfiguren, die wir mit Stoffetzen bekleideten. Dann ließen wir sie allerhand Untaten vollziehen und verurteilten sie zum Feuertode.
Klärchen sollte – unbewußt – ihren Haßregungen, die eigentlich der Mutter galten, Abfluß verschaffen können, in ausreichendem Maße.
Ich erzählte Klärchen die Geschichte von Hänsel und Gretel. Schon jetzt gab das Mädchen seinem Abscheu, auch seiner Freude mit knappen Sprechlauten wie ›Aah!‹, ›Pfui!‹ und nach und nach mit Sätzchen Ausdruck: ›Geschieht ihr recht!‹, ›Verbrenne sie!‹ – und ich verwendete, absichtlich, ab und zu andere Ausdrücke. Denn ich kannte die Kinderart, daß die Geschichte von den Kleinen in genau dem gleichen Wortlaut gehört werden wollten. ›Nein!‹ sprach Klärchen dann, ›es heißt ...‹ und die Kleine korrigierte mich, merkte in ihrem Eifer gar nicht, daß sie sprach« (Zulliger 1966, 92f.).[16]

Zulliger begründet sein Vorgehen damit, daß die »reine Spieltherapie« unmittelbar das Unbewußte anspricht und daß es ein Mißverständnis sei, das Spiel des Kindes nur als »symbolischen Ersatz« (1952, 102) zu betrachten. Das Spiel ist für das Erleben und die Erlebnisverarbeitung des Kindes von weitaus größerer Bedeutung als die Sprache, deshalb hält Zulliger die verbale Deutung für in der Regel nicht erforderlich – ja, sie kann sogar unerwünscht sein, weil dadurch der Spielverlauf gestört werden würde (vgl. z.B. 1966, 44). »Die Sprache des Bewußten ist für das Kind beinahe noch eine Fremdsprache. Es *›erlebt‹* darin nicht konkret, es hört nur Laute, Klänge, von denen es nur ungenau weiß, was sich darin kleidet. Aber um ein Kind von seelischen Störungen heilen zu können, müssen wir jene Schicht seiner Psyche erreichen, in der das Kind *›lebt‹*. Diese ist die magische, die prälogische, die noch nicht intellektuell gewordene, oft nicht einmal zu Wortvorstellungen gewordene ›Sprache‹« (Zulliger 1952,

102). »Und man tut gut daran, *dem Kinde in seinem Denken mit dem gleichen Denken zu begegnen, damit es einen verstehen könne.* Darauf beruht theoretisch die *›reine Spieltherapie ohne Deuten unbewußter Inhalte und Zusammenhänge‹*« (1952, 42).
Selbstverständlich ist auch der Ansatz der »reinen Spieltherapie« in der Geschichte der Kinderanalyse beachtet und diskutiert worden. Allerdings keinesfalls in dem Umfang, wie die Konzepte von A. Freud und M. Klein. Vielleicht ist das dadurch begründet, daß Zulliger sich sehr weit von der klassischen Technik entfernt hat. Als gesichert kann jedoch gelten, daß Zulliger sein Konzept kaum zureichend theoretisch entfaltet und untermauert hat. Dieser Mangel erwächst aus seiner allgemeinen Haltung, recht sorglos mit theoretischen Konstrukten und Bestimmungen umzugehen.[17] Entsprechend kurz und eigentlich unpräzise ist deshalb auch die Diskussion der deutungsfreien Kindertherapie (vgl. jedoch Bittner 1967, 166ff.).
Für B. Bornstein etwa entspricht die nicht-deutende Teilnahme des Analytikers am Spiel »einem voranalytischen Verfahren« (1949, 726), weil es nach ihrer Überzeugung allein auf Katharsis abzielt und so nur eine kurzfristige Erleichterung durch Spannungsreduktion bewirken könne. Dem widersprechen Zulligers Ausführungen bezüglich der therapeutischen Funktionen seiner Methode: Ziel des gemeinsamen Spielens ist nicht einfach die Aufdeckung des Konflikts und eine Spannungsabfuhr, sondern der infantile Konflikt soll »dramatisch, agierend abgewandelt und gelöst« (1952, 86) werden.
Besonders hebt Zulliger immer wieder hervor, daß sich im dialogischen Spiel mit dem Kind *»dem kleinen Patienten Sublimierungsmöglichkeiten eröffnen«* (1952, 90), daß dem Kind die Möglichkeit bereitgestellt werden soll, durch das Medium des Spiels »zu kultivierten Triebbefriedigungen zu gelangen, indem man ihm in wohldosierter Folge feinere Spiele oder Spiel-Praktiken vorlegt« (1952, 86).
Berna wendet sich gegen zwei zentrale Hypothesen im Konzept der »deutungsfreien« Kindertherapie, nämlich daß

1. verbale Deutungen nicht kindgemäß seien, weil die Sprache des Kindes das Spiel sei und daß
2. verbale Deutungen eher das freie Spiel stören und dadurch den produktiven Fortgang der Therapie hemmen können.

Gegen die erste Annahme erklärt Berna lapidar: »Das kommt auf die Vorbereitungsarbeit und die Art und Weise an, wie der Analytiker mit dem Kind spricht« (1967, 39). Und auch die zweite Annahme führt Berna auf technische Fehler zurück. »Einerseits ist die Deutungsarbeit ... nicht eine ›wilde‹ Deutungstechnik, sondern ein behutsames Abtasten der ›Oberfläche‹, das dem Kind in ihm entsprechenden kleinen Dosen geboten wird. Und andererseits kommt es darauf an, ob wir das Bündnis mit dem Kind deutlich genug geschlossen haben. Wenn wir ihm von Anfang an zeigen, daß wir seine Mitteilungen, sein Spiel und seine Träume dazu verwenden wollen, um seine Probleme besser kennenzulernen, und daß dieses Verstehen ihm dazu verhilft, seine schmerzlichen Nöte und Ängste loszuwerden, dann wird es gerne bereit sein, dieses Arbeitsbündnis einzugehen und mit uns zusammenzuarbeiten. Natürlich werden

sich Widerstände und Phasen verstärkter Abwehr einstellen, aber das ist das Material, das wie beim Erwachsenen gedeutet und durchgearbeitet werden muß« (1967, 39f.).
Zulliger selbst schätzt sein Konzept der Kindertherapie unterschiedlich ein. Einerseits gibt er 1951 der Überzeugung Ausdruck, »daß die ›Spiel-Therapie‹ allmählich zu ›*der*‹ Kinderpsychotherapie werden, daß man sie auch in der Pädagogik und Heilpädagogik mehr und mehr beachten und anwenden wird; denn es gibt keinen besseren Weg ins tiefergelegene entscheidende Wesen des Kindes, als das Spiel« (1951, 111).
Andererseits verweist er darauf, daß er keinesfalls das Deuten unbewußter Spielinhalte verpönen wolle und auch keine neue Methode zu postulieren beabsichtige (vgl. 1966, 45). Und er schließt seine Arbeit »Bausteine zur Kinderpsychotherapie« mit der Forderung: »Nötig ist nur, daß nicht ein jeder, der eine ›eigene‹ Technik erfunden hat und erfolgreich damit arbeiten kann, glaubt, diese sei allein seligmachend, und er habe... den Stein der Weisen entdeckt« (1966, 289).

7.2. Erziehungsberatung

Ebenso wie die Kinderanalyse ist die psychoanalytische Erziehungsberatung aus der Psychoanalytischen Pädagogik heraus entfaltet worden. Obwohl Freuds Arbeit mit dem Vater des »kleinen Hans» (vgl. 1909) auch als erster Pionierschritt psychoanalytischer Erziehungsberatung bezeichnet werden kann, ist doch die konzeptionelle Erarbeitung selbst wesentlich von psychoanalytischen Pädagogen (Aichhorn, Redl, Zulliger u.a.) getragen worden.
Die nachfolgenden Ausführungen zum Thema beschränken sich auf die Erziehungsberatung im engeren Sinne, d.h. auf die (heute vorwiegend institutionalisierte) Beratungstätigkeit eines besonderen Beraters, der nur diese beratende Funktion inne hat und nicht auch noch anderweitig erzieherische Funktionen (wie z.B. als Lehrer des Kindes) oder soziale Betreuungsdienste (etwa als für die Familie zuständiger Sozialarbeiter) ausübt.[18]
Erziehungsberatung wird hier also auf die Diskussion einer spezifisch pädagogisch-psychoanalytischen Methode begrenzt. Die im engeren Sinne sozial-pädagogischen Problemstellungen der Beratung und ihre soziologisch beschreibbaren gesellschaftlichen und sozialen Funktionen werden nachfolgend weitgehend vernachlässigt.
Die Praxiskonzeption der Erziehungsberatung ist im Gegensatz zu anderen Bereichen der Pädagogik im Rahmen der Psychoanalytischen Pädagogik relativ strukturiert entwickelt worden. Dies liegt darin begründet, daß die Erziehungsberatung in einem vergleichsweise klar strukturierten Setting durchgeführt werden kann und die Beratungssituation deshalb der Grundstruktur der therapeutischen Anwendung der Psychoanalyse nahesteht. So können weitreichende Anleihen gemacht werden an dem bislang einzig umfassend entfalteten Praxiskonzept der psychoanalytischen Methode, ihrer Formulierung als (ärztlichem) Heilverfahren.[19] Auch aus den Erfahrungen der Elternarbeit bei der Durchführung von Kinderanalysen wurde wertvolles

Material für pädagogische Beratungssituationen und Beratungsstrategien gewonnen.
Selbstredend basiert psychoanalytische Erziehungsberatung auf den in den vorgenannten Kapiteln beschriebenen und entwickelten Grundsätzen der Psychoanalytischen Pädagogik. Bezüglich der Erziehungsberatung stehen insbesondere folgende Hypothesen im Vordergrund:

- Psychoanalytische Erziehungsberatung rechnet mit unbewußten Konflikten als primärem Motor der Erziehungsschwierigkeiten.
- Erziehungsprobleme sind die Folge eines »Erziehungsnotstandes« (Aichhorn), d.h. einer gestörten *Beziehung* zwischen Kind und seiner primären Umwelt. Die Eltern / Erzieher sind daran ebenso beteiligt wie das Kind. Da die primären Motive und Konstellationen der Konfliktlage verdrängt sind, sind sie einer selbständigen Konfliktlösung durch die Familie nicht zugänglich.
- Im Familiensystem sind die Symptome des Kindes funktionalisiert für die Aufrechterhaltung eines tendenziell pathologischen Familiengleichgewichts (vgl. z. B. Richter 1963; 1970). Die Beratung muß deshalb das Erziehungsumfeld des Kindes und den »sozialen Ort« der Erziehung (vgl. Bernfeld 1929) berücksichtigen.
- Das Kind bereitet nicht nur Schwierigkeiten, sondern es hat auch welche. Diese wurzeln in unbewältigten infantilen Konflikten, die in eine jeweils besondere Lebensgeschichte und in jeweils besondere aktuelle und vergangene Lebensumstände eingebettet sind.
- Die Symptome und die konflikthaften und/oder konfliktträchtigen Interaktionsstrukturen enthalten verschlüsselte Mitteilungen über die Befindlichkeit des/der Klienten und damit über die unbewußte Konfliktlage (vgl. Leber 1977b).
- Daraus folgt, daß *allgemeine*, die Besonderheit des/der Klienten notwendig nicht zureichend erfassende Ratschläge nur in den allerseltensten Fällen fruchtbar sind, weil sie zwangsläufig an der Individualität der/des Klienten vorbeigehen müssen.
- Respekt und Achtung gegenüber der Besonderheit des/der Klienten sind deshalb oberstes Prinzip der psychoanalytischen Erziehungsberatung.
- Um das unbewußte Thema, den unbewußten Kontext der manifesten Erziehungsschwierigkeiten entschlüsseln und sinnvolle Interventionen erarbeiten und einleiten zu können, ist die beständige Reflexion und Beachtung der Übertragungs-/Gegenübertragungsrelationen im Beratungsprozeß von entscheidender Bedeutung.
- Der Berater verhält sich deshalb (zunächst) passiv, um die Entfaltung von Übertragungsreaktionen nicht vorzeitig zu stören. Er unterstützt und fordert die Entwicklung der positiven Übertragung (vgl. z. B. Aichhorn 1932; 1936; Schikola 1932).
- Der Berater arbeitet jedoch im wesentlichen nicht an, sondern mit der Übertragung.
- Der Berater rechnet mit unbewußten Widerständen und ist sich bewußt, daß des-

halb bloße Appelle an die Einsicht der Erzieher (Eltern) selten den erwünschten Erfolg bewirken (vgl. z. B. Aichhorn 1936, 11).
- Der Berater muß sich um Neutralität[20] und Unparteilichkeit bemühen, um nicht in die Familienkonflikte verstrickt zu werden.
- Zwangsmaßnahmen und autoritäre Verhaltensweisen von seiten des Beraters sind dysfunktional; sie verhindern eine adäquate Konfliktlösung oder Konfliktverarbeitung (Redl 1932, 525).
- Die Erziehungsberatung bewegt sich in einem Zwischenbereich von Pädagogik und Psychotherapie (vgl. z.B. Bittner 1967, 187; Redl 1932; E. Sterba 1936, 198ff.).

Wenn als ein allgemeiner Grundsatz der Psychoanalytischen Pädagogik gilt, daß Erziehungsprozesse weitgehend durch unbewußte Dynamik, Motive, Affekte, Wünsche und Bedürfnisse bestimmt werden, so gilt dies in besonderem Maße für Beziehungsprobleme zwischen Eltern und Kindern und den daraus resultierenden Erziehungsschwierigkeiten. Muß also mit unbewußten Konflikten in der Interaktion der Ratsuchenden gerechnet werden, ist es unabdingbar, eine möglichst offene Beratungssituation zu schaffen, in der das Unbewußte des Klienten für den geschulten Berater zum Ausdruck kommen kann. Für die psychoanalytische Erziehungsberatung liegt es selbstverständlich nahe, Orientierungspunkte beim klassischen Setting der Analyse zu suchen: Der Berater verhält sich passiv, versteht die Mitteilungen der/des Klienten im Sinne der freien Assoziation (vgl. Aichhorn 1932, 421; 1936, 13) und achtet besonders auf die Gestalt und Dynamik von Übertragungsreaktionen. Das (anfänglich) relativ passive Verhalten und die damit gewonnene Möglichkeit zur Reflexion von Widerstand und Übertragung, der Versuch, möglichst schnell eine positive Übertragung auf seiten der Klienten zu induzieren sowie Widerstände differenziert zu erfassen, sind die zentralen ersten Aufgaben des Beraters.

Aichhorn hat diese Aspekte der Beratungstechnik in der Forderung zusammengefaßt, daß der Berater vor allem gut zuhören können muß (vgl. z. B. 1936, 12ff.). Daß es Aichhorn dabei primär um die Erfassung unbewußter Zusammenhänge geht, macht die nachfolgende Beschreibung der Technik des ›guten Zuhörens‹ deutlich. »Zum guten Zuhören gehört für den Erziehungsberater: die Rede des anderen mit eigenen Assoziationen so begleiten, daß sie sich auf das Warum des Inhalts der Rede, die gebrachten Zusammenhänge, geäußerten Affekte, gewissen Abweichungen im Verhalten richten. Warum wird gerade dies gesagt? Warum wird es gerade in diesem Zusammenhang gebracht? Warum äußert sich in diesem Moment ein aus dem Mitgeteilten nicht erklärbarer Affekt? Warum stoppt gerade jetzt der Redefluß? Warum beschleunigt er sich? Warum erfolgt bei der Schilderung dieses Zusammenhanges eine abwehrende oder zustimmende Geste, die aus dem bisher gezeigten Verhalten ganz herausfällt? Warum? Warum? ...

Wir lassen die Eltern zusammenhängend oder unzusammenhängend schildern, sich verbreiten, auf Einzelheiten eingehen oder nicht, sich aussprechen wie sie können oder wollen, werfen Fragen nur ein, wenn der Redefluß stoppt, sie verstummen oder wir merken, daß sie ihre Gedanken überhaupt nicht zu formulieren vermögen. Die Fragen ergeben sich aber nur aus unseren, die Mitteilungen der Eltern begleitenden Assoziationen. Dann stören diese weder den Gedanken- noch den Affektablauf, sondern regen an und stärken vorhandene Impulse... Die Leitlinie für die Mitteilungen haben nicht wir zu bestimmen, sie muß sich aus der Affektsituation der uns Gegenübersitzenden ergeben. So schaffen wir einen Ersatz für die Methode des reinen Einfalles, die wir von der Analyse her kennen, und so die Atmosphäre, in der die Übertragung sich entwickelt« (1936, 12f.).

Mit Hilfe dieser Technik soll zunächst ein positives Übertragungsverhältnis der Eltern zum Berater gefördert und verstärkt werden. Nur dann, wenn es gelingt, Vertrauen, Zuversicht, kurz eine libidinöse Bindung der Klienten an den Berater zu gewinnen, wird es möglich sein, Widerstände zu schwächen, zu überwinden oder zu umgehen und gemeinsame Lösungsmöglichkeiten für die Beziehungs- und Erziehungsprobleme zu finden. Schikola stellt lapidar fest: »In der positiven Übertragung allein ist die Beratung möglich« (1932, 516).

Im Bewußtsein, daß Genese, Struktur und Dynamik von Erziehungsschwierigkeiten aus konflikthaften Beziehungsstrukturen erwachsen, die wesentlich von Erziehern bedingt sind, fordert Aichhorn, die Aufmerksamkeit zunächst grundsätzlich den Eltern zuzuwenden. Dies entspricht gleichsam einer »Phase der Vorbereitung« (Aichhorn 1936, 22) der eigentlichen Erziehungsberatung[21], sie dient der Herstellung und Festigung der Übertragungsbeziehung zum Berater. Ist diese erst stabil genug, können entsprechende pädagogische Interventionen entwickelt und angewandt werden, ohne daß die Gefahr allzu groß ist, daß die Eltern die entsprechenden Maßnahmen unbewußt sabotieren (etwa weil die vereinbarten Maßnahmen das libidinöse Familiengleichgewicht stören).

Aichhorn unterscheidet analog zum Instanzenmodell zwischen drei Elterntypen. Beim ersten Typus erwachsen die Erziehungs-/Beziehungsschwierigkeiten aus infantilen, unverarbeiteten Triebbedürfnissen der Eltern, die dazu führen, daß das Kind libidinös überlastet wird. Der Krankheitsgewinn für die Eltern liegt darin, daß durch die Probleme des Kindes die Neurose der Eltern bzw. des betroffenen Elternteils symptomlos gehalten wird (vgl. Aichhorn 1936, 10ff.). Hier erweisen sich Appelle an die Einsicht selten als fruchtbar; vielmehr wird der Erziehungsberater »Mittel und Wege finden müssen, sich mit dem Unbewußten der Eltern in Verbindung zu setzen« (Aichhorn 1936, 11). Wenn eine positive Übertragung und d.h. auch ein Abhängigkeitsverhältnis der Eltern vom Berater hergestellt ist, dann wird es möglich, das Verhalten der Eltern ›richtig‹ zu lenken: »Unter dem Druck der Übertragung kann ein Agieren in bestimmter Richtung erzwungen und dieses zur Erreichung eines bestimmten Zwecks vorteilhaft benützt werden« (Aichhorn 1936; im Orig. kursiv, der Ref.).[22]

Der zweite Elterntypus bewirkt Erziehungsschwierigkeiten durch überzogene Überich-Forderungen (beispielsweise nach Leistungen des Kindes). Hier geht es Aichhorn nicht wie beim ersten Typus darum, daß die Eltern aufgrund der libidinösen Bindung an den Berater sich gleichsam »willenlos fügen« (1936, 26). Die positive Übertragung fördert er hier, indem er sich so verhält, »als ob seine eigene kritische Instanz verschwunden wäre« (a.a.O.). Erst dann, wenn die Übertragungsbindung durch die Einfühlung in das Überich der Eltern tragfähig geworden ist, verändert sich das Verhalten des Beraters. Nun versucht er, das Ich (und auf einer neuen Ebene das Überich) anzusprechen, indem er die Eltern anleitet, »die Berechtigung des Kindes, sein Leben so ermöglicht zu bekommen, wie es seinen Bedürfnissen entspricht, zu verstehen und danach zu handeln« (1936, 28). Aichhorn stellt fest, daß dies am besten dadurch gelingt, daß die Situation des Kindes beständig mit der eigenen Kindheit der Eltern oder eines Elternteils verglichen wird (vgl. a.a.O.).

Das Gewicht, das Aichhorn hier auf die Herausarbeitung der Differenz zwischen der eigenen Kindheit der Eltern und der realen Situation des Kindes legt, macht deutlich, daß es sich in diesen Fällen oftmals um familiäre Interaktionsstrukturen handelt, in denen die Eltern ihre Kinder als Verlängerung ihres eigenen Selbst mißbrauchen (vgl. Richter 1963, 155ff.) und deshalb weitgehend unfähig sind, die elementaren Bedürfnisse des Kindes wahrzunehmen und zu respektieren. Verwechseln Eltern ihr Kind z. B. unbewußt mit den Phantasmen über sich selbst, und soll ihr Kind diese stellvertretend realisieren, weil die Eltern (gemessen an diesen Phantasmen) gescheitert sind, dann wird jede Abweichung von diesem Idealzustand erbittert bekämpft werden: Das hier zwangsläufige ›Versagen‹ des Kindes an den unbewußten Ansprüchen der Eltern bedroht deren labiles narzißtisches Gleichgewicht; entsprechend vehement können sich Wut und Haß gegen das Kind als dem vermeintlichen Versager richten.[23]

Der dritte Typus entspricht den nicht-neurotischen Eltern. Hier hält Aichhorn die »Inanspruchnahme des bewußten Ichs der Eltern« (1936, 31) für angebracht. Damit wird auch die Einleitung einer gesteigerten Übertragungsbeziehung überflüssig. Hier ist »mit Vorschlägen, wie die Eltern sich verhalten sollen, und wie das Kind zu Hause zu behandeln wäre,... häufig unsere Arbeit beendet« (1935, 32). Diesem Elterntypus entsprechen also jene Eltern, die eine Erziehungs*beratung* im eigentlichen Wortsinne weitgehend nutzen können.

Schikola hat die Widerstände der Eltern gegen die Erziehungsberatung in drei Gruppen aufgeteilt:

»a) in solche, die sich aus dem Übertragungsverhältnis zum Berater ergeben,

b) in solche, die auftreten, sobald der Berater durch seine Anordnungen libidinöse Befriedigungen stört, die die Eltern aus ihrem Verhalten zu den Kindern genießen,

c) solche, die aus dem Narzißmus der Eltern entspringen« (1932, 515).

Dabei beschränken sich die erstgenannten Übertragungswiderstände im Konzept der Erziehungsberatung im wesentlichen auf negative Übertragungsreaktionen (etwa wenn der Berater aus unbewußten Motiven als verfolgende oder bestrafende Instanz erlebt wird), die es, wie gezeigt, zu vermeiden gilt.

Die Widerstände der zweitgenannten Gruppe entsprechen ungefähr dem von Aichhorn skizzierten ersten Elterntypus, der das Kind libidinös überlastet. Dies beispielsweise durch unbewußte Verführung bei gleichzeitig bestehender bewußter Ablehnung der ›Triebhaftigkeit‹ des Kindes oder durch die Reaktualisierung eigener infantiler Triebkonflikte durch eine phasenspezifische Entwicklung. (Die genannten Beispiele sind nicht alternativ zu verstehen.)

Als Beispiel kann die Sauberkeitserziehung genannt werden. Kleinbürgerlich-zwanghafte Eltern werden die Schmutzlust ihres Kindes aufgrund eigener schmerzhafter Sozialisationserfahrungen in diesem Bereich leicht als Gefahr für die Aufrechterhaltung ihrer Abwehr erleben, das Kind mit überzogenen Anforderungen konfrontieren, vielleicht sogar seine phasentypischen Autonomiebestrebungen brechen und es damit gleichzeitig auf anale Triebmodalitäten und Interaktionsformen fixieren. Hier findet die Trieb-›Erziehung‹ dann auf einem Schlachtfeld statt. Erziehung wird zum Kampfgebiet, wenn »die eigene Affektlage der Erziehungspersonen es dazu machen« (Levy 1934, 192). Vorschnelle Versuche des Beraters, in diesen Fällen an die Einsicht der Eltern zu appellieren, werden fruchtlos bleiben, weil die Widerstände der Eltern ihre Einsichtsfähigkeit blockieren. Sie werden etwa in einer trotzigen Gegeneinstellung zum Berater verharren und die konfliktträchtige Interaktionsstruktur nicht nur mit dem eigenen Kind zu Hause fruchtlos austragen, sondern auch in der Beratung reproduzieren. Agieren die Eltern auf diese Weise den Konflikt, ist es leicht möglich, daß die trotzige Ablehnung der Forderungen des Beraters zum Abbruch der Beratung führt.

Der von Schikola letztgenannte Widerstand gegen die Beratung findet sich zunächst bei fast allen Eltern, die die Erziehungsberatung aufsuchen. Es ist verständlicherweise sehr kränkend, mit dem Gang zum Berater gleichzeitig eingestehen zu müssen, die Erziehungsprobleme alleine nicht mehr bewältigen zu können. Schuld- und Minderwertigkeitsgefühle gehen hier meist Hand in Hand und werden beispielsweise durch die Überzeugung abgewehrt, daß die Lernstörung auf einen schlechten Lehrer, die Verhaltensstörung auf schlechten Umgang oder ähnliches zurückzuführen ist.

Oft fällt es den Eltern auch leichter, die Probleme mit ihrem Kind durch schicksalhafte organische Ursachen bedingt zu sehen. (Z.B. der Bruder des Vaters, dem man ähnliche Schwierigkeiten in seiner Jugend nachsagt und wo fraglos die ›Erbmasse‹ die Verhaltensstorungen bedingt. Gerade das letztgenannte Moment deutet häufig auf latente oder manifeste Ehekonflikte hin, die über das Kind ausgetragen werden.)

Manche Eltern wollen das Kind zu einem Spezialisten bringen, der es – wie ein Schuhmacher einen kaputten Schuh – wieder reparieren soll, die Eltern aber ansonsten nicht zu behelligen hat. Sofern die Eltern jedoch über eine relativ stabile Selbstwertregulation verfügen, wird diese Widerstandsform bald durch das Verständnis und die Anteilnahme des Beraters zu beheben sein.

Ein anderes Bild zeigt sich jedoch bei Eltern, die an Phantasmen bezüglich ihrer Allmacht und Grandiosität festhalten müssen. Sie sind narzißtisch sehr verletzbar, und alles, was auch nur entfernt auf eigenes Unvermögen und eigene Unvollkommenheit verweist, muß sofort entwertet, verleugnet oder anderweitig abgewehrt werden,

weil die Kränkung unmittelbar das labile Gleichgewicht der Selbstwertregulation bedroht.
Zulliger vermutet, daß diese Eltern in der Erziehungsberatung primär etwas anderes suchen als die Lösung der Erziehungsschwierigkeiten. »Sie suchen eine *Bestätigung*. Nämlich die Überzeugung, daß andere Leute den Fehler an ihrem Kinde *›auch nicht‹* beseitigen können. Zugleich können sie sich vortäuschen, sie hätten alles unternommen, um ihr Kind auf einen besseren Weg zu bringen, sie hätten keine Mühe und keine Kosten gescheut. Was sie erwartet hätten, habe sich eingestellt: es sei eben nichts anzufangen, und man habe sich mit der Tatsache abzufinden, vom Schicksal durch ein fehlentwickeltes Kind geschlagen worden zu sein« (1952, 115f.). Gelingt es den Eltern, diese vermeintliche Bestätigung auch in der Erziehungsberatung zu erhalten, dann bleibt das pathologische Familiengleichgewicht erhalten, die Eltern können sich weiter auf Kosten des Kindes entlasten, ihr eigenes Leiden sanktioniert den unbewußten Mißbrauch des Kindes und sein von ihnen verursachtes Leiden.
»Solche Eltern akzeptieren das Einmischen eines Fremden nur dann, wenn man die Notwendigkeit seines Eingreifens so zu erklären vermag, daß nicht *sie*, sondern höchstens Mangel an Zeit usw. schuld an ihrem Versagen sind« (Redl 1932, 531). Auch die Arbeit mit dem Kind selbst können diese Eltern nur unter der Bedingung akzeptieren, »daß dabei alle für die Bewertung ihres Kindes kränkenden Umstände verwischt werden. Je mehr es gelingt, diese ›Behandlung‹ als etwas von ihren eigenen Beziehungen zum Kinde Wesensverschiedenes verständlich zu machen, desto mehr verschwindet ihre Angst vor Blamage. Denn nun brauchen *sie* ja nicht mehr Rat und Hilfe, sondern das *Kind*, und noch dazu eine Art von Hilfe, die gar nicht mehr in ihrem Pflichtbereich liegt. Sie können zum Erziehungsberater gehen wie zum Zahnarzt oder Gymnastiklehrer, ohne Schuldgefühle oder Versäumnisse fürchten zu müssen« (Redl 1932, 532).
Auch Schikola weist eindringlich darauf hin, daß der Widerstand gegen die Erziehungsberatung, der aus den narzißtischen Motiven der Eltern erwächst, besonders schonender Behandlung bedarf. »Es empfiehlt sich ..., die Eltern mit feinem Takt so zu lenken, daß sie das Gefühl haben, die vom Berater vorgeschlagenen Maßregeln kämen aus ihrem eigenen Antrieb« (1932, 522). Damit bietet sich der Berater als Verlängerung des Selbst der Eltern an, stützt das narzißtische Gleichgewicht hierdurch ab und kann dann wirksame Interventionen einleiten. Gleichwohl bleibt das ein Spiel mit dem Feuer: Die provozierte Idealisierung kippt sehr leicht in eine vehemente Entwertung um, wenn der Berater nicht überaus feinfühlig und empathisch vorgeht und sich damit dem Phantasma der Omnipotenz sperrt.
Letztendlich führt Schikola die narzißtischen Widerstände auf folgende unbewußte Erlebnisfigur der Eltern zurück: »Ich habe als Kind geglaubt, allmächtig zu sein. Diesen Glauben habe ich aufgeben müssen. Ich wünsche nun, wenigstens über mein Kind (d.h. in der narzißtischen Wahrnehmung: wie über einen Teil meiner selbst; der Ref.) Allmacht zu besitzen« (1932, 519).
Obwohl die bisherige Diskussion der Erziehungsberatung sich wesentlich auf die

Bedeutung der Eltern beschränkt hat, entspricht es der Tradition der Psychoanalytischen Pädagogik durchaus, auch dem weiteren sozialen Umfeld der/des Klienten entsprechend seiner großen Bedeutung Rechnung zu tragen. Aichhorn weist eindringlich darauf hin, daß es nicht hinreicht, z. B. nur auf die starren und überstrengen Überich-Strukturen und -Inhalte der Eltern und/oder des Kindes zu schauen, sondern daß deren bewußte und unbewußte innere Verhaltensleitlinien in Abhängigkeit vom sozialen Ort der Erziehung gesehen und verstanden werden müssen. Deshalb muß der Berater das Herkunftsmilieu der/des Klienten gut kennen, um sich in die Probleme der Ratsuchenden einfühlen zu können (vgl. Aichhorn 1932, 458; 1936, 26f.).

Was Aichhorn bezüglich der Abhängigkeit des Überichs vom sozialen Milieu feststellt, hat Bernfeld allgemein für die Psychoanalytische Pädagogik formuliert. »Für die Beurteilung einer bestimmten psychischen Struktur... ist die Beachtung des *sozialen Ortes* nötig, an dem das Individuum sich befindet. Eine Bewertung ist im extremen Fall nur innerhalb des gleichen sozialen Ortes möglich« (1927b, 325f.). Und er ergänzt bezüglich der Erziehungsprozesse und der Erziehungsschwierigkeiten: »Um zu erziehen, bedarf es der Wertungen; und diese sind *nicht* aus der psychologischen Wissenschaft zu holen, sondern müssen an deren Ergebnisse von außen herangebracht werden. Wer aber meint, durch Psychologie objektiv beurteilen zu können, irrt sich.... Mit dem sozialen Ort ändert sich das Weltbild desselben psychischen Vorganges ganz entscheidend. Diese Betrachtungsweise ist bei allen psychoanalytisch-pädagogischen Fragen, gewiß gegenüber den Kinderfehlern prinzipiell angebracht« (1927b, 328).

Die Ausgangssituation der Arbeit mit den Kindern im Rahmen der Erziehungsberatung entspricht derjenigen mit den Eltern. Auch hier steht die Einleitung einer positiven Übertragung als praktisches Erfordernis an erster Stelle. Zu bedenken ist, daß sich Kinder in der Regel beim Erstkontakt in der Rolle eines Angeklagten fühlen, deshalb auch oft dem Berater mit großem Mißtrauen[24] begegnen und verständlicherweise oft übermäßig gehemmt und verängstigt sind. Während jene Eltern, die als Ankläger ihrer Kinder auftreten, von sich aus in allen Farben die Unarten des Kindes schildern (und damit ihre eigene Beteiligung an diesen verschleiern), schweigen die Kinder vor dem vermeintlichen Richter oft aus Angst, jede Äußerung zum Thema könne – wie bei den Eltern – gegen sie verwendet werden. Um dieses Übergewicht der Eltern auszugleichen, ist es für Aichhorn wichtig, daß der Berater »von Haus aus bewußt dem ›Angeklagten‹ seine Sympathie entgegenbringt« (1932, 451).

Die rasche Einfühlung in die Individualität und besondere Befindlichkeit des Klienten ist deshalb auch hier Notwendigkeit, um schnell einen vertrauensvollen Kontakt herzustellen, in dessen Atmosphäre das Kind erst zum Sprechen gebracht werden kann. So empfiehlt Aichhorn (ebenso wie Redl, Zulliger u.a.), an den Interessen und Vorlieben des Kindes anzuknüpfen, etwa über Märchen, Spiele, Lieblingspuppen, Tiere zu sprechen oder Geschichten zu erzählen. Bei Jugendlichen bietet es sich vielleicht an, Interesse zu zeigen an Fußballergebnissen, Pop-Gruppen, Fragen der

Mode, Literatur und Comics, Filmen etc. Aber auch für die Erstinterviews der Kinder können keine genauen Richtlinien formuliert werden. Wichtig bleibt nur, daß der Berater offen ist für die jeweilige Besonderheit und die Befindlichkeit des Klienten. Wichtig bleibt aber auch, daß er im Bemühen um eine vertrauensvolle Beziehung nicht plötzlich zu einem »einflußlosen Freund« (Redl) wird, weil er die professionelle Distanz zum Klienten verliert: Die Frage nach den Interessen des Kindes sollen ja nicht einfach in eine freundliche Unterhaltung münden, sondern primär der Exploration der Probleme des Kindes dienen.
Hierzu zwei von Aichhorns zahlreichen Beispielen:

»Ein zwölfjähriges Schulmädchen sitzt vor mir. Weder der Gesichtsausdruck noch eine Bewegung oder ein Wort lassen die Stimmung, überhaupt die Gefühlskonstellation, in der es sich augenblicklich befindet, erkennen. Ich frage das Kind, welche Farbe ihm sehr gut gefällt, und erhalte zur Antwort: ›Rot.‹
Ich fahre fort:
›Wenn ich mir eine Farbe vorstelle, so sehe ich sie immer an einem Gegenstand, an welchem siehst du die rote Farbe?‹ – ›An dem vordersten Wagen der Grottenbahn im Prater‹, ist die Entgegnung.
›Nun gut, aber sage mir jetzt, welche Farbe du gar nicht magst!‹
›Schwarz!‹
›Woran siehst du diese Farbe?‹ – ›An ihren Schuhen und an ihrer Krawatte.‹
›Die schwarze Farbe kommt aber sicher auch noch anderswo vor, wo denn?‹ – ›Das Loch, in das die Grottenbahn im Prater hineinfährt, ist auch so schwarz.‹ ...
Die Kleine sitzt in derselben ängstlichen Spannung, wie damals im Wagen der Grottenbahn vor mir. Sie mag sich die Frage vorlegen: ›Was wird jetzt kommen?‹ Woraus ist das zu erkennen? Meine Krawatte, die in Wirklichkeit dunkelgrau war, und meine Schuhe haben für das Kind die gleiche Farbe, die sie nicht mag, die auch das Loch zeigt, in das die Grottenbahn fährt!« (1925, 114)

Aichhorn bringt das Mädchen dazu (neben der noch verschlüsselten Symbolik der Einfälle) zu sagen, wie es sich im Moment fühlt. Dies hätte sie wahrscheinlich auf die direkte Befragung hin nicht mitteilen können. Ein weiteres Protokoll der Arbeit Aichhorns zeigt eine für die Erziehungsberatung eher untypische Struktur, macht aber deutlich, wie wesentlich auch in der psychoanalytischen Beratung der Blick auf aktuelle Konflikte als primäre Ursache (zumindest als schwerwiegender Auslöser) von Störungen sein kann.

»Eine Dame... nimmt unsere Hilfe für ihre achtzehnjährige Tochter, die... an einer schweren Melancholie erkrankt sei, in Anspruch.
Schweigend kommt sie (die Tochter, der Ref.) bei der Tür herein, schweigend setzt sie sich dem Erziehungsberater gegenüber, und es vergehen Minuten, ohne daß das Schweigen von einem der beiden unterbrochen worden wäre. Dann beginnt der Erziehungsberater zu sprechen:
›Es wird recht langweilig werden, wenn wir ohne zu reden, einander gegenüber sitzen. Ich kann mir gut denken, daß Sie einem fremden Menschen nicht gleich etwas zu erzählen wissen.‹
Das Mädchen bleibt schweigsam, scheinbar ganz unbeteiligt.
›Ich mache Ihnen einen Vorschlag‹, sagt der Erziehungsberater, ›lassen Sie sich etwas einfallen, das einige Zeit zurückliegt. Sie brauchen mir den Einfall nicht einmal zu sagen. Das ist gewiß ungefährlich. Wollen Sie?‹

›Ja.‹
›Haben Sie einen Einfall?‹
›Ja.‹
›Lassen Sie sich jetzt etwas einfallen, das ungefähr zwei Jahre zurückliegt. Haben Sie einen Einfall?‹
›Ja.‹
›Sie brauchen mir ihn wieder nicht zu sagen. Aber zwischen diesen beiden Einfällen müssen Beziehungen bestehen. Sie konnten sich nicht einfallen lassen, was Sie wollten. Finden Sie solche Beziehungen?‹
›Nein.‹
›Doch.‹
›Aber nein‹, sage ich.
›Ich möchte gern wissen, wer recht hat. Sie oder ich. Wollen Sie vielleicht doch mir Ihre Einfälle sagen?‹ (Dem Erziehungsberater ist es darum zu tun, das Mädchen zum Sprechen zu bringen.)
›Ja.‹
›Welches sind Ihre beiden Einfälle?‹
›Vor sechs Wochen hat die Prokuristin meines Onkels mir erzählt, daß ihre Tochter ein sehr geschlechtskühles Mädchen sei. – Und vor zwei Jahren wollte mich ein junger Mann küssen und ich habe abgewehrt.‹
›Zwischen diesen beiden Einfällen besteht ja doch ein Zusammenhang.‹
›Welcher?‹
›Die geschlechtskühle Tochter der Prokuristin und Sie, das Mädchen, das sich nicht küssen läßt.‹
›Mir ist ja die Prokuristin nicht wegen ihrer Tochter eingefallen, sondern weil ich mit ihr verrechnen muß.‹
›Sind Sie bei Ihrem Onkel angestellt?‹
›Nein, ich trage nur Erlagsscheine zur Post und nachher verrechne ich mit der Prokuristin.‹
›Werden Sie dafür bezahlt?‹
›Nein.‹
›Bekommen Sie vom Onkel Taschengeld?‹
›Nein.‹
›Bekommen Sie von der Mutter Taschengeld?‹
›Nein, ich habe überhaupt kein Geld. Ich habe Schulden.‹
›Wem sind Sie Geld schuldig?‹
›Meiner Freundin.‹
›Wieviel sind Sie ihr schuldig?‹
›Dreihundert Schilling.‹
›Wofür hat sie Ihnen das Geld geborgt?‹
›Für eine Arztrechnung.‹
›Warum haben Sie den Kindesvater nicht herangezogen, die Kosten des Operateurs zu bezahlen?‹
Über diese Frage ist das Mädchen entsetzt und fragt ganz verwirrt:
›Woher wissen Sie das?‹
›Sie haben es mir doch gerade selbst gesagt.‹
›Ich habe doch kein Wort davon gesprochen.‹
›Doch. Ein Mädchen aus Ihrer Gesellschaftsschicht, die von der Freundin dreihundert Schilling für eine Arztrechnung borgt, kann von dem Besuch beim Arzt zu Hause nichts erzählen. Sie waren gezwungen, einen Gynäkologen aufzusuchen.‹
Unter heftigem Schluchzen erfolgt nun ein volles Geständnis. … Wir brachten die Angelegenheit zu einem guten Abschluß« (1932, 486 ff.).

Mit großem Einfühlungsvermögen und detektivischem Scharfsinn erkennt Aichhorn den Grund der ›Melancholie‹: Er durchbricht die Abwehr der Klientin (weil der Konflikt primär in der aktuellen Realität verankert ist), provoziert zunächst eine Affektentlastung und leitet dann eine realitätsgerechte Lösung ein.
Wie die jeweilige Arbeit mit dem Klienten zu verlaufen hat, dafür ist bislang keine konsequente pädagogische Technik der Erziehungsberatung erarbeitet worden.
Bittner vergleicht die (heil-)pädagogische Arbeit des Beraters zu recht mit der Fokaltherapie (vgl. 1967, 187), obwohl sie damit – besonders in ihrem explizit pädagogischen Gehalt – nicht identisch ist. Heute kann gesagt werden, daß die Erziehungsberatung sicher auch familientherapeutische Elemente enthält, wie sich auch die Familientherapie oft durch pädagogische Anteile auszeichnet.
Obwohl die Erziehungsberatung in der Regel über ein strukturiertes Setting verfügt, steht sie letztendlich zwischen der Pädagogik im herkömmlichen Verständnis und der psychoanalytischen Therapie. Einerseits impliziert sie notwendig den »Versuch einer erzieherischen *Beeinflussung*« (Redl 1932, 524), andererseits stellt sie einen weitaus größeren Freiraum bereit als die gewöhnliche Erziehung.
Kennzeichen der Erziehungsberatung ist weiterhin, daß sie sich weitaus stärker der aktuellen äußeren Realität zuwendet als die Therapie. Vordringliche Aufgabe des Beraters ist es – sofern ein Milieuwechsel des Kindes nicht dringend geboten ist –, auf Umwelt (Eltern) und Kind so einzuwirken, daß im gemeinsamen Lebensbereich Konflikte ausgetragen, gelöst oder zumindest ohne neurotische Reaktionen ausgehalten werden können. Daß dabei der Berater sich oftmals »als Ersatz und Übertragungsobjekt in die libidinöse Struktur einer Familie einfügen« (Aichhorn 1936, 35) muß, ist schon mehrfach hervorgehoben worden. Und auch in der Einzelberatung des Kindes übernimmt der Pädagoge »häufig genug ein Stück Vater- oder Mutterrolle« (Redl 1932, 524), um Erziehungsziele zu erreichen, die die wirklichen Eltern nicht erreichen konnten. Je nach dem Umfang kennzeichnet Redl deshalb die Arbeit des Beraters mit dem Kind als »Miterziehung« oder »Erziehungsersatz« (1932, 525). Immer aber bleibt die Erziehungsberatung um konkrete Problemstellungen zentriert. Sie ist nicht »ziellos« wie der psychoanalytische Therapieprozeß (vgl. Morgenthaler 1978, 148). Ihre primäre Aufgabe ist es, »in Erziehungskrisen kritischen Ausgleich zu schaffen: die Mutter anzuhören, die mit ihrem Mann über Erziehungsfragen nicht sprechen kann, dem verschüchterten Kind in der Spieltherapie die Gelegenheit zum Darstellen und Ausagieren seiner Konflikte zu geben, die es in einer überängstlichen häuslichen Atmosphäre unterdrücken und verdrängen mußte. Konflikte zwischen konkurrierenden Erziehungskräften, zwischen Elternhaus und Schule, Jugendamt, Vormundschaftsgericht usw. können im Gespräch mit dem Erziehungsberater zu einem vernünftigen Ausgleich gebracht werden« (Bittner 1967, 127). Zusammenfassend umschreibt Redl die strukturellen Merkmale und den Prozeßcharakter der psychoanalytischen Erziehungsberatung wie folgt: »Von der Aufgabe individueller *Beratung* der Erzieherpersonen als Randgebiet unserer Tätigkeit steigen wir zu dem Versuch unmittelbarer *Erziehungshilfe* im landläufigen Sinne des

Wortes ›Erziehung‹ auf, um dem Kind in all den Fällen, wo es sich um ernstere Störungen handelt, durch ein Stück *analytische Erziehung* hilfreich zur Seite zu stehen« (1932, 526f.).

Teil 2

Theorie und Praxis der Psychoanalytischen Pädagogik

8. Psychoanalytische Methode und Psychoanalytische Pädagogik

Der erste Teil dieser Studie hatte die Aufgabe, Positionen und Forschungsergebnisse der historischen Psychoanalytischen Pädagogik darzustellen. Zusätzlich wurde die neuere psychoanalytische Narzißmusdiskussion im Rahmen einzelner Problemstellungen erarbeitet. Ein Rückblick auf die bisherigen Fragestellungen zeigt jedoch, daß eigentlich zur Methode, zum Verfahren der Psychoanalyse, und damit – wie noch zu zeigen sein wird – auch zur Methode der Psychoanalytischen Pädagogik wenig erarbeitet wurde. Zwar hat besonders die Diskussion des Übertragungskonzepts erste methodische Hinweise ergeben, doch Selbstverständnis und Standort der Psychoanalytischen Pädagogik, insbesondere ihr Verhältnis zur Psychoanalyse, konnte bisher nicht hinreichend geklärt werden.

Die bisherigen Ausführungen legen zunächst die in der Literatur häufige Einschätzung nahe, daß die Psychoanalyse als eine der Hilfs- und Grundlagenwissenschaften der Pädagogik nutzbar gemacht werden kann. Die Psychoanalyse wird dann in diesem Sinn gehandhabt, wenn die Pädagogik einzelne Ergebnisse und Positionen der Psychoanalyse adaptiert (etwa Aspekte der Sozialisationstheorie oder der Entwicklungspsychologie), ohne das Metakommunikation und Selbstreflexion bedingende *Verfahren* der Psychoanalyse – auf dessen Basis erst diese Ergebnisse gewonnen wurden – zu berücksichtigen.

In diesem Fall kann aber nicht von Psychoanalytischer Pädagogik gesprochen werden. Das in diesem Teil der Arbeit zu entwickelnde Verständnis der Psychoanalytischen Pädagogik geht weiter und reicht z. B. auch über den allgemeinen Konsens, daß die Psychoanalytische Pädagogik mit dem Unbewußten zu rechnen hat, hinaus. Vielmehr orientiert es sich primär am psychoanalytischen Verfahren, das als ein allgemeines Paradigma des fördernden Umgangs mit Menschen betrachtet wird (vgl. Leber 1984), ganz in dem Sinne, wie auch Freud dies formuliert hat: »Der Gebrauch der Analyse zur Therapie der Neurosen ist nur eine ihrer Anwendungen; vielleicht wird die Zukunft zeigen, daß sie nicht die wichtigste ist« (1926b, 283).

Bereits Anfang der dreißiger Jahre, nach dem ersten Abklingen der optimistischen Phase, wurde die Frage diskutiert, ob es überhaupt eine Psychoanalytische Pädagogik geben könne (vgl. Redl 1932). Und obwohl die Psychoanalytische Pädagogik mittlerweile auf eine weit über achtzigjährige, wechselvolle Tradition zurückblicken kann, wurde eben diese Frage immer wieder erneut aufgeworfen. So auch in jüngerer Zeit, etwa durch Körners 1980 erschienene Arbeit »Über das Verhältnis von Psychoanalyse und Pädagogik«.

Daß diese Frage nach dem Standort der Psychoanalytischen Pädagogik immer wieder gestellt wird, ist kein Zufall: Unüberbrückbar scheinen die Differenzen in der Methode, in den Praxisfeldern (Setting) und meist auch bezüglich der Klienten von Psychoanalyse und Pädagogik zu sein.

Aufgabe und Ziel der beiden folgenden Kapitel ist es, zur Klärung von Standort und

Selbstverständnis der Psychoanalytischen Pädagogik beizutragen. Dabei ist es zunächst notwendig, weiter auf die psychoanalytische Methode einzugehen, um dann zu fragen, ob diese mit *professioneller* Erziehung vereinbar ist.

8.1. Weitere Aspekte der Psychoanalytischen Methode

Bereits in den bisherigen Ausführungen wurden immanent wesentliche Konzepte der Psychoanalyse erarbeitet und diskutiert. Besonders in Kapitel 5 (Übertragung) wurde ein zentraler Focus des psychoanalytischen Verstehensansatzes thematisiert. Der Erkenntnis, daß frühe Traumatisierungen die Erfahrungsfähigkeit des Betroffenen in neuen Beziehungssituationen einschränken oder ganz blockieren können, wurde u. a. im Konzept der Übertragung und des Wiederholungszwangs Rechnung getragen.

Lorenzer hat in mehreren Arbeiten (vgl. bes. 1970; 1974; 1977) den methodischen Ansatz der Psychoanalyse herausgearbeitet und ihren Status als »kritisch-hermeneutische Sozialwissenschaft« hinreichend belegt (zu dieser Diskussion vgl. auch Habermas, bes. 1968; in Beziehung zur Heilpädagogik bes. Gerspach 1980; 1981a; Leber 1984). Entscheidend für das Verständnis dieser »Tiefenhermeneutik« (Habermas 1968, 267) ist es, daß ihr primäres Interesse weniger an ›objektiven‹ Daten und Ereignissen[1] ansetzt, noch daß sie bestrebt ist, mit allgemeingültigen Aussagen über Gesetzmäßigkeiten (im Sinne der Naturwissenschaften) menschliches Erleben und Beziehungsstrukturen zu erklären. Vielmehr zielt das psychoanalytische Erkenntnisinteresse auf die individuell besonderen Erlebnisfiguren und deren je spezifische Stellung und Herstellung in ihrer lebensgeschichtlichen Verankerung. Jedoch sind die Bedeutungen von (größtenteils unbewußten) Erlebnisfiguren, von Erwartungshaltungen, von Wünschen, Ängsten, Körperbedürfnissen usw. einem erklärungs- und beobachtungswissenschaftlichen Zugriff weitgehend entzogen: Die subjektive Bedeutung etwa eines Symptoms in seiner Beziehung zum Sinnganzen der individuellen Lebenspraxis liegt jenseits der naturwissenschaftlichen Logik des experimentell reproduzierbaren Ereignisses (vgl. Devereux 1967).

Ein – zugegebenermaßen verkürzendes – Beispiel mag zur Illustration dienen. Denken wir an einen Witz. Etwa die Frage, »Was ist der Unterschied zwischen einem Krug und einem Studenten?« Die aufklärende Antwort lautet: »Der Student geht zur Mensa bis er bricht.« Ein streng empirisch orientierter Erklärungsansatz wird nur eine unbefriedigende Antwort auf die Frage geben können, warum lacht die Studentin B. über diesen Scherz, warum aber lacht der Student N. nicht?

Anders jedoch, wenn etwa zur Frage steht, ob dieser Witz, bei passender Gelegenheit erzählt, mit hoher Wahrscheinlichkeit den vom Erzählenden gewünschten Erfolg (Lachen) erzielen wird. Die Konzeption, Durchführung und Auswertung einer entsprechenden Versuchsreihe wird hierüber befriedigende Antwort geben können. Richtet sich jedoch die Absicht darauf, die Reaktionen konkreter Personen zu verstehen (warum z. B. Frau B. lacht, Herr N. jedoch nur verständnislos mit der Schulter zuckt), werden wir einen Dialog aufnehmen müssen. Beides, Lachen wie Nicht-Lachen ist abhängig von der individuell unterschiedlichen Bedeutung, und das heißt von der individuell besonderen Interpretation des Ereignisses, hier des Witzes.[2]

Auf Befragen wird Herr N. vielleicht konkretistisch zum Ausdruck bringen, daß das Essen in der Mensa sehr gehaltvoll und durchaus wohlschmeckend und dieser Witz deshalb einfach kein Witz sei, während Frau B. möglicherweise angibt, daß sie die Doppelsinnigkeit des Witzes zum Lachen reize und daß sie sich im konkreten Fall durchaus vorstellen kann, diesen ›Fraß‹ einmal erbrechen zu müssen. Ja, der Vergleich mit dem sprichwörtlichen Krug, der zum Brunnen geht, bis er bricht, sei wirklich eine gelungene Pointe, ihr würde es auch bald reichen.

Offenheit vorausgesetzt, entsprechen diese Auskünfte den dem Bewußtsein der Befragten zugänglichen Motiven und Reaktionen. Weitere, d.h. tieferliegende Auskünfte können nicht umstandslos gegeben werden.

Nun kann aber durchaus vermutet werden, daß das Sprichwort, »Der Krug geht zum Brunnen bis er bricht«, noch mit einem unbewußten Bedeutungshof umgeben ist, der in der individuelen Lebensgeschichte verankert, wesentlich bei Herrn N. und Frau B. differieren kann und ihre unterschiedlichen Reaktionen möglicherweise mitbestimmt. Denkbar ist z. B. ein Vorfall der Bestrafung, den ein Erzieher einst mit jenem Sprichwort einleitete. Ein solches Erlebnis mag für das betroffene Kind überaus kränkend, beschämend und schmerzlich gewesen und deshalb verdrängt worden sein, so daß auch heute noch dem erwachsen gewordenen Kind das Lachen ›im Halse stecken bleibt‹.

Wie dem auch sei, entscheidend ist einerseits, daß die unbewußten Bedeutungen eines Ereignisses dem *logischen* Zugriff entzogen bleiben. Die Grenzen zum Unbewußten markieren auch die äußerste Grenze des logischen Verstehens (dazu später mehr).

Und andererseits: Nur indem die einzelnen, punktuellen Ereignisse und Bedeutungen in ihren lebensgeschichtlich-individuellen Sinnzusammenhang gestellt werden können, wird der subjektiv besondere Sinn von Erleben und Verhalten entschlüsselbar, verstehbar.

Ebenso zielt der psychoanalytische Dialog in seiner Funktion als Metakommunikation nicht bloß auf punktuelle, gleichsam voneinander abgeschnittene Bedeutungsgehalte, sondern auf die Analyse der Gesamtheit individueller Erlebnisstrukturen entlang ihrer lebensgeschichtlich verankerten Herstellung, ihrer Dynamik und Funktion in einem gesellschaftlich und historisch bestimmten Feld (vgl. Lorenzer 1974; 1977, bes. 194ff., 277ff.).

Methodisch kann festgehalten werden: »Psychoanalyse teilt... mit den Geisteswissenschaften die hermeneutische Trias, nämlich

1. das Voranschreiten im hermeneutischen Zirkel zwischen einzelnem und Sinnganzem...
2. die Abarbeitung der hermeneutischen Distanz zwischen der eigenen und der fremden Position. Dem Überwinden der zeitlichen und kulturellen Unterschiede in den Geisteswissenschaften entspricht dabei in der Psychoanalyse die Überwindung der Distanz zum Fremdpsychischen ...
3. das Voranarbeiten mit Hilfe von Vorannahmen als vorweggenommenen Momen-

ten des zu ertastenden Sinnzusammenhanges. Diese Vorannahmen müssen zwangsläufig dem eigenen Horizont entnommen werden; sie sind Schritt für Schritt den Momenten des fremden Erfahrungshorizontes anzunähern, und sie nähern sich in dem Maße an, in dem eigener und fremder Sinnzusammenhang korrespondieren« (Lorenzer 1977, 114).

Die Arbeit an Übertragung und Widerstand im psychoanalytischen *Dialog* trägt hier ihre aufklärerischen Früchte bezüglich der unbewußten erfahrungs- und verhaltensrelevanten Erlebnisfiguren des Patienten, der Exploration seiner Beziehungswirklichkeit. Im angesprochenen, spiralförmig sich fortbewegenden, hermeneutischen Verstehens- und Mitteilungsprozeß kann jedoch der ›Forscher‹ nicht unberührt bleiben. Auch seine »lebenspraktischen Vorannahmen« (Lorenzer) werden in der Beziehung zum Patienten notwendig thematisiert. Dies ist der Kern der von Lorenzer so genannten »Abarbeitung der hermeneutischen Distanz zwischen der eigenen und der fremden Position« (a. a. O.). Im gemeinsamen Diskurs, in der schmerzhaften Wiederbelebung der konflikthaften Vergangenheit des Patienten via Übertragung in der psychoanalytischen Situation, bleibt die Position des Analytikers nicht jungfräulich unberührt. Auch er reagiert notwendig – wenn auch weitgehend zur Reflexion fähig – auf die Reproduktionsversuche jener konflikthaften Erfahrungen mit den primären Objekten des Analysanden im Hier und Jetzt des Übertragungsfeldes (bzw. der Übertragungsneurose).

Im Rahmen der Psychoanalyse wurde diese Teilhabe an der therapeutischen Interaktion unter dem Stichwort Übertragungs- / Gegenübertragungsdynamik thematisiert. Das Konzept der Gegenübertragung reflektiert u. a. auch, daß psychische Realität (hier die des Analysanden) immer eine *Beziehungs*realität ist und zu ihrer Äußerung nicht nur notwendig des Objekts bedarf, sondern dieses darüber hinaus in bestimmte und oft auch konfliktträchtige Beziehungsstrukturen einbindet.

8.1.1. Gegenübertragung

Die Berücksichtigung dieser Beziehungsdimension findet sich bereits bei der Einführung des Gegenübertragungsbegriffs durch Freud. »Wir sind auf die ›Gegenübertragung‹ aufmerksam geworden, die sich beim Arzt *durch den Einfluß des Patienten* auf das unbewußte Fühlen des Arztes einstellt« (1910a, 108; Hervorhebung vom Ref.). Allein, die Möglichkeit, die Gegenübertragung für das umfassende Verständnis der Befindlichkeit des Patienten zu nutzen, wird von Freud hier nicht in Erwägung gezogen. Er stellt die Forderung auf, »daß der Arzt diese Gegenübertragung in sich erkennen und bewältigen müsse« (a. a. O.). Die Erfüllung dieser Aufgabe soll dazu dienen, die »gleichschwebende Aufmerksamkeit« zu erhalten. Freud geht es darum, die möglichen negativen Auswirkungen der »blinden Flecken« (z. B. 1912b, 382) des Analytikers, auf die er die Gegenübertragung zurückführt, einzugrenzen: »Wir haben … bemerkt, daß jeder Psychoanalytiker nur so weit kommt, als seine eigenen Komplexe und inneren Widerstände es gestatten« (1910a, 108).[3]

Analog zur Übertragung (genauer des Übertragungs-Widerstandes) des Patienten, die als Behinderung der freien Assoziation sich auswirkt, wertet Freud die Gegenübertragung als Hemmnis für die gleichschwebende Aufmerksamkeit, für die Verstehensbereitschaft und -fähigkeit des Analytikers (vgl. z. B. 1912b, 382).

Während sich jedoch gerade der »Kampf um die Grundregel« (A. Freud) – d.h. die Analyse der Widerstände und das Durcharbeiten der Übertragung – als therapeutisch-aufklärerisch erwiesen hat, wurde von Freud die Gegenübertragung nicht als ein fruchtbares Instrument zum Verständnis des Fremdpsychischen erkannt. Gegenübertragung blieb also zunächst der Begriff zur Kennzeichnung jener ungelösten und virulenten infantilen Konflikte des Analytikers, die geeignet sein können, seine Arbeit massiv zu behindern. (Ein eindrucksvolles Beispiel dieser Form der Gegenübertragung gibt Greenson 1967, 385 f.; vgl. auch Devereux 1967.)

Ein wesentlicher Grund für diese (negative) Einschätzung der Gegenübertragung liegt in der theoretischen Konzeption der klassischen Psychoanalyse begründet, in ihrer Konzentration auf das isoliert *gedachte* Individuum, in ihrer Konzeption eines monadischen Persönlichkeitsmodells.[4]

Auch nach Freud wird in der Literatur der Begriff Gegenübertragung in seiner ursprünglichen inhaltlichen Bestimmung weitgehend als Widerstand, der die korrekte Wahrnehmung des Patienten durch den Analytiker behindert, verstanden (vgl. Winnicott 1947; 1960). Andere Autoren grenzen die Gültigkeit des Begriffs weiter ein und verwenden ihn primär, um die Übertragungsreaktion des Analytikers zu kennzeichnen (z. B. Gitelson 1952; Greenson 1967, 357; 1978, 403 ff.; A. Reich 1951).

Diese beiden sich nahestehenden Positionen betonen nach wie vor die Gefahr der Gegenübertragung als mögliche Störung und Behinderung des produktiven Fortgangs des analytischen Prozesses.[5]

Die Erkenntnis, daß die Gegenübertragung jedoch auch zum tieferen Verständnis der Befindlichkeit des Patienten entscheidend beitragen kann (sofern sie nicht agiert, sondern reflektiert wird), wird zuerst von Heimann (1950; vgl. auch 1960 und in Ansätzen, aber weniger stringent von A. und M. Balint 1939; Reik 1948) formuliert. Ihre Grundannahme ist, »daß das Unbewußte des Analytikers das des Patienten versteht. Diese Verbindung in der Tiefenschicht kommt in Form von Gefühlen an die Oberfläche, die der Analytiker als Reaktion auf seinen Patienten, als ›Gegenübertragung‹ bemerkt« (1950, 82). Sein Unbewußtes reagiert gleichsam ›richtig‹ auf das Unbewußte seines Analysanden.[6]

Gegenübertragung wird damit zu einer Bestimmung, die der *Interaktions*dimension des therapeutischen Dialogs Rechnung tragen kann. Sie stellt eine spezifische »Antwort« des Analytikers auf die vom Patienten angebotenen Beziehungsstrukturen und -inhalte dar. Sofern es dem Therapeuten mit Hilfe seiner professionellen Distanz gelingt, seine »Antwort« wahrzunehmen und seine spontanen Reaktionen zu reflektieren, ist ein zusätzlicher Weg des Verständnisses erschlossen. Aber »nicht die Gegenübertragung als solche ist nützlich, sondern die Bereitschaft, Gegenübertragung zu erkennen und zu überwinden« (A. Reich 1960, 183).

Nicht mehr nur der isoliert gedachte Patient tritt nun ins Blickfeld, sondern seine Versuche, ›alte‹ Beziehungsmuster im Hier und Jetzt der analytischen Situation szenisch zu wiederholen. Über die Gegenübertragung wird der Therapeut in die Reproduktionen, die anachronistischen Wiederbelebungen vergangener schmerzhafter Beziehungsrealitäten als Stellvertreter verstrickt. Da die Übertragung primär Äußerung der Beziehung zu den inneren Objekten, Äußerungsform von Beziehungsrepräsentanzen ist, kann die Gegenübertragung unter dem Aspekt der Interaktion nun auch als »Ausdruck der Identifizierungen des Analytikers mit den (inneren) Objekten des Analysanden« (Racker 1959, 153) verstanden werden.

Daß es sich bei dieser »Wende« (Moeller) in der Einschätzung der Gegenübertragung um einen notwendigen Schritt der beginnenden Formulierung der Psychoanalyse als einer Psychologie der Objektbeziehungen handelt, wird in den nachfolgenden Ausführungen Rackers sichtbar.[7]

»Übertragung und Gegenübertragung, die sich wechselseitig ins Leben rufen und die die zwischenmenschliche Beziehung in der analytischen Situation entstehen lassen, ergänzen sich zu einer Einheit.«

»Wenn wir unter technischen Gesichtspunkten den Kern der Analyse in der Beziehung des Patienten zum Analytiker sehen, so müssen wir... auch der Gegenübertragung entscheidende Bedeutung beimessen, und zwar hauptsächlich deswegen, weil sie uns fühlen und verstehen läßt, was der Patient in seiner Beziehung zum Analytiker fühlt und tut, und wie er mit seinen Triebregungen ihm gegenüber umgeht.« (1959, 71, 72)

Um der begrifflichen Klarheit willen ist es sinnvoll, bei der Gegenübertragung zwischen »komplementären« und »konkordanten« Einstellungen zu unterscheiden. Während sich der Analytiker in der »komplementären Einstellung« (Deutsch 1926) mit den Objekt-Imagines seines Analysanden identifiziert, weil dieser ihn in der Übertragung wie das infantile Objekt erlebt und folglich auch so behandelt, bezieht Deutsch die »konkordante« Einstellung auf die Identifikation mit Aspekten der Person des Analysanden. Konkordante Identifizierung umschreibt also jene Leistung, die auch umgangssprachlich in den Begriffen Einfühlung und Verstehen gefaßt ist. Gemeint ist hiermit also die Bereitschaft und Fähigkeit, Fremdpsychisches über Probe-Identifikationen im eigenen Erleben nachzubilden und es so zu verstehen.

Rackers Hinweis auf die Wechselwirkungen beider Einstellungen (komplementäre und konkordante Identifizierung) ist gerade für die Pädagogik von zentraler Bedeutung. Er schreibt: »Es scheint, daß in dem Maße, wie der Analytiker an ihnen (den konkordanten Identifizierungen, der Ref.) scheitert und sie abwehrt, bestimmte komplementäre Identifikationen sich verstärken. Es ist einleuchtend, daß die Abwehr eines Teiles der eigenen Person und eines eigenen Impulses, z. B. der eigenen Aggressivität, den Analytiker dazu bringt, Aggressivität auch beim Analysanden abzulehnen (so daß die konkordante Identifikation mißlingt); und daß es in diesem Falle zu einer stärkeren komplementären Identifizierung mit dem (zurückweisenden) Objekt kommt, gegen das sich der aggressive Impuls richtet« (1959, 159).

Eine vergleichbare Konstellation ist sehr häufig in der pädagogischen Arbeit mit schwierigen Klienten (etwa von Verwahrlosung bedrohte Jugendliche) zu beobachten. Die aufgrund der eigenen Abwehr mißlingende Einfühlung verführt den Pädagogen dazu – zusätzlich zur unbewußten Inszenierungstendenz des Klienten –, unreflektiert die angebotene konflikthafte Szene zu komplettieren. Die Abwehr des Pädagogen schlägt damit »zwei Fliegen mit einer Klappe«; einerseits unterstützt er beim Klienten z. B. den Durchbruch von narzißtischer Wut, d. h. er mißbraucht ihn stellvertretend für das Agieren etwa der eigenen archaischen Rachebedürfnisse, andererseits kann er seine eigenen antisozialen Tendenzen beim Klienten bekämpfen. Und je intensiver er diese beim anderen bekämpft, desto eher bleibt er scheinbar frei davon. Damit stellen sich aber die infantilen traumatisierenden Bedingungen, unter denen die »Verwahrlosung« des Klienten zustande kam, erneut wieder her. Der Wiederholungszwang wird nicht durchbrochen, sondern verfestigt. Korrigierende Erfahrungen können unter diesen Voraussetzungen nicht ermöglicht werden (vgl. Clos 1982; Trescher 1981; 1982b).

Gegenübertragung kann also als die notwendige Ergänzung zur Übertragung verstanden werden. Beide *»bilden eine funktionelle Einheit«* (Moeller 1977, 145; vgl. auch Kemper 1969; Sandler 1976). Wird die Gegenübertragung als Reaktion, als Antwort auf die Übertragung des Patienten definiert, dann ist sie *»als spezifische, nicht-neurotische Reaktion des Analytikers auf die Übertragung seines Patienten«* (Moeller a. a. O.) zu werten. Im Zentrum des Interesses steht damit die Reaktion des Analytikers auf die Beziehungsangebote der konflikthaften und konfliktträchtigen Interaktionsformen des Patienten.

Zu beachten bleibt darüber hinaus, daß die Gegenübertragung zunächst vorwiegend als unbewußter Prozeß verläuft. Unmittelbar der bewußten Wahrnehmung zugänglich sind nur ihre Abkömmlinge in Form von Gefühlen, Phantasien usw.[8] Muck legt auf diese Differenzierung der Gegenübertragung nach den Kriterien bewußt versus unbewußt besonderes Gewicht. Ihm scheint diese Bestimmung »angemessener zu sein als das Gegensatzpaar normal–neurotisch« (1978, 217) in der oben zitierten Definition Moellers.[9]

Muck sieht in der Gegenübertragung ein »ubiquitäres Phänomen« (a. a. O.). Seine allgemeingültige (d. h. gültig auch für außeranalytische Beziehungsverläufe) Definition lautet: »Gegenübertragung ist der durch die Übertragung des anderen spezifisch aktualisierte Anteil eigener Übertragungsbereitschaften« (a. a. O.).[10]

Die kleinsten Einheiten der Beziehungsrelationen und -dynamik von Übertragung und Gegenübertragung sind Szenen. Das sind jene konflikt*typischen* Interaktionsformen, in denen sich im Wechselspiel von Übertragung und Gegenübertragung die neurotischen Anteile des Patienten als Beziehungsrealitäten artikulieren. Psychoanalytisches Verstehen hat sich damit als »szenisches Verstehen« (Lorenzer) zu konkretisieren. Dies allerdings nicht nur innerhalb der Psychoanalyse als einem Heilverfahren, wie noch zu zeigen sein wird.

Bevor wir jedoch das szenische Verstehen weiter thematisieren, wird in einem kurzen

Exkurs nachzuweisen sein, daß es sich hierbei um den angemessenen Verstehensansatz von Fremdpsychischem handelt.

8.2. Die szenische Konstitution von Subjektstrukturen

Im Rahmen dieses Exkurses geht es im wesentlichen nur um den Nachweis einer notwendig szenischen Konstitution von Subjektstrukturen. (Zur Diskussion stehen also nicht weitere Probleme und Ergebnisse der psychoanalytischen Sozialisationstheorie.)

Schon mehrfach, etwa bei der Diskussion der Konzepte von Übertragung und Gegenübertragung, wurde angesprochen, daß die Konzeption der Psychoanalyse der Objekt*beziehungen* (was sie praktisch, als Heilverfahren, wohl schon immer war) theoretisch zu einem eminent fruchtbaren Konzept nicht nur für die Sozialisationstheorie wurde. Der Bezugspunkt der klassischen Psychoanalyse war das monadisch gedachte, nach außen abgeschlossene Subjekt; die psychodynamisch wichtigen Beziehungen zu anderen Menschen fanden nur insofern Beachtung, als sie ihre ›Spuren‹ als Niederschläge vergangener Objektbeziehungen im Subjekt hinterließen. Der Focus des Interesses lag hier mehr bei der Frage, wie sich die frühkindlichen Erfahrungen und Erfahrungsverarbeitungen als Strukturkomponenten in Abhängigkeit zur Triebentwicklung, zur Entfaltung von Es, Ich und Überich niederschlagen und in welchem Verhältnis, in welchem Wechselspiel diese Instanzen der Persönlichkeit zueinander stehen. Es stand somit primär zur Diskussion, wie das Kind (und in der Übertragung der Erwachsene) mit den zur Realität im Widerspruch stehenden Triebregungen umgeht und eine spezifische Trieb- bzw. Charakterstruktur erwirbt. Letztlich galt das Interesse also dem *intra*psychischen Wechselspiel von Es, Ich und Überich und nicht den *inter*psychischen Prozessen der Objektbeziehungen.

Mit der begrifflichen Hinwendung zur Interaktion, den Beziehungen zwischen dem »Selbst und der Welt der Objekte« (vgl. Jacobson 1964) wird deutlich, daß das isoliert gedachte Subjekt eine Fiktion ist. Ja, mehr noch: daß die Persönlichkeit des einzelnen bis in seine Grundbausteine hinein zwangsläufig auf Interaktion bezogen ist.

Ich möchte dies am Beispiel des viel zitierten und in der einschlägigen Literatur schon häufig gewürdigten »Garnrollenspiels« von Freuds Enkel verdeutlichen (vgl. z. B. Leber 1983; Lorenzer 1981, 158ff.; Mannoni 1976, bes. 73ff.; Trescher 1979a, 155f.). Im Hinblick auf den zur Diskussion stehenden Sachverhalt ist dies hier auch insofern besonders beachtenswert, als es sich auf den ersten Blick um ein ›einsames‹ Spiel des 1 1/2jährigen Jungen handelt:

»Das Kind war in seiner intellektuellen Entwicklung keineswegs voreilig, es sprach mit 1 1/2 Jahren erst wenige verständliche Worte und verfügte außerdem über mehrere bedeutungsvolle Laute, die von der Umgebung verstanden wurden. Aber es war in gutem Rapport mit den Eltern und dem einzigen Dienstmädchen und wurde wegen seines ›anständigen‹ Charakters gelobt. Es störte die Eltern nicht zur Nachtzeit, befolgte gewissenhaft die Verbote, manche Gegenstände zu berühren und in gewisse Räume zu gehen, und vor allem anderen, es weinte nie, wenn die Mutter es für Stunden verließ, obwohl es dieser Mutter zärtlich anhing, die das Kind nicht nur selbst genährt, sondern auch ohne jede fremde Beihilfe gepflegt und betreut hatte. Dieses brave Kind zeigte nun die gelegentlich störende Angewohnheit, alle kleinen Gegenstände, deren es habhaft wurde, weit weg von sich in eine Zimmerecke, unter ein Bett usw. zu schleudern, so daß das Zusammensuchen seines Spielzeuges oft keine leichte Arbeit war. Dabei brachte es mit dem Ausdruck von Interesse und Befriedigung ein lautes, langgezogenes o-o-o-o hervor, das nach dem übereinstimmenden Urteil der Mutter und des Beobachters keine Interjektion war, sondern ›Fort‹ bedeutete. Ich bemerkte endlich, daß das ein Spiel sei, und daß das Kind alle seine Spielsachen nur dazu benützte, mit ihnen ›Fortsein‹ zu spielen. Eines Tages machte ich dann die Beobachtung, die meine Auffassung bestätigte. Das Kind hatte eine Holzspule, die mit einem Bindfaden umwickelt war. Es fiel ihm nie ein, sie z. B. am Boden hinter sich her zu ziehen, also Wagen mit ihr zu spielen, sondern es warf die am Faden gehaltene Spule mit großem Geschick über den Rand seines verhängten Bettchens, so daß sie darin verschwand, sagte dazu sein bedeutungsvolles o-o-o-o und zog dann die Spule am Faden wieder aus dem Bett heraus, begrüßte aber deren Erscheinen jetzt mit einem freudigen ›Da‹. Das war also das komplette Spiel, Verschwinden und Wiederkommen, wovon man zumeist nur den ersten Akt zu sehen bekam, und dieser wurde für sich allein unermüdlich als Spiel wiederholt, obwohl die größere Lust unzweifelhaft dem zweiten Akt anhing« (Freud 1920, 11 ff.).

Freud beschreibt hier ein für seinen Enkel augenscheinlich sehr bedeutungsvolles Spiel. Ersichtlich ist auch, daß in diesem Spiel eine Beziehungsfolge der Trennung und der Wiederkehr, das »Fort«- und »Da«-Sein inszeniert wird.

Nun ist das Trennungsthema von höchstrangiger Bedeutung für jedes Kind. Dies insbesondere auch im Alter von 1 1/2 Jahren (vgl. z. B. Bowlby 1973; Mahler 1968; Spitz 1965), selbst dann, wenn der kleine Junge von einer vertrauensvollen Beziehung zu seiner primären Umwelt getragen wird.

Aber schauen wir nach Freuds Interpretation: Er deutet das Spiel zunächst »im Zusammenhang mit der großen kulturellen Leistung des Kindes, mit dem von ihm zustande gebrachten Triebverzicht (...), das Fortgehen der Mutter ohne Sträuben zu gestatten. Es entschädigt sich gleichsam dafür, indem es dasselbe Verschwinden und Wiederkommen mit den ihm erreichbaren Gegenständen selbst in Szene setzte« (1920, 13).

Bekanntlich leitet Freud mit der Beschreibung und Analyse des Garnrollenspiels eine Untersuchung der seelischen Bereiche »jenseits des Lustprinzips« ein. Er fragt: »Das Fortgehen der Mutter kann dem Kinde unmöglich angenehm oder auch nur gleichgültig gewesen sein. Wie stimmt es also zum Lustprinzip, daß es dieses ihm peinliche Erlebnis als Spiel wiederholt?« (a. a. O.).

Neben dem Hinweis auf die im beschriebenen Spiel im Wegschleudern der Gegenstände zum Ausdruck kommenden feindseligen Regungen, gleichsam der Rache an der sich entziehenden Mutter und dem damit verbundenen Gewinn narzißtischer Autonomie für das Kind, arbeitet Freud vor allem die für das Kinderspiel charakteristische Wendung von der Passivität zur Aktivität heraus. Die »Passivität des Erlebens« im Angesicht der übermächtigen Großen wendet das Kind zur »Aktivität des Spielens« (vgl. 1920, 15)

Diese Wiederholung von bedeutungsvollen und oft leidvollen Erfahrungen des Kindes mit veränderten Vorzeichen im Spiel dient nicht nur einseitig der Verarbeitung des passiv Erlebten, sondern darüber hinaus der Aneignung von Beziehungswirklichkeiten: zwar kann das Kind (für die Dauer der Abwesenheit des Objekts) nicht real über die Mutter verfügen, gleichwohl verfügt das Kind über die bestimmte Interaktionsform des Fortgehens und Wiedererscheinens der Mutter.[11] Das Garnrollenspiel kann so als paradigmatisch erachtet werden für einen vollzogenen »Einigungsprozeß« (Lorenzer), in dem sich ein spezifisches, charakteristisches Wechselspiel von Bedürfnisbefriedigung und -versagung zwischen Mutter und Kind eingespielt und herausgebildet hat.
Damit kann das intakte Spiel des Kindes als Grundmodell der Aneignung von bedeutsamer Wirklichkeit (erfolgreiches Lernen im psychoanalytischen Sinne), die sich nicht in Anpassung an eine übermächtige Realität erschöpft, verstanden werden. Bedingung dieses Aneignungsprozesses ist – wie an anderer Stelle gezeigt (vgl. Trescher 1979a, 158ff.) –, daß innerhalb der Interaktion Kind–primäre Umwelt Raum ist für die Versöhnung des Kindes mit den notwendig eintretenden Mangelerfahrungen (Versagungen).
Im Hinblick auf die Mutter-Kind-Dyade ist das vorrangige Thema der Versöhnung die Verarbeitung der Dramatik der frühen Trennung von dem als allmächtig erlebten Objekt, und der Illusion des Kindes, »dessen Beweger und Bewirker« (Leber 1976, 126) zu sein. Dieser schmerzliche Prozeß gelingt nur dann ohne traumatische Reaktionen, wenn die reale Abwesenheit des Objektes durch seine innere Anwesenheit (Imago der »guten Mutter«) überbrückt, d.h. erträglich gemacht wird. In anderen Worten: Das Kind kann dann die (kurzfristige) Trennung verarbeiten, wenn es genügend Vertrauen besitzt, wenn es sicher sein kann, daß die Mutter wiederkommt, daß sie *da ist, wenn sie gebraucht wird.* Dann und nur dann, wenn die (gute) Mutter trotz realer Abwesenheit innerpsychisch anwesend, d.h. lebendig bleibt, kann das Kind, zunächst partiell, ihre unabhängige Existenz anerkennen. Liegen hingegen massive Störungen der Mutter-Kind-Dyade vor, dann muß sich das Kind im Sinne der Selbst-Erhaltung an seinen narzißtisch-absoluten Verfügungsanspruch klammern, um sich nicht in tödlich-grenzenloser Leere zu verlieren und existentiellen Vernichtungs- und Verfolgungsängsten ausgesetzt zu sein: Denn von der unzuverlässigen, von der »bösen« Mutter kann man sich nicht trennen.
Ist das Kind hingegen von einer vertrauensvollen, Sicherheit und Wohlbefinden gewährenden Beziehung zu seinen äußeren und inneren Objekten getragen, dann kann es sich auch im Spiel mit irritierenden, lustvollen und schmerzhaften Erfahrungen auseinandersetzen, sie auf eine ihm gemäße Art bewältigen – was gleichzeitig der Entfaltung und Differenzierung der Subjektstruktur dient.
Doch kehren wir erneut zum Garnrollenspiel zurück. Wir wissen, Freuds Enkel spielt allein, ein auf den ersten Blick einsames Spiel. Aber spielt er wirklich allein?
Ein außenstehender, distanzierter Beobachter wird diese Frage selbstverständlich zustimmend beantworten: Augenscheinlich spielt niemand mit dem Kind. Dennoch

unterscheidet sich das Spiel des Jungen erheblich etwa von ›Spielen‹ (Ritualen) autistischer Kinder (vgl. Bettelheim 1977; Finger 1982; Leber 1976; Schmauch 1977). Das intakte Kinderspiel ist wesentlich dadurch gekennzeichnet, daß Erfahrung verarbeitet wird und daß mit der Wirklichkeit auch spielerisch-experimentierend umgegangen werden kann. Im Gegensatz hierzu haben die autistischen Rituale primär die Aufgabe zu *verhindern*, daß etwas Unvorhergesehenes, ›Lebendiges‹ geschieht. Während also das Kinderspiel zur Erfahrungsverarbeitung beiträgt, wird im autistischen Ritual Erfahrung verhindert. Das Garnrollenspiel des Jungen hingegen ist lebendig, wörtlich: in seinem Spiel artikuliert sich Leben, insofern es seine Erfahrungen mit dem primären Objekt, der Mutter, thematisiert.

Dennoch: der Junge spielt mit einem toten Gegenstand, der Garnrolle; es muß indes nicht unbedingt die Garnrolle sein, mit der er »Fort« spielen kann. Zum gleichen Zweck dienen ihm auch alle kleinen Dinge, deren er habhaft werden kann, um diese dann fortzuschleudern. Doch zur Inszenierung der Gesamtszene von Verschwinden und Wiederkehren ist die Garnrolle besonders geeignet. Sie ist an einem Bindfaden befestigt, mit dessen Hilfe sie *vom Kind* wieder zum Erscheinen gebracht werden kann.

Das Spielobjekt ist also für das Kind in diesem Spiel keinesfalls unbelebt. Aber kann deshalb behauptet werden, die Garnrolle symbolisiere, oder gewagter, die Garnrolle sei für das spielende Kind die Mutter? Auch wenn mit einiger Berechtigung hervorgehoben werden könnte, die Garnrolle stünde für die Mutter, sie ist es nicht. Gerade spielende Kinder kennen den Unterschied zwischen ihrem Spiel und dem »Ernst« (d.h. der Wirklichkeit).

Die ausschließliche Konzentration auf das Spielobjekt ist also nur wenig geeignet, ein umfassendes Verständnis der Psychodynamik des Garnrollenspiels zu gewinnen. Weiter hingegen trägt die Reflexion der Interaktion, also der Beziehung, die der kleine Junge hier in Szene setzt. Er selbst ist es ja, der das Szenario seines Spieles erschafft, der bedeutungsvolle Erlebnisse erneut zur Darstellung bringt. Das von ihm erschaffene Spiel reproduziert die sich ergänzenden Interaktionssequenzen von Trennung und Wiederkehr zwischen ihm und seiner Mutter. Subjekt und Objekt der Interaktion stehen in enger Verbindung. Der Interaktionspart des Selbst kann nur formuliert werden in Abhängigkeit zum Interaktionsanteil des Objekts, ebenso wie der Anteil des Objekts nur in Abhängigkeit zum Interaktionspart des Selbst (nicht nur) im Spiel formulierbar und erlebbar ist.

Das heißt: die Entfaltung von Objektrepräsentanzen geht Hand in Hand mit der Entfaltung und Strukturierung des Selbst. Der Niederschlag der Interaktion als Struktur sich entfaltender Subjektivität ist nicht einfach ›irgendwie‹ abhängig von den Beziehungen zur Welt der Objekte, sondern beide Pole der Intraktion, Objekt- wie Selbstrepräsentanz, strukturieren sich im gemeinsamen, szenisch organisierten Interaktionsprozeß. Sie sind notwendig aufeinander bezogen wie zwei Seiten derselben ›Medaille‹ Interaktion; sie sind Produkt der besonderen Beziehung zwischen Mutter und Kind.

Ein – von außen betrachtet – allein spielendes Kind kann also nicht wirklich ›allein‹ spielen. So auch beim Garnrollenspiel. Das Spielzeug, hier die Garnrolle, ist als solches bedeutungslos. Es gewinnt nur insofern an subjektgebundener Bedeutung, als es sich zur Darstellung (und ggf. zur Bearbeitung) einer bedeutungsvollen Interaktion eignet, dann, wenn das Spielobjekt vom Kind belebt wird, etwa dadurch, daß es Träger von Objektrepräsentanzen und / oder Selbstrepräsentanzen wird. Die Analyse des Garnrollenspiels zeigt bei dem zur Diskussion stehenden Sachverhalt modellhaft, wie in einer bedeutungsvollen Szene ein inneres Erlebnismuster, welches Selbst- und Objektrepräsentanzen umschließt, im Spiel wiederbelebt wird.
Unter dem Aspekt der Beziehung, die im »Fort-Da-Spiel« aus der Sicht des Jungen artikuliert wird, ist besonders der Bindfaden, an dem die Garnrolle befestigt ist, interessant. Dieser steht für seine vertrauensvolle Bindung an die Mutter, an der er festhält, auch wenn sie nicht physisch anwesend ist. Weil er das primäre Objekt innerpsychisch lebendig halten kann, kann er spielend mit der schmerzhaften Erfahrung der Trennung umgehen, kann das Fortgehen der Mutter gestatten, d.h. ertragen. Mit den Worten Winnicotts: »Die guten inneren Objekte... stehen zur Verfügung für die Projektion im geeigneten Augenblick« (1965, 40).
Die hier am Modell eines allein spielenden Kindes skizzierte szenische Organisation der Elemente der Persönlichkeitsstruktur wurde von Lorenzer im Rahmen seiner Sozialisationstheorie differenziert entfaltet (vgl. 1972a; 1974; 1977; 1981). Er resümiert: »Die *Szene* ist... die Grundfigur, der wir bei der Konstitution individueller Struktur als erster begegnen, und zwar in ›äußerer Hinsicht‹ in der Interaktion, im szenischen Zusammenspiel von mütterlichem und kindlichem Organismus (...), sowie in ›innerer Hinsicht‹ in der Interaktionsform als dem Niederschlag dieser Szene und aller folgenden. Und so sehr die Grundelemente der Persönlichkeitsstruktur ihren Charakter im Prozeß der Ausbildung von Interaktionsformen auch gründlich ändern,... so wird eines doch durchgängig gewahrt – der *szenische* Charakter« (1977, 89).
Halten wir diesen grundsätzlich szenischen Charakter individueller Struktur zunächst nur fest, um uns dem gelingenden Kinderspiel zuzuwenden und sodann zu sehen, wie sich massive Störungen des Sozialisationsverlaufes gegen die kindlich-spielerische Aktivität durchsetzen können. Dann nämlich treten an die Stelle der spielerischen Aneignung von Wirklichkeit verschlüsselte und ohnmächtige Reproduktionen leidvoller Erfahrungen und gescheiterter Verarbeitungsversuche (vgl. Leber et al. 1983). Auch diese Reproduktionen äußern sich grundsätzlich szenisch. Sie werden jedoch vom Zwang zur verschlüsselten Wiederholung dominiert. Doch zunächst noch einige weitere Überlegungen zu den Aufgaben und Funktionen des Kinderspiels:
Wie oben schon deutlich wurde, dient das Kinderspiel zunächst allgemein der Bearbeitung der Realität, das heißt des Widerspruchs zwischen innerer und äußerer Wirklichkeit des Kindes. Damit erfüllt es letztendlich immer auch die Funktion der Auseinandersetzung und Verarbeitung von Mangelerfahrungen.

Augenscheinlich dominiert im Spiel, ebenso wie im Traum, das Motiv der Wunscherfüllung. Auch die vorherrschenden Mechanismen der Traumarbeit, insbesondere die der Verschiebung und Verdichtung sowie die Differenz zwischen latentem und manifestem Trauminhalt, können in den Spielen der Kinder beobachtet werden (vgl. z. B. Nitsch-Berg 1978, bes. 141 ff.). Dabei bietet die Wunscherfüllung im Spiel einen Ausgleich zur Lebensnot des Kindes, dem Unlustcharakter, den die kindliche Lebenswirklichkeit häufig hat. Obwohl das Kinderspiel so eine notwendige »Korrektur der unbefriedigenden Wirklichkeit« (Freud 1908c, 216) bietet, unterscheidet es sich doch in Struktur, Entwicklungsniveau und Qualität erheblich von den Entspannung gewährenden Halluzinationen der Säuglingszeit.

»Jedes spielende Kind benimmt sich wie ein Dichter, indem es sich eine eigene Welt schafft oder, richtiger gesagt, die Dinge seiner Welt in eine neue, ihm gefällige Ordnung versetzt. Es wäre dann Unrecht zu meinen, es nähme diese Welt nicht ernst; im Gegenteil, es nimmt sein Spiel sehr ernst, es verwendet große Affektbeträge darauf. Der Gegensatz zu Spiel ist nicht Ernst, sondern – Wirklichkeit. Das Kind unterscheidet seine Spielwelt sehr wohl, trotz aller Affektbesetzung, von der Wirklichkeit und lehnt seine imaginierten Objekte und Verhältnisse gern an greifbare und sichtbare Dinge der wirklichen Welt an« (Freud 1908c, 217).

Aber nicht nur der Wunscherfüllung, sondern auch der Triebbefriedigung, der Suche des Kindes nach Ausgleich für die Erfahrungen mit der Unlust setzenden Wirklichkeit dient das Spiel im Sinne der »Alternativbefriedigung« (vgl. Hartmann 1961/62, 78 ff.). In diesem Zusammenhang kann auch die symbolische Wunscherfüllung im Spiel genannt werden. Gleichwohl ist die dem Gedanken der Alternativbefriedigung zugrunde liegende Sublimierungshypothese keine hinreichende Erklärung für jegliches Spielmotiv.

Die Angstabwehr ist eine weitere Funktion des Kinderspiels (vgl. Büttner 1982; 1984). Angstabwehr und damit weitere Aspekte der Realitätsbewältigung können spielerisch erprobt werden. Besonders hervorzuheben ist hier die schon angesprochene Wendung von der Passivität zur aktiven Auseinandersetzung. Im bekannten Mutter-Vater-Kind-Spiel etwa erleiden die unartige Puppe oder die Spielgefährten in der Rolle des Kindes mindestens die nämliche Unlusterfahrung und Kränkung wie das Kind selbst in seinen Beziehungen zu ihm wichtigen Objekten. Diese Umkehr der Macht-Ohnmacht-Relation kann auch in Anlehnung an A. Freud (1936) unter dem Stichwort »Identifikation mit dem Aggressor« beschrieben werden. Charakteristisch hierfür ist die Verschiebung der Macht- und Abhängigkeitsverhältnisse, die Wendung von der Passivität zur Aktivität. Diese Wendung zeigt die Identifikation mit dem geliebten, aber auch gefürchteten Objekt libidinöser und aggressiver Wünsche (vgl. Spitz 1957; 1965).

Überwiegt die Funktion der Angstabwehr, ist die Identifikation des Kindes mit dem ursprünglichen Angstobjekt oder dessen Stellvertreter häufig zu beobachten. Das Kind schlüpft zum Beispiel selbst aktiv in die ›Haut‹ des beißenden, gefährlichen Hundes oder wird im Spiel zum Zahnarzt, zur Hexe oder zu einer anderen bedrohlichen Figur. Indem es sich mit dem Angstobjekt identifiziert, nimmt es diesem den Schrecken und beraubt es seiner Macht. Im Spiel steht das angsterregende Objekt unter der aktiven, handelnden Kontrolle des Kindes. Weil das Kind in dessen Rolle schlüpft, gleichsam selbst zum angstauslösenden Objekt wird, holt es dieses in seine Verfügung zurück. Der innere Konflikt wird also ›veräußerlicht‹, bekommt Gestalt und wird handhabbar. Da die Angstobjekte im Spiel nun vom Kind selbst neu erschaffen wurden, liegen sie innerhalb seiner Verfügbarkeit. Damit wird die Angst sukzessive beherrschbar. Die Angstobjekte werden nun Teil des vom Kind in Szene gesetzten Spieles und nicht mehr nur als Teil einer unbeeinflußbaren Wirklichkeit erlebt.

Winnicott (bes. 1971) beschreibt das Spielen als Oszillation zwischen innerer und äußerer Wirklichkeit im Rahmen eines eigenständigen Übergangsbereiches. Spielen besitzt die Qualitäten eines »Übergangsphänomens«, in dem Objekte und Gegenstände der Außenwelt in die Verwendung der inneren Realität, der subjektiven Phantasiewelt gestellt werden. Hierbei verliert das Kind den Bezug zur äußeren Realität nicht völlig (wie dies beispielsweise in der Halluzination der Fall wäre). Somit dienen die Objekte des Spiels also der Darstellung und Verarbeitung des kindlichen Erlebens und seiner Konflikte, Ängste und Wünsche. Dieser Übergangsbereich, das Spielen, »liegt außerhalb des Individuums, ist aber auch nicht Teil der äußeren Welt. In diesen Spielbereich bezieht das Kind Objekte und Phänomene aus der äußeren Realität ein und verwendet sie für die Vorstellungen aus der inneren, persönlichen Realität.«

»Mit Spielen ist immer Erregung und ein Wagnis verbunden. Dieses Merkmal ist nicht auf Triebregungen zurückzuführen, sondern auf das Wagnis, das entsteht, wenn in der Vorstellung des Kindes Subjektives (...) und objektiv Wahrgenommenes (...) zusammenwirken« (Winnicott 1971, 63, 64).

Wie alle Übergangsphänomene, so hat auch das Spielen seinen Ursprung in dem »potentiellen Raum« (Winnicott) zwischen Mutter und Säugling/Kleinkind. Dieser Spielraum wird von der gelingenden Interaktion der Mutter-Kind-Dyade getragen und entfaltet. Die Bereitstellung dieses Raumes trägt dazu bei, in der Entfaltung (und d.h. letztendlich in der Auflösung) der Mutter-Kind-Dyade sukzessive Selbst und Nicht-Selbst freizugeben. Auch später dient der potentielle Raum gleichsam als Puffer zwischen Innen und Außen. Er konstituiert sich als Spiel-Raum, in dem die Konflikte zwischen Wunsch und Wirklichkeit, Angst und Begehren, Mangel und Erfüllung im idealtypischen Verlauf versöhnt werden können.

Winnicott versteht, wie Freud, Spielen als Handeln (vgl. 1971, 52). Den Versagungen, Anforderungen, Zumutungen und Irritationen durch die Erwachsenen, dem Gebot der Triebbeherrschung und des Triebverzichtes ist das Kind zunächst passiv ausgesetzt; es ist »vom Erleben betroffen« (Freud 1920, 13), kann dies jedoch durch die handelnde Umsetzung, die »aktive Rolle« (Freud a.a.O.) im lebendigen Spiel potentiell bearbeiten und sukzessive in seine Persönlichkeitsstruktur integrieren, wie beim »Garnrollenspiel« zu sehen war.

Die aktive Rolle, die das Kind hier einnimmt, zeigt auch den Weg, auf dem das Spielen zur Versöhnung mit den Mangelerlebnissen der kindlichen Lebenswirklichkeit führt.

Das Kind schließt gleichsam einen Pakt mit der Zukunft, die es im Spiel vorwegnimmt: Einmal »groß zu sein und so zu tun wie die Großen« (Freud 1920, 15). Dieser Wunsch, den Freud als primäres Motiv des Kinderspiels benennt (vgl. 1908c, 216), artikuliert die Hoffnung auf die mögliche Freiheit des Triebgenusses und des Luststrebens ebenso wie die Hoffnung auf unbeschränkte Aggression, die das Kind den Großen unterstellt und die es für sich selbst haben möchte, wenn schon nicht jetzt, dann doch später einmal. So beruhigt die Hoffnung, groß werden zu können, die vielfältigen Kränkungen des Kindes, die es durch seine reale Ohnmacht und Abhängigkeit gegenüber den Erwachsenen erleiden muß.

Aber nicht nur die Zukunft ist ›im Spiel‹. Spielen gestattet auch Rückgriffe auf Vergangenes, ein erneutes Eintauchen in die frühen Lebensphasen vor der Aufspaltung von Subjekt und Objekt, die vielleicht weniger bedrohlich und angsterregend waren. Das Kind wird so (wieder) einziger Regisseur auf einer magischen Bühne. Die Akteure beugen sich seiner Phantasie und seinem Willen. Das Kind erschafft und belebt seine Objekte auf magisch-omnipotente Weise. Im Spiel wird die Wirklichkeit veränderbar, die Grenzen können verschoben werden, Experimente mit realen und phantasierten Personen und Situationen sind erlaubt und immer möglich. Immer ist deshalb lebendiges Kinderspiel auch ein Experimentieren mit Bildern des Selbst, mit Bildern der anderen und Bildern des Andersseins und Anderswerdens (vgl. Erikson 1977, bes. 81 ff.).

Auch die Möglichkeit des Rückgriffs auf frühe narzißtische Illusionen weist auf den Ursprung des Spielens in der Mutter-Kind-Dyade. Ist diese hinreichend gut, dann wird sich das Kind über die Identifikation mit den haltenden, wohlwollenden und Sicherheit gewährenden Aspekten seiner Umwelt (vgl. Winnicott 1958; 1965; 1971; Bittner 1975; Schäfer 1979) einen Spielraum schaffen können, in dem es wachsen und leben kann.

Zusammenfassend läßt sich sagen, daß das Spiel erheblich zur sukzessiven Differenzierung des Selbst und der Objekte beiträgt, auch und gerade weil es vergangene ebenso wie gegenwärtige Kränkungen und Triebeinschränkungen progressiv, im Hinblick auf eine bessere Zukunft, erträglicher macht und damit die Hoffnung auf Versöhnung und Ausgleich, das Vertrauen in eine grundsätzlich wohlwollende Umwelt lebendig erhält. So tröstet und versöhnt das Spielen mit den schmerzlichen Erfahrungen in der aktuellen und vergangenen Wirklichkeit, weil es den Blick auf eine erhoffte (phantasierte) Zukunft freigibt und dem Wunsch Raum läßt, nicht nur groß zu werden, sondern auch gleichgeachtete, gleichmächtige und gleichwertige Person zu sein.

8.3. Szenisches Verstehen

Es wurde hervorgehoben, daß die »Szene« als Grundbaustein im Prozeß der Entfaltung von Subjektstrukturen verstanden werden muß, und daß der szenische Charakter alle Elemente der Persönlichkeitsstruktur auszeichnet. Damit wird deutlich, daß die Befindlichkeit, die »Mitteilung« des Klienten der psychoanalytischen Therapie und der Psychoanalytischen Pädagogik nur erfaßt werden kann, wenn ein Verstehensmodus zur Anwendung gelangt, der eben jene szenischen Arrangements erfaßt, in denen sich (auch beschädigte) Subjektivität zwangsläufig äußert.

Den Begriff »szenisches Verstehen« entwickelt Lorenzer umfassend in seiner Arbeit »Sprachzerstörung und Rekonstruktion« (1970a). Die methodische Kennzeichnung reflektiert – wie gesagt – die szenische Organisationsform von Subjektivität und ihre (beschädigte) Herstellung im Sozialisationsprozeß.

Lorenzer unterscheidet das logische, psychologische und szenische Verstehen. Dabei ist »logisches Verstehen als Verstehen des Gesprochenen, psychologisches Verstehen als Verstehen des Sprechers anzusehen« (Lorenzer 1970a, 104).

Die ›Sinnfrage‹ im Bereich des logischen Verstehens richtet sich – im pädagogischen Praxiskontext – auf die sichtbaren, den unmittelbaren Beobachtungen zugänglichen Äußerungen des Klienten (sprachliche Mitteilungen, sichtbares Verhalten etc.). Die Reichweite dieser Verstehensoperation ist auf das Bewußte begrenzt. Sie richtet sich primär auf das Hier und Jetzt, knüpft Verbindungen mit Vergangenem und Zukünftigem nur im formallogischen Sinne. Symptomatisches, scheinbar irrationales Verhalten / Erleben kann auf der Ebene des logischen Verstehens nicht als (subjektiv) sinnhaft erkannt werden.

Im Bereich des logischen Verstehens können z. B. Lernstörungen in ihrer besonderen Bedeutung für den Betroffenen nicht erkannt werden. Uneinsichtig bleibt etwa, *warum* Franz nicht lernen kann. Allerdings können im formallogischen Bereich bestimmte Ereignisse im Sinne der Kausalität *erklärt* werden: Franz hat eine schlechte Mathematikarbeit geschrieben, weil er nicht genügend gelernt hat. Das logische Verstehen verbleibt also im Bereich objektiver (objektivierbarer) Daten und ist vom erleidenden und handelnden Subjekt weitgehend abgelöst. Das psychologische Verstehen hingegen trägt weiter. So läßt sich vielleicht feststellen, daß Franz in schulischen Belastungssituationen (Klassenarbeiten) aufgrund generell hoher Angstbereitschaft zu Leistungsverweigerung / -versagen neigt usw.

Aber richten wir nun unser Augenmerk auf die Übertragungs- und Gegenübertragungsdynamik. Versuchen wir, die Ebene des Übertragungsgeschehens zu berücksichtigen, so fällt vielleicht auf, daß Franz' Leistungsverweigerung eigentlich dem Vater gilt, daß die Angst, die er bei Klassenarbeiten spürt, jener Furcht nicht unähnlich ist, die er empfinden würde, wenn er sich offen gegen die Zumutungen seines Vaters stellen würde. Denn diesem ist es sehr wichtig, daß sein Sohn einmal studiert. Dem Vater ist ein Studium nicht vergönnt gewesen, und dies ist ihm eine permanente Quelle narzißtischer Kränkung.

Unter diesem Blickwinkel wird nun *ein* Aspekt der Lernstörung verständlicher: Franz versucht verschleiert mit einem Vater-Stellvertreter den Kampf um seine Autonomie auszutragen und sich der narzißtischen Projektionen des Vaters zu erwehren. Kaum etwas anderes scheint hierfür geeigneter zu sein, als eben die Erfüllung jenes väterlichen Wunsches zu verweigern. Aber dieser Konflikt darf nicht offen ausgetragen werden.

Wenn wir nun nach den Haltungen und Einstellungen des Lehrers von Franz fragen, erfahren wir, daß diesem die Probleme seines Schülers unverständlich sind. »Er könnte eigentlich viel mehr leisten«, hören wir, »aber er scheint nicht zu wollen.« Der Klassenlehrer ist resigniert, oft hat er sich um Franz bemüht, doch seine Bemühungen sind erfolglos geblieben. Man müsse Franz vielleicht härter anpacken, meint er, dieser könne schon, wenn er nur wolle. Franz und sein Lehrer wiederholen also chiffriert eine wesentliche Beziehungsfigur der Interaktion Vater–Franz. Via Übertragung wird Franz' Lehrer in ein konfliktspezifisches Rollenmuster gedrängt. In der Übertragungsreaktion trägt Franz an seinen Lehrer bestimmte, unbewußte Erwartungshaltungen heran und mobilisiert damit bei diesem entsprechende Beziehungs- bzw. Gegenübertragungsbereitschaften (d.h. entsprechend der Dynamik der Szene komplimentäre oder konkordante Gefühle, Haltungen, Einstellungen etc.).

Im größtenteils unbewußten Zusammenspiel von Übertragung und dadurch aktualisierter Beziehungsbereitschaft auf seiten des Lehrers konstituiert sich nun als kleinster Nenner der konflikthaften bzw. konfliktträchtigen Interaktion die konflikt*typische* Szene. Diese mag in sehr unterschiedlichen Variationen auftreten, gleichwohl bleibt sie in der Grundstruktur von nämlicher Gestalt, weil das übergeordnete Thema vom Wiederholungszwang strukturiert und dominiert wird.

Damit ist in Grundzügen bereits beschrieben, was mit szenischem Verstehen (im pädagogischen Kontext) gemeint ist.

Versuchen wir nun anhand eines anderen Vorfalls aus der pädagogischen Alltagspraxis, uns der Anwendbarkeit des szenischen Verstehens in pädagogische Settings zu versichern. Wir befinden uns in einem Regelkindergarten, der an der Peripherie einer Großstadt gelegen ist. Die Kindergruppen sind altersgemischt, jeweils zwei Erzieherinnen stehen für die Betreuung der ca. 20 Kinder ihrer Gruppe zur Verfügung.[12]

Mehrere Kinder beginnen ein freigestaltetes Spiel, als Fortsetzung eines zuvor beendeten, regelhaften Kreis- und Singspieles (»Dornröschen war ein schönes Kind, schönes Kind, ...«). Die beteiligten Kinder verlassen den Gruppenraum, nehmen eine der Erzieherinnen mit und begeben sich in den Frühstücksraum des Kindergartens. Die Verbindungstür zwischen beiden Räumen wird mit dem ausdrücklichen Hinweis, »Keiner darf mehr rein!«, geschlossen. Das zuvor beendete Singspiel verwandelt sich nun in ein Rollenspiel mit zunächst vergleichbarer Thematik. Fritz ist der alte König, der Erzieherin wird die Rolle der Königin zugeteilt. Tanja ist zunächst das Dornröschen. Das Spiel gewinnt nun eine eigene Dynamik. Nicht mehr der Prinz muß von außen (wie im Märchen) unter vielfältigen Schwierigkeiten ins Schloß eindringen, um die Bewohner vom hundertjährigen Schlaf zu wecken, sondern der Prinz (Andreas)

befindet sich bereits im Schloß und hat, zusammen mit dem alten König Fritz, die Aufgabe, das an das Schloßtor klopfende Böse (furchtbare Feinde, wilde Bestien) immer wieder zu bekämpfen und in die Flucht zu schlagen.
Zwischen diesen heroischen Taten beginnt der Prinz mehrere der am Spiel beteiligten Mädchen zu freien. Hochzeiten finden statt und bald bekommt eines der Mädchen ein Baby. Dies ist nun für Fritz der Anlaß, aus dem gemeinsamen Spiel auszusteigen: Plötzlich bekommt er Bauchschmerzen und ist nicht mehr in der Lage, weiter mitzuspielen. Die Erzieherin kümmert sich nun um ihn, legt ihn auf eine im Zimmer stehende Liege, tröstet und versorgt ihn. Langsam beginnt Fritz sich zu beruhigen und zu entspannen, seine Bauchschmerzen lassen nach und fast schon ist er bereit, wieder in das Spiel einzusteigen.[13]
Plötzlich kommt jedoch die zweite Erzieherin in das Zimmer und teilt mit, daß es höchste Zeit sei, Mäntel und Schuhe anzuziehen, der Kindergarten werde nun geschlossen. Die Erzieherin, die Fritz getröstet hatte, streichelt ihn noch einmal tröstend, bricht dann die regressiv-versorgende Interaktion mit ihm ab und verläßt das Zimmer. Auch die Mehrzahl der Kinder geht nun in den Gruppenraum zurück. In der Zwischenzeit werden von den Erzieherinnen die Stühle auf die Tische gestellt. (Es ist Putztag.) Kurze Zeit später beginnt nun Fritz, die Stühle von den Tischen im Gruppenraum zu stoßen. Die Versuche der Erzieherinnen, Fritz zum Aufhören zu veranlassen, scheitern. Erregt schreiend und kreischend räumt er alle Tische des Gruppenraumes ab. Die Stühle poltern auf den Boden und auch die Tische werden umgestürzt. Andreas wird von dem von Fritz veranstalteten Chaos angesteckt. Die restlichen, noch anwesenden Kinder schauen betroffen den beiden zu. Zusammen rennen Andreas und Fritz nun in den Nebenraum, in dem vorher das Rollenspiel stattfand, und werfen auch dort Tische und Stühle um. Als sie auch eine Liege umwerfen wollen, unterbindet dies eine der Erzieherinnen, indem sie sich daraufsetzt. Nachdem Fritz ein erhebliches Chaos veranstaltet und seiner Wut Ausdruck verliehen hat, ist er nun in der Lage, Mantel und Schuhe anzuziehen. Fast euphorisch verläßt er den Kindergarten und läßt die Erwachsenen ohnmächtig und hilflos zurück.
Die nachfolgenden Überlegungen konzentrieren sich auf Fritz; die Eigendynamik der Gruppe und die Beteiligung der anderen Kinder wird weitgehend vernachlässigt.
Als Auslöser des Spiels fungiert ein gemeinsames Gruppenspiel, welches sich an das Märchen vom »Dornröschen« anlehnt.[14] Aus diesem noch öffentlichen Spiel ziehen sich einige der Kinder zurück, nehmen eine Erzieherin mit in den Nebenraum und schließen die Tür mit dem ausdrücklichen Verbot des Eintritts anderer Personen. Etwas sehr Geheimes und Bedeutungsvolles wird sich nun wohl im Nebenraum abspielen. Auch klingt hier das Ausschlußthema auf der ödipalen Ebene an.
Nun erst beginnt das eigentliche Spiel, oder besser: das dramatische Geschehen. Der *erste Akt* wird noch weitgehend von progressiven Tendenzen bestimmt. Fritz nimmt die Rolle des alten Königs (Vater) ein, die Erzieherin ist seine Frau. Im Spiel ist das Bedrohliche noch außerhalb des Schlosses dingfest gemacht. Prinz Andreas und Kö-

nig Fritz reiten mehrfach in die Schlacht und wehren erfolgreich das Böse draußen ab.

Nun beginnt der *zweite Akt.* Eines der Mädchen bekommt ein Baby. Und für Fritz bedeutet dies augenscheinlich, daß das Böse, die Bedrohung, nun nicht mehr draußen in Gestalt von wilden Bestien gebannt ist, sondern drinnen im Schloß, ganz nahe bei ihm. Das Baby, der Neuankömmling, erschüttert Fritz so sehr, daß er seine Rolle als König nicht länger ausfüllen kann. Die progressiven Tendenzen, die er noch im ersten Akt zeigt, brechen nun zusammen. Das Böse klopft nun nicht mehr draußen an das Tor, es ist innen – in Fritzens Bauch: Er bekommt Bauchschmerzen.[15]

Die Ankunft eines Babys durchbricht Fritzens Abwehr. Er rettet sich über Regression und Somatisierung zur phantastischen Wunscherfüllung. Die neue Abwehrbewegung scheint zunächst tragfähig. Die Erzieherin läßt sich als gute Mutter benutzen, sie schützt und hält Fritz, seine Bauchschmerzen lassen nach.

Aber wie ein Blitz aus heiterem Himmel wird die symbiotische Beziehung gewaltsam durchbrochen. Eine andere Mutterfigur bricht willkürlich in die harmonische Beziehung der beiden ein. Diese Erfahrung kann für Fritz nicht neu sein, denn nun beginnt der *dritte Akt.*

Die narzißtische Verletzung durch das gewaltsame Zerbrechen der lebensnotwendigen Illusion der Einheit mit der Mutter (vielleicht eine traumatische Vorerfahrung von Fritz) zwingt ihn zur Demonstration narzißtischer Macht, Wut und Terror. Fritz zeigt alle Anzeichen einer massiven Verletzung seines Selbst; die Aggression, die Wut, die er agiert, ist reaktiv und steht im Dienste der Selbst-Erhaltung. Sie dient dem hilflosen und andere hilflos machenden Versuch, sich ›die Welt‹ zu unterwerfen. Das innere Chaos – ausgelöst durch den gewaltsamen und willkürlichen Einbruch in frühe Beziehungsverläufe – wird nach außen verlagert. So kann wenigstens die Illusion, daß das Chaos im Bereich der eigenen Omnipotenz läge, kurzfristig aufrecht erhalten werden.

Kennen wir ausschließlich den beschriebenen Verlauf des Spiels und verfügen über keine weiteren Daten, so können natürlich nur erste Vermutungen aufgestellt werden. Allein, von den Erzieherinnen erfahren wir, daß es sich hier um eine für Fritz konflikt*typische* Szene handelt. Immer wieder ist er in Beziehungsverläufe verstrickt, in denen er mit massiven Destruktionsdurchbrüchen reagiert, wenn er sich benachteiligt oder ausgeschlossen fühlt. Die geschilderte Szene ist insofern bedeutungsvoll, als Fritz hier kaum verschlüsselt von seinem Leid ›erzählt‹. Das gemeinsame Thema, das in den beschriebenen Interaktionen hervortritt, ist, daß immer dann, wenn ein Dritter hinzutritt und die dyadische Beziehung stört, Fritz zu agieren beginnt. Im Spiel ist dieser Dritte das Baby, später die Erzieherin, die plötzlich den Raum betritt und Fritz von der tröstenden Kollegin trennt. Im Kindergarten ist bekannt, daß Fritz einen ihm gegenüber bevorzugten jüngeren Bruder hat. Dies macht verständlich, daß Fritz gerade dann aus dem Spiel ›aussteigt‹, als ein Baby geboren wird.

Wenn nun der Gegensatz zum Spiel die Wirklichkeit ist, kann dann nicht mehr gespielt werden, wenn die (traumatisierende) Wirklichkeit den Spielraum des Kindes zerstört. Fritz reagiert körperlich, die reaktualisierte Kränkung macht ihn krank. Das Baby macht ihm Bauchschmerzen. Die anwesende Erieherin versteht Fritzens Not. Auch sie verläßt die ödipale Ebene des Gruppenspiels und verwirklicht im Sinne der symbolischen Wunscherfüllung die Sehnsucht nach Anwesenheit der guten Mutter dann, wenn sie gebraucht wird. Diese Bereitstellung einer »haltenden Umwelt« (Winnicott) durch die Erzieherin scheint auch auszureichen, um Fritz zu beruhigen. Aber fatalerweise wird – bevor Fritz wieder ›groß‹ geworden ist – diese Interaktion gestört und abgebrochen. Wir vermuten: Wieder hat sich die »gute Mutter« als unzuverlässig erwiesen. Weil nun das Gehaltenwerden fehlt, muß Fritz in das Phantasma eigener Omnipotenz flüchten. Er räumt alle Tische ab, kann erst, nachdem er seine Wut agiert hat, fast euphorisch den Kindergarten verlassen. Seine Erzieher bleiben ohnmächtig, hilflos und entwertet zurück. Fritz hat ›den Spieß‹ umgedreht.
Betrachten wir nun die bruchstückhafte Analyse dieses Spieles als erste Einstimmung auf das szenische Verstehen im pädagogischen Praxiskontext, so ist zunächst festzuhalten:

- Beziehungsstörungen, d.h. konflikthafte und konfliktträchtige Interaktionen, äußern sich in einer Folge von Szenen.
- In der Regel ist hier ein dramatischer Verlauf festzustellen.
- Die Inszenierung von Beziehungsstörungen und Verhaltensproblemen bedarf der Mitwirkung des Objekts (Stichwort: Übertragungs-/Gegenübertragungsdynamik).
- In den konflikttypischen Szenen, in die sich der Betroffene immer wieder (unbewußt) verstrickt, wird verschlüsselt der unbewältigte Konflikt ›erzählt‹. In der Regel kann dies auch deshalb nicht verstanden werden, weil die Inszenierung das Objekt, den Pädagogen, nicht unberührt läßt. Die Übertragungsreaktionen seines Klienten mobilisieren in ihm spezifische (komplementäre oder konkordante) Beziehungsbereitschaften, die – sofern keine Möglichkeit zur Reflexion gegeben ist – ihn blind machen für die Not des Klienten. Weil die Neuinszenierung unter dem Diktat des Wiederholungszwanges steht, ist es oft der Fall, daß der Pädagoge die ihm vom Unbewußten des Klienten zugedachte Rolle agiert. D.h. er trägt zur Beziehungsstörung im Sinne der Reproduktion früherer, leidvoller Erfahrungen und deren gescheiterter Verarbeitungsversuche unbewußt bei.

Wenden wir uns nach den ersten Versuchen der Anwendung des szenischen Verstehens im Kindergarten noch einem anderen pädagogischen Praxisfeld zu, der Heimerziehung.
Wir befinden uns in einem Heim für männliche Jugendliche. Insgesamt werden in diesem Jugendwohnheim maximal 40 Jugendliche in fünf Gruppen betreut. Wie einer der Erzieher berichtet, ist der sechzehnjährige Erwin »mal wieder ausgeflippt«. Er hat in der vergangenen Nacht sein Zimmer vollkommen zerstört, den Tisch und die Stühle zertrümmert, die Schranktüren eingetreten, eine Fensterscheibe eingeschlagen

und darüber hinaus sogar Tapetenfetzen von der Wand gerissen. Im Gespräch ergibt sich als aktueller Auslöser dieser Zerstörungswut folgender Vorfall: Erwin hatte gegen einen Punkt der Heimordnung verstoßen, der festlegt, daß die Jugendlichen seines Alters, wenn sie länger als bis 22.00 Uhr ausbleiben, dies vorher ankündigen und sich die entsprechende Erlaubnis einholen müssen. Erwin kam indes unangekündigt erst gegen 24.00 Uhr von einem Diskothekenbesuch zurück, und der Erzieher hatte ihn darauf aufmerksam gemacht, daß er nun mit zwei Tagen Ausgehverbot rechnen müsse, da das – wie auch ihm bekannt – die allgemeine Regel bei diesem Verstoß gegen die Heimordnung sei. Daraufhin war Erwin wortlos in sein Zimmer gegangen, hatte sich eingeschlossen und mit der Zerstörung des Inventars begonnen. Dem Erzieher war ein Eingreifen nicht möglich, da er die Tür nicht aufbrechen wollte und Erwin verbal nicht erreichbar war. Soviel zunächst zum Interaktionsverlauf. Die nachfolgende Exploration des für den pädagogischen Handlungskontext wichtigen Bedeutungsgehalts der beschriebenen Szene orientiert sich an der folgenden Interpretationsstruktur (vgl. bes. Lorenzer 1970b; 1972b; 1973; 1977; 1981; Ettl 1982; Leber 1979b; Trescher 1981; 1982a):

- Logisches Verstehen des Verhaltens/der Mitteilungen des Klienten (Verständnis des Gesprochenen und der unmittelbar ersichtlichen Handlungsverläufe).
- Psychologisches Verstehen[16] des Klienten (Verständnis der Persönlichkeitsstruktur).
- Übertragung von Vor- und Parallelerfahrungen des Klienten (Verständnis der Bedeutung der aktuell konflikthaften Szene unter dem Aspekt von Übertragungsreaktionen und auf dem Hintergrund des logischen und psychologischen Verstehens).
- Gegenaktion und Teilhabe des Erziehers (spezifische Reaktion des Pädagogen auf die Übertragungsreaktion des Klienten; Mobilisierung konflikttypischer Beziehungsbereitschaften beim Pädagogen[17]).
- Szenisches Verstehen (Dimensionen des unbewußten Zusammenspiels von Erzieher und Klient in der bestimmten Situation).

Dieses Modell zeigt das szenische Verstehen als Zielpunkt. Die anderen Verstehensmodalitäten erhalten ihre Relevanz in Beziehung zum szenischen Verstehen und sind gegenüber diesem sekundär, jedoch insoweit bedeutungsvoll, als sie in ihrem Zusammenspiel das szenische Verstehen erst ermöglichen.

Die *logische* Betrachtung trägt das Verständnis der Interaktion, bis Erwins Destruktion erscheint. Bis zu diesem Zeitpunkt handelt es sich um eine kausale Verknüpfung aktueller Ursachen- und Wirkungszusammenhänge: Erwin verstößt gegen eine allgemeingültige Regel des Zusammenlebens im Heim, der Erzieher stellt die Dominanz dieses Regelsystems wieder her, indem er auf die im Regelsystem festgelegten Folgen des Regelverstoßes hinweist. Zu dem Zeitpunkt jedoch, an dem Erwin »ausflippt«, trägt das logische Verstehen nicht weiter: Erwins Verhalten wird – unter diesem Aspekt – irrational und der Logik des Systems entsprechend unlogisch, deshalb eigentlich nicht mehr erklärbar.

Gelangt hier das logische Verstehen des dem Beobachter unmittelbar zugänglichen Sinngehalts der Interaktion an seine Grenze, so führt ein Verständnis, das die Persönlichkeit von Erwin in die Reflexion einbezieht, weiter. Dieser Focus, das *psychologische* Verstehen, zeigt Erwin als einen Jugendlichen mit äußerst labiler Selbstwert-/Selbstunwertregulation, nur oberflächlich strukturierten Objektbeziehungen mit fehlender Objektkonstanz, ›archaischen‹ Reaktionen auf Frustrationen seiner narzißtisch-umfassenden Ansprüche und Verwahrlosungserscheinungen (Fortlaufen, Streunen, Diebstähle usw.; zudem vermutet das Personal des Heims, daß Erwin gelegentlich der homosexuellen Prostitution nachgeht). Erwins Persönlichkeit scheint durch eine mangelhafte Ausbildung von Ich und Selbst sowie durch ernsthafte Über-ich-Defekte gekennzeichnet zu sein.[18]

Diese Beschreibung der Persönlichkeit erlaubt nun ein weiteres Verständnis der beschriebenen Szene. Es steht zu vermuten, daß Erwins irrationale Reaktion im Dienste der Erhaltung seines narzißtischen Gleichgewichtes steht, ein notwendig mißlingender Versuch, die archaisch erlebten Objekte durch narzißtische Wut unter Kontrolle zu zwingen und sie so verfügbar zu machen. Allerdings richtet Erwin die Wut nicht gegen den Erzieher, sondern wendet sie weitgehend gegen sich selbst, indem er sein Zimmer, sein Heim zerstört und unbewohnbar macht. Das völlig zerstörte Zimmer spiegelt den aktuellen Zusammenbruch des Selbst.

Diese Überlegungen führen zu der Frage nach Erwins Übertragungsreaktionen. Erwin ist bei seinen Erziehern dafür bekannt, daß er auf kleinste Einschränkungen mit extremer, unkontrollierter Wut oder völligem Rückzug reagiert. Wie die psychoanalytische Narzißmusdiskussion gezeigt hat, handelt es sich hier um die Reproduktion von sehr frühen traumatischen Erfahrungen und deren mißlungenen Verarbeitungsversuchen (vgl. z. B. Argelander 1971; M. Balint 1955; 1959; 1968; Finger 1977; Kohut 1969; 1971; 1977; Leber 1976; Leber et al. 1983; auch: Kernberg 1975; 1976). Die Fixierungen auf dieses primäre narzißtische Erleben der (Um-)Welt liegt ursächlich darin begründet, daß die frühen Objekte als unzuverlässig erlebt wurden. Der Versuch Erwins, mit Hilfe des Agierens narzißtischer Wut die Kohärenz des Selbst zu stabilisieren, verweist auf seine defizitären Sozialisationsschritte, die in einem engen Zusammenhang mit schon früh wechselnden Bezugsobjekten stehen (vgl. Trescher 1982b). Die Entwicklung der Objektkonstanz ist eine der Basisbedingungen für die Unterscheidungsfähigkeit von Selbst und Objekt, von Innen und Außen, von Phantasie und Wirklichkeit. Erwin konnte diese Polarisierung des Erlebens in Selbst und Nicht-Selbst nur bruchstückhaft entwickeln, nicht zuletzt wohl deshalb, weil seine bisherige Sozialisation faktisch keine konstanten Objekte hatte bereitstellen können. (Seine Vorgeschichte ist für viele Heimzöglinge nachgerade typisch: So war Erwin bereits in drei anderen Heimen und in zwei Pflegefamilien untergebracht gewesen.)

Die konflikthafte Szene ist also wesentlich gekennzeichnet dadurch, daß Erwin die Einschränkungen durch Regeln als Übergriffe bzw. als Angriffe auf den Zusammenhalt seines Selbst erlebt. In der oben beschriebenen Szene, in der seine narzißtisch verzerrte Erwartungshaltung (gerade die Atmosphäre von Diskotheken kann spezifische Regressionen hin zu frühen Körpersensationen und narzißtischen Zuständen provozieren) auf eine fraglos selbstverständliche Annahme und Billigung seiner Regelübertretung zielt, zerbricht der Hinweis auf die Wirklichkeit von Normen sein narzißtisches Gleichgewicht. Die reaktive narzißtische Wut/Destruktion hat als Zerfallsprodukt hier die primäre Funktion, sich durch ›Terror‹ aus der abhängig-ohnmächtigen Situation zu befreien, das Phantasma von Größe und Macht im destruktiven Akt subjektive Wirklichkeit werden zu lassen und so die erneut aufgebrochene narzißtische Wunde zu heilen. Das Selbstwertgefühl soll mit Hilfe dieses Phantasmas, das von der Destruktion getragen wird, geschützt werden. Diese Abwehrbewegung hat zum Ziel, ein Erleben zu garantieren, das innerhalb des Omnipotenzbereichs liegt.

Die Thematisierung der Übertragungsreaktion geht über die Beantwortung der Frage: »Was tut/erlebt der Jugendliche?«, nicht hinaus.

Die Hinwendung zur Interaktion markiert die folgende, veränderte Frage: Was tut/erlebt der Pädagoge in der konflikthaften Szene mit Erwin (seinen Klienten)? Und daran anschließend: Welche Beziehungsqualität ist für diese Szene kennzeichnend; in welches szenische Zusammenspiel, das bestimmend für den aktuellen bzw. den aktualisierten Konflikt ist, wird der Erzieher einbezogen, welche Beziehungsbereitschaften werden in diesem Interaktionsverlauf bei ihm mobilisiert?

Erwins Erzieher berichtet, wie er schon kurz vor 22.00 Uhr überlegt hatte, ob Erwin pünktlich eintreffen werde, und welches Maß an Zeitüberschreitung er wohl tolerieren könne. Er macht deutlich, daß er schon vor Erreichung der Zeitgrenze befürchtete, daß Erwin zu spät kommen und er aufgrund der Folgen vielleicht wieder »mal ausflippen« werde. Doch je mehr Zeit verging, desto mehr verwandelten sich seine Befürchtungen und Sorge in Ärger über Erwins Verhalten, der sich permanent allgemeingültigen Regeln zu entziehen trachtet, und über die Unverschämtheit, mit der er sich »das alles« wie selbstverständlich herausnimmt und damit die Bedürfnisse der anderen Heimbewohner ignoriert. Als Erwin dann endlich eintrifft, beherrscht der Erzieher scheinbar seinen Ärger über Erwins Verhalten und weist ihn nur sachlich auf die Konsequenzen desselben hin. Mit seiner Reaktion wehrt sich der Erzieher heimlich gegen Erwins Übergriff auf seine Person; er verschleiert aber seinen Ärger und gibt seiner ›Rache‹ Ausdruck, indem er auf objektivierbare Tatbestände (im Sinne von Ursache–Wirkung) verweist.

Der Erzieher durchbricht damit Erwins Phantasma narzißtischer Unantastbarkeit, woraufhin Erwin sich in der Position des ohnmächtigen und hilflosen Kindes erlebt. Die Abwehrbewegung gegen die Reaktualisierung des narzißtischen Traumas führt Erwin zur phantasierten Leugnung der Realität durch das Agieren der narzißtischen Wut: Nun steht der Erzieher ohnmächtig-hilflos vor der versperrten Tür von Erwins Zimmer; Erwin ist für den Erzieher nicht mehr erreichbar. Die narzißtische Kränkung wird also von Erwin an den Erzieher zurückgegeben, seine Kränkung damit ungeschehen gemacht, geleugnet. Die aktuelle pädagogische Handlungsmöglichkeit des Erziehers scheint hier eine Grenze gefunden zu haben.

Unter dem Aspekt des szenischen Verstehens wird nun der konflikthafte Verlauf der Interaktion verständlich: Der Erzieher hatte sich (unbewußt motiviert) in die komplementäre Position zu Erwin begeben und entsprach damit dem von Erwin inszenierten Wiederholungsversuch. Das heißt, der Erzieher ermöglichte die Reproduktion massiver früherer Kränkungen und deren gescheiterte Verarbeitungsversuche. Die Komplettierung der Szene durch die Kränkung Erwins, mit der der Erzieher reagiert, entspricht der unbewußten Erwartung von Erwin und ermöglicht erst die schmerzhafte Wiederholung. So ist der Interaktionskreislauf geschlossen, eine Veränderung ist aktuell nicht mehr möglich. Das zeigt, daß die unzureichende Wahrnehmung und Reflexion der unbewußten Erwartungen und der Befindlichkeit Erwins zur Begrenzung, zum Ende der aktuellen pädagogischen Handlungsmöglichkeiten des Erziehers führt.
Das szenische Zusammenspiel von Erwin und seinem Erzieher ist nachfolgend nochmals zusammengestellt.[19]

Erwin (E)	*Erzieher*	*Szenisches Zusammenspiel*
Diskothek, narzißtisches Gleichgewicht, Harmonie. E. ist mit sich selbst und der Welt zufrieden, die Realität der Heimordnung hat er ›vergessen‹, d.h. aus seiner Wahrnehmung ausgeschlossen.	Macht sich zunächst Sorgen, ist dann verärgert über E's Unverschämtheit und Mißachtung der allgemeingültigen Regeln sowie über E's Ignoranz und Entwertung seiner Person, da E. es nicht einmal für notwendig erachtet, wenigstens anzurufen.	E. provoziert in der nur scheinbar nicht stattfinden Interaktion bereits den späteren Verlauf des Konflikts. Er leitet den 1. Akt des Dramas ein. Erzieher und E. sind unbewußt bereits Hauptakteure des Geschehens in komplementären Positionen. E. entwertet durch sein Nichterscheinen den Erzieher; er zeigt, daß der Erzieher ihm in seiner aktuellen Befindlichkeit gleichgültig ist. Der Erzieher ist entsprechend gekränkt und verärgert.
Der Hinweis auf Hausordnung und Folgen reißt E. aus seiner harmonischen Verschränkung mit der ›Welt‹. Er zieht sich zunächst zurück.	Der Erzieher unterdrückt scheinbar seine Verärgerung, macht keine Vorhaltungen, sondern gibt nur den Hinweis auf die Realität der Hausordnung.	Auf die Kränkung durch E. reagiert der Erzieher mit verschleierter Aggression, die wiederum E. kränkt und dazu führt, daß sich E. hilflos-ohnmächtig und abhängig fühlen muß. Der Erzieher durchbricht, ohne bewußt die aktuelle Befindlichkeit E's zu respektieren und in Rechnung zu stellen, dessen narzißtische Erwartungshaltung und seine Ansprüche an die Umwelt. Der durch diesen Übergriff reaktivierte narzißtische Schmerz konstituiert für E. die Alternative »Rückzug oder Rache« (Leber 1976). E. und seinem Erzieher wird nicht bewußt, daß sie längst Teilhaber einer Szene sind, bei der sie zwar die Hauptakteure sind, jedoch das unbewußte Zusammenspiel despotische Regie führt.

E. agiert in der Destruktion die narzißtische Wut aus. Die Zerstörung des Zimmers läßt das Phantasma von allmächtiger Kontrolle und narzißtischer Unabhängigkeit wieder zu. Narzißtische Wut als Zerfallsprodukt der Kohärenz des Selbst, dient so primär dem Wiedererreichen des narzißtischen Gleichgewichts.	Der Erzieher steht nun völlig hilflos vor der Tür, hinter der E. tobt. Die Erfahrung seiner Hilflosigkeit ist derjenigen von E. in der 2. Sequenz vergleichbar.	Aufgrund des Übergriffes auf das narzißtische Gleichgewicht erscheint narzißtische Wut, die im Dienste der Selbst-Erhaltung steht. Wieder komplettiert der Erzieher, aufgrund seiner Gegenaktion, die Szene. Nun jedoch in hilflos-ohnmächtiger Position. Es ist offensichtlich, daß sich dieses Interaktionsmuster leicht in der Beziehung Erwin–Erzieher einschleifen und zu einem dauernden Kreisprozeß der Interaktion führen kann. Darüber hinaus schreibt dann die fortlaufend mißlingende Interaktion Erwin tendenziell als schwererziehbaren und verhaltensgestörten Jugendlichen fest.

9. Zum Selbstverständnis der Psychoanalytischen Pädagogik

»Wir halten es nämlich gar nicht für wünschenswert, daß die Psychoanalyse von der Medizin verschluckt werde und dann ihre endgültige Ablagerung im Lehrbuch der Psychiatrie finde, im Kapitel Therapie, neben Verfahren wie hypnotische Suggestion, Autosuggestion, Persuasion... Der Gebrauch der Analyse zur Therapie der Neurosen ist nur eine ihrer Anwendungen; vielleicht wird die Zukunft zeigen, daß sie nicht die wichtigste ist.« (Freud 1926b, 283)

»Der Umstand, daß sich die Psychoanalyse als ein Heilverfahren entwickelt hat und sich als eine Therapie empfiehlt, leistet ihrer Deformation Vorschub.« (Parin/Parin-Mattey 1983, 88)

Im letzten Kapitel wurde gezeigt, daß das szenische Verstehen durchaus auch im pädagogischen Praxiskontext zur Anwendung gebracht werden kann. Dies insbesondere dann, wenn sich der Verstehensversuch auf konflikttypische Szenenfolgen richtet, in die sich der Klient regelmäßig zusammen mit den Pädagogen oder mit anderen Beteiligten verstrickt.

Gleichwohl wurde der psychoanalytische Verstehensansatz im pädagogischen Praxisfeld in den bisherigen Ausführungen mehr aus der Sicht eines Supervisors, das heißt eines sich nicht im pädagogischen Handlungszwang befindlichen, außenstehenden Dritten vorgestellt. Diese Vorgehensweise belegt zunächst die Möglichkeit, daß das psychoanalytische (szenische) Verstehen in pädagogischen Praxisfeldern zur Anwendung gebracht werden kann. Konzeptionell bliebe jedoch der psychoanalytische Verstehensansatz dann immer noch aus dem unmittelbaren Praxisfeld der Pädagogik ausgegliedert. Das psychoanalytische (szenische) Verstehen würde sich so z. B. auf die

Supervision durch einen Psychoanalytiker beschränken, die immer dann zwingend notwendig wird, wenn der Pädagoge so sehr in die Beziehung zu den/dem Klienten vertrickt ist, daß er im Grunde seine Handlungskompetenz im pädagogischen Feld verloren hat. Bliebe diese praxisbezogene Anwendung der Psychoanalyse (neben der Beachtung theoretischer Konzepte wie etwa der psychoanalytischen Sozialisationstheorie etc.) in der Pädagogik die einzig mögliche, dann könnte allerdings noch nicht mit Recht von der Psychoanalytischen Pädagogik gesprochen werden. Soll es die Psychoanalytische Pädagogik geben, dann muß die psychoanalytische Methode (in Abhängigkeit zum unterschiedlichen Setting) in den pädagogischen Praxisfeldern Anwendung finden können und nicht ›draußen vor‹ bleiben.

9.1. Die Idee der Neurosenprophylaxe und das ärztliche Selbstverständnis der Psychoanalytischen Pädagogik

Ohne an dieser Stelle auf die bewegte Geschichte der Psychoanalytischen Pädagogik näher eingehen zu können (vgl. z. B. Ekstein 1970; Ekstein/Motto 1963; Füchtner 1979; Körner 1980; Rehm 1968), lohnt es doch, in bezug auf die Bearbeitung der obigen Fragestellung einen kurzen Blick auf eine wesentliche Zielsetzung – mit der die Psychoanalytische Pädagogik lange Zeit angetreten war – zu werfen. Zentral stand die Hoffnung, hinreichende Bedingungen für eine umfassende Neurosenprophylaxe formulieren zu können, wie dies z. B. in der folgenden Aussage Freuds sichtbar wird: »In der Hand einer psychoanalytisch aufgeklärten Erziehung ruht, was wir von einer individuellen Prophylaxe der Neurosen erwarten können« (1913, 420).

Mit der Erkenntnis, daß die seelischen Erkrankungen in gescheiterten Beziehungs-/Erziehungsverläufen der Kindheit ihren Ursprung nehmen, war es naheliegend, an die Möglichkeit der Vermeidung von frühen Traumatisierungen zu glauben. Mit Hilfe einer allgemeinen Aufklärung durch die Erkenntnisse der Psychoanalyse bezüglich der schädlichen Folgen schwerwiegender Erziehungsfehler war eine umfassende Neurosenprophylaxe denkbar geworden: »Es schien keine unmögliche Aufabe, durch Aufklärung der Erwachsenenwelt die Lage entscheidend zu verändern und eine nächste Generation von Kindern unter günstigeren Bedingungen aufzuziehen« (A. Freud 1954, 14).

Dieses Ziel, hier von Anna Freud im Rückblick schon vorsichtig formuliert, wurde in der »Blütezeit« der Psychoanalytischen Pädagogik wesentlich nachdrücklicher propagiert:

»Die kulturelle Mission der Psychoanalyse ist also nicht erschöpft durch ihre Funktion als psychische Heilmethode, sondern sie will darüber hinausgehend die Ursachen der Neurosen durch Umformung der Menschen beseitigen, somit sich selbst überflüssig machen – überflüssig freilich nur als Therapie« (A. Balint 1932, 57Fn.).

Dieser von Alice Balint skizzierte Gedankengang wird kurz und bündig in einer Anzeige für die »Zeitschrift für psychoanalytische Pädagogik« im von Federn und Meng herausgegebenen »Psychoanalytischen Volksbuch« so formuliert: »Die *Psychoanalyse* findet ihren letzten Sinn und ihren reinsten Erfolg als Erziehungswissenschaft« (1926, 554).

Dieser Satz mag durchaus seine Berechtigung haben. Dies jedoch keinesfalls im Sinne der Möglichkeit einer generell umfassenden Neurosenprophylaxe. Gerade die Idee der Neurosenprophylaxe ist – obwohl jeweils unterschiedlich benannt – notwendig immanenter Bestandteil (als Erziehungsziel) jeglicher Erziehungswissenschaft, überhaupt jeglicher Erziehungsabsicht, unabhängig von der ihr zugrundeliegenden Wissenschaftstheorie und Methodologie. Erziehung muß unterstellen, daß sie die Zöglinge, die Objekte ihrer Bemühungen, zur »Realitätstüchtigkeit« und »Gesundheit« führt.

Die ursprüngliche Hoffnung auf eine umfassende Vorbeugung durch Aufklärung im Rahmen der Psychoanalytischen Pädagogik erwuchs zunächst auch aus der massiven Kritik der bestehenden privaten und öffentlichen Erziehungspraxis. Etwa in der Analyse und Kritik der gängigen Erziehung als Dressur und der programmatischen Aufforderung zur »Befreiung des Kindes« (Wittels 1926), zum Verzicht auf Erziehung. Ekstein und Motto sprechen von einem »Feldzug« (1963, 216) gegen Erzieher- und Elternfehler, um die damalige Situation zu beschreiben. So richtete sich die Kritik an Erziehungspraktiken und Erziehungsverhältnissen primär gegen alle Formen der massiven Unterdrückung und Mißachtung von Kindern im individuellen wie sozialen Kontext, durchaus auch gesellschaftskritisch fundiert. Die Einsichten der Psychoanalyse in die Schädlichkeit einzelner Erziehungspraktiken (wie z. B. der Prügelstrafe) führte jedoch zur illusionären Überzeugung respektive zur naiven Hoffnung, daß durch allgemeine Aufklärung neurotische Erkrankungen in der nächsten Generation weitgehend verhindert werden könnten.

Bei näherer Betrachtung erweisen sich solche Hoffnungen in mehrfacher Weise als illusionär: Nicht nur, daß die Abhängigkeit von Erziehung (oder im umfassenden Sinne: von Sozialisation) vom gesellschaftlichen Feld übersehen oder geleugnet wird – solche Statements ›vergessen‹ auch das psychoanalytische Wissen um die Wirksamkeit unbewußter Motive für die konflikthaften und/oder bedeutsamen Beziehungs- und Erziehungssituationen. Darüber hinaus wird nicht nur eine statische Vorstellung von Gesellschaft sichtbar, die keinen Begriff mehr hat für die *grundsätzlich* beschädigende Herstellung von Subjektivität, sondern die nämliche statische Sichtweise kennzeichnet auch die Person des psychoanalytisch aufgeklärten Erziehers. Selbst »der zur optimalen Voraussetzung richtiger Erziehung gerechnete Pädagoge stellte sich bei näherer Untersuchung seiner Wirksamkeit bald als zweifelhafte Größe heraus ... Die analytische Ausbildung eines Erziehers garantierte nicht selten eine bessere Erziehung, sie enthielt aber eine Reihe unbekannter Risiken und Irrtumsmöglichkeiten « (Rehm 1968, 166, vgl. auch Kap. 1.2.).[1]

Die »optimistische« (Ekstein; A. Freud) Einschätzung der Möglichkeiten der Psychoanalytischen Pädagogik wurde in dem Maße zunehmend korrigiert, wie erarbeitet wurde, daß sich in Beziehungs- und Erziehungsprozessen keine überhistorischen und

festgefügten Konstanten dingfest machen lassen, sondern daß es sich hierbei grundsätzlich um ein prozeßhaftes Geschehen handelt, das von vielfältigen (im wesentlichen überindividuellen) Bedingungen abhängig ist und bestimmt wird.[2]
Wenn aber in Beziehungsprozessen – weder individuell noch überindividuell – keine grundsätzlich festgefügten, gesetzmäßigen Abläufe identifiziert werden können, dann ist auch eine psychoanalytische *Erziehungslehre,* die »ein geschlossenes System von Regeln und Vorschriften« (A. Freud 1954, 14) für richtiges pädagogisches Handeln bieten soll, nicht realisierbar.[3]
Und wäre eine solche Erziehungslehre möglich, ihr stünde nicht das Prädikat psychoanalytisch zu. Der methodische Ansatz der Psychoanalytischen Pädagogik ist notwendig am Besonderen orientiert. Rechnet Pädagogik nicht mit diesem, zwingt sie Subjektivität in das Prokustesbett einer überindividuellen Didaktik und grenzt damit die Artikulation von Individualität als dysfunktional aus. Dann nimmt sie sich selbst die Möglichkeiten aus der Hand, Freiräume und Spielräume zu schaffen, in denen Individualität nicht nur artikulierbar ist und geachtet wird, sondern darüber hinaus sich Subjektivität konstituieren und entfalten kann.
Dem pädagogischen Optimismus bezüglich der »Befreiung des Kindes« (Wittels) auf der Basis der Aufklärung durch die Trieblehre und die daraus ableitbaren pädagogischen Richtlinien folgte ein bereits in den dreißiger Jahren sich abzeichnender Pessimismus hinsichtlich der Möglichkeiten der Neurosenprophylaxe. Das bringt z. B. Anna Freud 1965 zum Ausdruck: »Im Großen und Ganzen bleibt also die psychoanalytische Pädagogik hinter dem Ziel zurück, das sie sich eingangs gesteckt hat. Die unter dem neuen Regime aufgewachsenen Kinder mögen in mancher Hinsicht anders sein als die Kinder früherer Generationen. Sie sind aber nicht freier von Angst und Konflikten und darum neurotischen und anderen psychischen Störungen nicht weniger ausgesetzt. Der Fehler liegt hier nicht in einem Versagen des erzieherischen Handelns, sondern in unseren unberechtigten Erwartungen.« Und darüber hinaus stellt sie fest: »Psychoanalytische Erfahrung zeigt, daß die Neurosen der Preis sind, den die Menschheit für die Kulturentwicklung zahlt« (1965, 17 f.). Wohlgemerkt, die Autorin spricht nicht etwa ›nur‹ von Konflikten, sie spricht von Neurosen.
Es bedarf keiner Diskussion, daß eine solche Zielsetzung, ›Abschaffung‹ der Neurosen, sich den Vorwurf illusionärer, ja grandioser Erwartungen an die Möglichkeiten von Pädagogik gefallen lassen muß. So präzisiert denn Bittner auch den Gedanken der Neurosenprophylaxe für das pädagogische Feld, indem er darauf hinweist, daß »deren Ziel… ja nicht darin bestehen (kann), ubiquitäre psychische Krankheitsanlässe auszuschalten zu wollen, sondern vielmehr darin, im pädagogischen Bereich gleichsam ein Vorfeld des therapeutischen bereitzustellen: Konflikte nicht ›abzuschaffen‹, aber dem Kind Hilfen zur Konfliktlösung zu bieten, ehe es an seinen Konflikten so schwer erkrankt ist, daß es einer längeren psychoanalytischen Behandlung bedarf« (1967, 185).
Aber auch die oben schon skizzierten Hoffnungen innerhalb der Psychoanalytischen Pädagogik der zwanziger Jahre, ein allgemeines und verbindliches Regelsystem für das pädagogisch ›richtige‹ Handeln ausarbeiten zu können, zeigen ein bedenkliches

Selbstverständnis. Sofern sich Pädagogik in ihrem Ideal als System von Regeln und konkreten Verhaltensmaximen versteht, ist sie nicht mehr in der Lage, Interaktion, d.h. Beziehungsverläufe, zu reflektieren. So ist, nach den Worten Bittners, die Psychoanalytische Pädagogik der zwanziger Jahre »nicht an ihrer prinzipiellen Unmöglichkeit gescheitert, sondern an einem unpräzisen Selbstverständnis und an illusionären Erwartungen. Man wird heute neue Ansätze suchen müssen« (a.a.O.).

Aber verweilen wir zunächst noch etwas bei der Frage nach dem Selbstverständnis der damaligen Psychoanalytischen Pädagogik. Warum, so ist zu fragen, verpflichtete sich eine Mehrheit der psychoanalytischen Pädagogen dem Glauben an die Möglichkeit der umfassenden Neurosenprophylaxe mit Hilfe der »neuen Erziehung«?

Bei der Beantwortung dieser Frage richtet sich unser Interesse jedoch auf das Selbstverständnis der Psychoanalytischen Pädagogik. Um nicht auszuufern, muß die Reflexion auf die sozialpsychologischen und gesellschaftlichen Hintergründe der zwanziger und dreißiger Jahre ausgeklammert bleiben (vgl. hierzu z.B. Dahmer 1973; Fromm 1936; Horkheimer 1936).

Wie gesagt, es ist verwunderlich, ja eigentlich irritierend, daß in der Diskussion innerhalb der Psychoanalytischen Pädagogik das Ziel der Neurosenprophylaxe einen solch hohen Stellenwert hatte, während in der allgemeinpädagogischen und in der erziehungswissenschaftlichen Diskussion die Frage der Prophylaxe kaum ventiliert wird. Wie selbstverständlich unterstellen Erziehungskonzepte, daß ihre Erziehungsziele (z.B. »Realitätstüchtigkeit«, »Autonomie«, »Konfliktfähigkeit«, »seelische Gesundheit« etc.) erreicht werden.

Die Aufklärung bezüglich der Frage, warum die Psychoanalytische Pädagogik im Gegensatz hierzu den prophylaktischen Anspruch so vehement vertreten hat, findet sich bei einem Blick auf die Entstehung der Psychoanalyse. Die psychoanalytische Bewegung entwickelte sich ja bekanntlich aus dem Selbstverständnis eines ärztlichen Verfahrens, einer therapeutischen Methode heraus.[4] Und so ist auch die Aufgabe der Neurosenprophylaxe in *ihrer Übersteigerung* in der Psychoanalytischen Pädagogik letztendlich nicht eine pädagogische, sondern eine ärztliche Forderung. Dieses Ziel ist nicht aus einem pädagogischen Selbstverständnis, sondern aus der Sicht der Psychoanalyse als ärztlichem Heilverfahren formuliert: Aus der Betroffenheit des Arztes während der »Kur«, der erfährt, welche Schmerzen und Nöte seinen Patienten durch die ›Erziehung‹ zugefügt wurden, welchen Kränkungen sie ausgesetzt waren, an denen sie schließlich erkrankten. Mit der Erkenntnis, daß diese lebensgeschichtlichen Traumatisierungen ursächlich für die Leiden der erwachsenen Patienten verantwortlich zeichneten, mußte die Forderung nach Prophylaxe erhoben werden. Damit blieb aber eine Reflexion und Diskussion der *Entwicklungsaufgaben*, die eine *professionelle* Pädagogik für ihre Klienten zu leisten hat, weitgehend vernachlässigt. So entspringt die Idee der *umfassenden* Neurosenprophylaxe letztendlich einem ärztlichen Selbstverständnis, in dem ›Gesundheit‹ wesentlich durch die Abwesenheit von Krankheit, d.h. negativ bestimmt wird.

Die enge Verbindung der Prophylaxe-Idee mit dem ärztlichen Selbstverständnis wird

z. B. von Reich unverschleiert formuliert, aber in der Tragweite für die Entwicklung der Psychoanalytischen Pädagogik nicht erkannt. In seiner Arbeit »Eltern als Erzieher« diskutiert er unter anderem die Abhängigkeit von Erziehungszielen vom gesellschaftlichen Feld am Beispiel der pädagogischen Zielvorstellung »Soziale Einordnung«. Reich schreibt: »Man merkt gleich, wie unklar dieser Begriff ist, wenn man bedenkt, daß der Reiche mit ihm notwendigerweise anderes begreift, als der Arme, und daß die Erziehungsziele sich ganz allgemein mit Ort, Zeitalter und Klasse ändern.... Eine Einigung... kann hier nicht erzielt werden. Anders ist es, wenn man das Erziehungsproblem vom *ärztlichen Standpunkt* aus betrachtet, also etwa von der Frage der *Neurosenverhütung* ausgeht« (1926/27, 69 f.; erste Hervorhebung vom Ref.).

Obwohl nicht als solches benannt, zeigt sich das ärztliche Selbst(miß)verständnis der damaligen psychoanalytischen Pädagogen auch im Rahmen der Diskussion um die »Revision der psychoanalytischen Pädagogik«. Nicht nur erklärt A. Balint nun lapidar: »Es gibt keine absolute Pädagogik, keine absolute seelische Hygiene« (1937, 101), auch wird die umstandlose Einstellung der passiv-wohlwollenden Haltung, die der Analytiker mit gutem Grund im therapeutischen Setting einnimmt, im pädagogischen Praxiskontext massiv kritisiert. S. Bornstein-Windholz spricht von der häufig bei psychoanalytischen Pädagogen zu beobachtenden »Angst vor der Angst des Kindes«, die pädagogisch angemessenes Handeln sabotiert. »Der analytische Erzieher aber, der nicht aufgrund pädagogischer Begabung und Erfahrung, sondern *aufgrund seiner in der Analyse erworbenen Erkenntnisse erzieht,* erlebt eine Spezialform der Angst vor dem Kind: Angst vor der Angst des Kindes, Angst vor der Traurigkeit, den Schuldgefühlen, den Konflikten des Kindes« (1937, 82).

In der Identifikation mit dem Analytiker und damit mit dem ärztlichen Selbstverständnis übernimmt der psychoanalytische Pädagoge dann die Haltung eines Erwachsenen, der gegenüber den kindlichen Lebensäußerungen kaum noch Stellung bezieht. Er wertet (scheinbar!) nicht, bleibt aber gleichmäßig interessiert und vor allem neigt er dazu zu deuten, anstatt sich dem Kind als konkrete Person in Konflikten zu stellen, als Beziehungspartner, an dem (auch) eigene Grenzen bestimmbar werden, mit dem das Kind sich »einigen« (Lorenzer) kann auf Modalitäten der Befriedigung und Versagung.

Bleibt jedoch die Identifikation des Pädagogen mit der Person des Therapeuten ungebrochen, wird sein Handeln im pädagogischen Kontext dysfunktional. Dann »besteht die Neigung, Kindern Schwierigkeiten aus dem Weg zu räumen, Hemmungen, die sie haben, besonders schonend zu behandeln. Das Erziehungsziel, Stärkung des Ichs, durch Herabsetzung der Angsterlebnisse führt aber auf diesem Wege zum Gegenteil: die verwöhnten Kinder zeigen der Realität gegenüber ein besonders schwaches Ich« (S. Bornstein-Windholz 1937, 83).

Es bleibt natürlich fraglich, ob in diesem Zusammenhang tatsächlich von »verwöhnten Kindern« die Rede sein kann, wenn Erzieher glauben, eine das Kind fördernde Beziehung wäre im pädagogischen Kontext idealerweise gleichbedeutend mit einer immerwährenden, »ausgedehnten Analysestunde« (A. Balint 1936, 78). Dieses Verständnis Psychoanalytischer Pädagogik sitzt dem heimlichen, wie gezeigt: ärztlichem Selbstverständnis auf.

Nicht nur, daß diese unreflektierte Position die Entfaltung eines professionellen Selbstverständnisses der Psychoanalytischen Pädagogik als *Teil der Psychoanalyse* verhindert, im Extrem macht es auch den Pädagogen letztendlich handlungsunfähig: Orientiert er sich am therapeutischen Ideal der passiv-wohlwollenden, abstinenten Haltung, scheitert er an den Gegebenheiten des pädagogischen Settings, das diese Form der Abstinenz nicht zuläßt. Und gibt er dem in pädagogischer Praxis erforderlichen aktuellen Realitätsbezug nach, indem er Position bezieht, z. B. wertet, ja verbietet oder gar bestraft, dann ›versündigt‹ er sich scheinbar an seinem Ideal. Eine solche Einstellung hat aber kaum mehr etwas mit professioneller Psychoanalytischer Pädagogik zu tun. Dieses Selbstverständnis (Psychoanalytiker kann der Erzieher nicht sein, Erzieher darf er nicht sein) gefährdet in vielen Fällen nicht nur eine produktive Arbeit, sondern ebenso die Klienten der Pädagogik – dies um so mehr, je jünger oder je ›schwieriger‹ sie sind. Hier wird die Übernahme von notwendigen Hilfsich-Funktionen durch den Erzieher oft nicht geleistet, der Klient aufgrund des unstrukturiert-passiven Verhaltens des Pädagogen hin zum Agieren von libidinösen und aggressiven Impulsen gedrängt und gleichzeitig (aus Gründen der Abwehr) die Verantwortung für die pädagogische Beziehung an den/die Klienten delegiert[5]: Ist der Erzieher nur ausreichend wohlwollend, vermeidet er nach bestem Gewissen Konflikte und seelische Schmerzen des Kindes, indem er z. B. kaum Grenzen gegenüber den Wünschen, Phantasien und Bedürfnissen seiner Klienten setzt (und oft gerade dadurch massivste Konflikte provoziert), dann sind die Ursachen der scheiternden Beziehungsverläufe im Klienten zu lokalisieren. Und dies ist nur einer der fatalen Irrtümer, die Folge der unerkannten Identifikation mit dem therapeutischen Ideal sein können.

9.2. Einige Folgen des ärztlichen Selbstverständnisses der Psychoanalytischen Pädagogik

Nicht nur in der illusionären Hoffnung auf Möglichkeiten der umfassenden Neurosenprophylaxe durch eine psychoanalytisch aufgeklärte Erziehung findet das unerkannte ärztliche Selbstverständnis der damaligen psychoanalytischen Pädagogen seinen Ausdruck. Wie schon mehrfach angesprochen, läßt sich dieses unangemessene Selbstverständnis auch in den zu dieser Zeit bruchstückhaft entwickelten Praxiskonzeptionen nachweisen: immer wieder wird versucht, die pädagogische Praxis nach dem ärztlichen Setting der »Kur« auszurichten.[6] Einige Beispiele:

- Die schon mehrfach hervorgehobene Forderung nach passiv-wohlwollender, nicht-wertender Haltung des Erziehers (vgl. z. B. S. Bornstein 1931, 142f.; Wolffheim 1930a, 83, 165, 177; auch Kap. 1.2. dieser Arbeit) ist der erforderlichen Einstellung des Analytikers, die ihm die Möglichkeit zur »gleichschwebenden Aufmerksamkeit« (Freud 1912b, 377) läßt, nachgebildet.

- Da in den pädagogischen Praxisfeldern die Klienten (aus institutionellen, situativen wie individuellen Gründen) nicht auf die Grundregel der »freien Assoziation« verpflichtet werden können, wurde versucht, diesen »Mangel« durch »freie Aufsätze«[7], »freies Spielen« und »freie Zeichnungen« auszugleichen (vgl. z. B. Kuendig 1927/28, 77f.; Wolffheim 1930a, 176ff.).
- Auch wurde die pädagogische Praxis weitgehend immer unter den dyadischen Aspekten einer Zwei-Personen-Beziehung (Erzieher–Zögling), wiederum in Analogie zum klassischen therapeutischen Setting, betrachtet und untersucht.

Insbesondere der letztgenannte Punkt zeigt schlaglichtartig die offensichtliche ›Denkhemmung‹ der Mehrzahl der psychoanalytischen Pädagogen, für die das ärztliche Selbstverständnis verantwortlich ist. Erst 1936 (15 Jahre nach Freuds Arbeit »Massenpsychologie und Ich-Analyse« und nach zehnjährigem Erscheinen der »Zeitschrift für psychoanalytische Pädagogik«) schreibt Zulliger seine Arbeit »Über eine Lücke in der psychoanalytischen Pädagogik«. Obwohl er bereits in ersten Ansätzen 1927(c) und ausführlicher 1930(b) auf die eigentlich banale Erkenntnis hingewiesen hat, daß sich pädagogische Praxis hauptsächlich in Gruppen vollzieht, sieht er sich noch 1936 genötigt, darauf hinzuweisen, daß Überlegungen zur Massen- bzw. Gruppenpsychologie in der Diskussion der Psychoanalytischen Pädagogik vernachlässigt wurden (vgl. auch Buxbaum 1936). In dieser Arbeit stellt er heraus, daß Psychoanalytische Pädagogik »weder medizinisch-therapeutische Psychoanalyse noch Kinderanalyse, noch psychoanalytische *Heil*pädagogik (ist). Sie ist hauptsächlich Handhabung der psychoanalytisch erforschten Massenpsychologie« (1936, 343; vgl. z. B. auch 1951, 203). Nicht in der Gestaltung und im Umgang mit Paar-Beziehungen wie in der »Kur«, sondern im Verhältnis und in den Beziehungen der »Gemeinschaft« zu ihrem Leiter liege das Hauptproblem der Psychoanalytischen Pädagogik. Diese Einschätzung wird sofort einsichtig, sagt Zulliger, »wenn wir daran denken,

1. daß beispielsweise ein Schullehrer nicht einem einzigen Kinde, vielmehr einer Schulklasse gegenübersteht;
2. daß die wichtigsten erzieherischen Aufgaben, die sich ihm zeigen, auf dem Boden seiner Beziehung zur ganzen Klasse gelöst werden;
3. daß ihm die glückliche Bewältigung all der Erziehungsschwierigkeiten bei normalen Kindern nur dann gelingt, wenn er aus Instinkt oder willentlich und wissentlich die auftretenden Probleme als massenpsychologische Phänomene angreift und erledigt« (1936, 338).

Diese »Lücke in der psychoanalytischen Pädagogik«, die Vernachlässigung der Reflexion auf die fast regelhafte Gruppensituation pädagogischer Praxis in der Diskussion der Psychoanalytischen Pädagogik, ist kaum zufällig. Es ist eben diese durchgängige Orientierung am Setting der Psychoanalyse als Heilverfahren, die manchmal wie Scheuklappen eine dem Feld pädagogischer Praxis entsprechende Forschung verhindert hat.

Es ist wohl eine entscheidende Folge dieser Situation, daß die Psychoanalytische Päd-

9.3. Differenzen pädagogischer und psychoanalytisch-therapeutischer Praxis

> »Der Arzt soll undurchsichtig für den Analysierten sein und wie eine Spiegelplatte nichts anderes zeigen, als was ihm gezeigt wird.« (Freud 1912b, 384)
> »Jemandem zu wenig geben, weil man ihn zu sehr liebt, ist ein Unrecht an dem Kranken und ein technischer Fehler.« (Freud an Binswanger: zit. nach Kohut 1969, 194)

Anhand von zwei *Beispielen* (Heimerziehung, Kindergarten) wurde differenziert nachgezeichnet, daß der psychoanalytische Verstehensansatz im Sinne des szenischen Verstehens durchaus in pädagogischer Praxis in Anwendung gebracht werden kann. Damit ist die Frage, Psychoanalyse als Hilfswissenschaft der Pädagogik oder Psychoanalytische Pädagogik bereits *praktisch* entschieden. Was zu tun bleibt, ist, diese Fragestellung auch begrifflich weiter zu differenzieren.
Ein wesentlicher Unterschied zwischen pädagogischer und therapeutischer Praxis ist dadurch gegeben, daß sich szenisches Verstehen in pädagogischen Handlungsvollzügen auf für den / die Klienten konflikt*typische* Interaktionsverläufe beschränken muß. Pädagogische Interaktion kann, wie erwähnt, nicht identisch sein mit einer »ausge dehnten Analysestunde« (A. Balint). Weder ihre Praxisfelder noch ihre Aufgabenstellung sind dazu geeignet, im Kampf um die Grundregel, der freien Assoziation, das therapeutische Programm »Erinnern, Wiederholen und Durcharbeiten« (Freud) ebenso wie in der »Kur« durchzuführen.
Sofern die Psychoanalytische Pädagogik nicht dem ärztlichen Selbstverständnis der Psychoanalyse als Heilverfahren aufsitzt, besagt diese Undurchführbarkeit des therapeutischen Programms jedoch nicht, daß die psychoanalytische Methode im Felde pädagogischer Praxis nicht zur fruchtbaren Anwendung gebracht werden könnte. Allerdings – und das steht in der einschlägigen Diskussion noch weitgehend aus – sind entsprechende Konzeptionen für die Vielzahl der pädagogischen Settings noch zu entwickeln bzw. weiter zu differenzieren. Gleichwohl widerlegt diese aktuell vielleicht noch unzureichende kategoriale Diskussion der Praxisfelder der Psychoanalytischen Pädagogik keineswegs die praktische Anwendbarkeit der psychoanalytischen Methode in pädagogischen Arbeitsbereichen.
Unmittelbar einsichtig ist, daß ein primär therapeutisches Programm den pädagogischen Praxisfeldern nicht angemessen ist. Hier sind andere Handlungsperspektiven der Psychoanalyse zu entfalten als diejenigen, die dem therapeutischen Rahmen angemessen sind. Mit anderen Worten: Im pädagogischen Kontext unterscheiden sich die Formen der möglichen Konfliktlösungen und Konfliktverarbeitungen erheblich von denjenigen der entwickelten Praxis der Psychoanalyse als Heilverfahren. Und eben aus dieser Differenz heraus wird der Mangel an einem eigenständigen Selbstverständnis der Psychoanalytischen Pädagogik verständlicher. Ein kurzer Blick in die Geschichte der Psychoanalyse zeigt: Die Einheit von Theorie und Praxis, ihre wechselseitige Befruchtung und Korrektur, war und ist die Basis der Ent-

faltung der Psychoanalyse als Wissenschaft. Dieses enge Wechselspiel von Theoriebildung und psychoanalytisch-ärztlicher Praxis hat jedoch auch, aufgrund seiner wissenschaftlichen Effizienz, eine allgemeine Anwendung der psychoanalytischen Methode außerhalb des klassischen Settings oft nicht nur als unnötig, sondern auch als unmöglich erscheinen lassen. Es verwundert also nicht, daß – wie oben gezeigt – die psychoanalytischen Pädagogen dem ärztlichen Selbst(miß)verständnis aufgesessen sind.

Ob die Differenzen der Psychoanalyse in ihrer Formulierung als Heilverfahren und ihrem potentiellen Konzept als pädagogische Praxis tatsächlich unüberbrückbar sind, wollen wir im folgenden thematisieren, indem wir einige uns wesentlich erscheinende Unterschiede beider Praxisfelder aufzeigen.

Dabei ist einige Skepsis bezüglich der These der Unvereinbarkeit von psychoanalytischer Methode und pädagogischer Praxis angebracht. Für diese Skepsis spricht insbesondere der Umstand, daß die psychoanalytische Theorie schon früh weit über eine Krankheits- bzw. Neurosenlehre hinaus entwickelt wurde. Sie ist heute *auch* beschreibbar als eine Theorie allgemeiner, gelingender und mißlingender Sozialisationsprozesse, als eine Theorie, die fundierte Aussagen über Struktur, Dynamik, Genese und Verlauf von Interaktionsprozessen, ihre strukturbildenden Niederschläge in den Menschen und deren symptomatischen Störungen auch im Sinne sozialwissenschaftlicher Aussagen treffen kann. Darüber hinaus ist sie als Methode ausgewiesen, die systematisch Diskursbeschränkungen aufzuheben in der Lage und deshalb als metakommunikatives Verfahren zu beschreiben ist (vgl. z. B. Habermas 1968; Leber 1977a; 1984; Lorenzer 1974). Leber nennt deshalb die psychoanalytische Methode provokativ ein »primär ... didaktisches Verfahren« (1977a, 247).

Im Hinblick auf die Praxis der Psychoanalyse bleibt es deshalb fragwürdig, ob die Bereitstellung einer besonderen, den Klienten respektierenden und fördernden Beziehungsform und Verstehensweise auf therapeutische Settings beschränkt werden darf. Gerade therapeutische Verfahren sind auf eine allgemeine Theorie menschlicher Sozialisations- und Interaktionsprozesse grundsätzlich angewiesen, wollen sie nicht in vorwissenschaftlich-unreflektierten Handlungsformen steckenbleiben. Hier über eine hochdifferenzierte Theorie zu verfügen, zeichnet die Psychoanalyse gegenüber anderen Therapieverfahren ja in besonderem Maße aus. Die Anwendung der psychoanalytischen Methode allein für ein Heilverfahren aber entspricht einer falschen Selbstbeschränkung der Psychoanalyse als Wissenschaft.

Doch zurück zur Frage nach den Differenzen herkömmlicher pädagogischer und psychoanalytischer Praxis. Wir wollen sie hier unter drei uns wesentlich erscheinenden Gesichtspunkten diskutieren:

1. hinsichtlich der Klienten,
2. hinsichtlich der professionell Beteiligten und
3. hinsichtlich des Settings (einschließlich der therapeutischen bzw. pädagogischen Beziehung).

Daß bei diesem Vorhaben Überschneidungen unvermeidlich sein werden, versteht sich von selbst. Auch wird nicht beansprucht, einen umfassenden Überblick über die Differenzen zwischen der Psychoanalyse als Heilverfahren und der Pädagogik zu geben. Ebenso ist vereinfachend von *der* Pädagogik und von *der* Psychoanalyse (der klassischen psychoanalytischen Situation) die Rede. Die Vernachlässigung von Grautönen auf beiden Seiten dient jedoch der besseren Darstellbarkeit der Unterschiede einzelner Problemfelder.

Ad 1:
Die Klienten der psychoanalytischen Kur
Schauen wir uns zunächst, bevor wir einige Differenzen hervorheben, den klassischen analytischen Patienten näher an. Dieses Vorgehen hat einen nicht zu unterschätzenden Vorteil, denn die Psychoanalyse hat ja sehr dezidierte Vorstellungen entwickelt, die wir dann mit dem Erscheinungsbild der Klienten der Pädagogik kontrastieren können, die ja bekanntermaßen eine sehr heterogene Gruppe darstellen.
Greenson beschreibt die Gruppe der klassischen analytischen Patienten wie folgt: »Bei der Psychoanalyse kommt der Patient zur Behandlung, weil seine neurotischen Leiden ihn antreiben, diese schwierige therapeutische Reise anzutreten. Seine Schwierigkeiten sind so ernst, daß sie ihn veranlassen, dieses auf lange Dauer angelegte, schmerzhafte und teure Programm auf sich zu nehmen. Seine Ich-Funktionen und seine Fähigkeit, Objektbeziehungen einzugehen, sind trotz seiner Neurose als gesund genug anzusehen, daß sie die Härten der psychoanalytischen Therapie aushalten können. Nur ein relativ gesunder Neurotiker kann ohne größere Modifikationen oder Abweichungen psychoanalytisch behandelt werden« (1967, 58).
Und weiter: »Um analytische Arbeit zu leisten, muß der Patient sich auf mancherlei Art mitteilen können, und zwar in Worten und durch Gefühle, aber sein Handeln soll er unterdrücken. Er muß sich in Worten klar und logisch ausdrücken können; er muß, wenn es erforderlich ist, Auskünfte geben, und er muß teilweise regredieren und in einem gewissen Maß frei assoziieren. Er muß in der Lage sein, dem Analytiker zuzuhören, ihn zu verstehen und ihm zu erwidern. Er muß nachdenken können und introspektive Fähigkeiten besitzen. Bis zu einem gewissen Grad muß er sich erinnern und sich selbst beobachten können. Er muß phantasieren und erzählen können. Gleichzeitig wird vom Patienten erwartet, daß er eine Übertragungsneurose entwickelt. Somit hängt sein Beitrag zum Arbeitsbündnis von zwei antithetischen Eigenschaften ab, der Fähigkeit, die Beziehung zur Realität der analytischen Situation aufrechtzuerhalten, und seine Bereitschaft, die Regression in die Welt seiner Phantasie zu wagen. Das Oszillieren zwischen diesen beiden Positionen macht das Wesen der analytischen Arbeit aus« (1978, 170f).
Daran wird deutlich, daß der klassische analytische Patient keine größeren Defekte in den Ich-Funktionen aufweisen darf.[8]
Die Herstellung eines tragfähigen Arbeitsbündnisses zwischen Analytiker und Analysand bedarf eines starken, nicht-neurotischen, gesunden Teils des Ichs des Patienten. Dieses einsichtsfähige und realitätsbezogene Ich garantiert auf seiten des Patien-

ten den produktiven Fortgang des Analyseverlaufs. Besonders hervorzuheben ist hier die von Sterba sogenannte therapeutische Ich-Spaltung (d.h. die Abspaltung des beobachtenden, analysierenden, synthetisierenden und integrierenden Ich vom unmittelbaren regressiv-erlebenden Selbst/Ich). Sie ermöglicht es, die psychoanalytische Aufklärung (Interpretation, Konfrontation) konfliktverarbeitend zu nutzen, oft trotz erheblicher innerer und äußerer Widerstände. Mit diesem realitätsbezogenen Teil des Ichs schließt der Analytiker das Arbeitsbündnis. Und »dieses Bündnis ist essentiell für die psychoanalytische Behandlung« (Menninger/Holzman 1973, 27).

Die Klienten der Pädagogik

Der Einfachheit halber ist es ratsam, bei der Frage nach den Besonderheiten/Differenzen der Klienten der Pädagogik gegenüber den Patienten der »Kur«, auf die bereits erwähnten Felder pädagogischer Praxis zurückzugreifen. Neben der Schule wurden jeweils besondere Situationen aus einem Kindergarten und einem Heim für männliche Jugendliche angesprochen. Während es sich bei dem Kindergarten um eine Regeleinrichtung handelt, ist das besagte Heim bereits eine Institution, die sich in weiten Bereichen um die Korrektur schon gescheiterter Sozialisationsverläufe bemüht.
Gleichwohl gilt für fast alle pädagogischen Einrichtungen, daß ihre Adressaten zunächst keineswegs freiwillig, sondern letztendlich zwangsweise in diesen Einrichtungen betreut werden.[9] In der Regel sind weder die Jugendlichen freiwillig im Heim, noch sind es die Kinder/Jugendlichen in der Schule, noch die Kinder im Kindergarten. D.h. zumindest zu Beginn der pädagogischen Beziehung ist der Pädagoge tendenziell *alleiniger Träger des Arbeitsbündnisses*.
Diese zwangsweise ›Einweisung‹ wird etwa bei der Neuaufnahme der Dreijährigen im Kindergarten besonders deutlich: Bei kaum einem ›gesunden‹ Kind geht dies ohne Trennungsschmerz und Tränen vonstatten. Und es ist einem dreijährigen Kind auch nur schwer einsichtig zu machen, warum es in den Kindergarten soll – und nicht bei Mutter, Vater oder Familie bleiben darf.
Daß – wenn alles gut geht – die Kinder später gerne in den Kindergarten gehen, spricht nicht gegen die Tatsache, daß pädagogische Beziehungen primär auf (institutionalisierten) Zwangsverhältnissen basieren, sondern dafür, daß der Kindergarten seine primäre Entwicklungsaufgbe erfüllt, nämlich den Kindern beim Überschreiten der engen Grenzen des Familienfeldes angemessene Unterstützung zu gewähren (vgl. Wolffheim 1930a).
Jedoch kommt kein dreijähriges Kind (ebensowenig wie ein Schulkind, das in die Sonderschule, oder ein Jugendlicher, der in ein Heim überwiesen wird) mit der Einsicht in die Notwendigkeit dieser Maßnahme in den Kindergarten. Dies ist der erste scharfe Gegensatz zur psychoanalytischen Kur: Vom erfolgversprechenden Analysanden wird unter anderem gefordert, daß er freiwillig, aufgrund seines Leidensdrucks und deshalb aus Krankheits*einsicht* den Analytiker aufsucht.
Aber auch die Fähigkeit zur Introspektion ist bei den Klienten von regelhaften päd-

agogischen Institutionen entweder noch nicht zureichend entwickelt (Kindergarten, Grundschule) oder als Unfähigkeit zur Introspektion Teil ihrer Störung (z. B. bei von Verwahrlosung bedrohten Jugendlichen). Darüber hinaus bietet der pädagogische Rahmen natürlich in den seltensten Fällen die institutionell gegebene Möglichkeit zur Introspektion und zur folgenlosen Mitteilung der Befindlichkeit.

Jedenfalls sind die den analysefähigen Patienten kennzeichnenden tragfähigen Ich-Strukturen bei den Klienten in pädagogischen Regeleinrichtungen häufig nicht vorhanden.

Eine weitere Differenz, die sich aus dem oben Gesagten ergibt, liegt in der Einsicht der Klienten bezüglich der Anforderungen und Zumutungen, die sich aus der analytischen bzw. der pädagogischen Situation ergeben: Die Verpflichtung auf die Grundregel ist dem Analysanden sicherlich leichter einsichtig als die Festlegung eines Grundschulkindes auf bestimmte abstrakte Lernziele. Mir jedenfalls ist noch kein Grundschulkind begegnet, das den bedeutungsschwangeren Satz, »Nicht für die Schule, sondern für das Leben lernen wir«, mit voller Überzeugung unterschrieben hätte.

Kinder lernen aufgrund vielfältiger Motive: Weil sie die Eltern und / oder Lehrer lieben und sich mit ihren Forderungen identifizieren und auch weil sie einmal ›groß‹ werden wollen, ebenso groß wie sie die Eltern aktuell erleben, oder sie lernen aus Angst vor Strafe oder Angst vor Liebesverlust usw. Ohne auf die spezifische Motivationsforschung hier eingehen zu können, wird trotzdem deutlich: das sind andere Motive als die rationale Einsicht in die Notwendigkeit eines qualifizierenden Schulabschlusses für ein erfolgreiches späteres Leben. Es sind zudem qualitativ andere Motive als der aus dem Leidensdruck und der Krankheitseinsicht gespeiste Therapiewunsch des Analysanden, auch wenn die Verpflichtung auf die Grundregel und ihre Einhaltung durch die Identifikation mit den Forderungen des Analytikers zunächst unterstützt wird.

Kommt also der Patient mit der Einsicht in die Notwendigkeit einer Psychotherapie zum Analytiker, so haben die Klienten der Pädagogik in der Regel eine Einsicht in die Notwendigkeit ihrer weiteren Erziehung / Bildung / Sozialisation nachträglich erst zu entwickeln. In der Schule mag zwar eine wohlfundierte Didaktik / Methodik das Lerninteresse der Schüler fördern, jedoch liegen die Gründe für die Forderung der Lernmotivation, des allgemeinen Interesses der Kinder am schulischen Lernen oft in unbewußten Phantasien und Beziehungsrelationen, im Feld von Übertragungs- und Gegenübertragungsreaktionen begründet.

Ad 2:
Die professionell Beteiligten

Zunächst fällt auf, daß Analytiker wie Pädagoge mit und an Beziehungsstrukturen, in Beziehungsfeldern arbeiten. Dies jedoch in sehr unterschiedlicher Weise und mit nicht nur erheblich differierenden Eingangsvoraussetzungen, sondern auch mit anderen Aufmerksamkeitsschwerpunkten. Bekanntermaßen wird die Professionalisierung von Psychoanalytikern durch eine intensive, langandauernde postgraduale Ausbildung gesichert. Deren Inhalte (Lehranalyse, Kontrollanalysen, theoretische Schulung) sind hinlänglich bekannt und müssen hier nicht zusammengetragen werden. Diese Weiterbildung dient letztendlich der Fähigkeit, in einer kontrollierten Interaktionssituation mit bestimmten Rahmenbedingungen (der psychoanalytischen Situation) den psychoanalytischen Dialog zum Wohle des Patienten trotz aller Schwierigkeiten in Gang halten zu können.

Dieser wohlfundierten, durch eine intensive Ausbildung und Vorauswahl der Ausbildungswilligen gesicherten psychoanalytischen Professionalisierung steht eine Ausbildung von Pädagogen gegenüber, die oft nicht einmal annähernd eine Garantie für die berufsfeldentsprechende Professionalisierung bietet. Nur in seltenen Fällen wird angehenden Pädagogen die Möglichkeit gegeben zu erfahren und zu lernen, welchen Zumutungen und psychischen Belastungen sie in ihrem Berufsfeld ausgesetzt sein werden, und wie sie konstruktiv, d. h. idealiter konfliktverarbeitend mit diesen umgehen können.

Das heißt, die gängige Professionalisierung (sofern überhaupt mit Recht davon gesprochen werden kann) im pädagogischen Bereich zentriert sich um die Vermittlung eines subjekt*unabhängigen* Instrumentariums (Methodik / Didaktik) und ein theoretisches Wissen über Lern- bzw. Sozialisationsprozesse. Üblicherweise setzt die pädagogische Ausbildung damit eine falsche Trennung von Affekt- und Intellektbildung, bei der die affektive Seite von Interaktionsverläufen in pädagogischen Arbeitsfeldern schon in der Ausbildung tendenziell ausgegrenzt, d. h. verleugnet wird.

Das hat in der Regel u. a. den wohlbekannten »Praxisschock« zur Folge, wenn zum Beispiel Referendare weder in der didaktisch und methodisch geschickt konzipierten Vorbereitung, noch durch abstrakt-psychologisches Wissen ausreichend Hilfe finden für die Bewältigung ihres schulischen Alltags.

Natürlich kann keinesfalls behauptet werden, daß zum Beispiel Lehrer auf eine didaktisch und methodisch wohlfundierte Unterrichtsplanung verzichten können – nur scheint es sich hierbei um ein Spezialwissen zu handeln, das nur dann in pädagogischer Praxis wirklich sinnvoll und fördernd eingesetzt werden kann, wenn dieses Spezialwissen (z. B. Didaktik der Physik) komplementär zu einer pädagogischen Basisqualifikation steht, deren Kern die Fähigkeit ist, Beziehungsdimensionen relativ unverzerrt wahrzunehmen und diese professionell im pädagogischen Setting berücksichtigen zu können. Es muß hier ja nicht noch einmal nachgewiesen werden, daß der Beziehungsaspekt den Inhaltsaspekt von Interaktionen und damit auch den Lernerfolg bzw. -mißerfolg bestimmt.

Ad 3:
Setting und Prozeßverlauf

Bruchstückhaft wurden bislang einige der Differenzen bezüglich der Klienten und der professionell Beteiligten benannt, so z. B. die nicht oder zumindest selten vorhandene Einsicht in die Sozialisations- / Bildungs- / Erziehungserfordernisse bei den Klienten der Pädagogik, der die Krankheitseinsicht und der Heilungswunsch des

Analysanden gegenüberstehen. Während der Erfolg versprechende Analysand über eine relativ starke Ich-Struktur verfügt, müssen jene Persönlichkeitsanteile, die Basis der Analysefähigkeit sind, bei den Klienten der Pädagogik oftmals erst entwickelt werden (Kindergarten, Schule, Heim).
Ebenso wurde hingewiesen auf die Differenzen psychoanalytischer und pädagogischer Professionalität nicht nur bezüglich der Differenziertheit und des Umfangs der Schulung hinsichtlich der Wahrnehmungsfähigkeit und des professionellen Umgangs mit Beziehungsstrukturen, sondern auch im Hinblick auf die einseitige Betonung des intellektuellen Lernens, der Trennung von Sach- und Affektbildung in der herkömmlichen Pädagogik.
Erhebliche Unterschiede zeigen sich jedoch auch hinsichtlich des Settings, der Rahmenbedingungen, die konstitutiv sind für die analytische bzw. pädagogische Situation.
Besonders folgende Punkte scheinen hier wichtig:
- Die Bedeutung des jeweiligen Settings für die Provokation von und den Umgang mit Übertragung und Gegenübertragung.
- die ›Realität‹ der jeweiligen Beziehung,
- der ›Schutz‹ durch das spezifische Setting sowie die Auswahlmöglichkeit der Klienten und
- die Zielorientierung und der Verlauf des Therapie- bzw. Sozialisationsprozesses.

Bezüglich des Problems der Differenz zwischen Unterricht und psychoanalytischer Psychotherapie stellt Neidhardt lapidar fest: »Die Unterscheidung zwischen Therapie und Unterricht zentriert sich auf das Problem des Umgangs mit Widerstand und Übertragung« (1977, 73).
Die von Neidhardt hier vorgeschlagene Unterscheidung erweist sich – obwohl zunächst einsichtig – bei näherer Betrachtung als ein zu unspezifisches Raster, denn am *differierenden* Umgang, d.h. der Wahrnehmung und der Art der Handhabung bzw. Bearbeitung von Übertragungsreaktionen (und damit natürlich auch des Widerstandes) läßt sich generell der Grad der Abweichung therapeutischer Verfahren von der klassischen psychoanalytischen Methode bestimmen (vgl. z. B. Greenson 1967, 163).
Sinnvoller, so scheint es, ist die Reflexion des Settings, das nicht nur den Umgang, sondern auch die Formen und den dynamischen Verlauf der Übertragungs- und Gegenübertragungsäußerungen weitgehend bestimmen kann. Aus dieser Sicht ist die Unterscheidung von pädagogischer und psychoanalytisch-therapeutischer Situation zunächst ein Problem der ›Realität‹ unterschiedlicher Situationen und Interaktionsfelder. Diese Realität bedingt nun einerseits einen unterschiedlichen Umgang mit Übertragungsreaktionen und andererseits aber auch eine unterschiedlich starke Provokation von Übertragung und Gegenübertragung.
Darüber hinaus ergibt sich ebenso ein differierender Aufmerksamkeitsfocus und eine entsprechend unterschiedliche Themenstellung bei den jeweils Beteiligten. Für Analytiker und Analysand ist es selbstverständlich, daß der Gegenstand der gemeinsamen

Bemühungen die Arbeit an der ›inneren‹ Realität des Analysanden, an seiner verbliebenen Kindlichkeit ist.
Ebenso selbstverständlich ist es etwa für Lehrer und Schüler, daß es in der schulischen Lehr- und Lernsituation primär um die Erfassung der ›äußeren‹ Realität, um das Erlernen bestimmter Kulturtechniken geht. In diesem Sinne kann mit Neidhardt hinsichtlich der Aufgabe des Lehrers festgehalten werden: »Er setzt die Einführung des Kindes in die Realität fort, die von den Eltern begonnen wurde« (1977, 73).[10]
Der Tendenz nach zielt also die psychoanalytische Situation auf eine möglichst unverfälschte Reproduktion der verbliebenen Kindlichkeit, indem in ihr Übertragungsreaktionen geradezu provoziert werden, während die pädagogische Situation die Interaktionspartner primär auf die äußere und die aktuelle Beziehungsrealität festlegt.
Deshalb ist es keine Frage, daß zum Setting herkömmlicher Pädagogik auch immer ein ›Sanktionskatalog‹ gehört, mit dessen Hilfe der Pädagoge wertet: Er urteilt und straft, lobt und belohnt. (So in der Schule z. B. durch die Notengebung und deren vielfältige Folgen für das benotete Kind.) Mit anderen Worten, der Pädagoge greift beständig *aktiv*, gewährend und versagend im Sinne bestimmter (bewußter und / oder unbewußter) Erziehungsziele in den psychischen und physischen Lebensraum des Zöglings ein. Dem steht die Abstinenzregel gegenüber. »Die Kur muß in der Abstinenz durchgeführt werden.«[11] (Freud 1915a, 313) Im Vergleich zu alltäglichen Beziehungen beschreibt Fürstenau deshalb die Beziehungsdimension in der Kur als eine *»Beziehung der Nicht-Beziehung«* (1979, 59).
Obwohl Übertragungsreaktionen universell und ubiquitär, also weder auf die psychoanalytische Situation beschränkt, noch in dieser psychodynamisch wichtiger sind als in anderen Beziehungsfeldern, so ist doch das klassische Setting darauf angelegt, daß nicht nur Übertragungsreaktionen provoziert und die Ausbildung einer Übertragungsneurose gefördert werden, sondern darüber hinaus ist ein Rahmen geschaffen, in dem Übertragungsphänomene in einem kontrollierten Interaktionsfeld systematisch analysiert und damit bearbeitet werden können.
Das psychoanalytische Setting, für das die Couch als Symbol steht, fördert die Regression des Patienten wesentlich dadurch, daß es künstlich ein hohes Maß an sensorischer Deprivation setzt. Die analytische Situation ist arm an äußeren Reizen. Die körperliche Aktivität ist weitgehend reduziert, der Analysand liegt und der Analytiker ist ›unsichtbar‹, und seine Aktivität, seine Reaktionen auf den Patienten sind ebenfalls sehr beschränkt. Bekanntlich tragen diese Abstinenz und die (relative) Anonymität des Analytikers zur Regression, d. h. zur Provokation von Übertragungsreaktionen und zur Errichtung der Übertragungsneurose nicht nur bei, sondern bieten erst die Gewähr dafür, daß dem Analysanden die Möglichkeit eröffnet wird, der Grundregel (freie Assoziation) zu entsprechen.
Er kann deshalb von sich sprechen, weil – entgegen Alltagssituationen – das Gegenüber nicht beständig auf seine manifesten Äußerungen reagiert. Darüber hinaus dienen idealiter alle Aktivitäten des Analytikers dazu, dem Patienten beim Versuch zu helfen, seine konflikthaft-unbewältigten Beziehungen zu den inneren Objekten ›zum

Sprechen‹ zu bringen. Untersuchungsgegenstand sind die subjektiven Bedeutungen, nicht die Wirklichkeit von Ereignissen.

Die psychoanalytische Situation kann als Arrangement beschrieben werden, das zunächst die Bedingungen dafür schafft, daß *der Analysand* die Beziehung (zum Analytiker) von sich aus strukturiert. Die Passivität/Abstinenz des Analytikers ist jene notwendige Bedingung, die den Analysanden erst zum einzigen wirklichen Akteur der Beziehung werden läßt. Die Grundregel (und der Kampf um sie als wesentlicher Motor des therapeutischen Fortschritts) im Einklang mit der durch das Setting gesetzten Reizarmut für den Analysanden bewirkt die Errichtung eines Übertragungsgefälles hin zur Reproduktion primärer Erfahrungen.

Konfliktträchtig artikuliert sich so im Therapieverlauf die überkommene und unbewältigte Kindheit des Analysanden. Der Wiederholungszwang (der Patient wiederholt statt zu erinnern) wird der Bearbeitung durch Konfrontation, Interpretation, Rekonstruktion und Konstruktion, also der Analyse der Übertragung und des Widerstandes zugeführt. Ziel der aufklärerischen Arbeit ist die Wiederaneignung und endgültige Verarbeitung der infantil gebliebenen Persönlichkeitsanteile des Patienten.

Methodisch ist kennzeichnend, daß das Gegenstück zur Grundregel, die gleichschwebende Aufmerksamkeit des Analytikers, notwendige Bedingung dafür ist, weitgehend an dem vom Analysanden inszenierten Beziehungsspektrum reflektierend teilzuhaben. Erst die teilhabende Beobachtung und Reflexion ermöglicht im Geflecht der Übertragungs-/Gegenübertragungsdynamik Aufklärung, Verstehen der Grundkonflikte des Patienten: Seine konflikthaften Beziehungen zu den inneren Objekten werden erneut äußere Wirklichkeit in der szenischen Reproduktion infantiler Beziehungskonstellationen und Beziehungsmuster mit dem Analytiker. Sein Einbezug via Übertragung und seine Teilhabe via komplementäre und konkordante Gegenübertragung in diesen Szenen ermöglicht erst das Verstehen und ist Grundlage des gemeinsamen Verständigungsprozesses, der gemeinsamen und heilsamen Reflexion.

In konsequenter Anwendung des bürgerlichen Prinzips der Aufklärung (vgl. Marcuse 1963), der Entfaltung der »Selbstreflexion als Wissenschaft« (Habermas 1968, 282), wird über den Weg der Einsicht (Deutung/Durcharbeiten) die Verarbeitung der lebensgeschichtlichen Verletzungen möglich, das Ich wieder – oder endlich – »Herr im eigenen Hause« (Freud).

Mit Hilfe der an Sprache gebundenen Reflexion wird der Teufelskreis des Wiederholungszwangs gesprengt: Das aufklärerische Wort transzendiert den konfliktträchtigen Handlungszwang. Korrektive Erfahrung wird über Sprache ermöglicht. Erst die Einsicht läßt das Kontrasterlebnis Wirklichkeit werden und ebnet den Weg zur Wiedergewinnung der verlorenen Erfahrungsfähigkeit und damit zur Überwindung des Wiederholungszwangs.

Zu der relativen sensorischen Deprivation in der analytischen Situation tritt die desintegrierende Wirkung der freien Assoziation hinzu. Während in pädagogischen Interaktionsfeldern der beständig aufrechterhaltene Bezug zur äußeren Realität und zu aktuellen Beziehungen die ungestörte Entfaltung der Übertragung verzerrt, weil sich

beständig Übertragungsreaktionen mit ›realen‹ Beziehungsfiguren vermischen und überlagern, fördert die freie Assoziation die Regression, da sie den ›realistischen und erwachsenen‹ Bezug zur aktuellen Wirklichkeit schwächt.
Stone hat diese Situationsstruktur als analytisches ›Vakuum‹ beschrieben (vgl. 1954; 1961), d. h. als eine spezifische Form der Frustration durch Objektentzug, die gleichsam den »Hunger nach Objektbeziehungen« (Greenson 1967, 186; vgl. auch Waelder 1935, 27) provoziert. Da aber der Analytiker als reales äußeres Objekt nicht verfügbar ist, bleibt dem Analysanden nur die Möglichkeit der Wiederbelebung der Beziehungen zu den inneren Objekten.[12]
In vielfältiger Weise trägt also das Setting der Kur kumulativ zur Förderung der Regression bei. Und auch hierin finden wir wieder einige scharfe Gegensätze zu den vielfältigen pädagogischen Praxisstrukturen. Nirgendwo sind pädagogische Settings *absichtsvoll* auf die *Förderung und Bearbeitung* von Regressionen angelegt. Gerade das Gegenteil ist der Fall: ›groß‹ sollen die Kinder werden, die sozialen und kulturellen Zumutungen sollen sie nicht nur ertragen lernen, sondern als ›vollwertige‹ (und d. h. hier und heute:) erwachsene Menschen sollen sie sich ihre soziale Umwelt aneignen.[13]
Während die analytische Situation auch darauf angelegt ist, Hemmungen (Abwehrhaltungen) abzubauen, tendiert die Pädagogik dazu, solche zu errichten. In der schulischen Situation etwa wird als selbstverständlich die Erfüllung eines spezifischen Verhaltens- und Normenkodex' gefordert: Die für die analytische Situation selbstverständliche Forderung, daß der Analysand von sich aus die ›Stunde‹ strukturiert, daß alles, was er einbringt oder vermeidet – und wirke es noch so unsinnig – wichtig ist, diese Forderung auf den Umgang des Lehrers mit seinen Schülern zu übertragen, schiene schlechterdings absurd. Die institutionell dem Lehrer vorgegebene Aufgabe ist es, die äußere Realität in das Schulzimmer hereinzuholen. Nicht die innere Realität (weder die des Lehrers, noch die seiner Schüler, d. h. ihre gemeinsame Beziehungsrealität) soll exploriert werden.
Herkömmliche Pädagogik ist demnach bestrebt, Subjektiv-Besonderes auszugrenzen. Um beim Beispiel Schule zu bleiben: Die Konzepte der Methodik / Didaktik sind entsprechend ihrer Anlage unspezifisch gegenüber den wirklichen, konkreten Kindern. Eine Differenzierung findet primär nach kognitiv meßbaren Merkmalen (z. B. Einteilung in Leistungsgruppen) statt.
Aber auch die Person des Lehrers erscheint unter diesem Blickwinkel nur da, wo es um die entsprechend qualifizierte bzw. unqualifizierte Planung und Durchführung von sachbezogenen Lehr- und Lernprozessen geht.
Entspricht ein Schüler beständig nicht den Anforderungen der überindividuell konzipierten pädagogischen Lernforderung, kann das in der Regel auch nicht als Ausdruck eines gestörten Beziehungsfeldes verstanden werden. Diese tendenzielle Ausgrenzung der Beziehungsdimension in pädagogischen Interaktionen kann als inter- und intrapersonelle Abwehr beschrieben werden (vgl. z. B. Fürstenau 1964; Mentzos 1976), die natürlich auch einen berufsspezifischen Abwehraspekt besitzt. Die Sicherheit und berufliche Identität, die dem Lehrer sein institutionell vorgegebenes Setting

gewährt, *scheint* so lange gewährleistet zu bleiben, als er sich auf die reale, ›erwachsene‹ Beziehung zu seinen Schülern berufen kann. Hier verläuft die gut vorbereitete Unterrichtsstunde für Lehrer wie für Schüler befriedigend. Durchbrechen jedoch Beziehungskonflikte diese auf das Ich bezogene Interaktion und greifen auch die an das einsichtsfähige Ich (Realitätsprüfung) des Schülers gerichteten Sanktionsmittel nicht, wird der Lehrer methodisch hilflos: Auch die beste überindividuell-sachbezogen konzipierte Vorbereitung und Durchführung von Lerneinheiten kann nur *zufällig* Beziehungsstörungen beheben. Konkret: Der ›Klassenkasper‹ oder das Kind, das das Lernen verweigert oder seine Mitschüler aggressiv traktiert, paßt nicht in das didaktisch/methodische Konzept, das im Sinne des schulischen Lehrens nicht auf Verstehen des Beziehungsfeldes, sondern auf Erklären/Verstehen des Lerninhaltes zielt.
Der Schutz des Pädagogen vor den Beziehungszumutungen im Rahmen seiner Arbeit in der Schulklasse, so kann gesagt werden, läuft ganz im Sinne institutioneller und individueller Abwehr über sein Beharren auf äußerer Realität und den Versuch, Beziehungswirklichkeit auszugrenzen. Dieser Schutz garantiert ihm – oft vermeintlich – relative Sicherheit vor massiven Beziehungskonflikten, in die er selbst tragend verstrickt sein könnte – er garantiert so die Aufrechterhaltung beruflicher Identität.
Auch hier wieder ein auffälliger Gegensatz zur psychoanalytischen Situation. Weil sich Analytiker und Analysand auf das Abenteuer der gemeinsamen Exploration ihres Beziehungsfeldes einlassen wollen, benötigen beide gleichsam einen Schutz gegen die äußere Realität. Dieser Schonraum, den das klassische Setting einschließlich seiner Verfahrensregeln sichert, ist für beide Beteiligten erforderlich. Der Analysand benötigt ihn unter anderem, um Schritt für Schritt zureichendes Vertrauen in die Sicherheit gewährende (Real-)Beziehung zu gewinnen[14], und so in die Lage versetzt zu werden, sich auch seinen ›schlechten‹ und ›bösen‹ Wünschen und Phantasien, seinen Ängsten zu stellen.
Der Analytiker benötigt diesen Schonraum unter anderem, um eine professionelle Distanz zu den Konfliktpotentialen seines Patienten halten zu können, vermöge derer erst Verstehen und Einsicht im nicht alltäglichen, also umfassenden Sinne gewährleistet werden.
Oben wurde eine der Auswirkungen des psychoanalytischen Settings für den Patienten in der weitreichenden sensorischen Deprivation beschrieben. Auch wurde auf die desintegrierende, regressionsfördernde Wirkung der freien Assoziation hingewiesen. Die Struktur des psychoanalytischen Settings provoziert jedoch ebenso regressive Tendenzen auf der Seite des Analytikers. Die gleichschwebende Aufmerksamkeit kann auch in diesem Punkt als Gegenstück zur freien Assoziation beschrieben werden, die in der Übertragungs-/Gegenübertragungs-Dynamik die Gefahr des Agierens unbewußter Impulse – im Vergleich zur pädagogischen Interaktion – möglicherweise *erhöht*.
Konstituiert also die psychoanalytische Situation auf der Subjektseite des Analysanden ein Übertragungsgefälle, so ist ebenfalls festzuhalten, daß auf der Objektseite des Analytikers als Gegenstück das Gegenübertragungsgefälle entsteht. Diese im Ver-

gleich zur pädagogischen Interaktion verstärkte Provokation von Gegenübertragungsreaktionen ist bedingt durch die Situationsstruktur, d. h. durch das Setting wird die Entfaltung von Übertragung und Gegenübertragung gefördert. Und hier wird die Schutzfunktion der Abstinenzregel für den Analytiker deutlich: Als generalisierte Haltung soll sie gleichsam das Sicherheitsnetz bilden, welches das Arbeitsbündnis auch dann noch garantiert, wenn die professionelle Distanz zu den Konfliktpotentialen des Analysanden kurzfristig brüchig wird und die Gefahr des Mitagierens, der realisierten Teilhabe an wiederbelebten infantilen Erfahrungen droht. Diesen Aspekt des Settings als Schutz hebt z. B. Morgenthaler deutlich hervor: »Das ›Setting‹, die analytische Situation, hat... für jeden analytischen Prozeß eine große Bedeutung, weil es in erster Linie eine Absicherung für den Analytiker darstellt« (1978, 55).
Nicht zuletzt unterstreicht auch dieser Umstand, daß es sich in der psychoanalytischen Situation um eine kontrollierte Interaktionssituation handelt, in deren Konzeption (Setting) spezifische Korrekturmechanismen enthalten sind, die schweren Beeinträchtigungen des therapeutischen Dialogs vorbeugen und so dem Analytiker Zeit lassen, die eigene Empfänglichkeit für Beziehungsangebote seines Patienten zu entschlüsseln und zu verstehen – und darüber hinaus die Gegenübertragung zum tieferen Verständnis der unbewußt angebotenen Beziehungsmuster zu nutzen.
Dem steht der Realitätsdruck des Pädagogen gegenüber. Das Kind im Kindergarten, das gerade im Begriff ist, ein schwächeres Kind zu quälen, erlaubt der Erzieherin in der *aktuellen* Situation kaum, seine unbewußten Motive und Absichten sowie ihre eigenen Reaktionen auf das Gesehene abwartend zu reflektieren. Vielmehr wird sie unmittelbar eingreifen müssen, um beide Kinder vor Schädigungen zu bewahren. So scheint die Gefahr, nicht nur unbewußt mitzuagieren, sondern darüber hinaus dieses unbewußte Agieren aufgrund der pädagogischen Situationsstruktur nicht reflektieren und durchbrechen zu können, wesentlich größer zu sein als in der analytischen Situation, weil Pädagogen in vielfältigen Formen dem unmittelbaren Praxisdruck, dem Handlungszwang unterliegen. Daß der situative Handlungszwang mit der benannten intra- und interpersonellen Abwehr verquickt sein kann und dann das Agieren des Pädagogen subjektiv rationalisierbar wird, ist offensichtlich.
Doch wenden wir uns dem letztgenannten Punkt dieser Settings- und Prozeßverlaufsdiskussion, der Frage nach Zielorientierung und Verlauf zu. Wir wollen diese Diskussion hier relativ kurz fassen und uns auf die knappe Kontrastierung der therapeutischen und pädagogischen Zielsetzungen beschränken.
Wir haben gesagt, daß herkömmliche Pädagogik dazu tendiert, bestimmte allgemeingültige, formale Standards kognitiver und sozialer Art an ihre Klienten heranzutragen (vgl. z. B. Brezinka 1976). Die Erfüllung dieser Standards durch die Adressaten kann als nahe- oder fernliegendes, bewußtes Erziehungsziel beschrieben werden. In der Schule zum Beispiel sind diese Zielvorgaben, zumindest für den Lernbereich, in Lehrplänen objektiviert. Die institutionalisierten Zielvorgaben orientieren sich in der Regel, in den Zwischenschritten wie im Endziel, an der jeweils nachfolgenden Sozialisationsinstanz. So ist es letztendlich Aufgabe des Kindergartens, die Kinder schulreif zu

machen; die Grundschule hat für die Kinder den Übergang in weiterführende Schulzweige zu ermöglichen; Haupt-, Realschule oder Gymnasium müssen die Bedingungen dafür schaffen, daß ihre Absolventen den Erfordernissen betrieblicher oder universitärer Ausbildung entsprechen. Zu diesen wohlbekannten Lernzielen tritt bekanntermaßen der sogenannte »heimliche Lehrplan« der Vermittlung allgemeingültiger sozialer Standards hinzu.

Kurz gesagt, die pädagogische Aufgabe besteht in der je spezifischen Sozialisation der Klienten, wobei die Erziehungsziele von und mit der Existenz der jeweiligen Institutionen formuliert sind. Insofern kann der Erzieher durchaus als »Anwalt der Umweltforderungen« (Schneider 1928, 145) bestimmt werden. Ist professionelle Pädagogik primär Anwältin und Vermittlerin von Umweltforderungen, kann sie nur mittelbar, im Sinne der *Aneignung sozialer Realität*, auch Anwältin ihrer Zöglinge sein. Liegt also der Focus bei den Umweltforderungen, der äußeren Realität, so ist leicht einsichtig, daß die konkreten Adressaten der Tendenz nach in entsprechenden pädagogischen Praxiskonzeptionen nur als abstrakte Träger von Rollenzuweisungen in Erscheinung treten können. Die Schulpädagogik z. B. setzt *voraus*, daß die an der sozialisatorischen Interaktion Beteiligten, also Lehrer wie Schüler, eben dieser Schüler- bzw. Lehrerrolle entsprechen. Das heißt, die psychische Realität, die ja immer eine Beziehungsrealität ist, wird vom Ansatz her ausgegrenzt. Entsprechend konzentrieren sich die Korrekturtechniken auf die Ausübung von realer Macht, die dem Pädagogen aufgrund seines Status eigen ist (Zuwendung, Ablehnung, Benotung, Bestrafung, Ignorieren, Loben, kurz: Gewähren und Versagen).

Hat es Pädagogik scheinbar »mit dem Bewußtsein und mit der äußeren Welt zu tun« (Searl 1933, 252), weil sie eine vom konkreten Erzieher unabhängige Forderung sozialer Notwendigkeit ist und deshalb entsprechende Zielvorgaben formuliert, dann steht ihr das Interesse und die Ausrichtung der Psychoanalyse konträr entgegen. In ihrer Praxis zielt diese idealiter darauf ab, daß der Analysand ›zu sich selbst‹ kommt. Neben dieser oder anderen allgemeinen Zielvorgaben (z. B. Herstellung bzw. Wiederherstellung von Liebes- und Arbeitsfähigkeit) ist der psychoanalytische Prozeß selbst jedoch »ziellos« (Morgenthaler 1978, 148), d.h. er ist von seiner Struktur und Qualität her unvereinbar mit detaillierten Lernzieldefinitionen etwa im Sinne eines Lehrplanes. Dieses Vorgehen würde zwangsläufig nicht den Analysanden, sondern den Analytiker zum primären Akteur und Gestalter des Geschehens machen. Weil das analytische Setting darauf angelegt ist, daß der Analysand *von sich aus* den Verlauf der Sitzungen strukturiert, kann der analytische Prozeß auch keinem linearen Verlauf folgen. »Der analytische Prozeß folgt den Linien, die immer wieder Zielsetzungen relativieren. Die Dynamik, die sich daraus entwickelt, läßt schließlich die Flexibilität und Elastizität im Ich entstehen, die eine Neuformulierung der Konfliktneigung ermöglichen. Diese Neuformulierungen lassen sich durch kein Regelsystem bestimmen. Sie sind weder vorauszusehen, noch können sie vorausgeplant werden. Sie entstehen oder sie entstehen nicht. Ihre Verwirklichung kann durch den analytischen Prozeß gefördert, aber nicht erzwungen werden« (Morgenthaler 1978, 148).

Auch die Wege, auf denen die jeweiligen Endziele erreicht werden sollen, differieren erheblich. Mit der »ziellosen« (Morgenthaler, a.a.O.) Bearbeitung und Aneignung der Beziehungswirklichkeit des Analysanden soll er in die Lage versetzt werden, sein gegenwärtiges und zukünftiges Leben besser, d.h. konfliktfreier, autonomer und lustvoller zu gestalten. Der Orientierung an der (überkommenen) Vergangenheit setzt die Pädagogik vorweggenommene Zukunft entgegen. Sie soll heute für eine zukünftige soziale Realität erziehen.[15] (Z. B. Makarenko: »Einen Menschen erziehen heißt, ihm die Perspektive eines Lebensweges gestalten.«)
Selbst die Gegenwart hat einen unterschiedlichen Stellenwert. Die Konfrontation (Deutung, Deutungsserien) in der Analyse verknüpft sukzessive aktuell in der Übertragungsbeziehung Erlebtes mit lebensgeschichtlicher Vergangenheit. Die Konfrontationen im pädagogischen Raum (Gewähren und Versagen) zielen hingegen auf die *aktuelle* Realität: Anhand dieser Realität sollen strukturbildende soziale Erfahrungen und Wissen absichtsvoll vermittelt werden.
Es bleibt noch eine weitere augenfällige, doch oft übersehene Differenz in den jeweiligen Settings nachzutragen: Während sich der klassische psychoanalytische Dialog in einer dyadischen Beziehungsstruktur vollzieht (Analytiker–Analysand), realisiert sich pädagogische Praxis in der Regel in Gruppen. Daß dieser Umstand für die Psychoanalytische Pädagogik von erheblicher Bedeutung ist, liegt auf der Hand.
Wir brechen diese allgemeine Diskussion einiger Differenzen pädagogischer und psychoanalytisch-therapeutischer Praxis hier ab. Die nachfolgende Tabelle soll einen nochmaligen Überblick geben über die diskutierten Aspekte.

Psychoanalyse	Pädagogik
Klienten	
Keine größeren Defekte in den Ichfunktionen; erforderlich sind u.a. folgende Fähigkeiten: – therapeutische Ichspaltung, – Introspektion, – relative Realitätstüchtigkeit, – erhebliche Frustrationstoleranz, – Krankheitseinsicht und Heilungswunsch, daraus folgt: freie Entscheidung zur Therapie (keine Zwangsbehandlung), – Kontrolle der Handlungsimpulse, Kanalisierung über Sprache, daraus folgt: sprachlich hochdifferenzierte Ausdrucksfähigkeit (und ggf. Intelligenz).	Die beschriebenen Anforderungen, die die Kur an den Analysanden stellt, sind in der sozialisatorischen Interaktion mit den Klienten der Pädagogik in der Regel erst herzustellen, sind also Erziehungsziele (z. B. relative Realitätstüchtigkeit, Frustrationstoleranz, hochdifferenziertes Ausdrucksvermögen etc.). Die Anforderungen an den Klienten bestimmen sich weitgehend nach der jeweiligen pädagogischen Institution, in Regeleinrichtungen auch nach dem Lebensalter. Der Tendenz nach herrscht keine Freiwilligkeit, sondern eine sozial gesetzte Erziehungsnotwendigkeit (d.h. Erziehungszwang). Einsicht in die Sozialisationsnotwendigkeit wird (wenn überhaupt) erst nachträglich entwickelt.

Professionell Beteiligte

Differenzierte postgraduale Weiterbildung, die sich auf die Schulung von Introspektion und Empathie sowie das Einleiten und Inganghalten des therapeutischen Dialogs unter bestimmten Rahmenbedingungen bezieht (Technik). Herstellung der Fähigkeit eines professionellen Umgangs mit Beziehungskonflikten. Lernziele während der Ausbildung sind subjektorientiert. Verbindung von Sach- und Affekt-Lernen.

Ausbildung bezieht sich primär auf die Aneignung subjekt*unabhängiger,* d.h. beziehungs*unabhängiger* Instrumentarien und Konzepte der pädagogischen Praxis einschließlich des entsprechenden theoretischen Wissens.
Lernziele während der Ausbildung sind primär intellektuell ausgerichtet und objektorientiert. Affektives Lernen ist in der Regel nicht Gegenstand der Ausbildung und wird professionslogisch ausgegrenzt, auch i.S. institutioneller Abwehr.

Setting / Prozeßverlauf

Auf der Realitätsebene der Beziehung gilt der Gleichheitsgrundsatz (Arbeitsbündnis, Therapievertrag, Freiwilligkeit). Der Analytiker verfügt nicht über reale Macht gegenüber seinem Klienten.
Die klassische Analyse verläuft im Rahmen einer dyadischen Beziehungsform. Provokation von Übertragung durch Regressiosförderung (sensorische Deprivation, analytisches Vakuum).
Höhere Gegenübertragungsneigung durch Passivität, gleichschwebende Aufmerksamkeit.
Konzentration auf und Bearbeitung von lebensgeschichtlichen Beschädigungen: Reaktivierung infantiler Beziehungsmuster und -konflikte mit Hilfe spezifischer Verfahrenstechniken.
Korrektur verläuft über Aufklärung/Bewußtmachung unbewußter Beziehungsmuster (»Erinnern, Wiederholen und Durcharbeiten«).
Orientierung an der inneren, der Beziehungs-Realität; Arbeit an Widerstand und Übertragung.
Zielloser Prozeß (keine unmittelbar inhaltlichen Zielvorgaben).
Nur mittelbare Orientierung an Zukunft i.S. der Nachsozialisation (Herstellung von Liebes- und Arbeitsfähigkeit).
Schutz des Analytikers vor dem Agieren durch Ausbildung, Setting und spezifische Vorauswahl der Klienten (Analysefähigkeit).

Keine Gleichheit zwischen Pädagoge und Klienten (Erziehungszwang): insofern ist der Pädagoge der Tendenz nach alleiniger Träger des ›Arbeitsbündnisses‹. Reales, durch die Institution garantiertes Machtgefälle zwischen Pädagoge und Klient.
Pädagogische Praxis realisiert sich in der Regel in Gruppen.
Methodische Ausgrenzung/Verleugnung von Beziehungskonflikten. Sofern Beziehungskonflikte nicht zufällig gelöst bzw. latent gehalten werden (pädagogische Begabung), verfügt der Pädagoge nicht über entsprechende Verfahrenstechniken und Handlungsmodelle, mit deren Hilfe die unbewußte *Bedeutung* der Konfliktlage verstanden und gelöst bzw. bearbeitet werden kann.
Nicht integrierbare Patienten werden an Spezialisten (Psychotherapeuten) oder an Sondereinrichtungen (Sonderschule, spezielle Heime, Psychiatrie) überwiesen. Der Pädagoge verfügt über an der äußeren Realität orientierte Sanktionsmöglichkeiten (Gewähren und Versagen, ggf. Ausgrenzung).
Orientierung an der äußeren Realität; kognitives und soziales Lernen. Unmittelbar inhaltliche Zielvorgaben.
Zukunftsorientierung i.S. der Sozialisation entsprechend sozialer Erfordernisse.
Schutz des Pädagogen vor dem Agieren durch Orientierung an der äußeren Realität und institutionell vorgegebenen Grenzen. Auswahl der Klienten erfolgt nach institutionell definierten Merkmalen (Alter, Leistungsfähigkeit etc.).

9.4. Psychoanalytische Pädagogik: Psychoanalyse und/oder Pädagogik?

Nehmen wir die im letzten Abschnitt benannten Differenzen von Psychoanalyse und Pädagogik ernst, so scheint in der Tat eine »Verschmelzung von beiden Disziplinen« (Zulliger 1951, 62), die »Synthese« (Ekstein 1970, 42) von Psychoanalyse und Pädagogik als Psychoanalytische Pädagogik kaum denkbar. Unüberbrückbar zeigen sich Differenzen in der Technik, im Setting und meist auch hinsichtlich der Klienten.

Auf der Seite der Psychoanalyse ist und war die Einheit von Theorie und Praxis immer die Basis ihrer Entfaltung als Wissenschaft. Diese enge Verknüpfung der Fortschritte in der Theoriebildung mit denjenigen der Praxis als Heilverfahren ist ebenfalls wenig geeignet, Hoffnungen auf eine »Legierung« beider Disziplinen zu nähren.

Auch professionelle Erziehung (Pädagogik) scheint mit einem Heilverfahren wenig vereinbar: Erziehung (des Kindes) versus Rekonstruktion (des Kindes im Erwachsenen) stehen sich unversöhnlich gegenüber.

In diesem Verständnis des Verhältnisses von Psychoanalyse und Pädagogik kann die Psychoanalyse nur als *Hilfs*wissenschaft der Pädagogik in zweifacher Weise genutzt werden:

1. Durch die Berücksichtigung und Adaption von Versatzstücken der psychoanalytischen Theorie (Sozialisationstheorie, Entwicklungspsychologie, Bedeutung des Unbewußten, Rolle der Übertragung etc.) an gängige erziehungswissenschaftliche Theoriebildung, ähnlich wie dies etwa für die Soziologie oder andere ›Schulen‹ der Psychologie gilt.
2. In der Inanspruchnahme der Reflexionskompetenz von Psychoanalytikern als Praxisberater (Supervisoren).

Aus dieser Sicht bleiben Psychoanalyse und Pädagogik als getrennte, eigenständige Wissenschaften mit unterschiedlichen Gegenstandsbereichen und differierenden Methoden erhalten. Der professionelle Pädagoge (sofern er z. B. Lehrer ist) bleibt Spezialist für die technische, überindividuelle Konzeption und Durchführung von Lernprozessen mit Hilfe differenzierter Konzepte der Methodik/Didaktik.

Wenn sich das Objekt (der Schüler oder die Klasse) seinen Bemühungen sperrt und nicht vom überindividuell organisierten Lernprozeß zureichend profitieren kann, tritt die Psychoanalyse als Hilfsinstanz in Gestalt des Psychoanalytikers als Supervisor hinzu, weil sich individuelle Besonderheit hier als Hemmnis der herkömmlichen Pädagogik artikuliert. Aus kritischer Distanz wendet sich die Psychoanalyse nun der Pädagogik zu – und vermöge dieser Distanz ist sie in der Lage, über die disparaten/dysfunktionalen Momente der Subjektivität, über *Beziehungs*konflikte zwischen Lehrer und Schüler/Klasse, die Lernen und Lehren behindern, aufzuklären.

Gleichsam geläutert kann sich der Pädagoge jetzt wieder seiner Praxis zuwenden. Zum Beispiel nach Körners Urteil ist besagte Distanz zur Pädagogik für die Psychoanalyse lebenswichtig: »Gibt sie diese Distanz auf, droht ihr der Verlust wesentlicher Positionen ihres Selbstverständnisses als einer kritisch hermeneutischen Sozialwissenschaft! (1980, 778).[16]

Betrachten wir diese Position (Psychoanalyse als Hilfswissenschaft bzw. Psychoanalyse *der* Pädagogik) eingehender am Beispiel von Körners Arbeit »Über das Verhältnis von Psychoanalyse und Pädagogik« (1980; vgl. 1983).

In dieser Studie bemüht sich der Autor, »die Psychoanalytische Pädagogik als ein besonderes Verhältnis von Psychoanalyse und Pädagogik zu verstehen, in das beide nur unter bestimmten Voraussetzungen und mit gravierenden Folgen treten können« (796f.). Seine »Einsicht, daß sich die Psychoanalyse nur unter Preisgabe wesentlicher Positionen ihres Selbstverständnisses auf ... Pädagogik einlassen konnte«, soll u.a. »gestatten, die Umrisse eines neuen Verhältnisses zwischen Analyse und Pädagogik aufzuzeichnen« (770).

Nach einem Rückblick auf die Geschichte der Psychoanalytischen Pädagogik und ihre aktuelle Diskussion stellt Körner die deprimierende Diagnose, »›Psychoanalytische Pädagogik‹ (umfaßt) heute kaum mehr als eine wenig geordnete Fülle von Handlungskonzepten und Praxiserfahrungen« (773), »eine Sammlung theorieferner, psychoanalytisch pädagogischer Praxiserfahrungen« (779).

Als wesentlichen Grund für diesen desolaten Zustand nennt er den »Mythos« von der umfassenden Neurosenprophylaxe mit Hilfe einer psychoanalytisch aufgeklärten Erziehung in der Geschichte der Psychoanalytischen Pädagogik (vgl. auch Kap. 9.1.), der nunmehr ein weiterer Trugschluß, nämlich »die Ideologie von der Teilbarkeit der Psychoanalyse« (779) folge.

Körner postuliert, daß etwa durch Bittners praxisgerechten Vorschlag der Umorientierung der deutungszentrierten Reflexion der Kur zu einer handlungszentrierten Reflexion im pädagogischen Feld (vgl. z.B. 1973, 86; auch Neidhardt 1978, bes. 78ff.) jene Teilung der Psychoanalyse gegeben wäre: »Die Erfahrung, daß das psychoanalytische Verfahren an ein festgelegtes Setting gebunden und in pädagogischen Situationen nicht unmittelbar anwendbar ist, motivierte zahlreiche Vorschläge, die Methode der Psychoanalyse im Interesse einer Pädagogik zu ändern« (780).

Dieser Satz ist nun genau zu lesen. Zunächst ist vom Verfahren, das an das therapeutische Setting gebunden ist, die Rede. Plötzlich aber wandelt sich diese *setting-abhängige* Frage der *Technik* zum Prüfstein der »Methode der Psychoanalyse« (a.a.O.).

Die Gleichsetzung von klinischer Technik mit der psychoanalytischen Methode ist nur durchzuhalten, wenn die Anwendungen der Psychoanalyse rigide auf ärztliche Heilverfahren reduziert werden. Daß die Psychoanalytische Pädagogik der zwanziger und dreißiger Jahre gerade aufgrund dieses ärztlichen Selbst(miß)verständnisses in wesentlichen Punkten scheitern mußte, reflektiert Körner aus seiner Position des Psychotherapeuten nicht. Vielmehr gilt ihm der aus diesem mangelhaften Selbstverständnis resultierende »Mythos von der allgemeinen Neurosenprophylaxe« (Körner) als Beleg für die notwendige *methodische* Trennung von Psychoanalyse und pädagogischer Praxis. Wohlgemerkt, nicht von unterschiedlichen Settings und einer deshalb notwendig differierenden Technik ist die Rede, sondern von der methodischen Unvereinbarkeit.

Körner gibt ein Beispiel:

»Eine Erzieherin erlebt ein Heimkind mit riesigen, unstillbaren Wünschen nach Zuwendung und Fürsorge, sie erklärt sich dieses Verhalten vor dem lebensgeschichtlichen Hintergrund des Kindes und entziffert damit auch den Übertragungsaspekt. Wenn sie nun die Analyse der Situation weitertreibt, ihre Gegenübertragung wahrnimmt, könnte sie vielleicht bemerken, daß sie in einem kollusiven Zusammespiel mit dem Kind (und nicht nur mit diesem) einen gleichartigen, oralen Grundkonflikt zu lösen versucht. Diese Erfahrung relativiert aber ihren Bezugspunkt als Erzieherin, von dem aus sie soeben das Kind wahrgenommen hatte, so weitgehend, daß es ihr kaum gelingen dürfte, zu ihm zurückzukehren. Wenn ihr die eigenen Beiträge zur neurotischen Dyade ins Blickfeld geraten, kann sie nicht länger auf der Situationsdefinition ›Erzieherin–Zögling‹ bestehen: Den Auftrag, an sich zu arbeiten, müßte sie an das Kind und zugleich an sich selbst richten. Für sie interferieren die psychoanalytischen Interpretationen des sozialen Konflikts mit jenen pädagogischen Situationsdefinitionen, in deren Rahmen sie hier zustande kamen« (784f.).

Dieses Beispiel verdeutlicht, daß Körner die pädagogische Situation ausschließlich durch die ›Brille‹ des therapeutischen Settings interpretiert. Diese ärztliche Sichtweise psychoanalytischer Praxis läßt nur die Möglichkeit offen, pädagogische Praxis und psychoanalytische Methode radikal zu trennen. Auch professionelle pädagogische Praxis ist dann grundsätzlich reduziert auf »instrumentelles und zielorientiertes ... Handeln« (783), das notwendig für die Beziehungsdimension blind bleibt. Der hermeneutisch-aufklärerische Ansatz der Psychoanalyse soll ›draußen vor‹ bleiben, nur in Anwendung gebracht werden, wenn der Pädagoge – von sich aus beim Analytiker als Supervisor Hilfe suchend – nicht mehr weiter weiß. Diese Struktur beschreibt Körner als »neues Verhältnis von Psychoanalyse und Pädagogik«: »Beide bleiben getrennt; die Psychoanalyse richtet ihren Blick auf Situationen, in denen die Pädagogik realisiert wird; Psychoanalyse wäre dann die reflexive, hermeneutische Kritik pädagogischer Praxis« (786).

Ja mehr noch: Körner glaubt, daß durch die Neubestimmung dieses Verhältnisses der Psychoanalyse neue Hilfsmöglichkeiten gegenüber der Pädagogik »zuwachsen, wenn sie sich aus der Integration in eine Psychoanalytische Pädagogik befreit und sich aus der Distanz erneut der Pädagogik zuwendet« (778).

Man sieht: Die ›blinde‹ Pädagogik wird zum Patienten der Psychoanalyse. Ein wahrhaft therapeutisches Verhältnis zwischen Psychoanalyse und Pädagogik wird hier bestimmt.

Das Gold der Psychoanalyse soll also nicht durch Berührung mit den Niederungen pädagogischer Praxis zum minderen Stoff werden: »Die Psychoanalyse ist unteilbar« (Berna, Hoffer, Körner, Morgenthaler[17] usw. usw.), und nur als Hilfswissenschaft kann sie in den Dienst der Pädagogik gestellt werden.

Diese Situationsbestimmung wurzelt in einem dreifachen Mißverständnis:

1. Der Reduktion der Praxis der Psychoanalyse auf ein (ärztliches) Heilverfahren.
2. Der generellen Eingrenzung pädagogischer Praxis auf ein ausschließlich instrumentell-zielorientiertes ›beziehungsblindes‹ Handeln.
3. Die hieraus resultierende Unfähigkeit, die Psychoanalytische Pädagogik als Teil der Psychoanalyse entsprechend ihrem Wissenschaftsverständnis, ihrem Gegenstand (nämlich Interaktion) und ihrer Methode zu fassen.

Daß die Praxis der Psychoanalyse potentiell mehr ist als ein Heilverfahren, machen die allgemeingültigen Ergebnisse der psychoanalytischen Forschung deutlich. Deren Anwendung im klinischen Bereich der Kur kann damit auch nicht *die* Praxis der Psychoanalyse sein. Vielmehr ist die therapeutische Anwendung als »Sonderfall« (Bittner 1973, 87), als »Spezialfall« (Leber z. B. 1972; 1984) anzusehen.

Auch der häufig anzutreffende Begriff der »angewandten Psychoanalyse« zur Kennzeichnung der Anwendungen der psychoanalytischen Methode außerhalb des therapeutischen Settings, orientiert sich kategorial wohl zu sehr an der Vorstellung der therapeutischen Praxis als der »eigentlichen« Psychoanalyse und ebenso am naturwissenschaftlichen Denkmodell, das z. B. die »reine« von der »angewandten« Physik differenziert.

Ist jedoch die Psychoanalyse als Sozialwissenschaft (z. B. durch Lorenzer) ausgewiesen, können ihre Ergebnisse von Genese, Niederschlag, Struktur, Dynamik und Verlauf menschlicher Bildungs- und Beziehungsverhältnisse nicht nur mehr ausschließlich auf die ärztliche Anwendung reduziert werden, ohne das Selbstverständnis der Psychoanalyse als emanzipativem, Metakommunikation und Selbstreflexion ermöglichendem Verfahren außerhalb der Kur zum bloß theoretischen und folgenlosen Statement verkommen zu lassen.

Die dichotomische Trennung von Pädagogik und Psychoanalyse hat darüber hinaus mehrere Implikationen. So u. a. auf der Seite der Pädagogik:

- Sie identifiziert instrumentell-zielorientiertes Handeln mit Erziehung überhaupt.
- Sie differenziert nicht zwischen professioneller Pädagogik und ›naturwüchsiger‹ Kinderaufzucht durch die Eltern.
- Deshalb kann auch nicht zwischen ›naturwüchsiger‹ Erziehung und der professionellen Handhabung von Beziehungsstrukturen und -verläufen unterschieden werden.
- Sie tendiert dazu, professionelle Pädagogik implizit auf die Vermittlung von Wissen (Methodik/Didaktik) zu reduzieren und damit zur falschen Aufsplitterung von Sach- und Affektlernen beizutragen.
- Sie neigt deshalb dazu, eine prinzipielle Unvereinbarkeit von Verstehen und Erziehen zu unterstellen.
- Zwangsläufig muß dann im pädagogischen Feld die Gefahr zunehmen, daß auffällige Klienten zusätzlich stigmatisiert werden, weil Mißerfolge dem Klienten um so mehr dann angelastet werden, je weniger der Pädagoge zu begreifen in der Lage ist,

daß er in einem Beziehungsfeld arbeitet. Je weniger er dessen Dynamik zu verstehen gelernt hat, desto mehr wird er sich vor den ›Zumutungen‹ seiner Klienten schützen müssen und sie als Lern- oder Verhaltensgestörte an andere Spezialisten, andere Institutionen oder Sondereinrichtungen überweisen, obwohl doch der Pädagoge selbst der in seinem Feld zuständige Spezialist ist.

Kehren wir nochmals zum obigen, von Körner mitgeteilten Beispiel der Erzieherin zurück. Warum – so ist zu fragen – sollte sich die pädagogische Situationsdefinition durch die Aufdeckung der eigenen unbewußten Teilhabe am Konflikt, ja sogar des eigenen unbewußten Agierens (Übertragungsreaktionen) verändern? Die pädagogische Situationsdefinition ist keine Frage der Reflexionsbereitschaft (bzw. des Reflexionsvermögens), sondern ausschließlich eine Frage der Realität, eben jenes pädagogischen Settings, innerhalb dessen die Erzieherin faktisch Erzieherin ist, unabhängig davon, ob sie es als notwendig erachtet, etwa in einer Supervision, ihre Praxis zu reflektieren oder nicht.

Inwieweit sie das Kind ihrer Gruppe fördern kann oder für eigene unbewußte Zwecke mißbrauchen muß, hängt ebenfalls real von ihrer Fähigkeit und Bereitschaft ab, ihre eigene Befindlichkeit, ihre Anteile an der konflikthaften Interaktion zu hinterfragen. Selbstverständlich muß sie – als *professionelle* Erzieherin – den »Auftrag, an sich zu arbeiten... an das Kind und zugleich an sich selbst richten« (Körner 1980, 785).

Oder genauer: Weil sie tendenziell alleinige Trägerin des Arbeitsbündnisses ist, ist es primär ihre Aufgabe, in und an der gemeinsamen Beziehung zu arbeiten.

Gerade die Erfüllung dieses Auftrages bildet die Basis der Psychoanalytischen Pädagogik: die reflektierte »Arbeit an den Objektbeziehungen« (Bittner 1973, 87), und das heißt auch, professionell und absichtsvoll konzipierte sozialisatorische Interaktion. (Daß zur Erfüllung dieses Auftrages in der Regel äußere Hilfestellung in Form der Supervision gehört, ebenso wie ein gutes Stück eigener Analyse bzw. Selbsterfahrung, steht ›auf einem anderen Blatt‹, ändert jedoch nichts an dem besagten Auftrag.)

Erst auf dieser Grundlage wird der Pädagoge in die Lage versetzt, eine professionelle Distanz zu den Konfliktpotentialen des/der Klienten herstellen zu können. Das beständige Bemühen um diese professionelle Distanz, die nicht mit einer kalten Distanzierung zu verwechseln ist und sich nicht auf den Klienten, sondern auf besagte Konfliktpotentiale bezieht, ist Voraussetzung für eine adäquate Förderung, die die Befindlichkeit und Persönlichkeit der Klienten respektiert. Damit ist Abstinenz im besten Sinne gefordert, nämlich als innere Haltung, die es erst ermöglicht, sowohl das »holding« (auch im weiteren Sinne), als auch die »optimale Frustration« dem Kind gegenüber zu realisieren.

Gelingt die professionelle Arbeit an der Beziehung, können die Konfliktneigungen der Klienten nicht nur erkannt, sondern – in Abhängigkeit zum jeweiligen pädagogischen Setting – durch absichtsvolle Gestaltung des pädagogischen Beziehungsfeldes verändert werden.[18] Und zwar idealiter so, daß das Ich der Klienten sukzessive im

Schutze der pädagogischen Professionalität in die Lage versetzt wird, besser mit bestimmten Konfliktneigungen, d.h. entsprechenden Erlebnisweisen und Affekten umzugehen. An die Stelle des Durcharbeitens im Setting der Kur tritt damit in pädagogischen Beziehungsfeldern die unmittelbare Arbeit an den Objektbeziehungen, genauer, die Arbeit an den aktuellen Interaktionsverläufen zwischen Pädagoge und (in der Regel) Gruppe.

Mit der Forderung der bewußten und absichtsvollen Arbeit an den aktuellen Interaktionsverläufen ergibt sich die Notwendigkeit einer Basiskompetenz hinsichtlich der Sensibilisierung für Interaktionsverläufe und entsprechender Affekte sowie hinsichtlich des professionellen Umgangs mit den Klienten nicht nur in Beziehungskonflikten. Leber hat Inhalte der geforderten Basiskompetenz im Hinblick auf Heimerzieher formuliert. Er fordert u.a. folgende Fähigkeiten:

»a) den Kindern Zärtlichkeit und Intimität zu bieten und doch die nötige Distanz zu wahren;

b) nicht die Befriedigung eigener Liebesbedürfnisse bei den Kindern zu suchen und auf ihre Gegenliebe nicht unbedingt angewiesen zu sein;

c) affektive Belastungen zu ertragen, sich von den Nöten der Kinder, ihren Spannungen und Konflikten berühren, aber nicht in diese hineinziehen zu lassen;

d) nicht unbedingt zu dominieren, sondern den Kindern eine partnerschaftliche Beziehung zu ermöglichen;

e) über störende Verhaltensweisen der Kinder hinweg sich mit ihren positiven Möglichkeiten zu verbünden und diesen zum Zuge zu verhelfen« (1968, 189).

Er hält dies für »wichtigere Voraussetzungen für die Arbeit als Wissen und praktische Fähigkeiten« (a.a.O.).

Mit diesen Inhalten/Zielvorgaben hinsichtlich des affektiven Lernens ist eine Situationsdefinition des pädagogischen Dialogs gegeben, die beide Parteien (in unterschiedlichen Abstufungen) zu Lernenden macht. Hat der psychoanalytische Pädagoge den Auftrag/Anspruch, sich auf die verschlüsselten, unbewußten Mitteilungen der Klienten über ihre Befindlichkeit einzustellen, versucht er besonders in konfliktträchtigen und konflikthaften Situationen zu verstehen, was sich hinter und neben der öffentlichen Rede und dem unmittelbar sichtbaren Verhalten verbirgt, sucht er also nach dem »Doppelsinn« (vgl. z.B. Ricoeur 1965, 20), dann betrifft die Forderung zu lernen alle an der Interaktion Beteiligten. Der psychoanalytische Pädagoge hat sich – auch in belastenden Situationen – auf den Versuch einzulassen, von seinen Klienten mehr über die gemeinsame Beziehung zu erfahren, ihn und d.h. auch die Interaktion kennenzulernen. Das meint der von Körner fälschlicherweise als nicht zu erfüllend gewertete Auftrag, »an sich zu arbeiten« (1980, 785), der vom Pädagogen an sich selbst wie an die Klienten zu stellen ist. Und dies ist ein Auftrag, der durchaus auch der Realität pädagogischer Praxisfelder angemessen ist. Die Beziehung muß von den Beteiligten gemeinsam gestaltet werden, entsprechend ihrem jeweiligen Vermögen, mit den sozialen Anforderungen der gegebenen pädagogischen Situation konstruktiv und konfliktlösend umgehen zu können.

Daß der Pädagoge hier einen stärkeren formativen Einfluß hat, entspricht den Anforderungen an seine Profession, an seine Bildungs- und Sozialisationsaufgaben. Nicht zuletzt deshalb ist er oft primärer Träger des Arbeitsbündnisses und muß dafür sorgen, daß die fördernde Beziehung in Gang kommt und lebendig bleibt.
So hat sich die Psychoanalytische Pädagogik nur scheinbar mit sich ausschließenden Interaktionsebenen (Arbeits- und Beziehungsebene) zu befassen. Zwar ist sie einerseits den in den jeweiligen Institutionen formulierten, subjektunabhängigen Zielvorgaben unterworfen, andererseits muß es doch ihr Anspruch sein, dort zu arbeiten, wo die Klienten entsprechend ihrer Entwicklung und ihrer aktuellen Befindlichkeit stehen. Wird eine Integration beider Aufgabenstellungen nicht erreicht, so ist eine maximale Förderung nur zufällig gegeben, weil die Ausgrenzung der Wahrnehmung von Beziehungsverläufen notwendig die pädagogische Professionalität schwächt.
Besonders kraß scheint sich dieser Widerspruch zwischen Arbeits- und Beziehungsebene in der Schule zu zeigen, weniger evident ist er in anderen pädagogischen Einrichtungen wie etwa im Kindergarten oder im Heim, wo z. B. die Zielvorgabe »Gemeinschaftsfähigkeit« (Zulliger) in ihrer Unbestimmtheit mit der Arbeit an der Beziehungsebene durchaus kompatibel ist.
Nun ist jedoch eine Integration beider Aufgabenstellungen auch im schulischen Bereich möglich, wie dies z. B. die Studien von Ertle/Schmidt (1978), Neidhardt (1977; 1984), Redl/Wattenberg (1959) und Reiser (1972a; 1972b; 1978) zeigen.
Es kann bei diesem Problem also nicht darum gehen, anstelle zielorientierten und damit auch realitätsorientierten Handelns im pädagogischen Dialog gleichsam eine abstinent-therapeutische Position einzunehmen. Zumindest dies ist aus den falsch verstandenen Erziehungsversuchen der »anti-autoritären Pädagogik« zu lernen. Eine konsequente Vermeidung des Pädagogen, sich (auch) als reale Person den Konflikten des Arbeitsfeldes zu stellen, käme einem Realitätsentzug nahe, der »das Kind der Erziehung durch gegebene Umstände und Verhältnisse« (Füchtner 1979, 115) schutzlos ausliefern würde. Der Pädagoge hätte in diesem Fall eine seiner vordringlichen Aufgaben, primärer Träger des Arbeitsbündnisses zu sein, vernachlässigt. Psychoanalytische Pädagogik bleibt in diesem Sinne selbstverständlich noch immer Pädagogik, obwohl eine rigide Trennung von therapeutischen und pädagogischen Momenten kaum grundsätzlich durchzuhalten sein wird. Ansatz und Wisenschaftsverständnis implizieren jedoch die Wahrnehmung und Reflexion von, sowie die Arbeit an Beziehungsverläufen, d.h. die Möglichkeit und Bereitschaft zur Metakommunikation und Selbstreflexion.
Der auf Metakommunikation angelegte verstehende Zugang zu den Klienten, der oben als ein Aspekt der Basisqualifikation pädagogischer Professionalität benannt wurde, bedarf darüber hinaus der Ergänzung durch eine feldentsprechende Kompetenz. Selbstredend benötigt etwa ein Lehrer differenzierte Kenntnisse im didaktischen und methodischen Aufbereiten des Lernstoffes. Soll jedoch der Lernprozeß in Gang gehalten, Konflikte im Beziehungsbereich des Lehrens und Lernens überwun-

den, vielleicht sogar gelöst werden, dann muß er auch professionell in der Lage sein, nicht nur die emotionale Bedeutung des Lerngegenstandes für seine Schüler bei Bedarf zu entschlüsseln (extrem augenfällig z. B. im Sexualkundeunterricht), sondern vor allem ebenso die individuelle und gruppenspezifische Bedeutung der unterrichtlichen Interaktion zu erfassen. Dies besonders im Hinblick auf die Übertragungs- und Gegenübertragungsdynamik, genauer: im Hinblick auf das szenische Verstehen.

10. Weitere Aspekte der Praxis der Psychoanalytischen Pädagogik

Wir haben mehrfach hervorgehoben, daß die differenzierte Entfaltung von Praxisperspektiven der Psychoanalytischen Pädagogik einer feldentsprechenden Erforschung des jeweiligen Settings (im besonderen auch der institutionell vorgegebenen Strukturen) bedarf, was erst in Ansätzen – mehr oder weniger fundiert – geleistet ist. Dieser Anforderung im Rahmen der vorliegenden Studie auch nur skizzenhaft zu genügen, wird indes nicht möglich sein. Zu vielgestaltig sind die Arbeitsfelder der Psychoanalytischen Pädagogik. Gleichwohl wollen wir versuchen, einige allgemeine Aspekte der Praxis der Psychoanalytischen Pädagogik zu diskutieren.
Habermas hat auf das »szientistische«, naturwissenschaftliche[1] Selbstmißverständnis innerhalb der Metapsychologie der Psychoanalyse aufmerksam gemacht (vgl. z. B. 1968, 300ff.). Wir haben gezeigt, daß sich im unerkannten ärztlich-therapeutischen Selbstverständnis der psychoanalytischen Pädagogen eine Entsprechung findet.
Mit der im letzten Kapitel vollzogenen Standortbestimmung der Psychoanalytischen Pädagogik als Teil und weiterem Anwendungsbereich der Psychoanalyse stellt sich natürlich unmittelbar die Frage, ob denn die psychoanalytische Methode überhaupt mit Erziehung kompatibel sei.[2]
Bekanntlich spricht Freud im Hinblick auf die »Kur« von der »Nacherziehung« des erwachsenen Neurotikers. Weiterhin ist bekannt, daß Freud an der nämlichen Stelle, im Geleitwort zu Augst Aichhorns »Verwahrloste Jugend«, betont: »Ein Kind, auch ein entgleistes und verwahrlostes Kind, ist eben noch kein Neurotiker und Nacherziehung etwas ganz anderes als Erziehung des Unfertigen« (1925, 566). Wo die erforderlichen individuellen wie die objektivierbaren Voraussetzungen für die analytische Situation der Kur fehlen, »muß man etwas anderes machen als Analyse, was dann in der Absicht wieder mit ihr zusammentrifft« (a. a. O.).
Es wurde oben dargelegt, daß dieses »etwas anderes machen« (a. a. O.) nun jedoch keine Frage der Methode, sondern allein der Technik ist, d. h. sich abhängig zeigt vom Ort der Anwendung der Psychoanalyse (Setting) und den jeweiligen Klienten.
Das Theorie-Praxis-Verhältnis der Psychoanalyse weist die psychoanalytische Methode genuin als Forschung aus. Damit wird auch der psychoanalytische Pädagoge als forschendes und lernendes Subjekt begriffen. Dieses Verständnis wiederum verbietet

es, den Klienten im pädagogischen Dialog als alleiniges Objekt zu betrachten, das es zu erziehen gilt. Vielmehr setzt der methodisch Selbstreflexion in Anspruch nehmende Ansatz der Psychoanalyse notwendig ein zur herkömmlichen Pädagogik konträres Paradigma: Nicht um die Zurichtung eines Zöglings nach entsprechenden Zieldefinitionen durch den Erzieher kann es gehen, sondern um einen dialogischen Beziehungsprozeß, in dem die Beteiligten Subjekt *und* Objekt der gegenseitigen »Beeinflussung« sind. Die implizite wissenschaftliche Neugier des psychoanalytischen Ansatzes unterstreicht primär die Maxime des Verstehens, vor allem widerspricht der psychoanalytische Ansatz der ›Erziehungsabsicht‹.[3]

10.1. Beziehung, Handlungszwang und Erziehung

Freud hat die notwendige Verflechtung von Heilen und Forschen als Garant für den Bestand und den Fortschritt der Psychoanalyse gesehen.[4] In erkenntnistheoretischer Absicht hält Devereux fest, »daß die Psychoanalyse primär eine psychologische Theorie und eine Forschungsmethode sei. Geht man in der von Freud gewiesenen Richtung einen Schritt weiter, so kann man postulieren, daß die Psychoanalyse vor allem anderen eine *Epistemologie und eine Methodologie* sei. Dies ist der wichtigste ihrer bleibenden Beiträge zur Wissenschaft« (1967, 327; Hervorhebung vom Ref.).

Mit dieser Bestimmung des zentralen Gehalts der Psychoanalyse als Erkenntnistheorie und Methodologie wird auch deutlich, warum die Versuche, Psychoanalyse und Pädagogik zu »legieren«, zu verknüpfen oder zu verbinden, oft so wenig fruchtbar waren – ganz zu schweigen von den Absichten, nur Einzelaspekte (Versatzstücke) der Psychoanalyse in der erziehungswissenschaftlichen Diskussion zu verwerten oder die Psychoanalyse als Hilfswissenschaft zu rekrutieren.

Die Psychoanalyse aber ist nur ganz oder gar nicht zu haben. Deshalb ist die praktisch-methodische Umsetzung von Ergebnissen und Einsichten der Psychoanalyse in Struktur, Genese und Dynamik von Beziehungsverläufen nicht unabhängig von ihrer spezifischen Methode einlösbar. Diese aber kollidiert notwendig mit den herkömmlichen Konzepten der Pädagogik. Psychoanalytisches Verstehen ist unvereinbar mit der vom realen educandus losgelösten Erziehungsabsicht und entsprechender Erziehungsziele, die auf der Vorgabe einer Idealnorm fußen, die aber zu den Konflikten und Belastungen der wirklichen interagierenden Subjekte recht geringe konkrete Beziehungen haben.

Die Psychoanalyse kann also der Pädagogik nicht einfach Einsichten und Erkenntnisse bieten über Beziehungs-, Sozialisations- und Entwicklungsverläufe, die der jeweilige Pädagoge dann gleichsam wie im Supermarkt aus den Regalen zwischen Angeboten anderer Grundlagen- oder Hilfswissenschaften in den pädagogischen Einkaufskorb legen kann, um sich nach Bedarf für die alltägliche Praxis ein pädagogisches Handlungsmenü zusammenzustellen.

Im Anschluß an Devereux (1967) und Leber (1984) ist vielmehr festzuhalten, daß die Psychoanalyse methodisch ein neues Paradigma[5] des *professionellen* Umgangs mit Menschen konstituiert. Und dies bedeutet: Die Psychoanalyse »stellt Pädagogik in ihrer herkömmlichen Form und Bedeutung in Frage« (Leber 1984, 5). Die Anwendung der Psychoanalyse in der Pädagogik impliziert also einen umfassenden Wechsel des Bezugs- und Verständnissystems innerhalb der Pädagogik.

Deshalb stellt das psychoanalytische Paradigma des verstehenden Umgangs mit Menschen die *erzieherische* Absicht viel radikaler in Frage als es etwa Elemente der psychoanalytischen Theorie je könnten, weil es der Subjekt-Objekt-Trennung, der Aufspaltung von Erzieher (der erzieht) und Zögling (der nach ihm äußerlichen Kriterien erzogen wird), ein dialogisches, der Selbstreflexion verpflichtetes Beziehungsmodell entgegensetzt. Die Reflexionsbereitschaft für und der professionelle Umgang mit *Be*ziehungsverhältnissen und *Be*ziehungsverläufen als Basisqualifikation i.S. der Psychoanalytischen Pädagogik muß notwendig die Trennung zwischen Subjekt und Objekt der Beobachtung und Erziehung in einem dialogischen Beziehungsverhältnis aufheben. In diesem Dialog sind Erzieher wie Zöglinge gleichgeachtete Subjekte; sinnvollerweise ist deshalb die Erziehungsabsicht bezüglich des educandus zugunsten des Verstehens der besonderen psychosozialen Situation der Klienten und einer daraus resultierenden individuellen Förderung aufzugeben. Dieser Anspruch auf dialogische Förderung kann jedoch nur subjekt- und beziehungsabhängig verwirklicht werden.

Inwieweit die Erziehungsabsicht zugunsten des Bestrebens zu verstehen im Hinblick auf den pädagogischen Handlungszwang überhaupt aufgegeben werden kann, soll nachfolgend anhand einer Entwicklungskrise zweier Jungen, wie sie sich in den Beziehungsverläufen eines Regelkindergartens darstellte, modellhaft diskutiert werden.[6]

In diesem Kindergarten, der inmitten einer Großstadt liegt, werden auch Felix und Florian betreut. Felix und Florian sind ein eineiiges Zwillingspaar im Alter von dreieinhalb Jahren. Beide sind seit etwa fünf Monaten in diesem Kindergarten. Vor ihrem Eintritt in den Kindergarten waren sie noch nie voneinander getrennt, beide lebten bisher als beständiger Spiegel und Schatten des jeweils anderen. Auch von der Mutter gab es bislang noch keine zeitlichen Trennungen, mit Ausnahme der ersten Lebenswochen, in denen Felix und Florian als Frühgeborene im Krankenhaus medizinisch versorgt werden mußten.

Bis vor kurzem konnten beide kaum auseinandergehalten werden. Sie glichen sich wie ein Ei dem anderen, nicht zuletzt deshalb, weil sie immer identisch gekleidet waren. Beim Eintritt in den Kindergarten waren Felix und Florian sehr eng aufeinander bezogen. So benutzten sie ein privates, fast »coenästhetisches« Verständigungssystem untereinander, das im Kindergarten überhaupt nicht und von der Mutter oft nur unzureichend verstanden wurde.

Beide waren sehr ›süße‹ Kinder. Sie verstanden es, wie kaum ein anderes (Nicht-Zwillings-)Kind, den verflossenen und gezähmten Narzißmus der Erwachsenen wie-

derzubeleben: Sie strahlten die Erwachsenen an, waren keinesfalls übermäßig anstrengend, so jedenfalls schien es auf den ersten Blick. Auch die Erzieherinnen gerieten bald in den ›Bann‹ von Felix und Florian, der eigentlich nur gestört wurde durch Mißklänge am Morgen, wenn sich Trennungsszenen mit der Mutter abspielten, oder mittags, wenn die Kinder manchmal nicht nach Hause wollten.
Eine weitere Besonderheit der Zwillinge fiel zunehmend auf in der sonst so harmonischen Beziehung zu den Erzieherinnen: Felix und Florian sprachen einfach nicht.
Obwohl also die Sprachentwicklung der Zwillinge bis zu diesem Zeitpunkt keinesfalls einen altersgemäßen Stand erreicht hatte, waren sie doch in der Kindergruppe wie im Umgang mit den Erzieherinnen in der Lage, altersentsprechende Bindungen einzugehen. Der Entwicklungsrückstand im sprachlichen Bereich korrespondierte also nicht mit einer allgemeinen Unfähigkeit, Objektbeziehungen aufnehmen und beibehalten zu können.
Nach einstimmiger Einschätzung der Erzieherinnen galt Felix als wißbegieriger und lebhafter Junge, der regen Anteil an seiner Umwelt nahm, während Florian beschaulicher und manchmal etwas schüchtern war.
Felix und Florian hatten eine sechs Jahre ältere Schwester, die mit ihnen liebevoll und geduldig umging. Der Vater galt im Kindergarten als sympathisch, hilfsbereit und um seine Kinder bemüht. Ansonsten blieb sein Bild, wie das vieler Väter aus der Sicht des Kindergartens, eher blaß. Jedoch bestand bei den Erzieherinnen hinsichtlich der Mutter ein differenzierteres Bild. Mit ihr hatten sie durch die täglichen Bringe- und Abholsituationen häufig Kontakt; auch ergab sich bei solchen Gelegenheiten die Möglichkeit zum Gespräch über Felix und Florian und über die besondere Situation der Mutter. Die Mutter vermittelte nicht nur den Erzieherinnen ein Bild der Hilflosigkeit und Überbelastung durch ihre *beiden* Söhne. Sie hinterließ den Eindruck, daß sie vielleicht zurecht käme, wenn sie nur einen Jungen zu versorgen hätte. So aber mußte sie beständig auf beide achten, verzettelte sich oft und geriet in das Dilemma, es meist keinem von beiden recht machen zu können.
Dieser Notsituation versuchte die Mutter – neben dem Wunsch, durch den Kindergartenbesuch von Felix und Florian Entlastung zu bekommen – auf eine die Entwicklung der Zwillinge zu *eigenständigen* Personen wenig fördernden Weise zu entgehen: Sie behandelte Felix und Florian wie *eine* Person. Und so kamen sie auch in den Kindergarten. Eng, fast symbiotisch aufeinander bezogen, immer identisch gekleidet, ohne Sprache, dafür aber mit einem nur in der Familie bruchstückhaft verstehbaren, fast coenästhetischen Verständigungssystem, das hinsichtlich der von außen wahrnehmbaren Signale im wesentlichen aus unidentifizierbaren Lauten, Andeutungen von Gesten und Körperhaltungen bestand. Darüber hinaus erhielten Felix und Florian an Festtagen (Weihnachten, Ostern, Geburtstag) immer dieselben Geschenke. Sie wurden nicht nur von den Erzieherinnen und den Kindern im Kindergarten häufig verwechselt, auch die Mutter war in der Unterscheidung manchmal unsicher und mußte sich dann an äußeren Kennzeichen (Felix hat einen Haarwirbel) orientieren.

Die Mutter signalisierte den Erzieherinnen völlige Überlastung durch ihre Zwillinge. Sie vermittelte den Eindruck, daß sie kaum fähig war, ihren mütterlichen Aufgaben in zureichendem Maße nachzukommen und nun von den Erzieherinnen Entlastung erwartete.

So gerieten die Erzieherinnen auch selbst immer mehr unter Druck: Durch die von der Mutter vermittelte Hilflosigkeit fühlten sie sich einerseits im Übermaß verantwortlich für die weitere Entwicklung der Zwillinge, und andererseits bemerkten sie erst relativ spät (etwa nach zwei Monaten), und eigentlich ganz überraschend, die Bedenklichkeit der ›Sprachlosigkeit‹ von Felix und Florian.[7] Vorher waren auch sie in den ›narzißtischen Bann‹ der beiden geraten, empfanden sie, wie die gesamte soziale Umwelt, als sehr ›süß‹, nahmen aber von der rückständigen Sprachentwicklung kaum Notiz. Erst als die Erzieherinnen ihrer Überforderung durch die Mutter gewahr wurden, wurde ihnen auch die mangelnde sprachliche Ausdrucksfähigkeit der Zwillinge bewußt. Dies jedoch nicht im Sinne eines plötzlich geschärften Problembewußtseins, sondern vielmehr im Sinne einer sofort zu lösenden Aufgabe.

In ihrer Besorgnis sahen sie sich nun genötigt, den sprachlichen Fortschritt bei Felix und Florian durch den Einsatz eines spezifischen Erziehungsmittels erzwingen zu wollen, indem sie nämlich darauf bestanden, daß beide im Kindergarten erst dann etwas Gewünschtes erhalten sollten, wenn die jeweiligen Bedürfnisse auch sprachlich artikuliert wurden.

Im Nachhinein kann gesagt werden, daß diese Erziehungsversuche glücklicherweise nicht lange anhielten. Wesentlich für ihren Abbruch war (neben der langfristigen Beratung der Erzieherinnen im Rahmen des genannten Forschungsprojekts; vgl. Anmerkung 6) eine Episode, die nicht nur zeigte, daß Felix und Florian in der Lage waren, sprachliche Mitteilungen zu verstehen, sondern daß sie sich selbst auch über das Medium Sprache – wenn auch noch nicht altersentsprechend – verständlich machen konnten. In der nachfolgend wiedergegebenen Szene ist auffällig, daß nicht die pädagogische Absicht Felix zum Sprechen bringt, sondern die selbstverständliche Erwartung, daß er sprechen und sprachliche Mitteilungen verstehen kann. Seine Kindergartenerzieherin berichtet: »Am Freitag,... da klingelt das Telefon. Und ich bin an's Telefon. Da war das der Verlobte von der Evelin, und er wollte die Evelin sprechen. Und der Felix stand hier neben mir. Ohne daran zu denken, daß er nicht spricht, habe ich gesagt, ›Felix, ruf' mal schnell die Evelin, der Kurt ist am Telefon.‹ Da ist er 'raus und hat der Evelin, also wirklich, er hat's so 'rausgebracht, daß es die Evelin verstanden hat. Ja, also er hat auch *ganz genau ›Evelin‹* gerufen, und dann hat er gesagt, ›Kurt, Telefon‹« (I 2,12[8])

Das nur schemenhaft skizzierte Beziehungsfeld Mutter (Familie)–Felix und Florian–Erzieherinnen kann hier nicht Gegenstand ausführlicherer Analyse werden. Ich möchte deshalb nur einige Punkte jener Dynamik hervorheben, die für die Beantwortung unserer Fragestellung dienlich sein könnten. (Die nachfolgenden Ausführungen basieren darüber hinaus auch auf Informationen, die im Rahmen des genannten Projekts über mehrere Jahre in Form einer Längsschnittuntersuchung erhoben wurden.)

Zusammenfassend kann festgehalten werden:

- Die Mutter der Zwillinge erscheint als Frau, die durch die Versorgung von *zwei* kleinen Kindern augenscheinlich sehr überlastet ist. Diese Situation versucht sie zu meistern, indem sie Felix und Florian gleichsam als eine Person behandelt. Symptomatisch äußert sich dies u.a. darin, daß beide immer identisch gekleidet sind und zu Festtagen (Geburtstag, Weihnachten) die nämlichen Geschenke erhalten. Faktisch ist es für die Mutter sicherlich entlastend, Felix und Florian wie ein Kind zu behandeln (z.B. beim Einkauf von Bekleidung oder Geschenken). Das hat für die Mutter zudem den psycho-ökonomischen Vorteil, daß sie vom sozialen Umfeld – identische Zwillinge werde sehr beachtet, sind »einfach süß« usw. – sekundär über Felix und Florian sehr viel narzißtische Zufuhr erhält.
- Zunächst geraten auch die Erzieherinnen in den ›narzißtischen Bann‹ der Zwillinge. Ihre ›Sprachlosigkeit‹ wird zwar bemerkt, aber nicht als bedenklich oder störend empfunden. Mit Ausnahme der Eingewöhnungszeit (normale Trennungsreaktionen) stellen beide auch wenig Ansprüche an die Erzieherinnen und die anderen Kinder. Z.B. wird in einem Beobachtungsprotokoll sinngemäß vermerkt (vgl. W. 4,2[9]): Felix und Florian lassen sich von den anderen Kindern gleichsam wie Übergangsobjekte benutzen. Sie verhalten sich passiv, wie Teddybären; zum Schmusen, wenn sie gebraucht werden, die aber auch von den Kindern ›weggelegt‹ werden können, ohne ernsthaft zu protestieren.
- Erst als die Mutter dringend bei den Erzieherinnen Entlastung sucht und diese sich durch sie überlastet fühlen, bemerken sie mit Schrecken, daß etwas mit den Zwillingen nicht stimmt, daß etwas geschehen muß. Sie beginnen, massiv zu intervenieren, d.h. sie versuchen, Felix und Florian zum Sprechen zu erziehen.

Im Beziehungsfeld Mutter–Zwillinge–Erzieherinnen kehrt also ein Thema immer wieder: die als unerträglich empfundene Belastungssituation, die der jeweils andere in der Beziehung zu entlasten hat, wodurch dieser wieder überlastet wird. (Dies geschieht durch die Mutter den Erzieherinnen und wohl auch ihren Zwillingen gegenüber; dies geschieht aber ebenso durch die Erzieherinnen Felix und Florian gegenüber, indem sie diese – unabhängig von ihrer Befindlichkeit – zum Sprechen erziehen wollen und dabei vergessen, daß die mangelnde Sprachfähigkeit der beiden primär Ausdruck [Symptom] ihrer besonderen psychosozialen Situation ist.)
Die Belastungshöhe wird z.B. illustriert durch die Befürchtungen einer Erzieherin, daß die Mutter »zusammenbrechen« oder von der Familie weglaufen werde, weil sie die ständige Überlastung nicht mehr ertragen kann (vgl. T. 4,2[10]).
Aber auch die Erzieherinnen fühlen sich überfordert. So haben sie den Eindruck, Felix und Florian werden nach Erkältungskrankheiten immer »viel zu früh« wieder in den Kindergarten gebracht und damit würde ein zu großer Teil der Verantwortung hinsichtlich des körperlichen Wohlergehens an den Kindergarten delegiert. Dieses »viel zu früh« kann im Hinblick auf die Sprachentwicklung der Zwillinge auch so verstanden werden: eigentlich viel zu früh für den Eintritt in den Kindergarten. Kinder im Alter von drei Jahren sollten u.a. ausreichend sprechen können.

Andererseits wird die jeweilige Überlastung aber auch verleugnet bzw. im Sinne einer Abspaltung gehandhabt. Ist dies der Fall, herrscht Harmonie und scheinbare Konflikt- und Belastungsfreiheit. In solchen Interaktionssequenzen werden die Zwillinge als unproblematisch empfunden, mit denen weder die anderen Kinder noch die Erzieherinnen größere Schwierigkeiten haben.

Ihre ›Sprachlosigkeit‹ wird zwar schon bald registriert, dieses Wissen hat aber zunächst den Stellenwert einer neutralen, nicht affektbesetzten Information, d. h. eines von der Beziehungsdynamik abgespaltenen Datums. Erst als sich die Erzieherinnen durch die Ansprüche der Mutter völlig überlastet fühlen und diese auch nicht entlasten können, werden sie sich der rückständigen Sprachentwicklung von Felix und Florian erschreckend bewußt. Nun fühlen sich die Erzieherinnen völlig überfordert von der ihnen angetragenen Aufgabe. Ihrer eigentlich depressiv-ohnmächtigen Reaktion versuchen sie mit der erwähnten ›Flucht nach vorn‹ zu entgehen.

So können sich die Erzieherinnen zwar kurzfristig entlasten (wer handelt, ist nicht ohnmächtig), sie überfordern nun jedoch ihrerseits Felix und Florian: Als ob es in deren bewußter Entscheidung läge, zu sprechen oder nicht zu sprechen. Die Erzieherinnen fordern von den beiden also Leistungen, die sie ohne weiteres nicht erbringen können.

Vielmehr sind Felix und Florian aufgrund der Tendenz der Eltern wie auch des weiteren sozialen Umfeldes, sie als Einheit zu behandeln, erheblich in ihrer Entwicklung behindert. So sind sie kaum in der Lage, eine eigenständige Identität in Abgrenzung zum jeweiligen »Spiegelbild« (Zwilling) aufzubauen bzw. aufrechtzuerhalten. Beispielhaft hierfür ist eine Szene zu Beginn ihres Aufenthaltes im Kindergarten. In der Unterscheidung unsicher, wer Felix und wer Florian sei, fragte eine Erzieherin: »Wer ist Felix?«, woraufhin beide Zwillinge jeweils auf sich selbst zeigten. Aus dieser Sicht hat die ›Sprachlosigkeit‹ also symptomatischen Charakter.

Damit kann festgehalten werden: Weil die differenzierte sprachliche Organisation von Erleben und Handeln (symbolische Interaktionsformen, Probehandeln) immer auch eine identitätsstiftende Abgrenzung des Selbst von den Objekten impliziert, stellt sich hier zunächst die pädagogische Aufgabe, im Rahmen der professionellen Beziehung fördernde Bedingungen dafür zu schaffen, daß Felix und Florian in ihrer jeweiligen Entwicklung voranschreiten können. (Wir werden weiter unten noch sehen, wie dies von den Erzieherinnen geleistet werden konnte.)

Auffällig ist, daß der Versuch, die Zwillinge zum Sprechen zu erziehen, wenig mit der zu fordernden Arbeit an der gemeinsamen Beziehung zu tun hat, dafür aber mehr mit dem Agieren unbewußter Konfliktlagen des Beziehungsfeldes Mutter (Familie)–Felix und Florian–Kindergarten. Wir wollen jedoch nicht weiter auf dieses Beziehungsgeflecht eingehen. Ich hoffe, es ist deutlich geworden, daß wir hier mit dem vielbeschworenen Handlungszwang des pädagogischen Feldes konfrontiert sind. Doch gerade dieser Handlungszwang ist oft – wie auch in unserem Beispiel – keine äußere Notwendigkeit, sondern ein Impuls, der sich in der Beziehung selbst herstellt und oft einer unbewußten Gegenübertragungsreaktion entspricht.

Der oft als Argument gegen die Bereitschaft und Möglichkeit zureichender Reflexion der Beziehungsdynamik hervorgehobene Handlungszwang erweist sich also im Hinblick auf die konkrete Praxis – sofern diese als *prozeßhaftes Geschehen und nicht als partielles Einzelereignis* verstanden wird – als Widerstand gegen die Wahrnehmung der Eigenbeteiligung, der Verstrickungen in konflikthafte und/oder belastende Beziehungsverläufe. Der Hinweis auf den Handlungszwang ist somit kein allgemeingültiges Argument für unzureichende Reflexionsbedingungen des Beziehungsfeldes.

In unserem Beispiel wurde deutlich, daß der Wunsch zu erziehen in Wirklichkeit vom Versuch der Erzieherinnen motiviert war, Entlastung zu finden von den Zumutungen der Mutter und der eigenen Ohnmacht, also Schutz zu finden vor dem Erschrecken über den bedenklichen sprachlichen Entwicklungsstand der Zwillinge. Beispielhaft wird hier deutlich, daß der Handhabungszwang weniger mit objektiven Bedingungen der pädagogischen Praxis zu tun hat als damit, daß das Handeln (Erziehen) der affektiven Entlastung des Erziehers mehr dient, als daß er das Kind fördert.

Der Einsatz spezifischer Erziehungsmittel wird mehr von der Beziehungsdynamik bestimmt und weniger vom jeweiligen Erziehungsziel bzw. der bewußten Erziehungsabsicht des Pädagogen. (Eine Erkenntnis, die wir übrigens schon bei der Diskussion der Strafe in Kap. 1.3. herausgearbeitet haben.)

Natürlich gibt es eine Vielzahl von *Einzel*situationen, die den Pädagogen zum unmittelbaren Handeln zwingen[11] (etwa wenn ein Kind vor körperlichen Schäden zu schützen ist usw.), und manchmal wird der Erzieher auch aus vielerlei Gründen auf die Belange und die Befindlichkeit seiner(s) Klienten nicht ausreichend eingehen können. Hier handelt es sich aber immer um partikulare Ereignisse – und nur in solchen Fällen kann in der unmittelbaren pädagogischen Praxis zu Recht vom Handlungs*zwang* gesprochen werden. Aber auch hier wäre zu fragen, ob der vom Pädagogen erlebte Handlungszwang nicht Folge der Konfliktdynamik ist. Zudem sind Beziehungsverläufe keine Einzelereignisse; vielmehr ist das prozeßhafte Geschehen die Summe vielfältiger Faktoren, deren Zusammenspiel die Dynamik des Feldes erst bestimmen.

Die jeweiligen Faktoren in ihrem thematischen Zusammenhang und ihrer subjektiven Bedeutung zu reflektieren und professionell entsprechend zu handhaben, ermöglicht nicht nur die notwendige Distanzierung von klientunabhängigen Erziehungsabsichten, sondern erlaubt es auch, in einem dialogischen Verhältnis zur Aneignung sozialer Kompetenz und einer umfassenderen sozialen Teilhabe der Klienten beizutragen.

In seiner Funktion als primärer Träger des Arbeitsbündnisses hat sich die Professionalität des Pädagogen in der reflektierten Teilhabe und der absichtsvollen Mitgestaltung der gemeinsamen Arbeitsbeziehung zu bewähren. In diesem Sinne gilt der alte Grundsatz der Psychoanalytischen Pädagogik, daß erst zu verstehen sei, bevor zu handeln ist, daß das Verstehen grundsätzlich Vorrang gegenüber dem Handeln hat.

Im übrigen ist auch die dichotomische Trennung von Verstehen und Handeln nicht durchzuhalten. Auch die Selbstreflexion des Pädagogen – z. B. in der Supervision oder allgemein im Sinne des Nach-Denkens und der Introspektion (vgl. z. B. Schäfer 1981; 1982) – ist ein notwendiger Teil der professionellen Arbeit an und mit Beziehungen.

Die Fruchtbarkeit der Konfrontation und Auseinandersetzung gerade mit den irritierenden und belastenden Erfahrungen des Pädagogen in der Arbeit mit seinen Klienten zeigt sich immer wieder in der klärenden und entlastenden Funktion von Supervisionsgruppen. Häufig werden Beziehungskonflikte entschärft oder übermäßige Belastungen aufgehoben allein durch die Erarbeitung eines tieferen Verständnisses der Konfliktlage des Klienten, der eigenen Verstrickungen des Pädagogen und dem unbewußten Zusammenspiel in gemeinsamen Inszenierungen. Dies geschieht oft ohne eine unmittelbar praxisrelevante Konzeption von neuen Handlungsperspektiven: Auch ein geschärftes Problembewußtsein bezüglich der eigenen Konfliktneigungen und Verstrickungen in belastende Interaktionsverläufe entlastet die Beziehungen im pädagogischen Feld und eröffnet neue Erfahrungs- und Handlungsperspektiven.

Dies gilt ebenso für ein tieferes Verständnis konfliktträchtiger Übertragungsreaktionen der Klienten, die spezifische Beziehungsbereitschaften beim Pädagogen mobilisieren und weitgehend unabhängig von der realen Person des Pädagogen zu belastenden Situationen führen.

Im Bewußtsein des prozeßhaften Beziehungsgeschehens pädagogischer Praxis ist also *Verstehen zugleich Handeln*, weil der Grad des Verständnisses eine bedeutende Prozeßvariable darstellt. Die Forderung zu verstehen ist es, die die Psychoanalytische Pädagogik auszeichnet. Sie muß darauf beharren, daß die Absicht zu erziehen durch den Wunsch zu verstehen abzulösen sei. Erst das beständige Bemühen um ein tieferes Verständnis der Beziehung bietet die Grundlage und manchmal die Gewähr dafür, den konkreten Klienten der Pädagogik angemessene Unterstützung in ihrer Lebensbewältigung zu bieten und zur Förderung der Aneignung von sozialer Kompetenz und sozialer Teilhabe beizutragen.

10.2. Szenisches Verstehen, Professionalität und die Arbeit an der gemeinsamen Beziehung

Die thematisch zusammenhangenden Begriffe Szene, Inszenierung und szenisches Verstehen lassen unmittelbar an das Arrangement einer Theateraufführung, an ein dramatisches Geschehen auf der Bühne denken (vgl. z. B. Denecke/Trapp 1982, 273; Leber 1972; Lorenzer 1981, 163Fn.), vor der zwar emotional beteiligte, aber doch auch distanzierte Beobachter/Zuschauer sitzen und das Geschehen auf sich wirken lassen.

Im Schauspiel agieren die aktiv an der Gestaltung und Aufführung des Stückes Beteiligten nach bestimmten, zumindest ihnen bekannten Regieanweisungen. Hier aber endet bereits unsere Analogie. Zwar gibt es auch in den Inszenierungen der pädagogischen Praxis, insbesondere in konflikthaften und belastenden Szenen, meist ein (entsprechend der Dominanz des Wiederholungszwangs) sehr genau umrissenes ›Drehbuch‹ –, in der Regel aber ist dieses den Beteiligten nicht zugänglich, weil hier das Unbewußte unerkannt Regie führt. Wie gezeigt, ermöglicht das szenische Verstehen dem entsprechend geschulten Pädagogen nicht nur die ›heimlichen‹, die unbewußten Anteile jenes Drehbuches zu entschlüsseln, sondern darüber hinaus auch dieses zu verändern, d. h. den Wiederholungszwang zu durchbrechen und damit hilfreich andere, manchmal korrektive Erfahrungen in neuen Erfahrungsräumen für seine Klienten zu erschließen.

Noch ein weiteres Merkmal der pädagogischen Professionalität im Sinne der Psychoanalytischen Pädagogik läßt sich am Bild des Theaters gut darstellen. Ich meine die erforderliche Fähigkeit zur *teilnehmenden* Beobachtung, wie sie u. a. bei der Diskussion der Gegenübertragung (vgl. Kap. 8) implizit angesprochen wurde. Konstitutiv für die teilnehmende Beobachtung (i.S. der Psychoanalyse) ist ein Oszillieren zwischen Nähe und Distanz, zwischen unmittelbarer Teilhabe und distanzierender Reflexion des *gemeinsamen* Beziehungsgeschehens. Ist die Teilhabe für die Wahrnehmung und Erfahrung der Beziehungsdynamik notwendige Bedingung, so bietet die reflektierende Distanzierung (nicht zuletzt auch von den eigenen Affekten, Wünschen etc.) erst die Gewähr dafür, daß auch unbewußte Themen, die von dem Klienten (oder einer Gruppe) in den pädagogischen Dialog eingebracht werden und in deren Inszenierung der Pädagoge einbezogen wird, verstanden werden können.

Die Forderung nach professioneller Distanz impliziert nun keineswegs eine grundsätzliche emotionale Distanz von den Klienten, sondern bezieht sich insbesondere auf die Distanzierung von Konfliktpotentialen, die die Klienten in die Beziehung einbringen. Dies führt – besonders im Konfliktfall – nicht zu einem Mangel an Empathie.[12], sondern ermöglicht sie erst. Die professionelle Fähigkeit zur Distanzierung von den Konfliktneigungen, bei gleichzeitigem emotionalen Kontakt zum Gegenüber, ist notwendige Bedingung für das szenische Verstehen. Empathie und Introspektion bilden im Zusammenspiel mit der distanzierenden Reflexion die Basis dafür, daß auch in belastenden Beziehungsverläufen die Befindlichkeit des/der Klienten verstanden werden kann.

Empathie (hinsichtlich der inneren Objekte und des Selbst der Klienten), Selbstreflexion und Introspektion ermöglichen in Verbindung mit der genannten professionellen Distanz auch eine psychoanalytische »Abstinenz« im besten Sinne. Damit ist die Fähigkeit gemeint, die gemeinsame Beziehung als lebendigen Erfahrungsraum zu erhalten, gleichzeitig den Klienten gegenüber sowohl die Funktionen einer »haltenden Umwelt«, als auch der »optimalen Frustration« für einen »fördernden Dialog« (vgl. Leber 1979b) zur Verfügung zu stellen, ohne sie für die Erfüllung eigener unbewußter oder bewußter Bedürfnisse (etwa geliebt oder gebraucht zu werden) zu mißbrauchen.

Wichtige Aspekte dieser Forderung zu erfüllen, ist nicht immer einfach; ihr immer vollkommen zu entsprechen, ist in praxi sicherlich unmöglich. Das entbindet den Pädagogen jedoch nicht davon, sich beständig um die weitgehende Einlösung dieser Forderung zu bemühen, gegebenenfalls unter Inanspruchnahme äußerer Hilfestellung in Form der Supervision.

Wir haben oben die Psychoanalytische Pädagogik als Teil der Psychoanalyse ausgewiesen. Differenzen zwischen den Anwendungen der psychoanalytischen Methode als Heilverfahren und im Sinne der Psychoanalytischen Pädagogik wurden als Folge unterschiedlicher Settingrealitäten benannt. Nun wird jedoch im Rahmen pädagogischer Settings das psychoanalytische Verstehen und das reflektierte Handeln im Hier und Jetzt des pädagogischen Dialogs in zweifacher Weise eingeschränkt: durch die institutionalisierte pädagogische Realität (Schule, Heim, Kindergarten etc.) einerseits und die umfassendere und damit bedeutungsvollere *Real*-Beziehung zwischen dem Pädagogen und seinen Klienten andererseits. Der pädagogische Prozeß ist im Gegensatz zu demjenigen in der Kur nicht »ziellos« (Morgenthaler). So kann die pädagogische Interaktion auch nicht identisch sein mit einer »ausgedehnten Analysestunde« (A. Balint), und deshalb differieren im pädagogischen Kontext die Formen möglicher Konfliktlösungen und -verarbeitungen erheblich von denjenigen der Praxis der Psychoanalyse als Heilverfahren.

Dies gilt natürlich auch für die Forderung nach »gleichschwebender Aufmerksamkeit«. Im »ziellosen« psychoanalytischen Prozeß der Kur Notwendigkeit, ist sie in pädagogischen Settings nicht im gleichen Ausmaß zu gewährleisten (obschon so weit als möglich im Sinne der oben genannten Abstinenz zu fordern).

Erscheint das größere Gewicht der Real-Beziehung zunächst als Hemmnis, so ist dieses insbesondere für die Bearbeitung bestimmter, sehr früher Störungsformen geradezu notwendig innerhalb der Psychoanalytischen (Heil-)Pädagogik.[13] Das gilt natürlich auch für die ›normale‹ Sozialisation in Regeleinrichtungen (vgl. auch die Ausführungen zur Kinderanalyse in Kap. 7.1.).

Im Hinblick auf die durch die Bedeutung der realen Beziehung tendenziell erschwerte Wahrnehmung von krisenhaften Entwicklungsverläufen in der pädagogischen Praxis hat sich die Konzentration auf zwei Gesichtspunkte als wichtig und hilfreich erwiesen:

1. die Konzentration auf konflikt*typische* Szenen und (ergänzend hierzu):
2. das Erkennen von phasenspezifischen und/oder überkommenen, weil unzureichend verarbeiteten Entwicklungskrisen, die sich oft weniger auffällig in konflikttypischen Szenen verdichten, als daß sie vielmehr durch eine allgemeine Entwicklungs*hemmung* auffallen. In der pädagogischen Praxis finden diese »Hemmungen« deshalb meist weniger Beachtung als die unter 1. genannten Ereignisse, weil der Pädagoge in konflikthaften Szenen unmittelbarer belastet und einbezogen wird.

Schauen wir uns diese beiden Aspekte noch etwas näher an. Der erste Punkt, die erforderliche Konzentration auf konflikttypische Szenen, muß an dieser Stelle nicht noch einmal begründet werden; sie ergibt sich aus der pädagogischen Realität, in der die aktuelle Beziehungsdynamik im Vordergrund steht. Es empfiehlt sich in diesen Fällen, primär jene Beziehungsverläufe einer genaueren Analyse zu unterziehen, die als belastende und konflikthafte Ereignisse immer wiederkehren. Ihr Wiederholungscharakter ist ein zentraler Hinweis darauf, daß spezifische, die Persönlichkeit eines einzelnen (und/oder einer Gruppe) kennzeichnende Konfliktpotentiale agiert werden (Wiederholungszwang). Daß es sich dabei um Reproduktionen und Wiederbelebungen von belastenden primären Erfahrungen und deren gescheiterte Verarbeitungsversuche handelt, ist eine zentrale Grundannahme, die der genetischen Sichtweise und den Erkenntnissen der Psychoanalyse Rechnung trägt. Wir haben im vorliegenden Text bereits mehrere Beispiele des szenischen Verstehens konflikthafter Praxisverläufe diskutiert.

Der oben genannte zweite Schwerpunkt, mit dem die Aufmerksamkeit sich eher auf allgemeine Entwicklungshemmungen und defizitäre (ggf. pathologische) Entwicklungsverläufe richtet, sollte deshalb Beachtung finden, weil sich diese oft weniger in unmittelbar sichtbaren konflikthaften Szenen und damit auch weniger ›lautstark‹ und ›auffällig‹ äußern. Ein eindrucksvolles Beispiel sind die bereits erwähnten Zwillinge Felix und Florian, deren weitere Entwicklung im Kindergarten ich nun berichten möchte. Wir werden hierbei sehen, daß das szenische Verstehen auch bei weniger auffällig sich äußernden Entwicklungskrisen die angemessene Form des Verstehens ist.

Im Bericht über den Entwicklungsverlauf von Felix und Florian waren wir bei dem scheiternden Versuch, die Zwillinge zum Gebrauch der Sprache zu erziehen, stehengeblieben. Geschildert wurde auch die »Telefonszene«, die der Auslöser zum Abbruch jener Bemühungen der Erzieherinnen war: Felix hatte der Erzieherin Evelin sprachlich mitgeteilt, daß ihr Freund sie am Telefon zu sprechen wünsche. Auch wurde dargestellt, wie das soziale Umfeld der beiden sie als eigentlich zusammengehörig, ja identisch erlebt und sie somit als Einheit behandelt.

Nun ist die Entfaltung einer eigenständigen Identität bei eineiigen Zwillingen insbesondere dadurch erschwert, daß sie beständig mit ihrem eigenen Spiegelbild konfrontiert werden. Dies beeinträchtigt natürlich die Entwicklung der Unterscheidungsfähigkeit von Selbst und Nicht-Selbst, d. h. eine vom anderen abgegrenzte Identität. Symptomatisch hierfür ist die oben schon erwähnte Szene: In der Unterscheidung unsicher, fragte eine Erzieherin beim Eintritt der beiden in den Kindergarten, wer Felix sei, daraufhin deuteten beide auf sich selbst.

Aus dieser Sicht hat die ›Sprachlosigkeit‹ symptomatischen Charakter. Weil die differenzierte sprachliche Organisation von Erleben und Handeln immer auch eine identitätsstiftende Abgrenzung des Selbst von den Objekten impliziert, sind Felix und Florian in ihrer Sprachentwicklung retardiert. Deshalb war der Versuch, die Zwillinge zum Gebrauch der Sprache zu erziehen, eine Forderung der Erzieher, der die beiden nicht umstandslos entsprechen konnten. Ausschlaggebend für den Mißerfolg dieses Versuches war, daß die Forderung wieder *unterschiedslos* an beide gerichtet worden war. Sie entsprach damit jenen typischen Reaktionen der Umwelt auf die Zwillinge, die eine eigenständige Identitätsbildung erschweren und blockieren.

Betrachten wir mit dieser Erkenntnis nochmals die Telefonszene, in der Felix plötzlich spricht. Im Bericht der Erzieherin fällt nun sofort auf, daß hier Felix als Felix, als eigenständige Person angesprochen wird. Dies ist eine Erfahrung, die die Beziehung zu den Zwillingen neu definiert, und zwar konträr zum bisherigen Umgang mit Felix und Florian. Ausschließlich Felix wird angesprochen, von ihm alleine wird erwartet, daß *er* die Erzieherin zum Telefon ruft. Und tatsächlich ist er in dieser Situation in der Lage, sich sprachlich individuell mitzuteilen.

Erst diese ›neue‹ Interaktionsform ermöglicht Felix den Gebrauch der Sprache als eigenständiges Kommunikationsmittel zwischen ihm als Individuum und seiner Umwelt.

Wenn wir den Versuch, die Zwillinge zum Gebrauch der Sprache zu erziehen, als Szene verstehen, in der sich die behindernden Reaktionen der Umwelt für die Identitätsentwicklung der Zwillinge beispielhaft focussieren, so zeigt die Telefonszene – ebenfalls verdichtet –, in welcher Form Felix und Florian durch das soziale Umfeld besser gefördert werden können. Denn eigentlich gelingt es in dieser Szene den Erzieherinnen zum ersten Mal, den »Wiederholungszwang« in der Interaktion, jenen Kreislauf von behindernden Reaktionen und mangelnder Identitätsbildung zu durchbrechen. Durch die hier angedeutete Veränderung der Beziehungsstruktur (Felix ist Felix; Florian ist Florian; beide sind Zwillinge, aber gleichwohl eigenständige Menschen) werden neue Erfahrungsfelder geschaffen, deren Bereitstellung die Entwicklung von Felix und Florian fördern.

Das Ende dieser Erziehungs-Geschichte ist nun schnell erzählt: Nachdem die Entwicklungskrise von Felix und Florian, und damit die Dynamik des Beziehungsfeldes Familie – Felix und Florian – Kindergarten, den Erzieherinnen bewußt wurde, gelang es ihnen auch, spezifische und fördernde Interventionen einzuleiten. In mehreren Gesprächen mit den Eltern konnten sie diesen verdeutlichen, daß es für die weitere Entwicklung von Felix und Florian unabdingbar sei, sich von ihrem identisch erscheinenden Zwillingsbruder unterscheiden zu lernen, ebenso wie es zur Förderung ihrer Identitätsfindung notwendig sei, daß die Umwelt sie unterscheiden kann. Diese Gespräche fanden kurz vor Weihnachten statt, und am Heiligen Abend erhielten Felix und Florian zum ersten Mal in ihrem Leben unterschiedliche Geschenke. Im neuen Jahr erschienen sie, ebenfalls zum ersten Mal, unterschiedlich gekleidet im Kindergarten.

Tatsächlich begannen nun Felix und Florian immer mehr, die Sprache als Medium der Verständigung zu benutzen und steigerten ihre sprachlichen Fähigkeiten in einem unerwarteten Ausmaß. Mittlerweile werden Felix und Florian auch in unterschiedlichen Gruppen des Kindergartens betreut. Diese neue Zuordnung wurde in Absprache mit den Eltern durchgeführt mit der Absicht, die Individuationsprozesse der beiden auch durch eine räumliche und zeitliche Trennung zu fördern.

Ich will noch eine kleine Episode nachtragen, die sich im Frühsommer desselben Jahres ereignet hat. Mit ihr kann gut belegt werden, wie Felix und Florian gelernt haben, sich voneinander getrennt zu erleben und zu behaupten. An einem Sonntag hatte die Familie einen Bauernhof besucht. Die Erzieherin berichtet: »Am nächsten

Tag hat mir das der Felix erzählt, ja und später... da habe ich auch den Florian getroffen... Und er hat mir gesagt, hier, Gabi, wir waren auch da und da. Wir haben Pferde und Kühe gesehen. Und da mein' ich, ›Ja, der Felix hat mir das schon erzählt‹. Aber er sagt: ›Ja, aber *ich* noch nicht!‹ Und da stand ich da... Da hat er mir das alles noch einmal erzählt« (I 8, 502-509).[14]

Das glückliche Ende dieser pädagogischen Episode, die Überwindung der Entwicklungskrise von Felix und Florian, führt uns auch zu abschließenden Bemerkungen hinsichtlich der Praxis der Psychoanalytischen Pädagogik. Pädagogik unterstellt notwendig die Erfahrungsfähigkeit der Klienten. Zwar rechnet der Erzieher mit belastenden und behindernden Vor- und / oder Parallelerfahrungen, die die Klienten in die aktuelle pädagogische Interaktion einbringen, aber er muß doch notwendig annehmen, daß sie aus neuen, anderen Erfahrungen (mit ihm) lernen können, also erfahrungsfähig sind. Professionelle Pädagogen sprechen in solchen Fällen gemeinhin von notwendigen »korrektiven Erfahrungen«, die im Rahmen der pädagogischen Interaktion bereitgestellt werden sollen.

Nun ist es jedoch pädagogischer Alltag, daß die Klienten die neuen Erfahrungsräume nicht nutzen (können), nicht aus ihnen lernen und an ihren Übertragungen, entgegen aller neuen Erfahrungsmöglichkeiten, festhalten. Es gelingt ihnen darüber hinaus sogar oft, auch die mit den ›besten‹ pädagogischen Absichten angetretenen Erzieher dahin zu bringen, ihre ursprüngliche »Deutung der Welt« zu bestätigen, d.h. die real vergangenen, belastenden und unbewältigten Erfahrungen wieder mit Stellvertretern in der Gegenwart (den Pädagogen) lebendig werden zu lassen. Hier sind, wie gezeigt, Übertragungs- und Gegenübertragungsprozesse im Spiel, die die Wahrnehmung und die Erfahrungsfähigkeit der Klienten und gegebenenfalls des Pädagogen zumindest einschränken.

Da sich solche Wiederholungstendenzen jedoch nur in Szene setzen, d.h. Wirklichkeit werden können, wenn der Pädagoge sich in die ihm unbewußt zugedachte Rolle begibt, ist es seine vordringliche Aufgabe, solche angebotenen Inszenierungen zu verstehen, um nicht an einer Neuauflage mitzuwirken.

Am Beispiel der Kindergartenerziehung von Felix und Florian konnte modellhaft gezeigt werden, daß folgende ›Intervention‹ innerhalb der Psychoanalytischen Pädagogik an erster Stelle stehen muß: das Bemühen um ein tieferes Verständnis der Beziehungsdynamik im Sinne des szenischen Verstehens. Hier hat der Pädagoge zunächst sich selbst reflektierend zu beobachten und seine Reaktionen zu verstehen, denn die Objekt-Erkenntnis ist von der Selbst-Erkenntnis nicht zu trennen. Störungen von Interaktionsprozessen ereignen sich zwischen den Beteiligten, *innerhalb* der gemeinsamen Beziehung. Da psychische Realität immer eine Beziehungsrealität ist, bleibt weder der Pädagoge von den Konfliktpotentialen seiner Klienten, noch die Klienten von den Konfliktneigungen des Pädagogen unberührt.

Über die Reflexion der Teilhabe am Beziehungsgeschehen, insbesondere an konflikthaften Szenen, wird erst Veränderung möglich. Die Kenntnis solcher Szenen, das Wissen um deren Wiederholungscharakter, wird den psychoanalytischen Pädagogen potentiell in die Lage versetzen, auf die Zumutungen seiner Klienten nicht mit ›Erziehung‹ zu reagieren, d. h. die Szene blind, entsprechend der unbewußten Regieanweisung des Wiederholungszwangs zu komplettieren.

Die geschilderte pädagogische Episode mit den Zwillingen hat gezeigt, daß die Entwicklungskrise über das Verständnis der besonderen psychosozialen Situation von Felix und Florian durch die Erzieherinnen überwunden werden konnte. Erst als diesen deutlich wurde, wie sehr sie selbst die Zwillinge in ihrer Entwicklung behindern – indem sie sich, auch in ihrer Absicht, die beiden zum Sprechen zu erziehen, ebenso verhielten wie das soziale Umfeld –, wurde die Konzeption und Einleitung pädagogisch sinnvoller Interventionen, die Aufnahme eines »fördernden Dialoges« (Leber) möglich.

Da der Pädagoge in der Regel primärer Träger des Arbeitsbündnisses ist, muß die Veränderung der professionellen Beziehung beim Pädagogen ansetzen. Er muß mit dieser Einsicht bei sich selbst beginnen: bei seiner Betroffenheit, seinen Phantasien, Ängsten und Wünschen, bei seinen Haltungen und Einstellungen seinen Klienten gegenüber.

Anmerkungen

Anmerkungen zur Einleitung

1 Dieser Mangel ist nicht nur ein Problem der Psychoanalytischen Pädagogik in den zwanziger und dreißiger Jahren gewesen. Derselbe Mangel kennzeichnet auch neuere Arbeiten wie z. B. die von Bittner (1984) oder Datler (1983, 29).

2 Die chronologische Einordnung der jeweils referierten und diskutierten Texte ist trotzdem möglich, da in den Literaturverweisen das Ersterscheinungsjahr angegeben ist.

3 So tendierte z. B. die Diskussion um den "neuen Sozialisationstypus" in den letzten Jahren dazu (vgl. Häsing et al. 1979; Ziehe 1975), die Bedeutung gerade der (prä-ödipalen) Sexualität durch die Überbetonung narzißtischer Erfahrungs- und Verarbeitungsweisen zu 'verleugnen'.

Anmerkungen zu Teil I, Kapitel 1

1 Wie Aichhorn hervorgehoben hat, sind dies letztlich die beiden einzigen Reaktionsweisen des Erziehers auf das Verhalten des Zöglings gegenüber Erziehungsanforderungen (vgl. Aichhorn 1925; 1926; 1931).

2 Meng (1945, 100ff.) schlägt stattdessen einen allgemeinen "Kodex der Erziehung" i. S. allgemeiner Handlungsleitlinien der Psychoanalytischen Pädagogik vor. (Vgl. auch die nachfolgenden Überlegungen zur "sachlichen Erziehung".)

3 Interessant ist die naive Überschätzung der gesellschaftsverändernden Wirkung der Pädagogik, wie sie in der Fortführung von A. Balints Äußerungen deutlich wird: "Veränderungen in der Kultur müssen durch entsprechende Erziehungsmaßnahmen unterbaut werden, sollen sie dauerhaft sein. Daraus folgt, daß umgekehrt Reformen der Erziehung zwangsläufig eine Veränderung der Kultur herbeiführen, *auch wenn das nicht ihr bewußtes Ziel ist*. ... Die Pädagogik ist daher die revolutionärste aller Wissenschaften. Vielleicht sind sogar die scheinbaren 'Verbesserungen' in den Erziehungsmethoden die Urheber der kulturellen Evolution" (a.a.O.). Eine kritischere Position (die auf das Primat der gesellschaftlichen Organisation von Arbeit verweist) bezüglich der Omnipotenz der Pädagogik vertreten z. B. Bernfeld (1925) und Fromm (1926).

4 Pädagogik findet also ihre Erziehungsziele in den Institutionen formuliert und gesellschaftlich verankert vor. Eine 'revolutionäre' Erziehung scheint somit entgegen der Ansicht A. Balints kaum denkbar ohne 'revolutionäre' Verhältnisse.

5 Diese konservative Tendenz der Pädagogik wird insbesondere auch darin deutlich, daß Erziehung immer Gegenwart als Zukunft setzen muß. Sie erzieht zwangsläufig nach heutigen Erziehungszielen für eine (unbekannte) Realität von Morgen. Das wird im Rahmen statischer Gesellschaften nicht zum Problem. In einer sich rapide

verändernden Umwelt (wie hier und heute) kann Erziehung ihren Aufgaben, so scheint es, kaum mehr nachkommen. Ja, sie mag sogar dysfunktional werden. Indiz hierfür ist der immer größer werdende Bedarf nach psychosozialer Versorgung, nach Psychotherapie usw. Die zunehmende Dysfunktionalität von Erziehung mag eine wesentliche Ursache dafür sein, daß es, nach den Worten Horkheimers, vor 200 Jahren allenfalls Traktätchen über Menschenbehandlung gab, heute jedoch ganze Berufsgruppen hierin ihre Arbeitsfelder finden.

6 Die Forderung und die Frage nach sachlicher Erziehung ist in der Psychoanalytischen Pädagogik im Grunde auch der Versuch, Kriterien für eine professionelle Erziehung zu erarbeiten, obwohl dies meines Wissens explizit nie so formuliert wurde.

7 Damit relativiert die Psychoanalytische Pädagogik die Polarisierung Erzieher – Zögling, da mit diesem Grundsatz der Versuch einer subjektunabhängigen Erziehung, die sich an überindividuell formulierten Lernzielen orientiert, massiv in Frage gestellt wird. (Im II. Teil der vorliegenden Arbeit wird dieses Problemfeld noch Gegenstand weiterer Diskussion sein.)

8 Dieser Satz ist jedoch auch anders interpretierbar (sicherlich eher i. S. von C. Müller-Braunschweig): Unter dem Eindruck der eminenten Bedeutung des Unbewußten, auch und gerade für das erzieherische Verhalten und der Schädigung durch übermäßige Triebunterdrückung im Laufe der Erziehung, die regelmäßig in den Analysen neurotischer Bildungsverläufe sichtbar wurde, blieb den Autoren der Psychoanalytischen Pädagogik eigentlich nur die Forderung nach einer Analyse der Erzieher (Eltern) oder eine negative Regelsetzung, die der möglichst umfassenden Enthaltsamkeit im Prozeß der Erziehung: "*Enthaltsamkeit in der Erziehung* bis zum äußersten, Einschränkung der Erziehungsmaßnahmen auf die allernotwendigsten Versagungen, wissen, daß man sein Kind aus ganz natürlichen Gründen nicht nur liebt, sondern auch haßt" (Reich 1926/27, 74).
Auch Wolffheim vertritt den nämlichen Standpunkt. "Um den Kindern möglichst wenig zu schaden – und dies ist die Hauptaufgabe des Erziehers –, ist es Elternpflicht, ihre Aktivität auf ein Geringes zu beschränken" (1927a, 157). Daß es sich bei dieser Position möglicherweise um ein zentrales Mißverständnis der Psychoanalytischen Pädagogik handeln könnte, wurde erst sehr spät (und aufgrund historischer Umstände unzureichend) problematisiert (vgl. A. Balint 1937; Bornstein-Windholz 1937; Burlingham 1937).

9 Deutlich z. B. bei Chadwick. Sie formuliert in ihrer Arbeit "Die Erziehung des Erziehers": "Das Wort 'Erzieher' wird in dieser Arbeit in seinem weitesten Sinne gebraucht und gilt für alle, die auf ein anderes Individuum, welchen Alters auch immer, irgendwelchen erzieherischen Einfluß ausüben" (1930, 356). Diese Bestimmung ist so weit (und deshalb so nichtssagend), daß sie im Grunde jegliche Form von Interaktion einschließt, Filmstars, Massenmedien, Eltern, professionelle Pädagogen, Modezeichner, Krankenpfleger, Nachbarn usw. usw. üben "irgendwelchen erzieherischen Einfluß" (a.a.O.) aus.

10 Natürlich ist die Einzelanalyse bedeutungsvoll und wünschenswert. Entscheidend ist jedoch, daß sie einzubetten ist in ein spezifisches, differenziertes Ausbildungskonzept. Die Analyse allein macht noch keinen psychoanalytischen Pädagogen. Eine andere Frage ist es, ob nicht die Gruppenanalyse oder eine Kombination von Gruppen- und Einzelanalyse für eine entsprechende Weiterbildung wünschenswert wäre; pädagogische Praxis realisiert sich ja in der Regel als Arbeit mit Gruppen.

11 Interessant in diesem Zusammenhang ist auch die bekannte Feststellung Freuds in dem Geleitwort zu Aichhorns "Verwahrloste Jugend" (1925). "Die Psychoanalyse konnte ihn praktisch wenig Neues lehren, aber sie brachte ihm die klare theoretische Einsicht in die Berechtigung seines Handelns und setzte ihn in den Stand, es vor anderen zu begründen" (1925, 566).

12 Was sich also im Gewand besonders humaner und deshalb mit einem Aggressionstabu versehenen Pädagogik darstellt, kann sich in den Ergebnissen dieser Erziehungs-

haltung als deren Gegenteil entlarven. Bedingungslose "Laissez-faire-Erziehung" beispielsweise wäre eine mißverstandene Psychoanalytische Pädagogik. Die Ängste, Versagungen zu setzen, entsprechen auch einer Delegierung der Verantwortung für das Erziehungsgeschehen an den (damit überforderten) Zögling und damit eine Absicherung gegen Schuldgefühle, deren destruktive Wurzeln in der meist scheiternden Erziehung sichtbar werden.

13 In neuerer Zeit sind Modelle der Ausbildung von psychoanalytischen Pädagogen erarbeitet und erprobt worden, in denen psychoanalytische Gruppenverfahren zur Anwendung gebracht werden und neben der theoretischen Schulung für die Selbsterfahrung des Pädagogen Sorge getragen wird. Ebenso ist in regelmäßiger Supervision die jeweilige Praxis Gegenstand von Reflexion und Kontrolle. So wurde von Leber ein viersemestriges Gruppenverfahren im Rahmen universitärer Ausbildung entwickelt, in dem Selbsterfahrungs- und Supervisionsanteile enthalten sind und als gemeinsamer Lernprozeß erarbeitet werden (vgl. z. B. 1975a; 1977a; 1984; Trescher 1978). Für diese Ausbildung kann (neben anderen) als besonderer Vorteil gelten, daß in der gemeinsamen Erarbeitung und Bearbeitung unbewußter Beziehungsstrukturen und Beziehungsverstrickungen in den Praxisfeldern sowie im Hier und Jetzt der Gruppe auch ein wirksames Mittel gefunden wurde, die (entsprechend der Schichtzugehörigkeit) sozialisationsbedingten Deutungsdifferenzen sozialer Wirklichkeit zwischen dem Pädagogen und seinem Klienten abzubauen.

14 Auf das sicher problematische Verständnis einer "Naturstrafe", die gleichsam an sich wirksam wird, kann an dieser Stelle nur hingewiesen werden. Jedes unlustsetzende Ereignis ist zwangsläufig eingebettet und verwoben in den sozialen Kontext, in dem es sich ereignet. Die Erkenntnis der dinglichen Umwelt als etwas außer uns Seiendem oder gar Fremdem setzt eine spezifische Sozialisation und damit eine gesellschaftlich getragene Sinnstiftung bereits voraus. Für das Erleben des kleinen Kindes gilt ein 'sachlicher' Naturbezug keinesfalls. Es hat die Unterscheidungsfähigkeit belebt – unbelebt, wenn überhaupt, so doch erst in Anfängen erreicht.
Die folgende Szene mag dies illustrieren: Der eben zwei Jahre alt gewordene Olaf spielt mit einem Erwachsenen. Beide bewerfen sich mit Kissen, was ihnen sichtlich Freude und Erregung bereitet. Plötzlich stürzt Olaf und stößt sich seinen Kopf an einer Tischplatte. Er blickt verwirrt und ängstlich seinen großen Spielgefährten an und läuft dann zu einer Schale mit Süßigkeiten, nimmt ein Stück Schokolade heraus und bringt es ihm. Der Spielgefährte nimmt das Versöhnungsopfer an, und das Spiel geht weiter. Der Verlauf macht deutlich, keinesfalls wird die "Naturstrafe" in einen kausalen Zusammenhang mit dem wirklichen Geschehen gebracht/gesetzt. Vielmehr erlebt Olaf sein Mißgeschick als Auswirkung eines Angriffs von seiten des übermächtigen erwachsenen Spielgefährten.

15 Der erzieherische Wille wird hier ganz im Sinne Kants als ein freier bestimmt, das pädagogische Strafen soll ein vernünftiger Akt sein, dem nichts von irrationaler Vergeltungssucht anhaftet. Dem aufgeklärten Pädagogen ist Erziehung ein Herausarbeiten aus dem Naturzusammenhang der Kindheit, eine Entmachtung der infantilen Mythen – notfalls mit Gewalt.

16 Übrigens könnte aus der Sicht der heutigen Narzißmusdiskussion noch die Frage nach einem Straftypus gestellt werden, der sich primär auf das Selbst bezieht. Zu fragen wäre dann nach der psychodynamischen Wirkung von Kränkungen (vgl. auch Kap. 3 und Kap. 4).

17 Daß ein Kind die Strafe nicht als Aggressionsäußerung der strafenden Person erleben kann, scheint doch sehr zweifelhaft. Das Bedürfnis zu strafen entspringt letztendlich immer einer aggressiven Regung, auch wenn diese als aus der Sorge um das Kind erwachsend verschleiert wird.

18 Ähnlich verweist Schmideberg auf die "paradoxe Reaktion" (1931b, 315f.) von manchen Kindern, die durch die Provokation von Bestrafungsmaßnahmen ihre

Angst und ihr Schuldgefühl beruhigen. Sie führt dies darauf zurück, daß die reale Strafe weitaus geringer sei als die befürchtete, die ja in Abhängigkeit von den eigenen aggressiven und zerstörerischen Wünschen steht. Die Realisierung der Strafe dient so dem Schutz vor der Härte der ursprünglich befürchteten, nur der psychischen Realität 'angemessenen' Vergeltung: "die reale Strafe schützt vor der phantasierten" (316).

19 Bohm zeigt in seinen weiteren Überlegungen das Zusammenspiel von Selbstbestrafungstendenz des Kindes und Strafbedürfnis des Erziehers auf. Das unbewußte Zusammenspiel von Erzieher und Zögling wird später noch Gegenstand der Untersuchung sein.

20 So z. B. Schmideberg: "Zweifellos gewährt die Strafe auch masochistische Befriedigung; diese wird jedoch bei den meisten Kindern nicht ausreichend sein, um die Strafe zu provozieren. Erst durch die Strafe wird das Kind in die masochistische Einstellung gedrängt, indem, wenn der Haß verdrängt wird, der Sadismus leicht in Masochismus umschlägt und das Kind die masochistische Lust dann als Prämie empfindet. . . . Im allgemeinen möchte ich annehmen, daß, wenn das Kind die Strafe provoziert, es dies tut, um sich seines Sadismus zu erwehren" (1931b, 312). Das wäre dann eine Provokation im Sinne einer vom Ich des Kindes zur Triebbeherrschung gesuchten Grenzziehung. Eine Unterstützung von seiten des Erwachsenen also gegen Triebdurchbrüche und damit auch eine Suche nach Schutz gegen Triebangst. (Zum Problem des Masochismus als sekundärer Triebäußerung durch Rückwendung des Sadismus gegen die eigene Person vgl. bes. Freud 1915b und 1919.)

21 Zur Problematik und Diskussion der Kindesmißhandlung vgl. insbesondere Zenz (1979).

22 Ein guter Beleg für diese These findet sich in Theweleits Arbeit "Männerphantasien" (1977/78). Er zeigt dort am Beispiel von führenden Freikorpssoldaten u. a. auf, daß die gewaltsame Erziehung, rettet sich der Zögling nicht in individuelle psychische Krankheit, notwendig der dauerhaften Strukturbildung von außen bedarf (militärisch straffe Hierarchie, Feindbilder etc.), weil die innere Struktur sich nie als autonome entfalten konnte.

23 Dieser regressiv-magische Charakter wird auch bei der Prügelstrafe deutlich: Die Absicht, jemandem eine bestimmte Schlimmheit "auszutreiben" erinnert in fataler Weise an magische Teufelaustreibungsversuche (vgl. Leber 1979a; Schikola 1932, 520f).

Anmerkungen zu Teil I, Kapitel 2

1 Neben einer Fülle von Aufsätzen zum Thema erschienen Sonderhefte in der "Zeitschrift für psychoanalytische Pädagogik" zu den Schwerpunkten "Sexuelle Aufklärung" (das Freud zu seinem 75. Geburtstag gewidmet wurde; 1. Jg., Heft 7-9), "Onanie" (2. Jg., Heft 4-6), "Nacktheit" (2. Jg., Heft 2-3) und "Menstruation" (5. Jg., Heft 5-6).

2 Sharpe verweist auf Reaktionen auf den Geschlechtsverkehr der Eltern bereits von Säuglingen und ganz kleinen Kindern (vgl. 1935, 334f.).

3 Vgl. auch die differenzierte Darstellung der Diskussion um Positionen der Sexualerziehung heute in Bill (1979).

4 Zulliger schlägt deshalb vor, dem Kind die Storchengeschichte als Märchen neben der Aufklärung zu erzählen. Er begründet das damit, daß diese auf symbolischer Ebene weitgehend die infantilen Geburts- und Zeugungstheorien enthalte. Deshalb liegt die Geschichte vom Storch dem Unbewußten möglicherweise näher als die sachlich richtige, aber nicht dem Triebwunsch entsprechende Aufklärung. "Das Kind kann dann mit dem Märchen anfangen, was ihm beliebt. Und wir haben als Erzieher nichts versäumt" (Zulliger 1930a, 47).

5 "Masturbation. Dieses Kunstwort ist zusammengezogen aus manu sturpatio, gleich Schädigung mittels der Hand" (Landauer 1928a, 115).

6 Bornemann weist darauf hin, daß die Kleinkind-Onanie (im Gegensatz zur Säuglingsonanie) nicht transkulturell auftaucht. "Masturbation ist selbst als transitorische Betätigung im Kindesalter nicht üblich, wo Kinder freien Zugang zu den altersüblichen sexuellen Spielen mit Gleichaltrigen haben. Mit Ausnahme der Säuglingsmasturbation, die in allen Regionen der Erde zur Norm gehört, ist Masturbation vom dritten Lebensjahr an stets und überall eine Notlösung, ein Substitut für die bei anderen Primaten üblichen homo- und heterosexuellen Übungsphasen der Kindheit" (1981, 130).

7 M. E. lassen sich in der z. Zt. immer noch bei Pädagogen aktuellen Diskussion um einen neuen "Narzißtischen Sozialisationstypus" (vgl. Ziehe 1975; Häsing et al. 1979) ähnliche Abwehrstrategien finden. Es scheint zumindest so, daß mit Hilfe des Narzißmuskonzeptes oft die Dimension der Sexualität (und damit auch ihre potentielle Sprengkraft) aus dem Wahrnehmungsfeld der Pädagogen verdrängt wird.

8 Auf die Diskussion, inwieweit der Penisneid des Mädchens gleichsam das Echo der realen Unterdrückung von Frauen und Mädchen darstellt und auf deren körperliche Austragung verweist – oder ob es sich um eine überhistorische und naturbedingte 'Mangel'-Ausstrattung handelt, kann hier nicht eingegangen werden (vgl. z. B. die Diskussion in de Beauvoir 1949; Chassequet-Smirgel 1964; auch Bettelheim 1954; Kohut 1973, 220f.). Reich gibt übrigens der Vermutung Ausdruck, daß es sinnvoll wäre, das kleine Mädchen im Zuge der Aufklärung auf die Vagina hinzuweisen. "Man möchte es aber für angezeigt halten, das kleine Mädchen auf die Vagina aufmerksam zu machen" (1928, 151 Fn.). Allerdings bleibt zu berücksichtigen, daß die Notwendigkeit zu dieser Aufklärung sich erst ergibt, wenn vorher bereits die *weibliche* Geschlechtlichkeit des Mädchen geleugnet und tabuisiert wurde.

9 Die mögliche weiterführende Vermutung, daß überhaupt die orthodoxe psychoanalytische Theorie über die weibliche Sexualität in ihren wesentlichen Gehalten (Penisneid, Unkenntnis der Vagina beim kleinen Mädchen, Entwertung der Weiblichkeit aufgrund der Penislosigkeit etc.) letztendlich auf Projektionen männlicher Ängste und Wünsche auf die Frauen fußt, soll hier nur genannt werden. Ein Beleg (neben anderen) ließe sich darin finden, daß die überwiegende Mehrzahl der psychoanalytischen Untersuchungen zur Trieb- und Ichentwicklung primär auf die Entwicklung des Knaben reflektieren. Erst in einem weiteren Schritt werden – wenn überhaupt – die gewonnenen Ergebnisse in bezug zur weiblichen Entwicklung gestellt, d. h. in der Regel in Analogie zur männlichen Entwicklung begriffen. Dieses Vorgehen kann durchaus als Abwehr (auch archaischer) Kastrationsängste verstanden werden.

Anmerkungen zu Teil I, Kapitel 3

1 Redl weist auch darauf hin, daß die Diagnose von Lernstörungen (wie die von Störungen überhaupt) abhängig ist von sozialen Instanzen und Interessen, die z. B. Lernnormvorgaben und Lernziele bestimmen und aus deren Abhängigkeit heraus erst spezifische Lernstörungen definiert werden können. "Mit einem Wort: in dem Augenblick, wo unser Schulwesen in seiner Struktur . . . in irgend einem Punkte wesentlich geändert würde, wären unsere Erziehungsberatungsstellen plötzlich mit ganz anderen Kindern gefüllt!" (1934, 168).
Ein Beispiel hierfür ist die Legastheniediskussion in neuerer Zeit und ihre Auswirkungen auf die Betreuung von lese-, schreib- und rechenschwachen Schülern.

2 S. Bornstein beschreibt eine modifizierte Technik der Kinderanalyse, bei der er die Therapie mit pädagogischen Hilfestellungen kombiniert. Als entscheidend bezeichnet er anhand einer Falldarstellung "eine einerseits passive, andererseits . . . ent-

schieden auf Ermutigung ausgerichtete Haltung" (1934, 142) des Therapeuten, die schon früh im Therapieverlauf dazu führen soll, daß die Lernhemmung abgebaut wird. Darüber hinaus verweist Bornstein darauf, daß in konkreten Lernsituationen mit dem Kind ein Verständnis der Lernstörung leichter zugänglich ist. "Die Lernhemmung des Kindes muß miterlebt werden, um verstanden zu werden. Und man muß sie an ihrer Oberfläche verstehen, um sie abbauen zu können" (148). Zusätzlich greift er auf direkte pädagogische Interventionstechniken zurück. So versucht er z. B. bei Kindern, die in phobischer Weise das Schreiben vermeiden, diese aktiv zum Schreiben zu verführen, um die Hemmung so sukzessive zu durchbrechen (vgl. 142).

3 Ein mir bekannter Jugendlicher weigerte sich beispielsweise beständig, nach der üblichen Art zu addieren. Er entwickelte eine eigenständige, gleichwohl sehr umständliche Methode. Trotzdem gelang es ihm, oft schneller als seine Kameraden zu addieren. Hier ist der Hinweis angebracht, daß neurotische Störungen nicht nur zu Arbeits-(Lern-)Hemmungen führen können, sondern ebenso zu ihrem Gegenteil, zu neurotisch bedingten hohen Leistungen. Diese sind allerdings meist wenig auffällig und zudem ist der sekundäre Krankheitsgewinn sehr hoch. (Zur Problematik der "begabten" Kinder vgl. z. B. Miller 1980.)

4 Auf die Ansätze und Ergebnisse der psychoanalytischen Familienforschung und -therapie, die die Symptome auch in ihrer Funktion für die Erhaltung des familiären Gleichgewichtes und in Abhängigkeit von der Familieninteraktion sehen, kann hier nur hingewiesen werden (vgl. z. B. Richter 1970; Stierlin 1975; 1978; Stierlin et al. 1977).

Anmerkungen zu Teil I, Kapitel 4

1 Aichhorn arbeitet hier mit einem äußerst problematischen Naturbegriff. Er unterstellt, menschliche Natur hätte gleichsam überhistorischen und transkulturellen Bestand. Er reflektiert nicht, daß menschliche Natur nur innerhalb menschlicher Beziehungen und gesellschaftlicher Strukturen wirksam werden kann und durch diese im Sozialisationsverlauf qualitativ erst hergestellt wird. Menschliche Natur ist also eine von Menschen qualitativ erst hergestellte, kein unantastbares Relikt aus dem Dunkel der Phylogenese.

Dieses komplexe Problem kann hier jedoch nur benannt werden. Differenzierte Erarbeitungen finden sich z. B. in Dahmer (1973), Lorenzer (1972a; 1974; 1977) und Trescher (1979a).

2 Diesen Prozeß der permanenten Reproduktion früher Deprivationserfahrungen unter der Polarität gut – böse, Verfolger – Verfolgte, hat Clos anhand ihrer Arbeit mit Jugendlichen aus sozialen Randgruppen besonders anschaulich beschrieben (vgl. 1982).

3 Die überraschende Stärke einzelner Ichfunktionen beispielsweise im Bereich des deliquenten Handelns mancher Verwahrloster, wie sie u. a. von Redl und Wineman festgestellt wurden (vgl. 1951, 180ff., 184, 189), zeigt eine partielle "Progression um der Regression willen" (M. Balint 1959, 72). Die Stärke dieser Ichfunktionen entfaltet sich im Dienste des Versuchs der (Wieder-)Verschmelzung mit dem allmächtigen Objekt. Oftmals können die hierbei beobachtbaren differenzierten Ichleistungen nur ausschließlich bei diesen Versuchen genutzt werden.

4 In neuerer Zeit werden die Erfahrungsgehalte und Erlebnisfiguren, die diesen frühen Angstformen entsprechen, auch kulturindustriell immer mehr thematisiert (z. B. in Science fiction-, Horror- und Katastrophenfilmen, entsprechenden Romanen und Comics oder auch in vielen Video-Spielen).

Der folgende Text eines von Nina Hagen aufgenommenen Liedes mit dem Titel "Alptraum" zeigt einige dieser Erlebnisfiguren deutlich:

"*Alptraum*
na, vermißt du mich, wenn die nächte lang und kalt sind? träumst du von mir in sehnsuchtsvollem schwarzen dunst?/ aber ich, ich, ich, ich, ich, ich bin dein alptraum, ich komm, ich komm im morgengraun um dich vernichtend anzuschaun/ ich jage dich und du entkommst mir nicht, ich mach dich nachts zum attentäter, zum verräter, ich jage dir den schweiß von der glatten stirn bis tief ins gehirn/ na, vermißt du mich, wenn die knospen platzen? träumst du von mir, wenn ich als hexe über die mauer fetze/ refrain/ na, vermißt du mich, wenn die sintflut kommt, wenn alles zu ende ist? soll ich dir denn gar nicht helfen? wenn dich keiner, aber auch keiner in die arche hievt?/ solo/ hab doch keine angst, es war doch alles nur ein traum (träume sind schäume) bei hellem klaren tageslicht hat das doch alles kein gewicht (träume sind schäume) nur in der tiefen, schwarzen nacht, da wirst du von der angst gepackt/ aber ich, ich, ich, ich, ich, ich bin dein alptraum, ich mach dich nachts zum zitteraal vibrierend in der höllenqual ich spieß dein kopf auf eine latte und dann frißt dich ne fette ratte und als dicker fetter clown komm ich dir auf die fresse haun/ ich töte dich eintausendmal ich töte dich dreitausendmal ich töte dich sechstausendmal ich töte dich neuntausendmal ich töte dich zehntausendmal ich töte dich millionenfach ich töte dich billionenfach ich töte dich trillionenfach/ ich jage dich und du entkommst mir nicht ich mach dich nachts zum attentäter, zum verräter, ich jage dir den schweiß von der glatten stirn bis tief ins gehirn" (Hagen 1979).
In Text und Darbietung dieser Thematik durch Hagen artikuliert sich natürlich auch der Versuch des spielerisch-bewältigenden Umgangs mit dem Entsetzen – ganz im Gegensatz etwa zu Horror-Videos oder ähnlichen Produkten, die die nämlichen Inhalte ungebrochen darbieten.

5 "Jacques Mesrine (29.12.1936 - 2.11.1979), bis vor seinem Tod Staatsfeind Nummer eins Frankreichs und Kanadas, Algerienkämpfer, Einbrecher, Bankräuber, avanciert vom kleinen Gangster aus dem Pariser Milieu zum meistgesuchten Killer, dem drei spektakuläre Gefängnisfluchten gelingen, bevor er von den Spezialeinheiten der Pariser Polizei in seinem Wagen erschossen wird" (Editorische Notiz, in:Mesrine 1977, 4). Grenzen konnten von Mesrine nur mit tödlichem Ausgang erfahren werden.

Anmerkungen zu Teil I, Kapitel 5

1 Dieses 'Vergessen' der Vorgeschichte der Klienten, aber auch des Scheiterns von Kollegen in anderen Heimen ist in pädagogischen Institutionen häufig anzutreffen (vgl. Ettl 1980).

2 Auf den Streitpunkt, inwieweit Kinder zur Ausbildung einer Übertragungsneurose fähig sind oder ob dies nicht der Fall ist, weil, wie A. Freud dies formuliert hat, "die alte Auflage noch nicht vergriffen ist" (1927, 46), wird in Kap. 7 näher eingegangen. Diese Frage ist einer der Brennpunkte der Kontroverse über die Technik der Kinderanalyse zwischen Anna Freud und Melanie Klein. Darüber hinaus ist die Unterscheidung von Übertragungsreaktionen und Projektionen zu berücksichtigen, da Projektionen einer 'Verschiebung' von Selbstrepräsentanzen und nicht von Objektrepräsentanzen entsprechen.

3 Für den schulischen Bereich hat Singer einige typische Übertragungsreaktionen des Schülers aufgezeigt, so z. B. die Übertragung von "Vaterhaß-Gefühlen", von "Geschwisterneid auf die Schulsituation", von "Verwöhnungsansprüchen", von "Angst und Mißtrauen" (vgl. 1973, 87ff.).

4 Kohut unterscheidet drei Formen dieser Übertragung:

1. Die archaischste Form, in der das Selbst die Übertragungsfigur einschließt. Sie wird als zum Selbst gehörig erlebt, die Verschmelzung erfolgt "durch Ausdehnung des grandiosen Selbst". Hier kann im engeren Sinne eigentlich nicht mehr von Übertragung gesprochen werden.
2. Eine weniger archaische Form, in der der Klient annimmt, daß der andere wie er selbst sei. Diese Übertragung nennt Kohut *"alter ego* oder *Zwillingsübertragung"*. Diese Übertragung kann auch als Projektion von Selbstanteilen beschrieben werden.
3. Die eigentliche Spiegelübertragung, bei der die Übertragungsfigur als getrennte Person erlebt wird, aber nur insofern 'existiert', als sie für die Bedürfnisse des wiederbelebten grandiosen Selbst relevant ist. Diese am wenigsten archaische Form ist eine Wiederbelebung jener frühen Phase der Entwicklung "in der der Glanz im Auge der Mutter, der die exhibitionistische Schaustellung des Kindes widerspiegelt, und andere Formen mütterlicher Anteilnahme an der narzißtische Glückseligkeit des Kindes dessen Selbstachtung bestätigen und beginnen, sie durch eine allmählich zunehmende Selektivität in realistische Bahnen zu lenken" (Kohut 1969, 184; vgl. auch 1971, 129ff.).

5 Ohne noch näher darauf einzugehen, kann vermutet werden, daß in den eingangs des Kapitels geschilderten Interaktionsverläufen zwischen Peter und seinen Betreuern die narzißtischen Übertragungsreaktionen eine wesentliche Rolle gespielt haben. Auch der Auslöser für seinen Suizidversuch ist sicherlich auf das Erleben einer neuerlichen narzißtischen Katastrophe, die wahrscheinlich durch die Trennung von einem idealisierten Objekt (der Freundin) ausgelöst wurde, zurückzuführen (vgl. Henseler 1974).

6 Hier zeigt sich ein wesentlicher Unterschied zwischen der Anwendung der psychoanalytischen Methode in der Pädagogik zu derjenigen in der Analyse: Der analytische Prozeß findet seinen erfolgreichen Fortgang in der Durcharbeitung der Übertragung, der pädagogische zunächst in der Nutzung erwünschter Übertragungsreaktionen zum Aufbau einer mehr realistischeren Beziehung und der Hemmung störender Übertragungsreaktionen in der gemeinsam geteilten Interaktion. Kurz gesagt: In der Analyse ist die Arbeit *an* der Übertragung(sneurose) zentral, in der Psychoanalytischen Pädagogik steht die Arbeit *mit* der Übertragung *zunächst* im Vordergrund.

7 Wohlgemerkt, nicht alle; der Pädagoge ist wesentlich auch reale Person, Teil der äußeren (Beziehungs-)Realität seiner Klienten.

Anmerkungen zu Teil I, Kapitel 6

1 "Bei wirklicher vollständiger Schülerautonomie, wo der Lehrer auf die Stufe der Schüler regrediert, zerfällt die 'Gemeinschaft' aus Mangel an einem Führer, wird disziplinlos und löst sich in Parteistreitigkeiten auf" (Zulliger 1930b, 42).
Mag Zulligers "Führer"-Begriff noch 1930 tolerabel sein, so ist es doch bedenklich, daß er ihn nicht nur im Angesicht des deutschen Faschismus und des "Führers" weiter verwendet (z. B. 1936), sondern auch in seinen Arbeiten nach dem Zweiten Weltkrieg (z. B. 1951) keine Veranlassung sieht, ihn zumindest in Frage zu stellen.

2 Dieses Projekt wurde von A. Leber geleitet, der seit langem am Institut für Sonder- und Heilpädagogik der Johann Wolfgang Goethe-Universität, Frankfurt/M., psychoanalytische Gruppenverfahren in Forschung und Lehre zur Ausbildung von Heilpädagogen nutzbar macht (vgl. Leber 1975a; 1975b; 1977a; 1984; Trescher 1978).

3 Eine konflikthafte Szenenfolge innerhalb einer Schulklasse wurde an anderer Stelle ausführlicher und differenzierter erarbeitet (Trescher 1982a; vgl. auch Neidhardt 1977; 1984; Reiser 1972a,b; 1977). Hier ist es zunächst nur wichtig, auf die Relevanz gemeinsamer Gruppenphantasien für die pädagogische Praxis hinzuweisen.

Anmerkungen zu Teil I, Kapitel 7

1 Wie Rehm dargelegt hat, ist das eine unzutreffende Einschätzung (vgl. 1967, 73ff., 113ff.). Darüber hinaus wird der nämliche Fall (der "kleine Hans") auch in bezug auf andere Praxiskonzeptionen innerhalb der Psychoanalyse oft als erster Pionierschritt reklamiert. So z. B. von Argelander (1980, 54f.) als erstes Supervisionsmodell, von Redl und Aichhorn als Modell der Erziehungsberatung und von Körner als Beispiel der Behandlung einer "pädagogischen Dyade" (1980, 785f.).

2 "Das Ich wird sozusagen ersucht zu schweigen, das Es wird eingeladen zu reden, mit dem Versprechen, daß seine Abkömmlinge beim Aufsteigen zum Bewußtsein nicht den gewohnten Schwierigkeiten begegnen werden. Allerdings wird den Es-Abkömmlingen nicht versprochen, daß sie bei diesem Eintritt ins Ich irgendein Triebziel erreichen werden. Der Passagierschein gilt nur für die Umsetzung in Wortvorstellungen, nicht für die Beherrschung des Bewegungsapparats, die eigentliche Absicht des Aufsteigens. Der Bewegungsapparat wird ja durch die strengen Regeln der analytischen Technik von vornherein lahmgelegt". Die freie Assoziation zielt also auf ein "Doppelspiel" mit dem Es: "der Aufforderung sich zu äußern, bei gleichzeitig konsequenter Verweigerung der Befriedigung" (A. Freud 1936, 13).

3 Unter sozialisationstheoretischen Aspekten müßte es natürlich richtiger heißen: Der Erwachsene ist aufgrund seiner Sozialisation (dem Aufbau eines relativ starken Ichs) in der Lage, die Tat durch das Wort zu ersetzen.

4 Interessant in diesem Diskussionszusammenhang sind die frühen Überlegungen bezüglich eines eigentlich familientherapeutischen Ansatzes von Laforgue (vgl. 1936).

5 Es soll allerdings nicht verschwiegen werden, daß Mahler hier offensichtlich anderer Meinung ist und autistische Kinder ambulant behandelt. Dies liegt nicht zuletzt an der von Bettelheims Theorie erheblich differierenden Einschätzung der Genese des Autismus (vgl. Mahler 1968; zur Differenz der Konzepte von Bettelheim und Mahler vgl. Schmauch 1977).

6 Daß dies der Analytiker wohl immer sein muß, ist keine Frage. In der Kinderanalyse allerdings sehr viel mehr als in der Arbeit mit erwachsenen Patienten. Nach Baudouins Auffassung ist "hier eine echte *Beziehung* zwischen Analytiker und Patient zu fordern, nicht nur eine *Übertragung*" (1964, 11). Interessant in diesem Zusammenhang ist auch die 'Wiederentdeckung' der Ansätze Ferenczis zur "aktiven" Technik und die z. Zt. lebhafte Diskussion der Frage, ob es zwei psychoanalytische Techniken – die klassische und die der korrigierenden emotionalen Erfahrung – gäbe (zur Diskussion vgl. bes. Cremerius 1979; Grunberger 1979; Thomä 1981; 1983).

7 Der Hinweis ist erforderlich, daß dieser Satz – wie auch die zuletzt zitierten Texte A. Freuds – mißverstanden werden kann. Es wäre fatal, Erziehung allein auf eine Überich-Pädagogik reduzieren zu wollen. Zumindest Psychoanalytische Pädagogik ist – wie gezeigt – auf die Bildung (Herstellung und Differenzierung) von Ich-Funktionen, von Autonomie gerichtet.

8 "Sie wissen alle, was ich darunter verstehe. Der erwachsene Neurotiker verwandelt im Laufe der analytischen Behandlung allmählich die Symptome, um deretwillen er die Kur aufgesucht hat. Er gibt die alten Objekte auf, an denen seine Phantasien bisher festgehalten haben und zentriert seine Neurosen neu um die Person des Analytikers. Wir sagen, er ersetzt seine bisherigen Symptome durch Übertragungssymptome, führt seine bisherige Neurose, welcher Art sie auch war, in eine Übertragungsneurose über und spielt nun im Verhältnis zu der neuen Übertragungsperson, zum Analytiker, alle seine abnormen Reaktionen ab" (A. Freud 1926, 45; vgl. auch Greenson 1978, 152ff.).

9 Greenson hingegen ist der Auffassung, daß "die Kleinianer nicht zwischen vorübergehenden Übertragungsreaktionen und der Übertragungsneurose unterscheiden" (1978, 427).

10 "Sowie das Kind, sei es durch Spiel, durch Zeichnungen, Phantasien oder auch nur durch sein Gehaben, einen Einblick in seine Komplexe gegeben hat, kann und soll die Deutung einsetzen" (1932, 32).

11 Praxisnahe Darstellungen der Anwendung beider Konzepte finden sich bei B. Bornstein 1949; Burlingham 1932; Buxbaum 1934; A. Freud 1927; Klein 1926; 1932; Meng 1928; Schmideberg 1932; 1934b; E. Sterba 1934 u.a., in neuerer Zeit etwa bei Bolland/Sandler et al. 1965; Klein 1961.

12 Dies reklamiert Anna Freud natürlich auch für ihr frühes ebenso wie für ihr späteres Konzept (vgl. z. B. 1932, 388f.; 1965, 202).

13 Träfen diese Bedenken zu, könnte das heißen, daß die von Klein regelmäßig in der Analyse beobachteten archaischen Angstformen und Zustandsbilder (von ihr stammt ja die Hypothese, daß die kindliche Neurose in Abwehr früher Ängste psychotischer Qualität gebildet wird) auf diesen technischen Fehler zurückzuführen wären.

14 Vgl. jedoch: "Indem ich das Spiel des Kindes in einer der *Freud*schen Traumdeutung ähnlichen Weise behandelte, fand ich Zugang zum Unbewußten des Kindes. Wir haben zu beachten, wie jedes Kind im Zusammenhang mit seinen individuellen Gefühlsbewegungen und Ängsten und in der Verbindung mit der Gesamtsituation, wie sie sich in der Analyse offenbart, mit Symbolen umgeht; eine bloß allgemeine Übersetzung von Symbolen ist bedeutungslos" (Klein 1955, 28). Gleichwohl entkräften diese Ausführungen das obige Argument der fehlenden Assoziation nicht.

15 Anna Freud verweist an dieser Stelle auf eine Arbeit von B. Bornstein aus dem Jahre 1949. Diese beschreibt dort den Verlauf der Analyse eines phobischen Jungen und stellt exemplarisch die von Anna Freud erwähnte Abwehr-Analyse dar. B. Bornstein zeigt, wie sie vorsichtig und Schritt für Schritt die Abwehr des Jungen aufdeckt, verdrängtes Material einer Bearbeitung zuführt und ihm so eine realitätsgerechtere Bewältigung seiner infantilen Konflikte ermöglicht (vgl. auch Berna 1967).

16 Bittner merkt an, daß Zulligers Technik sehr wohl eine dialogische Reflexion auf der Spielebene über die Probleme des Kindes darstellt. Anhand eines Praxisberichts Zulligers weist er nach: "Das Kind erfährt durch die vom Therapeut gesetzten 'Zeichen' etwas über die unbewußten Hintergründe seiner Angst – daher darf das Geschehen zwischen Zulliger und dem Kinde als ein Deutungsprozeß im psychoanalytischen Sinne bezeichnet werden". Gleichwohl schränkt er ein, daß "die grundsätzliche Überlegenheit der verbalen Deutung gegenüber dem bildhaften Vergegenwärtigen bestehen (bleibt). Nur das Wort unterbricht den neurotischen Ereigniszusammenhang, das Spielsymbol, das Bild überhaupt kann ihn nicht übersteigen, sondern höchstens modifizieren, korrigieren" (1967, 176; vgl. auch 1973b, 85f.).

17 Dies wird beispielsweise deutlich in Zulligers Überlegungen zu der zentralen Frage, ob das Kind eine Übertragungsneurose oder 'nur' Übertragungsreaktionen ausbilden könne. Anschließend an die (auch oben teilweise zitierten) Ausführungen A. Freuds, in der sie ihrer Überzeugung Ausdruck verleiht, daß das Kind nicht in der Lage sei, eine volle Übertragungsneurose auszubilden (vgl. 1927, 45ff.), erklärt Zulliger: "Mir scheinen diese Sätze sauber und einleuchtend. Nur lehrt die Erfahrung und der tägliche Umgang mit Kindern, die Behauptungen Anna Freuds stimmten mit der Wirklichkeit nicht überein. Bei der Diskussion käme es wahrscheinlich darauf hinaus, daß man sich um die Begriffe 'Übertragung' und 'Bindung' streiten würde . . . es ergäbe sich, wie so oft bei wissenschaftlichen Auseinandersetzungen, ein Turnier um die Fachausdrücke . . .

Jede Lehrerin, jeder Lehrer kann unter den Schülern Übertragungsphänomene beobachten. . . . Gerade bei der 'reinen Spieltherapie' zeigen sich Übertragungsphänomene regelmäßig mit großer Deutlichkeit" (1952, 124f.). Zulliger scheint überhaupt nicht zu bemerken, daß A. Freud die Existenz von Übertragungsphänomenen keinesfalls in Frage stellt, sondern die Entfaltung einer Übertragungsneurose beim Kind diskutiert. So kann sich Zulliger auf theoretischer Ebene auch nicht dieser

Auseinandersetzung stellen: Werden die Kategorien Übertragungsneurose und Übertragungsreaktion gleichgesetzt, kann die von A. Freud formulierte Problemstellung natürlich nicht mehr gedacht werden.

18 Möglichkeiten und Probleme der Beratung von Eltern durch die professionellen Erzieher des Kindes werden z. B. diskutiert von Gerspach (1981b, 84f.).

19 Daß dies eine Reduktion der Anwendungsmöglichkeiten der psychoanalytischen Methode ist und auf einem (von vielen Analytikern geteilten) eingeschränkten Verständnis der Psychoanalyse beruht, wird in Teil II der vorliegenden Arbeit näher zu begründen sein. Aus diesem eingeschränkten Verständnis erklärt sich auch, warum therapienahe Praxiskonzeptionen (wie die Erziehungsberatung oder die therapeutische Heimerziehung, d. h. die Milieutherapie) in der Psychoanalytischen Pädagogik relativ differenziert formuliert sind (vgl. z. B. Aichhorn 1925; 1932; 1936; Bettelheim 1955; 1967; Ertle 1971; Leber 1968; 1970; Mannoni 1973; 1976; Redl 1932; 1966; Redl/Wineman 1951; 1952), während explizit pädagogische Arbeitsfelder weitaus weniger sturkturiert und kaum im Hinblick auf die Umsetzung psychoanalytischen Verstehens in pädagogisches Handeln erarbeitet wurden.

20 Diese Neutralität ist auch gegenüber Institutionen zu fordern. Offene Gesprächssituationen können nur im Rahmen von gesichertem Vertrauen (Schweigepflicht) entstehen. Hierin liegt eines der Kernprobleme der Beratung z. B. durch für die Familie zuständige Sozialarbeiter, die über reale Sanktionsmöglichkeiten verfügen und auch rechtlich zu Eingriffen in bestimmten Fällen gezwungen sind.

21 Die konzeptionelle Nähe zur oben beschriebenen Einleitungsphase in der Kinderanalyse ist offensichtlich und soll hier nicht näher diskutiert werden.

22 Diese Vorgehensweise gerät in die Nähe bewußter Manipulation. Inwieweit dies mit der psychoanalytischen Methode und ihren emanzipativen Zielsetzungen überhaupt vereinbar ist, bleibt äußerst fragwürdig. Der gleichlautende Einwand ist im übrigen auch gegen Zulligers Vorstellung des Pädagogen als "Führer" (s. o.) angebracht.

23 Eine umfangreichere Differenzierung pathologischer Beziehungskonstellationen zwischen Eltern und Kindern findet sich, wie erwähnt, bei Richter (1963). Es ist hier leider nicht der Ort, diese näher darzustellen. Auch müssen neuere Arbeiten zur Familientherapie hier ausgeblendet bleiben, die oftmals zu Recht fordern, daß Erziehungs-/Beziehungsschwierigkeiten am Ort ihrer Entstehung, d. h. in und/oder mit der Familie zu bearbeiten sind (vgl. z. B. Buchholz 1982; 1983; Richter 1970; Selvini Palazzoli et al. 1975; Stierlin et al. 1977; Zuk 1971). Gleichwohl zeigt die Beachtung der Eltern ebenso wie die des "sozialen Ortes" des Erziehungsumfeldes in der psychoanalytischen Erziehungsberatung, daß es sich hierbei eigentlich bereits um einen familientherapeutischen Ansatz handelt (vgl. auch Laforgue 1936). Zumindest kann dieses Vorgehen als "kindzentrierte" bzw. "elternzentrierte Familientherapie" (Leber) verstanden werden.

24 Aichhorn löst solche Situationen oft mit Interventionstechniken auf, die heute als Symptomverschreibungen bzw. paradoxe Interventionen beschrieben werden (vgl. 1925, 88f., 111f., 119ff.).

Anmerkungen zu Teil II, Kapitel 8

1 Etwa Freuds ursprüngliche Arbeitshypothese, daß der hysterischen Erkrankung eine reale Verführung zugrundeliege. (Vgl. zur Diskussion Miller 1980; 1981). Neben anderen Überlegungen bewirkte diese Hypothese nach Ansicht Körners (1980) übrigens die lebhafte Diskussion um die Neurosenprophylaxe als vordringliche Aufgabe der Psychoanalytischen Pädagogik.

2 Deutlicher wird dieser Sachverhalt bei sexuell getönten und oft noch mehr bei Witzen, die Aggressionen gegenüber Minderheiten thematisieren. Hier führt, wie

Freud (1905c) gezeigt hat, die unverhoffte Enthüllung unbewußter, verdrängter Inhalte zur plötzlichen Affektabfuhr durch das Lachen (sofern der Witz geeignet ist, die Abwehr kurzfristig zu durchbrechen). Daß gerade die als besonders gut empfundenen Witze von vielen Menschen alsbald wieder 'vergessen' werden, zeigt die Wirksamkeit der Verdrängung.

3 Aus der Notwendigkeit der Bearbeitung jener "blinden Flecken" leitet sich u. a. die Forderung nach der Lehranalyse ab. Sie soll die Übertragungsreaktionen des Arztes auf seine zukünftigen Klienten gleichsam prophylaktisch bearbeiten (vgl. z. B. Freud 1912b, 382).

4 Auch das berühmte Freud-Zitat aus der Einleitung zu "Massenpsychologie und Ich-Analyse" (1921, 73), das gemeinhin als Gegenbeleg Verwendung findet, widerlegt den obigen Gedanken nicht. "Der Gegensatz von Individual- und Sozial- oder Massenpsychologie, der uns auf den ersten Blick als sehr bedeutsam erscheinen mag, verliert bei eingehender Betrachtung sehr viel von seiner Schärfe. Die Individualpsychologie ist zwar auf den einzelnen Menschen eingestellt und verfolgt, auf welchen Wegen derselbe die Befriedigung seiner Triebregungen zu erreichen sucht, allein sie kommt dabei nur selten, unter bestimmten Ausnahmebedingungen, in die Lage, von den Beziehungen dieses Einzelnen zu anderen Individuen abzusehen. Im Seelenleben des Einzelnen kommt ganz regelmäßig der Andere als Vorbild, als Objekt, als Helfer und als Gegner in Betracht, und die Individualpsychologie ist daher von Anfang an auch gleichzeitig Sozialpsychologie in diesem erweiterten, aber durchaus berechtigten Sinne." Die zentralen Bestimmungen der klassischen Psychoanalyse betreffen Objekte (Interaktion) nur insofern, als sie ihre 'Spuren' in Genese, Struktur und Psychodynamik des Subjekts hinterlassen. Nicht die Interaktion, das Zusammenspiel von Subjekt und Objekt(en) ist ihr Focus, sondern die scheinbar erstarrten Niederschläge im Subjekt. Mit der fortschreitenden Formulierung der Psychoanalyse auch als Psychologie der Objektbeziehungen (beginnend nach dem Zweiten Weltkrieg), werden Katagorien entfaltet, die direkt auf die Interaktion bezogen sind. Die heutige Konzeption des Selbst etwa hat nur insofern wirkliche Relevanz, als sie sich immer auch auf die Objekte, d. h. auf die Interaktion zwischen Subjekt und Objekt beziehen läßt.

5 Ausführlichere Literaturübersichten finden sich z. B. bei Lorenzer 1970a, 172ff.; Menninger/Holzman 1973, 109ff.; Moeller 1977, 143f.; Racker 1959, 151ff.; Sandler et al. 1973, 57ff.

6 Übrigens eine Einsicht, die Freud 1912 in "Ratschläge für den Arzt bei der psychoanalytischen Behandlung" so formuliert hat: "In eine Formel gefaßt; er soll dem gebenden Unbewußten des Kranken sein eigenes Unbewußtes als empfangendes Organ zuwenden" (1912b, 381). Im Hinblick auf allgemeine Beziehungsstrukturen wurde dieser Gedanke des unbewußten Verstehens z. B. im Kollusionskonzept von Willi (1975) ausgeführt und belegt.

7 Übrigens ist es gemäß ihres theoretischen Zugriffs sicherlich kein Zufall, daß die ich-psychologisch ausgerichteten Forscher vorwiegend die Gegenübertragung allein als Übertragungsreaktion des Analytikers verstanden wissen wollen, worauf Kernberg (1976, 186) hinweist.

8 Häufige Anzeichen von Gegenübertragungsreaktionen im pädagogischen Handlungskontext sind Gefühle der Irritation und Verunsicherung im Verhalten dem Klienten gegenüber. Irritation darüber, daß sich der Pädagoge so verhält und sich so fühlt, wie es eigentlich gar nicht zu seiner Persönlichkeit 'paßt' und Verunsicherung bezüglich der eigenen, sonst gegebenen Verhaltenssicherheit im alltäglichen Umgang mit seinem Klienten.

9 M. E. sollte diese Abgrenzung gegen Moeller nicht überstrapaziert werden. Moellers Ausführungen zielen primär auf die *positive* Einschätzung der Gegenübertragung für den produktiven Fortgang des analytischen Prozesses in Abgrenzung zur Wertung

der Gegenübertragung als Ausdruck des unbearbeiteten, potentiell neurotischen "Restes" in der Persönlichkeit des Analytikers. Insofern tritt zwangsläufig die Unterscheidung neurotisch versus normal ins Blickfeld.

10 Im Hinblick auf die Allgemeingültigkeit des Gegenübertragungsphänomens ist es allerdings sinnvoller, nicht von Übertragungs-, sondern von Beziehungsbereitschaften, die sich szenisch ergänzen, zu sprechen. Wie andernorts (vgl. Trescher 1981) gezeigt, ist der Begriff Gegenübertragung an wesentliche Bedingungen des psychoanalytischen Settings gebunden.

11 Daß es sich hierbei um eine Interaktionsform symbolischer Qualität handelt, wurde an anderer Stelle nachgewiesen (vgl. Lorenzer 1981, 158ff; Trescher 1979a, 156ff.).

12 Der nachfolgend beschriebene Interaktionsverlauf wurde im Rahmen eines dreijährigen Forschungsprojekts erhoben:
Projekt "Kindergarten und soziale Dienste" im Auftrag des Hessischen Sozialministers, gefördert durch den Bundesminister für Bildung und Wissenschaft. Beteiligte Forschungsinstitute: Institut für Sonder- und Heilpädagogik der Johann Wolfgang Goethe-Universität Frankfurt und Deutsches Jugendinstitut. Die hier wiedergegebenen Daten wurden ausschließlich von der Teilgruppe des Instituts für Sonder- und Heilpädagogik erhoben (Projektleitung: Prof. Dr. Aloys Leber).

13 Auf den möglichen Aspekt einer archaischen Identifikation mit der Mutter weise ich hier nur hin. Inwieweit die Erzieherin durch ihre Intervention die Regression unangemessen fördert, indem sie Fritz ihre 'mütterlich-dyadische' Zuwendung gewährt und ihn nicht wieder in die Gruppe zu integrieren versucht, kann hier nur als Frage formuliert werden.

14 Dieses Märchen verdichtet zwei Themen: einerseits das Thema Kränkung durch Ausschluß und die Rache der bösen Fee, die bei der Geburt Dornröschens übergangen wurde, andererseits die Latenzzeit, der hunderjährige 'Schlaf' der Sexualität, bis zum Erscheinen des Prinzen, der die Abwehr der Dornenhecke durchbricht und die genitale Reife symbolisiert.
Die unbewußte Gruppenphantasie des nachfolgenden Spieles hat primär die ödipale Dramatik zum Thema. Im Sinne der unbewußten Gruppenphantasie wird Fritz entsprechend seiner Problematik dazu benutzt, die archaischen Themen zu agieren und (aus der Sicht der Gruppe) abzuspalten.

15 Oben wurde auf den Aspekt der archaischen Identifizierung mit der Mutter hingewiesen. An Fritzens Reaktion kann auch gut die Verschränkung von Selbst- und Objektrepräsentanzen auf dieser archaischen Stufe eines Konfliktes gesehen werden.

16 Der hier verwendete Begriff "psychologisches Verstehen" ist teilweise abweichend von der Verwendung bei Lorenzer.

17 Nach meiner Erfahrung überwiegt im pädagogischen Praxisbereich eher die komplementäre Form der Gegenübertragungsreaktionen. Dies mag wesentlich auch von der Motivation zur Berufswahl beeinflußt sein (Identifikation mit den Eltern, auch gerade in den negativen Aspekten, die unter dem Stichwort "Identifikation mit dem Aggressor" im pädagogischen Dialog problematisch werden (vgl. z. B. Behn-Eschenburg 1934; Chadwick 1930; Miller 1980; 1981)).
Hingegen mag dem Beruf des Psychotherapeuten eher das Motiv der Identifikation mit dem leidenden Kind zugrundeliegen, die natürlich Bedingung der Einfühlung in den Klienten ist. Selbstredend ist für eine professionelle Pädagogik die Fähigkeit zur (Probe-)Identifikation mit den Klienten unabdingbar. Wie oben schon erwähnt, ist auch zu bedenken, daß die Abwehr der konkordanten Gegenübertragung (Identifikation) den Pädagogen leicht in die komplementäre Position der konflikthaften Szene treibt.

18 Diese Einschätzung läßt sich nicht allein aus dem oben skizzierten Interaktionsverlauf heraus erstellen. Allein die Kenntnis dieser Szenenfolge würde wahrscheinlich eher an die verschleierte Austragung eines ödipalen Autonomiestrebens denken las-

sen. Es ist aber nicht zu vergessen, daß es sich um eine für die Beziehung Erwin – Erzieher konflikt*typische* Szene handelt, die insbesondere auf dem Hintergrund seiner Verwahrlosungsproblematik verstanden werden muß. Die Darstellung der Grundzüge von Erwins Persönlichkeit ist auch Vorgriff auf das szenische Verstehen. Die stufenweise Darstellung der Verstehensschritte im Sinne des oben erwähnten Interpretationsmusters dient jedoch auch der Darstellbarkeit. Faktisch sind alle Momente miteinander verwoben, wobei die Focussierung auf eine Verstehensstufe die jeweils andere zwar in den Hintergrund treten läßt, diese und ihre Verknüpfungen jedoch nicht verdrängt. (Zur Struktur von Erwins Persönlichkeit vgl. auch die Ausführungen in Kap. 4.)

19 Diese Zusammmenstellung ist der Einfachheit halber einer anderen Studie entnommen (vgl. Trescher 1981, 19f.), in der die Interaktion Erzieher – Erwin ebenfalls thematisiert wurde. Dort findet sich auch eine kurze Diskussion von unmittelbar praktischen Konsequenzen im pädagogischen Umgang mit Erwin, die mit Hilfe des szenischen Verstehens konzipiert werden können. Diese Diskussion wird hier nicht aufgenommen, weil es zunächst um den Nachweis der Anwendbarkeit des szenischen Verstehens im pädagogischen Praxiskontext geht.

Anmerkungen zu Teil II, Kapitel 9

1 Vgl. hierzu besonders die Vorträge von S. Bornstein (1937) und Burlingham (1937), die anläßlich des Symposions mit dem beziehungsreichen Thema "Revision der psychoanalytischen Pädagogik" auf der II. Vierländertagung der Ungarischen, Tschechoslowakischen, Italienischen und Wiener Psychoanalytischen Vereinigung 1937 in Budapest gehalten wurden. (Vgl. auch den Bericht über diese Vierländertagung in der Zeitschrift für psychoanalytische Pädagogik 11, 147-149 (1937).)

2 "Die seelische Hygiene wird durch soziale Verhältnisse in ihrer Wirksamkeit eingeschränkt. Als praktische Bewegung wird sie durch die gleichen sozialen Kräfte hervorgerufen, die zu dieser Beschränkung beitragen. Neurosen sind ein Übel, das unter dem Einfluß einer Erziehung entsteht, die weniger von den Meinungen und Persönlichkeiten einzelner Erzieher abhängig ist als vielmehr von allgemeinen sozialen Verhältnissen, die die Erziehungseinrichtungen ebenso bestimmen wie die Meinungen und Persönlichkeiten einzelner Erzieher" (Fenichel 1945, 191).

3 Was realistischerweise im Hinblick auf die tatsächliche Relevanz von "Regeln und Vorschriften" für die Pädagogik zu erwarten ist, formuliert z. B. Fenichel: "Zweifellos kann ein Analytiker eine Reihe allgemeiner Vorschläge zur Kindererziehung machen, die dazu dienen sollen, spätere Neurosen zu verhindern. . . . Allgemein läßt sich sagen: 1. Es ist nicht ratsam, Kinder sexuelle Handlungen zwischen Erwachsenen beobachten zu lassen. 2. Verführungen durch Erwachsene oder durch ältere Kinder sollten so weit wie möglich vermieden werden. 3. Es soll nicht unmittelbar mit Kastration gedroht werden. 4. Die Reinlichkeitserziehung sollte nicht zu früh, nicht zu spät, nicht zu streng und nicht zu emotional vorgenommen werden. 5. Kinder sollten im voraus auf außerordentliche Ereignisse wie die Geburt von Geschwistern, Operationen usw. vorbereitet werden. 6. Es ist stets besser, für die Bedürfnisse eines Kindes Verständnis zu haben als rigide Disziplinarmaßnahmen anzuwenden. All dies ist wichtig, und die Aufzählung könnte zweifellos noch weiter fortgesetzt werden. Es ist aber wiederum so wichtig auch nicht; denn die Wirksamkeit von derlei Vorschlägen ist überaus begrenzt. Wir meinen, indem wir das sagen, nicht, daß trotz intensivster Fürsorge Traumen auftreten können; denn dies wäre zweifellos kein Einwand dagegen, Kindern sein Bestes zu geben. Die Wirksamkeit der Vorschläge einer seelischen Hygiene wird vielmehr dadurch eingeschränkt, daß Umstände in der Umgebung eines Kindes, die schwerlich verändert werden können, einen

viel größeren Einfluß ausüben als irgendeine isolierte Erziehungsmaßnahme" (1945, 191).
Ganz anders noch Anna Freud 1935. Sie stellt fest, daß die "praktischen Rezepte" zwar noch nicht vorliegen, gleichwohl ist sie überzeugt, daß deren Erstellung durchaus möglich sein wird: "Es wird eine Weile dauern, bis der theoretische Aufbau und das praktische Rezept fertiggestellt ist, das man zur allgemeinen Anwendung empfehlen kann" (59).

4 Das ist auch ein Hinweis darauf, daß das "szientistische Selbstmißverständnis der Psychoanalyse" (Habermas) – sofern sie sich als Bestandteil der medizinischen Disziplin versteht – notwendige Folge des naturwissenschaftlichen Selbstverständnisses dieser Disziplin ist. An dieses Selbstmißverständnis scheint die Psychoanalyse so lange gekettet zu sein, wie es ihr nicht gelingt, sich vom medizinischen Bereich entsprechend ihrem differierenden Paradigma (vgl. Leber 1984) zu distanzieren und zu emanzipieren. Während dieser Problembereich für die Psychoanalyse als *ärztlichem Heil*verfahren *praktisch* noch relativ unproblematisch sein mag, ist ein solches ärztliches Verständnis mit der Psychoanalytischen Pädagogik unvereinbar. (vgl. auch die neuere Diskussion zum "Medicozentrismus" (Parin/Parin-Matthey 1983) und dem "Unbehagen in der Psychoanalyse" (Lohmann 1983).

5 Das ist eine Gefahr, die sowohl in der Antipädagogik als auch in der antiautoritären Pädagogik (vgl. z. B. Braunmühl 1975; Miller 1980; 1981; von Schoenebeck 1982) leicht übersehen wurde bzw. wird (zur Diskussion vgl. z. B. Bittner 1972, 54ff.; 1973, 77ff.; Lehmann/Oelkers 1981).

6 Wohlgemerkt: diese Ansätze werden hier keinesfalls negativ gewertet. Natürlich können und sollen sie Bestandteil pädagogischer Praxis sein. Gleichwohl bleiben sie für das ärztliche Selbstverständnis symptomatisch, da sie in Analogie zum therapeutischen Praxisbezug formuliert sind. Die Kritik richtet sich also gegen den fundamentalen Mangel an pädagogisch eigenständiger Reflexion des jeweiligen Praxisfeldes und der nicht zureichend vollzogenen eigenständigen Entwicklung von Praxiskonzepten im Hinblick auf die unterschiedlichen Settings der pädagogischen Praxis.

7 "Unter einem *'Freien Aufsatz'* verstehen wir Niederschriften, die in keiner Weise vom Lehrer beeinflußt werden. Der Schüler ist wirklich 'frei'. Er wählt das Thema selber, seine Arbeit wird in ein besonderes Heft geschrieben, nachher weder korrigiert noch zensiert, keinesfalls vor der Klasse besprochen oder den Schulbehörden vorgelegt. 'Freie Aufsätze' sind Mitteilungen persönlicher Natur an den Lehrer. Sie stützen sich auf das Vertrauensverhältnis zwischen Schüler und Erzieher. Ich lese den 'Freien' im Beisein des Kindes durch, quittiere durch ein Nicken, freundliches Lächeln, beantworte gestellte Fragen schriftlich in dem Heft oder lade die Kinder zu Besprechungen nach der Schule ein. Die Aufsätze liefern mir ein umfangreiches Rohmaterial zur Kinderpsychologie. Mit ihnen suche ich ein ethisches und ein psychologisches Moment, die Wahrhaftigkeit und die Produktivität für den Auflösungsprozeß von psychischen Hemmungen zu verwerten und eine beständige Kontrolle über den ganzen psychischen Ablauf der individuellen Entwicklung der Kinder in den Händen zu behalten." (Zulliger 1926, 78 Fn.)

8 Welche Anforderungen an die Realitätstüchtigkeit der Analysanden teilweise gestellt werden, zeigt etwa die zugegebenermaßen orthodoxe Position von Menninger und Holzman: "Eine Psychoanalyse wird nicht von Erfolg gekrönt sein, wenn der Patient wesentlich weniger zahlt, als er sich unter Umständen leisten könnte. Es sollte ein spürbares Opfer für ihn bedeuten, für *ihn* und für niemand sonst." "Die meisten Patienten sollten nicht erwarten, daß sie die Analyse aus den laufenden Einnahmen bestreiten können (obwohl es einige tun); sie ist eine Kapitalinvestition und rechtfertigt es, daß Kredit aufgenommen wird." (1973, 47, 48)

9 Mit wenigen Ausnahmen (besonders in der Freizeitpädagogik, gegebenenfalls in der außerschulischen Jugend- und Erwachsenenbildung usw.) ist dies eine Grundkompo-

nente pädagogischer Institutionen, wie sie sich z. B. in der Schul*pflicht* manifestiert.

10 Die Differenz bezüglich der Betonung 'innerer' und 'äußerer' Realität in der "Kur" und in der herkömmlichen Pädagogik wird hier sehr deutlich: Als Realität wird etwas vom Kind Entferntes benannt. Nicht seine Lebenswelt und seine Befindlichkeit gilt der Pädagogik als Realität, sondern etwas dem Kind noch Äußerliches, in das das Kind durch den Pädagogen einzuführen ist. (Hier muß vermerkt werden, daß dies nicht die Neidhardtsche Position ist – im Gegenteil.) Kann so festgehalten werden, daß die Beziehungsrealität in der herkömmlichen Pädagogik nach Möglichkeit ausgeklammert wird, so herrscht das entgegengesetzte Bestreben in der klassischen psychoanalytischen Situation vor. Nicht die 'äußere' Realität soll der Analysand verstehen lernen, sondern seine 'innere' – oder besser: seine Beziehungsrealität.

11 Natürlich diskutiere ich auch hier gleichsam schwarz – weiß, ohne zunächst auf Grautöne zu achten. Zum Problem von Gewähren und Versagen in der Kur vergleiche z. B. Cremerius 1979; Freud 1915b; Greenson 1978, bes. 380ff.; Kohut 1971; 1977; Scheunert 1961; Thomä 1981.

12 Aus diesem Umstand begründen sich wesentlich die Abstinenzregel und die Spiegelanalogie. (Zur Diskussion der Spiegelanalogie vgl. bes. Thomä 1981, z. B. 22f.)

13 Natürlich bietet die pädagogische Situation vielfältige Möglichkeiten zur Regression. Je älter die Klienten jedoch sind, desto geringer werden diese (aus der Sicht der Pädagogik) Zugeständnisse. Während z. B. einem Kindergartenkind ein sehr großer Anteil seines Kindergartentages zum Spielen zur Verfügung gestellt wird, hat der Gymnasiast Spielwünsche, Tagträume usw. in seine Freizeit zu verlegen.

14 Vgl. hier bes. die einschlägige Diskussion um das Arbeitsbündnis (z. B. Fürstenau 1979, 57; Greenson 1967, 58ff.; 1978, 367ff.; Menninger/Holzman 1973, 30ff.; Sandler et al. 1973, 24ff.). Gleichwohl muß m. E. zum Arbeitsbündnis, das Greenson als "reale" Beziehung zwischen Analysand und Analytiker beschreibt, noch eine andere, ebenfalls "reale" Beziehungsdimension hinzutreten. Diese Dimension kann mit Stichworten wie Achtung, Gewißheit des Nicht-Verfolgt-Werdens, kurz: dem realen Interesse am Patienten, *so wie er ist,* benannt werden. Um den Schutz vor der äußeren Realität zu beschreiben, gebraucht Redl die Analogie eines "abgedichteten und isolierten" Raumes ("pressurized cabin"), einer "Druckausgleichskammer" (1966, 49), die so lange erforderlich ist, bis sich der Analysand gefahrlos dem 'Außendruck' stellen kann.

15 Daß dies ein überaus problematisches Unterfangen ist in einer Gesellschaft, die nicht zuletzt durch einen sehr rapiden sozialen Wandel, durch Veränderung bzw. Wegfall von Sinnstrukturierung gekennzeichnet ist, hat sich herumgesprochen. Bernfeld hat bereits 1925 auf die sich hieraus notwendig ergebende konservative Tendenz jeglicher Erziehung verwiesen: Erziehung nach heutigen Maßstäben tendiert dazu, Zukunft im Sinne der Veränderung auszugrenzen.

16 Diese Position Körners belegt eine oft übersehene Tatsache in den Schriften Lorenzers, auf die Füchtner zu Recht aufmerksam macht: "Wenn die Psychoanalyse nur in der interaktionistischen Neuformulierung Lorenzers berücksichtigt wird, wird leicht übersehen, daß diese zwar den Gegenstand der Analyse neu definiert und ihr neue Forschungsbereiche erschließt, aber ihre Praxis nicht explizit in Frage stellt" (1979, 110).

17 Wobei das Prädikat "unteilbar" auch mit durchaus unterschiedlichen Deutungen versehen ist. Z. B. Morgenthaler: "Man darf keine Kompromisse eingehen. Das, was ist und was nicht ist, darf nicht vertuscht werden. Damit ist eigentlich alles angesprochen, was Analytiker wie Willi Hoffer gemeint haben, wenn sie sagen, die Analyse sei unteilbar" (1978, 46).

18 Vgl. hierzu z. B. Clos (1982), Ertle/Schmidt (1978), Ettl (1980; 1982), Leber (z. B. 1968; 1972), Neidhardt (1977), Trescher (1981; 1982b), Winkler (1981).

Anmerkungen zu Teil II, Kapitel 10

1 "Die Psychologie ist auch eine Naturwissenschaft. Was sollte sie denn sonst sein?" (Freud 1938, 143)

2 Dies natürlich auch im Hinblick auf die normativen Aspekte erzieherischen Handelns (vgl. z. B. Datler 1983; Wegener 1984), die hier jedoch nicht ausführlich diskutiert werden können.

3 Zur provozierenden Diskussion vgl. z. B. v. Braunmühl (1975, 67ff.), Leber (1984), Miller (1980, 1981).

4 "In der Psychoanalyse bestand von Anfang an ein Junktim zwischen Heilen und Forschen, die Erkenntnis brachte den Erfolg, man konnte nicht behandeln, ohne etwas Neues zu erfahren, man gewann keine Aufklärung, ohne ihre wohltätige Wirkung zu erleben." (Freud 1927, 293f.)

5 Zur Diskussion des Begriffs vgl. Kuhn (1962), für die Psychoanalytische Pädagogik Leber (1984), für die Heilpädagogik Kobi (1977; 1980).

6 Die im folgenden wiedergegebenen Daten wurden im Rahmen eines dreijährigen Forschungsprojekts "Kindergarten und soziale Dienste" erhoben, das im Auftrag des Hessischen Sozialministers durchgeführt und vom Bundesminister für Bildung und Wissenschaft gefördert wurde. Beteiligte Forschungsinstitute: Institut für Sonder- und Heilpädagogik der Johann Wolfgang Goethe-Universität Frankfurt und Deutsches Jugendinstitut. Die hier wiedergegebenen Daten wurden ausschließlich von der Teilgruppe des Instituts für Sonder- und Heilpädagogik erhoben (Projektleitung: Prof. Dr. Aloys Leber).

7 Es ist ein bekanntes Phänomen bei Zwillingen, daß sie in der Sprachentwicklung retardiert sind. So halten z. B. Ausubel und Sullivan einschlägige Untersuchungen referierend fest: "Zwischen dem zweiten und fünften Lebensjahr tritt bei Zwillingen in allen Bereichen der Sprachfertigkeit eine zunehmende Verzögerung ein. ... Zwillinge (überwinden) ihr Sprachhandicap kaum vor dem zehnten Lebensjahr" (1970, 548).

8 Die Literaturangaben in dieser Form beziehen sich auch im folgenden auf internes Dokumentationsmaterial des vorgenannten Projekts (vgl. Fn. 6).

9 Projektinternes Dokumentationsmaterial (vgl. Fn. 6).

10 Projektinternes Dokumentationsmaterial (vgl. Fn. 6).

11 Findet sich ein Pädagoge mit einem bestimmten Klienten oder einer Gruppe in einer ständig wiederkehrenden Konflikt- bzw. Belastungssituation, so ist dies ein wichtiges, auch diagnostisch meist bedeutungsvolles Datum für das Beziehungsgeschehen, wie dies in den Ausführungen zur Thematik Übertragung, Gegenübertragung und szenisches Verstehen hervorgehoben wurde (vgl. auch Kap. 10.2.). Von solchen konflikttypischen Konfliktverläufen ist hier jedoch nicht die Rede.

12 Die temporäre Verweigerung von Empathie bzw. die Unfähigkeit, diese in bestimmten Situationen zu entwickeln, ist häufiges Kennzeichen massiver Gegenübertragungsreaktionen (meist im Sinne des Agierens der komplementären Identifikation mit den inneren – infantilen – Objekten des Klienten).

13 Ein sehr schöner Beleg ist in diesem Zusammenhang m. E. die Arbeit Rauchfleischs (vgl. 1981; 1982) mit dissozialen Jugendlichen. Er selbst kennzeichnet seine Arbeit zwar als "ambulante Psychotherapie", beschreibt diese jedoch durchaus im Sinne der Psychoanalytischen (Heil-)Pädagogik. In einer Studie von Clos (1982), die mit von Verwahrlosung bedrohten Klienten in Gruppen arbeitet, wird ein teilweise vergleichbarer Ansatz auch kategorial als Psychoanalytische Pädagogik ausgewiesen.

14 Projektinternes Dokumentstionsmaterial (vgl. Fn. 6)

Literatur *

Abraham, Karl

1924 Versuch einer Entwicklungsgeschichte der Libido. In: Psychoanalytische Studien 1. Frankfurt/Main (Fischer) 1969

1925 Die Geschichte eines Hochstaplers im Lichte psychoanalytischer Erkenntnis, *ZfP* 9, 195-207 (1935)

Aichhorn, August

1925 Verwahrloste Jugend, Bern, Stuttgart, Wien (Huber) 1977[9]

1926 Psychoanalytisches Verständnis und Erziehung Dissozialer. In: Federn, P. und H. Meng (Hrsg.): Das psychoanalytische Volksbuch. Stuttgart, Berlin (Hippokrates)

1931 Lohn oder Strafe als Erziehungsmittel? *ZfP* 5, 273-290

1932 Erziehungsberatung. *ZfP* 6, 445-488

1934 Kann der Jugendliche straffällig werden? Ist das Jugendgericht eine Lösung? *ZfP* 8, 77-95

1936 Zur Technik der Erziehungsberatung. *ZfP* 10, 5-74

Alexander, Franz und Hugo Staub

1929 Der Verbrecher und seine Richter. In: Moser, T. (Hrsg.): Psychoanalyse und Justiz. Frankfurt/Main (Suhrkamp) 1974

Alexander, Franz und W. Healy

1935 Roots of Crime. New York (Knopf)

Argelander, Hermann

1970 Die szenische Funktion des Ich und ihr Anteil an der Symptom- und Charakterbildung. *Psyche* 24, 325-345

1971 Ein Versuch zur Neuformulierung des primären Narzißmus. *Psyche* 25, 358-373

1972 Gruppenprozesse. Reinbek (Rowohlt)

1976 Die klinische Bedeutung des primären Narzißmus. In: Jahrbuch der Psychoanalyse. Bd. IX. Bern, Stuttgart, Wien

1980 Die Struktur der "Beratung unter Supervision". *Psyche* 34, 54-77

Ausubel, David S. und Edmund V. Sullivan

1970 Das Kindesalter. München (Juventa) 1974

Balint, Alice

1932 Die Psychoanalyse des Kinderzimmers. *ZfP* 6, 49-131

1936 Versagen und Gewähren in der Erziehung. *ZfP* 10, 75-83

1937 Die Grundlagen unseres Erziehungssystems. *ZfP* 11, 98-111

*) Unübliche Abkürzungen: ZfP = Zeitschrift für psychoanalytische Pädagogik
ZfPäd = Zeitschrift für Pädagogik

Balint, Alice und Michael
1939 On Transference and Counter-Transference. *Int.J.Psa.* 20, 223-230

Balint, Michael
1955 Die Urformen der Liebe und die Technik der Psychoanalyse,. Stuttgart (Klett) 1966
1957 Das Problem der Disziplin. In: Fürstenau, P. (Hrsg.): Der psychoanalytische Beitrag zur Erziehungswissenschaft. Darmstadt (Wissenschaftliche Buchgesellschaft) 1974
1959 Angstlust und Regression. Reinbek (Rowohlt) 1972
1968 Therapeutische Aspekte der Regression. Reinbek (Rowohlt) 1973

Bansemer, Mechthild
1978 Das Persönlichkeitsbild der psychoanalytischen Pädagogik. Wissenschaftliche Hausarbeit für das Lehramt an Sonderschulen an der Johann Wolfgang Goethe-Universität. Frankfurt/Main

Baudouin, Charles
1926 Der Kastrationskomplex beim Kinde. *ZfP* 1, 75-77
1964 Das Seelenleben des Kindes und die Psychoanalyse. Bd. III (Methoden), Olten (Walther) 1973

Beauvoir, Simone de
1949 Das andere Geschlecht. Reinbek (Rowohlt) 1974[4]

Behn-Eschenburg, Gertrud
1934 Die Erziehung des Kleinkind-Erziehers. *ZfP* 8, 26-32

Berna, Jacques
1949 Zur Technik der Kinderanalyse. *Psyche* 3, 600-622
1967 Ich-psychologische Deutungstechnik und Kinderanalyse. *Psyche* 21, 31-43
1973 Kinder beim Analytiker. München (Piper)

Berner, Emma
1937 Eine Einschlafstörung aus Todesangst. *ZfP* 11, 44-53

Bernfeld, Siegfried
1925 Sisyphos oder die Grenzen der Erziehung. Frankfurt/Main (Suhrkamp) 1973
1927a Über sexuelle Aufklärung. *ZfP* 1, 195-199
1927b Zur Psychologie der "Sittenlosigkeit" der Jugend. *ZfP* 1, 319-328
1927c Das Massenproblem in der sozialistischen Pädagogik. In: Antiautoritäre Erziehung und Psychoanalyse. Bd. 3. Frankfurt/Main (März) 1971[2]
1929 Der soziale Ort und seine Bedeutung für Neurose, Verwahrlosung und Pädagogik. In: Antiautoritäre Erziehung und Psychoanalyse. Bd. 1. Frankfurt/Main (März) 1971[4]
1931 Über die allgemeine Wirkung der Strafe. *ZfP* 5, 285-290

Bettelheim, Bruno
1950 Liebe allein genügt nicht. Stuttgart (Klett) 1971[2]
1954 Die symbolischen Wunden. Frankfurt (Fischer) 1982
1955 So können sie nicht leben. Stuttgart (Klett) 1973
1967 Die Geburt des Selbst. München (Kindler) 1977

Bill, Helga
1979 Sexualität und Narzißmus. Frankfurt/Main (Fachbuchhandlung für Psychologie – Verlagsabteilung)

Bion, W. R.
1961 Erfahrungen in Gruppen. Stuttgart (Klett) 1971

Bittner, Günther
1967 Psychoanalyse und soziale Erziehung. München (Juventa) 1973[3]
1972 Was bleibt von der "antiautoritären Erziehung"? In: Bitter, W. (Hrsg.): Freiheit ohne Autorität? Stuttgart
1973a Zur Einführung: Von der therapeutischen zur pädagogischen Spielgruppe. In: Bittner, G.; Schäfer, G. und H. Strobel (Hrsg.): Spielgruppen als soziale Lernfelder. München (Juventa)
1973b Psychoanalyse und das Handeln des Erziehers. *ZfPäd* 19, 77-89
1975 Die "heilenden Kräfte" im kindlichen Spiel. In: Halbfas, H. et al. (Hrsg.): Neuorientierung des Primärbereichs. Bd. 6 (Spielen, Handeln und Lernen). Stuttgart (Klett) 1976
1984 Der psychoanalytische Begründungszusammenhang in der Erziehungswissenschaft. In: Bittner, G. und Chr. Ertle (Hrsg.): Pädagogik und Psychoanalyse. Würzburg (Königshausen und Neumann)

Bittner, Günther und Christoph Ertle
1979 Ist die Psychoanalytische Pädagogik verschwunden? *Psyche* 33, 973-975

Blos, Peter
1962 Adoleszenz. Stuttgart (Klett) 1978[2]

Boehm, Felix
1932 Kindheitskonflikte und Homosexualität. *ZfP* 6, 133-154

Bohm, Ewald
1931 Strafe als Triebbefriedigung. *ZfP* 5, 319-339

Bolland, John und Joseph Sandler et al.
1965 Die Hampstead-Methode. München (Kindler) 1977

Bornemann, Ernst
1981 Reifungsphasen der Kindheit. Bd. I. Wien, München (Jugend und Volk)

Bornstein, Berta
1930 Beziehungen zwischen Sexual- und Intellektentwicklung. *ZfP* 4, 446-454
1949 Die Analyse eines phobischen Kindes. *Psyche* 20, 721-765 (1966)

Bornstein(-Windholz), Steffan
1933 Ein Beitrag zur Psychoanalyse der Pädagogik. *ZfP* 7, 314-361
1934a Eine Technik der Kinderanalyse bei Kindern mit Lernhemmungen. *ZfP* 8, 141-154
1934b Unbewußtes der Eltern in der Erziehung der Kinder. *ZfP* 8, 353-362
1937 Mißverständnisse in der Psychoanalytischen Pädagogik, *ZfP* 11, 91-90

Bowlby, John
1973 Trennung. München (Kindler) 1976
1979 The Making and Breaking of Affectional Bonds. London (Tavistock Publications)
1980 Verlust. Trauer und Depression. Frankfurt/Main (Fischer) 1983

Braunmühl, Ekkehard von
1975 Antipädagogik. Weinheim, Basel (Belz)

Brenner, Charles
1976 Praxis der Psychoanalyse. Frankfurt/Main (Fischer) 1979

Brezinka, Wolfgang
1976 Erziehungsziele, Erziehungsmittel, Erziehungserfolg. München, Basel (Ernst Reinhardt)

Brocher, Tobias
1968 Kritische Überlegungen zu den Problemen der Sexualerziehung. In: Fürstenau, P. (Hrsg.): Der psychoanalytische Beitrag zur Erziehungswissenschaft. Darmstadt (Wissenschaftliche Buchgesellschaft) 1974

Buchholz, Michael B.
1982 Psychoanalytische Methode und Familientherapie. Frankfurt/Main (Fachbuchhandlung für Psychologie – Verlagsabteilung)
1983 Psychoanalytische Aspekte der Kommunikation. *Psyche* 37, 624-641

Büttner, Christian
1982 Kriegsangst bei Kindern. München (Kösel)
1984 Kinder und Krieg. Frankfurt/Main, New York (Campus)

Büttner, Christian und Hans Nicklas
1984 (Hrsg.) Wenn Liebe zuschlägt. München (Kösel)

Burlingham, Dorothy Tiffany
1932 Kinderanalyse und Mutter. *ZfP* 6, 269-289
1933 Mitteilungsdrang und Geständniszwang. *ZfP* 9, 127-137 (1935)
1937 Probleme des psychoanalytischen Erziehers. *ZfP* 11, 91-97

Buxbaum, Edith
1933 Angstäußerungen von Schulmädchen im Pubertätsalter. *ZfP* 7, 401-409
1934 Über einen Fall von exhibitionistischer Onanie. *ZfP* 8, 238-261
1936 Massenpsychologische Probleme in der Schulklasse. *ZfP* 10, 215-240
1964 Die Rolle der Eltern bei der Ätiologie von Lernstörungen. In: Fürstenau, P. (Hrsg.): Der psychoanalytische Beitrag zur Erziehungswissenschaft. Darmstadt (Wissenschaftliche Buchgesellschaft) 1974

Bychovski, Gustav
1930 Schwierigkeiten in der Schule und ihre Psychotherapie. *ZfP* 4, 420-430

Chadwick, Mary
1930 Die Erziehung des Erziehers. *ZfP* 4, 356-370
1931 Menstruationsangst. *ZfP* 5, 184-189
1932 Adolescent Girlhood. London
1933 Kindheitserlebnisse von Pflegerinnen kleiner Kinder. *ZfP* 7, 322-333

Chandler, Raymond
1939 Der große Schlaf. Zürich (Diogenes) 1974

Chassequet-Smirgel, Janine
1964 (Hrsg.) Psychoanalyse der weiblichen Sexualität. Frankfurt/Main (Suhrkamp) 1974

Clos, Regina
1982 Delinquenz – Ein Zeichen von Hoffnung? Frankfurt/Main (Fachbuchhandlung für Psychologie – Verlagsabteilung)

Cremerius, Johannes
1979 Gibt es *zwei* psychoanalytische Techniken? *Psyche* 33, 577-599

Dahmer, Helmut
1973 Libido und Gesellschaft. Frankfurt/Main (Suhrkamp)

Datler, Wilfried
1983 Was leistet die Psychoanalyse für die Pädagogik? Wien, München (Jugend und Volk)

Denecke, Wulf und Jürgen Trapp
1982 Szenisches Verstehen im Unterricht – Gruppenarbeit in der Schule aus psychoanalytischer Sicht. In: Meyer, E. (Hrsg.): Kinder und Jugendliche in seelischer Not. Braunschweig (Agentur Pedersen)

Deutsch, Helene
1925 Psychoanalyse der weiblichen Sexualfunktionen. Wien
1926 Okkulte Vorgänge während der Psychoanalyse. *Imago* 12, 418-433

Devereux, Georges
1967 Angst und Methode in den Verhaltenswissenschaften. Frankfurt/Main, Berlin, Wien (Ullstein) 1976

Ekstein, Rudolf
1970 Der Einfluß der Psychoanalyse auf Erziehung und Unterricht. In: Ammon, Gisela (Hrsg.): Psychoanalytische Pädagogik. Hamburg (Hoffmann und Campe) 1973

Ekstein, Rudolf und Rocco L. Motto
1963 Psychoanalyse und Erziehung – Vergangenheit und Zukunft. *Praxis der Kinderpsychologie und Kinderpsychiatrie* 12, 213-224

Erikson, Erik H.
1977 Kinderspiel und politische Phantasie. Frankfurt/Main (Suhrkamp) 1978

Ertle, Christoph
1971 Erziehungsberatung. Stuttgart (Klett) 1976[2]
1984 Erzieherische Fragen aus der Sicht der Psychoanalyse – Von Freud bis zur "Zeitschrift für psychoanalytische Pädagogik". Vortrag. In: Bittner, G. und Chr. Ertle (Hrsg.): Pädagogik und Psychoanalyse. Würzburg (Königshausen und Neumann)

Ertle, Christoph und Volker Schmid
1978 (Hrsg.) Der andere Unterricht. München (Juventa)

Ettl, Thomas
1980 Wer nicht hören will, muß fühlen. *Kindheit* 2, 103-123
1982 Geliebter Störenfried. *Kindheit* 4, 123-143

Ettl, Thomas; Waltenberg, Dagmar und Hannes Ziller
1981 Beziehungsfeld Kindergarten. Wiesbaden (Der Hessische Sozialminister)

Federn, Paul
1930 Psychoanalytische Auffassung der "intellektuellen Hemmung". *ZfP* 4, 393-409
1956 Ichpsychologie und die Psychosen. Frankfurt/Main (Suhrkamp) 1978

Federn, Paul und Heinrich Meng
1926 (Hrsg.) Das psychoanalytische Volksbuch. Stuttgart (Hippokrates)

Fenichel, Otto
1935 Über Erziehungsmittel. *ZfP* 9, 117-126
1945 Psychoanalytische Neurosenlehre. Bd. III. Olten (Walter) 1977[2]
1954 Über Erziehungsmethoden. In: P. Fürstenau (Hrsg.): Der psychoanalytische Beitrag zur Erziehungswissenschaft. Darmstadt (Wissenschaftliche Buchgesellschaft)

Ferenczi, Sandor
1913a Zähmung eines wilden Pferdes. In: Schriften zur Psychoanalyse I. Frankfurt/Main (Fischer) 1970
1913b Entwicklungsstufen des Wirklichkeitssinnes. In: Schriften zur Psychoanalyse I. Frankfurt/Main (Fischer) 1970
1928 Die Anpassung der Familie an das Kind. *ZfP* 2, 239-251

Finger, Urte Dörte
1977 Narzißmus und Gruppe. Frankfurt/Main (Fachbuchhandlung für Psychologie – Verlagsabteilung)
1978 Gruppenprozesse und subjektive Strukturbildung. *Gruppenpsychotherapie und Gruppendynamik* 13, 117-133
1982 Sprachlos. *Kindheit* 4, 29-38

Fischer, Edmund
1929 Geschlecht und Übertragung. *ZfP* 3, 282-286

Fischer, Hilde
1933 Sehnsucht und Selbstbefriedigung, *ZfP* 7, 140-144

Foulkes, Siegmund H.
1964 Gruppenanalytische Psychotherapie. München (Kindler) 1974
1975 Praxis der gruppenanalytischen Psychotherapie. München, Basel (Reinhardt) 1978

Freud, Anna
1927 Einführung in die Technik der Kinderanalyse. München, Basel (Reinhardt) 1966[4]
1932 Erzieher und Neurose. *ZfP* 6, 393-402
1934 Die Erziehung des Kleinkindes vom psychoanalytischen Standpunkt aus. *ZfP* 8, 17-25
1935 Psychoanalyse für Pädagogen. Bern, Stuttgart, Wien (Huber) 1971
1936 Das Ich und die Abwehrmechanismen. München (Kindler) o.J.
1965 Wege und Irrwege in der Kinderentwicklung. Stuttgart (Huber/Klett) 1968

Freud, Sigmund
1895 Studien über Hysterie. Gesammelte Werke (GW) I. 75-312. Frankfurt/Main (Fischer) 1940ff.
1900 Die Traumdeutung. GW II/III
1905a Drei Abhandlungen zur Sexualtheorie. GW V, 7-145
1905b Bruchstücke einer Hysterie-Analyse. GW V, 161-286
1905c Der Witz und seine Beziehung zum Unbewußten. GW VI
1907 Zur sexuellen Aufklärung der Kinder. GW VII, 19-27
1908a Die kulturelle Sexualmoral und die moderne Nervosität. GW VII, 143-167
1908b Über infantile Sexualtheorien. GW VII, 171-188
1908c Der Dichter und das Phantasieren. GW VII, 213-223
1909 Analyse der Phobie eines fünfjährigen Knaben. GW VII, 243-377
1910a Die zukünftigen Chancen der psychoanalytischen Therapie. GW VIII, 103-115
1910b Eine Kindheitserinnerung des Leonardo da Vinci. GW VIII, 127-211
1911 Formulierungen über die zwei Prinzipien des psychischen Geschehens. GW VIII, 229-238
1912a Zur Dynamik der Übertragung. GW VIII, 363-374
1912b Ratschläge für den Arzt bei der psychoanalytischen Behandlung. GW VIII, 376-387
1913 Das Interesse an der Psychoanalyse. GW VIII, 389-420
1914a Erinnern, Wiederholen und Durcharbeiten. GW X, 125-136
1914b Zur Einführung des Narzißmus. GW X, 137-170
1914c Zur Psychologie des Gymnasiasten. GW X, 203-207
1915a Bemerkungen über die Übertragungsliebe. GW X, 306-321
1915b Einige Charaktertypen aus der psychoanalytischen Arbeit. GW X, 364-391
1918 Aus der Geschichte einer infantilen Neurose. GW XII, 29-157
1919 "Ein Kind wird geschlagen". GW XII, 195-226
1920 Jenseits des Lustprinzips. GW XIII, 1-70

1921 Massenpsychologie und Ich-Analyse. GW XIII, 71-162
1923 Die infantile Genitalorganisation. GW XIII, 291-298
1925 Geleitwort zu: August Aichhorn, Verwahrloste Jugend. GW XIV, 565-567
1926a Hemmung, Symptom und Angst. GW XIV, 111-206
1926b Die Frage der Laienanalyse. GW XIV, 209-286
1927 Nachwort zur "Frage der Laienanalyse". GW XIV, 287-296
1930 Das Unbehagen in der Kultur. GW XIV, 419-506
1931a Über libidinöse Typen. GW XIV, 507-514
1931b Über die weibliche Sexualität. GW XIV, 515-538
1933 Neue Folge der Vorlesungen zur Einführung in die Psychoanalyse. GW XV
1938 Some Elementary Lessons in Psycho-Analysis. GW XVII, 139-147

Friedländer, K.
1947 The Psychoanalytic Approach to Juvenile Deliquency. New York (Int. Univ. Press)

Fromm, Erich
1930 Der Staat als Erzieher. *ZfP* 4, 5-9
1931 Zur Psychoanalyse des Verbrechers und der strafenden Gesellschaft. *Imago* 17, 226-251
1936 Autorität und Familie – Sozialpsychologischer Teil. In: Fromm, E., Horkheimer, M., Mayer, H., Marcuse, H. u. a.: Autorität und Familie. Paris 1936 (Raubdruck)

Fromm-Reichmann, Frieda
1930 Pädagogische Diskussionsbemerkungen zur psychoanalytischen Trieblehre. *ZfP* 4, 38-44

Fuchs, Herta
1932 Psychoanalytische Heilpädagogik im Kindergarten. *ZfP* 6, 349-391

Füchtner, Hans
1978 Psychoanalytische Pädagogik. *Psyche* 32, 193-210
1979 Einführung in die Psychoanalytische Pädagogik. Frankfurt/Main, New York (Campus)

Fürstenau, Peter
1964 Zur Psychoanalyse der Schule als Institution. In: Fürstenau, P. (Hrsg.): Der psychoanalytische Beitrag zur Erziehungswissenschaft. Darmstadt (Wissenschaftliche Buchhandlung)
1979 Zur Theorie psychoanalytischer Praxis. Stuttgart (Klett-Cotta)

Gerspach, Manfred
1980 Erkenntnistheoretische Anmerkungen zu einer praktischen Theorie der Heilpädagogik. In: Leber, A. (Hrsg.): Heilpädagogik. Darmstadt (Wissenschaftliche Buchgesellschaft)
1981a Kritische Heilpädagogik. Frankfurt/Main (Fachbuchhandlung für Psychologie – Verlagsabteilung)
1981b Begleitende Elternberatung in der Heilpädagogik. *Archiv für Wissenschaft und Praxis der sozialen Arbeit* 12, 77-89
1982 Zum Konzept einer psychoanalytisch orientierten Heilpädagogik. *Kindheit* 4, 109-122

Gitelson, M.
1952 The Emotional Position of the Analyst in the Psycho-Analytic Situation. *Int.J.Psa.* 33, 1-10

Glover, Edmund
1960 The Roots of Crime. London (Imago Publishing)

Glueck, Eleanor und Sheldon
1957 Unraveling Juvenile Delinquency. Cambridge (Harvard University Press) 1957[3]

Graber, Hans Gustav
1927 Zeugung und Geburt in der Vorstellung des Kindes. *ZfP* 1, 244-254

Gravelsin, Lucie
1927 Zur sexuellen Aufklärung in der Schule. *ZfP* 1, 291-300

Graf-Deserno, Susanne
1981 Gestörtes Lernen – gestörte Beziehung. Bensheim (päd.-extra-Buchverlag)

Greenson, Ralph R.
1967 Technik und Praxis der Psychoanalyse. Stuttgart (Klett) 1975
1978 Psychoanalytische Erkundungen. Stuttgart (Klett-Cotta) 1982

Grinberg, L.; Langer, M. und E. Rodrigué
1957 Psychoanalytische Gruppentherapie. München (Kindler) o. J.

Grotjahn, Martin
1937 Kinderanalyse und Erziehung. *ZfP* 11, 20-28

Grunberger, Bela
1979 Von der "aktiven Technik" zur Sprachverwirrung. Jahrbuch der Psychoanalyse. Bd. 11. Bern, Stuttgart, Wien (Huber)

Günther-Grude, Maria
1928 Aufklärung und Nacktheit. *ZfP* 3, 68-70

Habermas, Jürgen
1968 Erkenntnis und Interesse. Frankfurt/Main (Suhrkamp) 1971

Häsing, Helga; Stubenrauch, Herbert und Thomas Ziehe
1979 (Hrsg.) Narziß – ein neuer Sozialisationstypus? Bensheim (päd-extra-Buchverlag)

Hagen, Nina
1979 Alptraum. In: Textbeilage zur LP "Unbehagen"

Hartmann, Klaus
1961/62 Über psychoanalytische "Funktionstheorien" des Spiels. In: Flitner, A. (Hrsg.): Das Kinderspiel. München (Piper) 1973
1977 Theoretische und empirische Beiträge zur Verwahrlosungsforschung. Berlin, Heidelberg, New York (Springer) 1977[2]

Heimann, Paula
1950 On Counter-Transference. *Int.J.Psa.* 31, 81-84
1960 Bemerkungen zur Gegenübertragung. *Psyche* 18, 483-493 (1964)
1962 Bemerkungen zur analen Phase. *Psyche* 16, 420-439

Henseler, Heinz
1974 Narzißtische Krisen. Reinbek (Rowohlt)

Hey, Gerhard
1978 Psychoanalyse des Lernens. Düsseldorf (Schwann)

Hitschmann, Eduard
1928 Beitrag zu einer Onanie-Diskussion. *ZfP* 2, 119-121
1931 Das Strafen aus analerotischen Motiven. *ZfP* 5, 304-308

Hoffer, Wilhelm
1935 Bericht über die Einleitung einer Kinderanalyse. *ZfP* 9, 271-292

Homburger, Erik
1930 Die Zukunft der Aufklärung und die Psychoanalyse. *ZfP* 4, 201-216

Hug-Hellmuth, Hermine
1921 Zur Technik der Kinderanalyse. *Int.Zt.Psa.* 7, 179-197

Jacobson, Edith
1964 Das Selbst und die Welt der Objekte. Frankfurt/Main (Suhrkamp) 1973

Joffe, W. G. und Joseph Sandler
1967 Über einige begriffliche Probleme im Zusammenhang mit dem Studium narzißtischer Störungen. *Psyche* 21, 152-165

Johnson, Adelaide M.
1949 Zur Entstehung und Behandlung von Über-Ich-Defekten bei Jugendlichen. In: Fürstenau, P. (Hrsg.): Der psychoanalytische Beitrag zur Erziehungswissenschaft. Darmstadt (Wissenschaftliche Buchgesellschaft) 1974

Kernberg, Otto F.
1975 Borderline-Störungen und pathologischer Narzißmus. Frankfurt/Main (Suhrkamp) 1978
1976 Objektbeziehungen und Praxis der Psychoanalyse. Stuttgart (Klett-Cotta) 1981

Klein, Melanie
1923 Zur Frühanalyse. *Imago* 9, 222-259
1926 Die psychologischen Grundlagen zur Frühanalyse. *Imago* 12, 356-376
1920 Frühstadien des Ödipuskonfliktes. *Int.Zt.Psa.* 14
1931 A Contribution to the Theory of Intellectual Inhibition. *Int.J.Psa.* 12, 206-218
1932 Die Psychoanalyse des Kindes. München (Reinhardt) 1971[2]
1933 The Early Development of Conscience in the Child. In: Lorand, M. (Hrsg.): Psychoanalysis Today. New York (Covici-Friede)
1955 Die psychoanalytische Spieltechnik: Ihre Geschichte und Bedeutung. In: Das Seelenleben des Kleinkindes und andere Beiträge zur Psychoanalyse. Reinbek (Rowohlt) 1972
1961 Der Fall Richard. München (Kindler) 1975

Kobi, Emil E.
1977 Modelle und Paradigmen in der heilpädagogischen Theoriebildung. In: Bürli, Alois (Hrsg.): Sonderpädagogische Theoriebildung – Vergleichende Sonderpädagogik. Luzern (Schweizerische Zentralestelle für Heilpädagogik)
1980 Heilpädagogik als Dialog. In: Leber, Aloys (Hrsg.): Heilpädagogik. Darmstadt (Wissenschaftliche Buchgesellschaft)

Körner, Jürgen
1980 Über das Verhältnis von Psychoanalyse und Pädagogik. *Psyche* 34, 769-789
1983 Psychoanalytische Pädagogik. In: Mertens, W. (Hrsg.): Psychoanalyse, ein Handbuch in Schlüsselbegriffen. München, Wien, Baltimore (Urban und Schwarzenberg)

Kohut, Heinz
1969 Die psychoanalytische Behandlung narzißtischer Persönlichkeitsstörungen. In: Die Zukunft der Psychoanalyse. Frankfurt/Main (Suhrkamp) 1975
1971 Narzißmus. Frankfurt/Main (Suhrkamp) 1973
1973 Überlegungen zum Narzißmus und zur narzißtischen Wut. In: Die Zukunft der Psychoanalyse. a.a.O.
1977 Die Heilung des Selbst. Frankfurt/Main (Suhrkamp) 1979

Kris, Ernst
1975 Psychoanalytische Kinderpsychologie. Frankfurt/Main (Suhrkamp) 1979

Kuendig, Willy
1927/28 Psychoanalytische Streiflichter aus der Sekundarschulpraxis. *ZfP* 2, 69-81, 225-233, 275-289 und 324-333

Kuhn, Thomas
1962 Die Struktur der wissenschaftlichen Revolution. Frankfurt/Main (Suhrkamp) 1967

Kutter, Peter
1974 Sozialarbeit und Psychoanalyse. Göttingen (Vandenhoeck)
1976 Elemente der Gruppenpsychotherapie. Göttingen (Vandenhoeck)

Laforgué, Rene
1930 Die Mechanismen der Selbstbestrafung und ihr Einfluß auf den Charakter des Kindes. *ZfP* 4, 104-114
1936 La nevrose familiale. *Rev.franc.Psa.* 9

Landauer, Karl
1928a Zwei Vorbemerkungen zur Onaniediskussion. *ZfP* 2, 115-116
1928b Entweder – Oder. *ZfP* 3, 41-44
1929 Zur psychosexuellen Genese der Dummheit. *Psyche* 24, 463-484 (1970)
1931 Das Menstruationserlebnis des Knaben. *ZfP* 5, 175-184

Leber, Aloys
1968 Das psychotherapeutische Heim. In: Brem, K. (Hrsg.): Pädagogische Psychologie der Bildungsinstitutionen. München, Basel (Ernst Reinhardt)
1970 Die Rolle der Erziehungsberatung in der Jugendhilfe. *Blätter der Wohlfahrtspflege* 4/1970, 99-101
1972 Psychanalytische Reflexion – ein Weg zur Selbstbestimmung in Pädagogik und Sozialarbeit. In: Leber, A. und H. Reiser (Hrsg.): Sozialpädagogik, Psychoanalyse und Sozialkritik. Neuwied, Berlin (Luchterhand)
1975a Psychoanalytische Projektseminare in der Ausbildung von Heilpädagogen. In: Iben, G. (Hrsg.): Heil- und Sonderpädagogik. Kronberg/Ts. (Scriptor)
1975b Der Beziehungsaspekt in der Hochschuldidaktik. *Gruppenpsychotherapie und Gruppendynamik* 9, 129-141
1976 Rückzug oder Rache. In: Jahrbuch der Psychoanalyse Bd. IX. Bern, Stuttgart, Wien (Huber)
1977a Psychoanalytische Gruppenverfahren im Bildungsbereich – Didaktik oder Therapie? *Gruppenpsychotherapie und Gruppendynamik* 11, 242-254
1977b Psychoanalytische Aspekte einer heilpädagogischen Theorie. In: Bürli, A. (Hrsg.): Sonderpädagogische Theoriebildung. Luzern (Schweizerische Zentralstelle für Heilpädagogik)
1978 Die Sozialisation von Pflegekindern. In: Junker, R., Leber A. und U. Leitner (Hrsg.): Pflegekinder in der Bundesrepublik Deutschland. Frankfurt/Main (Eigenverlag des Deutschen Vereins)
1979a Terror, Teufel und primäre Erfahrung. *Kindheit* 1, 37-50
1979b Heilpädagogik – Was soll sie heilen? In: F. Schneeberger (Hrsg.): Erziehungserschwernisse. Antworten aus dem Werk Paul Moors. Luzern (Verlag der Schweizerischen Zentralstelle für Heilpädagogik)
1983 Frühe Erfahrung und späteres Leben. In: A. Leber et al.: Reproduktion der frühen Erfahrung. a.a.O.
1984 Wie wird man Psychoanalytischer Pädagoge? In: Bittner, G. und Chr. Ertle (Hrsg.): Pädagogik und Psychoanalyse. Würzburg (Königshausen und Neumann)

Leber, Aloys et al.
1983 Reproduktion der frühen Erfahrung. Frankfurt/Main (Fachbuchhandlung für Psychologie – Verlagsabteilung)

Lehmann, Thomas und Jürgen Oelkers
1981 Liberalismus, Ideologiekritik und Antipädagogik. *ZfPäd* 27, 105-125

Levy, Kata
1934 Vom Bettnässen des Kindes. *ZfP* 8, 178-195

Lohmann, Hans-Martin
1983 (Hrsg.) Das Unbehagen in der Psychoanalyse. Frankfurt, Paris (Qumran)

Lorenzer, Alfred
1970a Sprachzerstörung und Rekonstruktion. Frankfurt/Main (Suhrkamp)
1970b Kritik des psychoanalytischen Symbolbegriffs. Frankfurt/Main (Suhrkamp)
1972a Zur Begründung einer materialistischen Sozialisationstheorie. Frankfurt/Main (Suhrkamp)
1972b Perspektiven einer Kritischen Theorie des Subjekts. Frankfurt/Main (Raubdruck)
1974 Die Wahrheit der psychoanalytischen Erkenntnis. Frankfurt/Main (Suhrkamp)
1977 Sprachspiel und Interaktionsformen. Frankfurt/Main (Suhrkamp)
1981 Das Konzil der Buchhalter. Frankfurt/Main (EVA)

Lüders, Wolfram
1967 Lern- und Leistungsstörungen. *Psyche* 21, 915-938

Mänchen, Anna
1936 Denkhemmung und Aggression aus Kastrationsangst. *ZfP* 10, 276-299

Mahler, Margret
1968 Symbiose und Individuation. Stuttgart (Klett) 1972

Mannoni, Maud
1964 Das zurückgebliebene Kind und seine Mutter. Olten (Walter) 1972
1973 "Scheißerziehung". Von der Antipsychiatrie zur Antipädagogik. Frankfurt/Main (Syndikat)
1976 Ein Ort zum Leben: Die Kinder von Bonneuil. Frankfurt/Main (Syndikat)

Marcuse, Herbert
1963 Das Veralten der Psychoanalyse. In: Kultur und Gesellschaft 2, Frankfurt/Main (Suhrkamp) 1970

Meng, Heinrich
1928 Aus Analysen von stotternden Kindern. *ZfP* 2, 359-362
1933a Strafen und Erziehen. In: Meng, H. (Hrsg.): Psychoanalytische Pädagogik des Schulkindes. München, Basel (Reinhardt) 1973
1933b Psychoanalyse und Heilpädagogik. *ZfP* 7, 176-183
1934 Zur Psychologie des Strafens und der Strafe. *ZfP* 8, 262-269
1935a Zur Psychologie des triebhaften Narzißten. *ZfP* 9, 169-181
1935b Strafen und Erziehen. *ZfP* 9, 293-300
1937 Strafen und Erziehen: Forderung und Ratschlag. *ZfP* 11, 119-124
1945 Zwang und Freiheit in der Erziehung. Bern (Huber)

Menninger, Karl A. und Philip S. Holzman
1973 Theorie der psychoanalytischen Technik. Stuttgart (Frommann/Holzboog) 1977

Mentzos, Stavros
1976 Interpersonale und institutionalisierte Abwehr. Frankfurt/Main (Suhrkamp)

Mesrine, Jacques
1977 Der Todestrieb. Hamburg (Nautilus) 1980

Miller, Alice
1979 Das Drama des begabten Kindes. Frankfurt/Main (Suhrkamp)
1980 Am Anfang war Erziehung. Frankfurt/Main (Suhrkamp)
1981 Du sollst nicht merken. Frankfurt/Main (Suhrkamp)

Moeller, Michael Lukas
1968 Zur Psychoanalyse der Prüfungsangst. In: Schweim, L. (Hrsg.): Der andere Studienführer. Weinheim 1973
1977 Zur Theorie der Gegenübertragung. *Psyche* 31, 142-166

Morgenstern, Sophie
1937 Das magische Denken beim Kind. *ZfP* 11, 102-118

Morgenthaler, Fritz
1974 Die Stellung der Perversionen in Metapsychologie und Technik. *Psyche* 28, 1077-1098
1978 Technik. Zur Dialektik psychoanalytischer Praxis. Frankfurt/Main (Syndikat)

Muck, Mario
1978 Psychoanalytische Überlegungen zur Struktur menschlicher Beziehungen. *Psyche* 32, 211-228
1980 Psychoanalyse und Schule. Stuttgart (Klett)

Müller-Braunschweig, Ada
1930 Ein Fall von Schattenangst und Fragezwang. *ZfP* 4, 134-145

Müller-Braunschweig, Carl
1928 Triebleben und Charakter. *ZfP* 3, 74-91

Muss, Barbara
1973 Gestörte Sozialisation. München (Juventa) 1977[3]

Neidhardt, Wolfgang
1977 Kinder, Lehrer und Konflikte. München (Juventa)
1984 Psychoanalytische Didaktik? Vortrag. In: Bittner G. und Chr. Ertle (Hrsg.): Pädagogik und Psychoanalyse. Würzburg (Königshausen und Neumann)

Nitsch-Berg, Helga
1978 Kindliches Spiel zwischen Triebdynamik und Enkulturation. Stuttgart (Klett-Cotta)

Odier, Charles
1937 Krankhafte Neugier. *ZfP* 11, 212-228

Parin, Paul und Goldy Parin-Matthey
1983 Medicozentrismus in der Psychoanalyse. In: Hoffmann, S. O. (Hrsg.): Kritische Beiträge zur Behandlungskonzeption und Technik in der Psychoanalyse. Frankfurt/Main (Fischer)

Petersen, Johannes
1929 Über die Erziehung des Verwahrlosten. *ZfP* 3, 228-234

Pfister, Oskar
1921 Erziehung schwererziehbarer und abnormer Kinder. Bern, Leipzig (Bircher)

Pipal, Karl
1931 Du Menschenquäler. *ZfP* 5, 342-360

Racker, Heinrich
1959 Übertragung und Gegenübertragung. München, Basel (Reinhardt) 1978

Rangell, Leo
1976 Gelassenheit und andere menschliche Möglichkeiten. Frankfurt/Main (Suhrkamp) 1978

Rauchfleisch, Udo
1981 Dissozial. Göttingen (Vandenhoeck und Ruprecht)
1982 Zur ambulanten Psychotherapie mit Delinquenten. *Psyche* 36, 307-326

Redl, Fritz
1932 Erziehungsberatung, Erziehungshilfe, Erziehungsbehandlung. *ZfP* 6, 523-543
1933 Wir Lehrer und die Prüfungsangst. *ZfP* 7, 378-400
1934 Zum Begriff der "Lernstörung". *ZfP* 8, 155-177
1935 Der Mechanismus der Strafwirkung. *ZfP* 9, 221-270
1966 Erziehung schwieriger Kinder. München (Piper) 1974[2]

Redl, Fritz und William W. Wattenberg
1959 Leben lernen in der Schule. München (Piper) 1980

Redl, Fritz und David Wineman
1951 Kinder, die hassen. München (Piper) 1979
1952 Controls from Within. Glencoe, Ill. (Free Press)

Rehm, Willi
1968 Die psychoanalytische Erziehungslehre. München (Piper) 1971[2]

Reich, Anni
1951 On Countertransference. *Int. J. Psa.* 32, 25-31
1960 Einige Bemerkungen zur Gegenübertragung. In: Jahrbuch der Psychoanalyse. Bd. I. Bern, Stuttgart, Wien (Huber)

Reich, Wilhelm
1926/27 Eltern als Erzieher, *ZfP* 1, 65-74 und 263-267
1928 Über die Onanie im Kindesalter, *ZfP* 2, 149-152

Reik, Theodor
1925 Geständniszwang und Strafbedürfnis. In: Moser, T. (Hrsg.): Psychoanalyse und Justiz. Frankfurt/Main (Suhrkamp) 1974
1948 Hören mit dem dritten Ohr. Frankfurt/Main (Fischer) 1983

Reiser, Helmut
1972a Zur Praxis der psychoanalytischen Erziehung in der Sonderschule. In: Leber, A. und H. Reiser (Hrsg.): Sozialpädagogik, Psychoanalyse und Sozialkritik. Neuwied, Berlin (Luchterhand)
1972b Identität und religiöse Einstellung. Hamburg (Furche)
1978 Integration psychoanalytischer Konzepte in die Arbeit mit Sonderschülern. In: G. Feuser (Hrsg.): behinderte pädagogik – behindernde pädagogik – verhinderte pädagogik, Oberbiel (Jarick)

Renggli, Franz
1974 Angst und Geborgenheit. Reinbek (Rowohlt) 1976

Richter, Horst-Eberhard
1963 Eltern, Kind und Neurose. Reinbek (Rowohlt) 1972
1970 Patient Familie. Reinbek (Rowohlt)

Ricoeur, Paul
1965 Die Interpretation. Frankfurt/Main (Suhrkamp) 1974

Robertson, Joyce
1962 Mütterliche Verhaltensstile in ihrem Einfluß auf die frühkindliche Entwicklung. In: Bittner, G. und E. Schmid-Cords (Hrsg.): Erziehung in früher Kindheit. München (Piper) 1976[6]

Sadger, I.
1928 Neue Forschungen zum Onanieproblem. *ZfP* 2, 121-127

Salzberger-Wittenberg, Isca
1970 Die Psychoanalyse in der Sozialarbeit. Stuttgart (Klett) 1973

Sandler, Joseph
1976 Gegenübertragung und Bereitschaft zur Rollenübernahme. *Psyche* 30, 297-305

Sandler, Joseph; Dare, Christopher und Alex Holder
1973 Die Grundbegriffe der psychoanalytischen Therapie. Stuttgart (Klett) 1979[2]

Sandner, Dieter
1978 Psychodynamik in Kleingruppen. München (UTB)

Schäfer, Gerd E.
1979 Heilendes Spiel, *Kindheit* 1, 239-250
1981 Introspektion und Pädagogik, *Psychoanalyse* 2, 256-279
1982 Lernen und Selbstbezug, *Kindheit* 4, 65-76

Scheunert, Gerhart
1961 Die Abstinenzregel in der Psychoanalyse. *Psyche* 15, 105-123

Schikola, Hans
1932 Die narzißtische Kränkung der Eltern durch die Erziehungsberatung. *ZfP* 6, 515-522
1936 Über Lernstörungen. *ZfP* 10, 106-112

Schmalohr, Emil
1968 Frühe Mutterentbehrung bei Mensch und Tier. München (Kindler) 1980[3]

Schmauch, Ulrike
1977 Ist Autismus heilbar? Frankfurt/Main (Fachbuchhandlung für Psychologie – Verlagsabteilung) 1981[3]

Schmidbauer, Wolfgang
1977 Die hilflosen Helfer. Reinbek (Rowohlt)
1980 Alles oder Nichts. Reinbek (Rowohlt)
1981 Die Ohnmacht des Helden. Reinbek (Rowohlt)
1983 Helfen als Beruf. Reinbek (Rowohlt)

Schmideberg, Melitta
1930 Intellektuelle Hemmung und Aggression. *ZfP* 4, 467-477
1931a Psychoanalytisches zur Menstruation. *ZfP* 5, 190-202
1931b Zur Dynamik der durch die Strafe ausgelösten psychischen Vorgänge. *ZfP* 5, 310-318
1932 Aus Kinderanalysen. *ZfP* 6, 307-322
1934a Intellektuelle Hemmung und Eßstörung. *ZfP* 8, 109-116
1934b Die Spielanalyse eines dreijährigen Mädchens. *ZfP* 8, 196-215
1934c Zur psychoanalytischen Behandlung asozialer Kinder und Jugendlicher. *ZfP* 8, 363-373

Schmidt, Wera
1923 Psychoanalytische Kindererziehung in Rußland. In: Schmidt, W., Klein, M. und S. Ferenczi: Antiautoritäre Erziehung. Berlin (Raubdruck) 1968
1928 Onanie bei kleinen Kindern. *ZfP* 2, 153-155

Schneider, Ernst
1927a Über sachliche und unsachliche Erziehung. *ZfP* 1, 172-175
1927b Zur Sexualforschung des Kindes. *ZfP* 1, 203-223
1928 Die Abwehr der Selbstbefriedigung. *ZfP* 2, 143-149

Schoenebeck, Hubertus von
1982 Unterstützen statt erziehen. München (Kösel)

Searl, M. N.
1933 Some Contrasted Aspects of Psycho-Analysis and Education. *ZfP* 7, 252

Segal, Hanna
1973 Melanie Klein. München (Kindler) 1974

Selvini Palazzoli, M.; Boscolo, L.; Cecchin, G. und G. Prata
1975 Paradoxon und Gegenparadoxon. Stuttgart (Klett) 1977

Sharpe, Ella Freeman
1935 Die Loslösung aus dem Familienkreis (Leaving Home). *ZfP* 9, 329-341

Simmel, E.
1926 Doktorspiel, Kranksein und Arztberuf. *Int.Z.Psa.* 12, 528-539

Singer, Kurt
1973 Verändert die Schule das Lernen? München (Ehrenwirth)

Specht, F.
1967 Sozialpsychiatrische Gegenwartsprobleme der Jugendverwahrlosung. Stuttgart (Enke)

Spitz, René
1957 Nein und Ja. Die Ursprünge der menschlichen Kommunikation. Stuttgart (Klett) 1970²
1965 Vom Säugling zum Kleinkind. Stuttgart (Klett) 1969²

Stengel, Erwin
1936 Prüfungsangst und Prüfungsneurose. *ZfP* 10, 300-320

Sterba, Editha
1934 Aus der Analyse eines Zweijährigen. *ZfP* 8, 37-72
1936 Schule und Erziehungsberatung. *ZfP* 10, 141-201

Sterba, Richard
1932a Zur Theorie der Erziehungsmittel. *Imago* 18, 110-116
1932b Zur Theorie der Erziehungsmittel. *ZfP* 6, 422-430
1933 Über den Ödipuskomplex bei Mädchen. *ZfP* 7, 334-348

Stern, H.
1930 Episodische "Dummheit" einer Sechzehnjährigen. *ZfP* 4, 478-480

Stierlin, Helm
1975 Von der Psychoanalyse zur Familientherapie. Stuttgart (Klett)
1978 Delegation und Familie. Frankfurt/Main (Suhrkamp)

Stierlin, H.; Rücker-Embden, I.; Wetzel, N. und M. Wirsching
1977 Das erste Familiengespräch. Stuttgart (Klett)

Stone, Leo
1954 The Widening Scope of Indications for Psychoanalysis. *Journal of American Psychoanalytic Association* 2, 567-594
1981 Die psychoanalytische Situation. Frankfurt/Main (Fischer) 1973

Tamm, Alfhild
1927 Die angeborene Wortblindheit und verwandte Störungen bei Kindern. *ZfP* 1, 329-343
1929 Kurze Analysen von Schülern mit Lese- und Schreibstörungen. *ZfP* 3, 271-279

Theweleit, Klaus
1977/78 Männerphantasien. Bd. I und II. Frankfurt/Main (Roter Stern)

Thomä, Helmut
1981 Schriften zur Praxis der Psychoanalyse: Vom spiegelnden zum aktiven Psychoanalytiker. Frankfurt/Main (Suhrkamp)
1983 Erleben und Einsicht im Stammbaum psychoanalytischer Techniken und der Neubeginn als Synthese im Hier und Jetzt. In: Hoffmann, S. O. (Hrsg.): Kritische Beiträge zur Behandlungskonzeption und Technik in der Psychoanalyse. Frankfurt/Main (Fischer)

Trescher, Hans-Georg
1978 Zur Theorie pädagogisch-psychoanalytischer Gruppenverfahren in der heilpädagogischen Ausbildung. In: Jantzen, Wolfgang und Ulrich Müller (Hrsg.): Theorie und Praxis in der Ausbildung. Oberbiel (Jarick)
1979a Sozialisation und beschädigte Subjektivität. Frankfurt/Main (Fachbuchhandlung für Psychologie – Verlagsabteilung)
1979b Narzißmus und Comic. *Kindheit* 1, 87-104
1981 Überlegungen zur Psychoanalytischen Pädagogik heute. *Psychoanalyse* 2, 2-33
1982a Wer versteht, kann (manchmal) zaubern. *Kindheit* 4, 77-90
1982b Der Verwahrloste und seine Erzieher. *Kindheit* 4, 349-365

Wälder, Jenny
1935 Analyse eines Falles von Pavor nocturnus. *ZfP* 9, 5-70

Wegener, Thomas
1984 Psyche, Norm und Kontext – Zur Relevanz psychoanalytischen Denkens für Pädagogen. Vortrag. In: Bittner, G. und Chr. Ertle (Hrsg.): Pädagogik und Psychoanalyse. Würzburg (Königshausen und Neumann)

Weiß, Edoardo
1931 Die Strafe in der Erziehung. *ZfP* 5, 291-300

Weiss, Ruth
1936 Psychoanalyse und Schule. *ZfP* 10, 321-336

Willi, Jürg
1975 Die Zweierbeziehung. Reinbek (Rowohlt)

Winkler, Johannes
1981 Probleme einer psychoanalytischen Pädagogik. Diplomarbeit am Fachbereich Erziehungswissenschaften der Johann Wolfgang Goethe-Universität, Frankfurt/Main

Winnicott, Donald W.
1947 Haß in der Gegenübertragung. In: 1958, 75-88
1958 Von der Kinderheilkunde zur Psychoanalyse. München (Kindler) 1976
1960 Gegenübertragung. In: 1965, 207-216
1965 Reifungsprozesse und fördernde Umwelt. München (Kindler) 1974
1971 Vom Spiel zur Kreativität. München (Kindler) 1973

Wittels, Fritz
1926 Die Befreiung des Kindes. Stuttgart (Hippokrates)

Wolf, Alexander und E. K. Schwartz
1962 Psychoanalysis in Groups. New York

Wolffheim, Nelly
1927a Elternfehler. *ZfP* 1, 156-157
1927b Vom Gegensatz der Generationen. *ZfP* 1, 239-244
1930a Psychoanalyse und Kindergarten. *ZfP* 4, 18-27, 78-94, 163-190 und 217-230
1930b Zur Frage: Psychoanalyse in der Schule. *ZfP* 4, 386-391

Zenz, Gisela
1979 Kindesmißhandlung und Kindesrechte. Frankfurt/Main (Suhrkamp) 1981

Ziehe, Thomas
1975 Pubertät und Narzißmus. Frankfurt/Main (EVA)

Zuk, Gerald H.
1971 Familientherapie. Freiburg (Lambertus) 1975

Zulliger, Hans
1926 Ein Mädchenstreit und seine tieferen Ursachen. *ZfP* 1, 77-89
1927a Geständnisangst und Geständniszwang bei Kindern. *ZfP* 1, 161-172
1927b Eltern, Schule und sexuelle Aufklärung. *ZfP* 1, 229-239
1927c Gelöste Fesseln. Studien, Erlebnisse und Erfahrungen. Dresden (Huhle)
1928 Wie sag' ich's meinem Kinde. *ZfP* 2, 303-315
1930a Zur Psychologie eines Anonymus. *ZfP* 4, 44-48
1930b Psychoanalyse und Führerschaft in der Schule. *Imago* 16, 39-50
1930c Das Gespenst der Bindung. *ZfP* 4, 49-62
1930d Hintergründe einer orthographischen Hemmung. *ZfP* 4, 441-446
1935a Schwierige Schüler. *ZfP* 9, 138-147
1935b Berichte und Gedanken zur Erörterung des narzißtisch-triebhaften Charakters. *ZfP* 9, 149-168
1936 Über eine Lücke in der psychoanalytischen Pädagogik. *ZfP* 10, 337-359
1951 Schwierige Kinder. Bern (Huber) 1977
1952 Heilende Kräfte im kindlichen Spiel. Stuttgart (Klett-Cotta) 1979[6]
1966 Bausteine zur Kinderpsychotherapie. Bern, Stuttgart (Huber)